前瞻博研　惟实励新

山东省县域工业经济发展报告

山东省工业和信息化研究院　著

SHANDONGSHENG
XIANYUGONGYEJINGJIFAZHANBAOGAO

中国经济出版社
CHINA ECONOMIC PUBLISHING HOUSE
·北京·

图书在版编目（CIP）数据

山东省县域工业经济发展报告／山东省工业和信息化研究院著．--北京：中国经济出版社，2022.8

ISBN 978－7－5136－7013－5

Ⅰ.①山…　Ⅱ.①山…　Ⅲ.①县－地方工业经济－经济发展－研究报告－山东　Ⅳ.①F427.524

中国版本图书馆 CIP 数据核字（2022）第 127998 号

责任编辑　孙晓霞
责任印制　马小宾
封面设计　任燕飞设计工作室

出版发行　中国经济出版社
印 刷 者　北京柏力行彩印有限公司
经 销 者　各地新华书店
开　　本　710mm×1000mm　1/16
印　　张　36.75
字　　数　575 千字
版　　次　2022 年 8 月第 1 版
印　　次　2022 年 8 月第 1 次
定　　价　98.00 元
广告经营许可证　京西工商广字第 8179 号

中国经济出版社　**网址** www.economyph.com　**社址** 北京市东城区安定门外大街 58 号　**邮编** 100011

本版图书如存在印装质量问题，请与本社销售中心联系调换（联系电话：010－57512564）

《山东省县域工业经济发展报告》
著作委员会

主　　任：王桂强

副 主 任：李国芹

报告负责人：李国芹　陈高华

作　　者：王玉禄　王巧婧　王桂强　刘际宁

孙　建　李广青　李尚达　李国芹

李能丽　陈　文　陈高华　邵　磊

徐兆伟

（以姓氏笔画为序，排名不分先后）

序

Preface

郡县治则天下安，县域强则国家富。党的十八大以来，习近平总书记高度重视县域发展和县域治理，发表了一系列重要讲话，作出了一系列重大部署。习近平总书记深刻指出，县一级处在承上启下的关键环节，是发展经济、保障民生、维护稳定、促进国家长治久安的重要基础。习近平总书记强调，要准确把握县域治理的特点和规律，把强县和富民统一起来，把改革和发展结合起来，把城镇和乡村贯通起来。这些重要论述，为新时代县域经济发展提供了根本遵循，注入了强大动力。

近年来，山东省委、省政府深入学习贯彻习近平新时代中国特色社会主义思想，全面落实习近平总书记对山东工作重要指示要求，紧紧锚定“走在前、开新局”，聚焦聚力县域发展和县域治理，部署实施一系列科学精准、有力有效的政策措施，推动县域经济进入了总量跨越、质量提升、动能转换、城乡融合、开放协同的关键发展阶段。根据工业和信息化部赛迪研究院7月发布的2022县域经济百强县、百强区榜单，山东分别有13个县（市）、6个区入选，数量在全国名列前茅。

县域经济的本质是特色经济，县域竞争力的高低一定程度上取决于经济特色化的程度和水平。从现阶段看，工业仍是县域经济发展的关键支撑力量，对反哺第一产业、促进第三产业具有重要作用。相对来说，县域的财力、物力、人力等资源要素有限，必须集中优势力量、精选主攻方向，走好“县域经济特色化、特色经济产业化、产业经济集群化”的路子，塑强真正属于自己的区域品牌、产业名片。近年来，山东很多县（市、区）立足资源禀赋、产业基础、区位条件，在特色化、差异化上下功夫，持续做大做优做强优势产业，形成了诸如滕州机床、诸城食品、临清轴承、广饶轮胎等一大批特色集群。同时也不可否认，还有不少县（市、区）定位不精准、方向不明确，工业经济规模偏小、布局偏乱、效益偏低等问题突出，甚至出现了盲目发展、无序竞争的状况，迫切需要进一步加强规划引领，更好实现统筹联动。

山东省工业和信息化研究院紧紧围绕高质量发展主题，深刻把握县域工业经济发展规律，探索建立县域工业运行监测平台和评价体系，扎实开展前瞻性、战略性、全局性研究，全面分析全省182个县域单位工业经济发展情况，深入总结各县域的工业特点、产业优势和集群特色，编写形成了《山东省县域工业经济发展报告》，为推动全省县域工业经济高质量发展提供了有分量、有质量参考工具书。

希望省工业和信息化研究院对准对照省委、省政府决策部署，聚焦推动制造强省和数字强省建设的光荣使命，秉承“前瞻博研、惟实励新”的办院理念，坚持需求导向、深化理论研究、优化决策服务，全力打造全国一流高端智库，更好为新时代社会主义现代化强省建设贡献智慧力量。

山东省工业和信息化厅

党组书记　厅长　张海波

2022年8月

前言 Preface

县域经济是国民经济中具有综合性和区域性的基本单元。习近平总书记高度重视县域经济发展，指出“县一级处在承上启下的关键环节，是发展经济、保障民生、维护稳定、促进国家长治久安的重要基础”。工业经济是县域经济的主体，发展好县域工业对促进县域经济高质量发展具有十分重要的意义。

山东省是全国县域经济单元数量第二多的省，截至2020年底，省辖16个设区的市共有182个县（区、开发区），其中，县级行政区136个（市辖区58个、县级市26个、县52个），市辖开发区46个。

近年来，山东省委、省政府高度重视县域经济发展，在深化扩权强县改革、促进县域经济高质量发展等方面作出了一系列重大决策部署。为了精准把握县域工业经济实际情况，科学引领县域工业高质量发展，更好地服务社会主义现代化强省建设大局，山东省工业和信息化研究院成立了县域工业经济研究专题课题组。课题组秉持“严、紧、细、实、快”的工作作风，通过实地调研、函询、调查问卷以及电话问询等多种方式，逐市逐区县深入调查、摸底，多次征求业内专家意见，历经数月，反复修改，几易其稿，全面摸清了山东省县（区）域工业经济家底，深入分析，形成了《山东省县域工业经济发展报告》。

《报告》按照行政区划分为十六章，每市一章，分别概述了各市经济总量、所辖各区县工业经济总量分布，对每个区县分别从工业基本情况、工业产业结构、重点优势产业、产业集群及工业园区情况、骨干企业情况、科技创新能力、出口情况等七个方面进行了详细分析，充分凸显各县（区）工业特点、产业优势、集群特色，可作为研究山东县域工业的“大字典”使用，也为下一步研究推动县域工业高质量发展对策措施奠定了基础。

《报告》在著写过程中，得到了山东省工业和信息化厅运行监测协调局、各市工信局相关科（处）、各区县工信局负责同志的大力支持，在此一并感谢！

著者

2022 年 8 月

目录
Contents

第一章　济南市

济南市是山东省省会，是全国副省级城市之一，环渤海地区南翼的中心城市，是全省的政治、经济、文化、教育、交通和科技中心，也是山东半岛城市群和济南都市圈核心城市。济南市位于山东省中部，辖历下、市中、槐荫、天桥、历城、长清、章丘、济阳、莱芜、钢城 10 个区和平阴、商河 2 个县，以及济南高新技术产业开发区、莱芜高新区、新旧动能转换先行区、南部山区 4 个功能区，总面积 10244 平方公里，常住人口 920.2 万人。

【济南市经济总量】

2020 年，济南市地区生产总值 10140.9 亿元。全市完成工业增加值 2360.5 亿元。所辖区县中，历下区、济南高新区、市中区、历城区、章丘区生产总值超过千亿元，5 个区经济总量占全市比重为 61.9%。

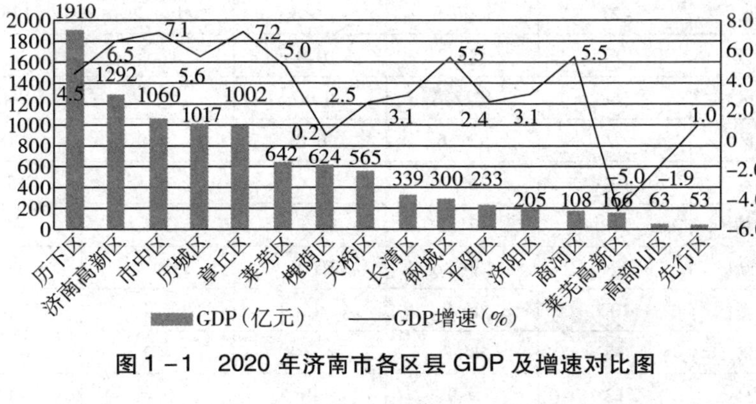

图 1－1　2020 年济南市各区县 GDP 及增速对比图

【济南市各区县工业经济】

2020 年，全市规模以上工业企业 1920 家，实现营业收入 7387.8 亿元。其中，济南高新区、章丘区、莱芜区规模以上工业营业收入超过千亿元，规模以上工业企业数量占全市比重的 45.3%，营业收入占比 55.1%，利润总额占比 64.4%。

各区县营业收入过 100 亿元的重点企业有 12 家（莱芜区、济南高新区各 3 家，章丘区、钢城区各 2 家，历下区、市中区各 1 家），占全市规模以上工业企业总营业收入的 49.5%。其中，浪潮电子信息产业股份有限公司、山东钢铁股份有限公司莱芜分公司、中国重汽集团济南卡车股份有限公司 3 家企业营业收入均超过 500 亿元。

表 1－1 2020 年济南市各区县规模以上工业主要经济指标情况表

县（市/区）	企业单位数（家）	营业收入		利润总额	
		累计（亿元）	同比（%）	累计（亿元）	同比（%）
全市合计	1920	7387.8	14.3	407.3	40.6
历下区	38	286.9	-19.7	9.0	73.0
市中区	38	624.0	32.7	21.0	22.3
槐荫区	60	178.4	-6.1	6.9	-55.6
天桥区	84	124.5	2.3	1.2	67.6
历城区	124	263.0	-1.4	24.8	61.4
长清区	156	242.6	16.5	12.7	12.5
章丘区	427	1356.9	36.3	124.2	176.9
济阳区	97	135.7	0.4	12.5	1.4
莱芜区	168	1312.3	13.7	27.7	-4.2
钢城区	92	921.6	6.8	14.0	-18.6
平阴县	101	266.5	3.6	30.5	15.9
商河县	112	121.2	8.8	3.4	-9.5
济南高新区	274	1399.6	21.4	110.2	37.0
莱芜高新区	102	99.9	-15.8	4.4	-9.5
先行区	35	44.8	-6.8	4.3	-18.2
南部山区	12	9.9	-10.7	0.4	-13.2

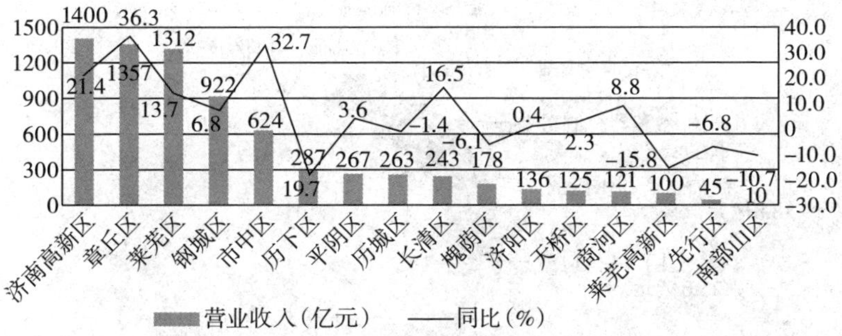

图 1－2　2020 年济南市各区县规模以上工业营业收入及增速对比图

第一节　历下区

历下区位于济南市区东南部，面积 100. 9 平方公里，常住人口 81. 9 万人，经济综合实力居全市前列，金融业、服务业发达，辖区交通便利，旅游资源丰富，高校云集。

一、工业基本情况

2020 年，历下区地区生产总值 1910. 4 亿元，占全市地区生产总值的 18. 8%，居全市之首。全年完成工业增加值 137. 5 亿元，占 GDP 的比重为 7. 2%。全区规模以上工业企业 38 家，共实现营业收入 286. 9 亿元。高新技术产业产值占规模以上工业总产值比重的 7. 6%。

二、工业产业结构

全区规模以上工业涉及 17 个大类行业，石油、煤炭及其他燃料加工业位列第一，总营业收入规模超过 200 亿元，占全区工业营业收入的 72. 2%；燃气生产和供应业，电力、热力生产和供应业居第二、第三位，总营业收入分别为 25. 0 亿元、18. 8 亿元，合计占全区工业营业收入的 15. 3%；电气机械和器材制造业等其他 14 个行业营业收入合计 35. 9 亿元，占全区工业营业收入的 12. 5%。

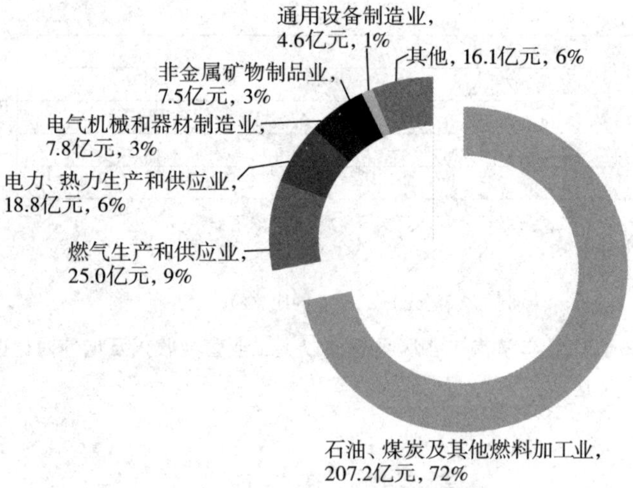

图1-3　2020年济南市历下区工业产业结构分布图

三、重点优势产业

精炼石油产品制造业：以原油加工行业为主，以中石化济南分公司为龙头，聚集了少量石油产品加工企业，产品主要涉及汽油、柴油、润滑油等。全区规模以上企业3家，2020年实现营业收入207.2亿元。

装备制造业：主要涉及电气机械和器材制造业、通用设备制造业、电子设备制造业等行业，共有规模以上企业22家，代表企业有生产汽轮发电机的齐鲁电机、生产智能水表的瑞泉电子、生产半导体元器件的晶恒电子、生产工业煤气发生炉的黄台煤气炉等。

四、产业集群及工业园区情况

新兴产业园区：打造了明湖国际信息技术产业园，引入思科、日立、中国电子等知名企业，与华为共建三个创新中心；明湖国际细胞医学产业园启动建设，成为山东自由贸易试验区济南片区首个按照产业规划落地的园区项目和新型产业用地项目。

五、骨干企业情况

2020年，历下区营业收入超过10亿元的企业有4家，营业收入合计

248.6 亿元，占全区规模以上工业企业营业收入的 86.7%。

山东重工集团有限公司：总部位于历下区，是中国领先、国际知名的汽车与装备制造集团，业务涵盖动力系统、商用车、工程机械、智能物流、农业装备、豪华游艇、金融与服务等七大板块，拥有潍柴动力、中国重汽、潍柴重机、山推股份、中通客车、亚星客车、德国凯傲集团等多家上市公司，潍柴重型发动机、法士特重型变速器、山推推土机产销量全球第一。

中石化济南分公司：是集炼油、化工于一体的大型综合性石油化工生产企业，具有 500 万吨/年的原油综合加工配套能力，主要产品有汽油、柴油、化工轻油、润滑油、石油焦、聚丙烯等，2020 年实现营业收入 205.6 亿元。

截至 2020 年底，全区共有省级以上制造业单项冠军企业 13 家，“专精特新”企业 120 家，“小巨人”企业 3 家，“独角兽”企业 2 家，瞪羚企业 51 家。

六、科技创新能力

2020 年，全区共有国家级企业技术中心 8 家，省级企业技术中心 48 家。2 家企业获得科技部“科技助力经济 2020”重点专项立项，发明专利申请量、授权量、万人有效发明专利拥有量均位列全市第一、全省前列。

七、进出口情况

2020 年，全区进出口总额为 77.7 亿元。其中，出口总额 35.5 亿元；进口总额 42.2 亿元。

第二节　市中区

市中区位于济南市中南部，面积 281.5 平方公里，是济南市内四区中面积最大的区，常住人口 90.4 万人。市中区是济南的政治、经济、文化、金融中心，近年来，现代服务业、金融产业、数字经济产业、科技文创产业发展迅猛。

一、工业基本情况

2020年，市中区地区生产总值1059.6亿元。全年完成工业增加值125.5亿元，占GDP的比重为11.8%。全区规模以上工业企业38家，实现营业收入624.0亿元。高新技术产业产值占规模以上工业总产值比重达92.5%，位居全市第一。

二、工业产业结构

全区规模以上工业涉及12个大类行业，汽车制造业是全区的主导产业，营业收入规模达到500亿元，占全区工业营业收入的81.7%；电气机械和器材制造业居第二位，总营业收入超过50亿元，占全区工业营业收入的8.4%；非金属矿物制品业等其他10个行业营业收入合计61.8亿元，占全区工业营业收入的9.9%。

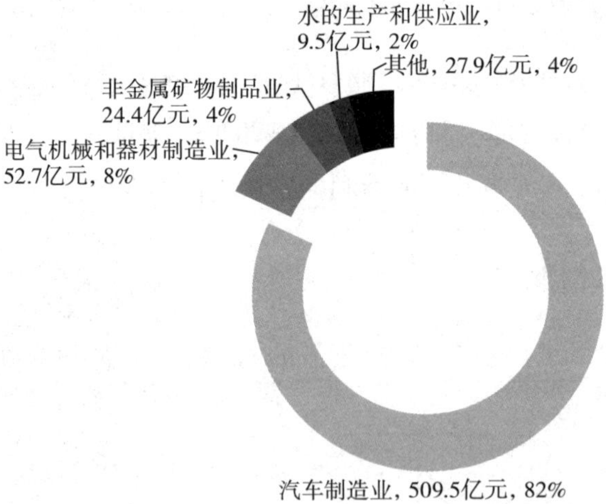

图1-4　2020年济南市市中区工业产业结构分布图

三、重点优势产业

汽车制造业：重型汽车制造业是全区的主导产业，产业集中度达到

95%以上，产品涉及各种载重汽车、特种汽车、专用车及发动机、变速箱、车桥等总成和汽车零部件，代表企业中国重汽集团济南卡车股份有限公司曾开发制造了中国第一辆重型汽车，2020年推出的全新一代“黄河”重卡，各项性能指标全面实现国内领先，达到国际一流水平，特别是风阻系数低于0.4，在全球量产重型卡车中最低。全区规模以上企业3家，2020年实现营业收入509.5亿元，拉动全区工业经济高速增长。

四、产业集群及工业园区情况

数字经济产业集群：济南市市中区形成了以山东数字经济产业园为核心、辐射全区的数字经济特色产业集聚区，获评山东省大数据产业集聚区、山东省特色产业（数字经济）集群等，主要涉及大数据、人工智能、金融科技、通信科技、BIM、工业互联网、区块链等相关特色产业，吸引了阿里、百度、SAP、MF、东华软件、猪八戒、赤子城、网宿科技等一批知名企业落户，引进了工业和信息化部电子一所、中国信通院、山东安可区块链产业发展研究院、山东未来网络研究院等产业支撑机构，2个国家级科技人才基地在集群内落地，1家企业被认定为省级企业技术中心、5家企业被认定为市级企业技术中心。全区数字经济企业达到7800余家，其中数字产业化企业5200余家，产业数字化企业2600余家。这些企业中，赤子城科技作为省内第一家港股上市的互联网企业，2020年营业收入11.8亿元，特检鲁安、智汇云、比木数模等6家企业先后获批承担国家重大科技专项——工业互联网创新发展工程；网宿科技主导了3项CDN国际标准制定、20项CDN行业标准制定；比木数模公司拥有解决“卡脖子”的BIM引擎开发技术。

五、骨干企业情况

2020年，市中区营业收入过亿元的企业有17家，其中，过10亿元企业2家，营业收入合计553.0亿元，占全区规模以上工业企业营业收入的88.6%。

中国重汽集团：是我国重型汽车工业的摇篮，一系列整车、关键总成系统及关键技术均达到国内领先水平，填补国内多项空白，是我国重卡行业驱动形式和功率覆盖最强的重卡企业，连续16年位居国内重卡行业出口首位，占国内重卡出口数量的50%以上，2020年整车销量首次突破50万辆，实现营业收入507.4亿元。

截至2020年底，全区共有省级以上制造业单项冠军企业1家，“专精特新”企业9家，“瞪羚”企业1家。

六、科技创新能力

2020年，全区共有高新技术企业160家，国家级企业技术中心3家，省级企业技术中心7家。万人有效发明专利拥有量50.5件，企业有效发明专利拥有量919件。

七、进出口情况

2020年，全区出口总额81.1亿元。

第三节　槐荫区

槐荫区位于济南市区西部，面积151.6平方公里，常住人口67.5万人。槐荫文商并济，医疗、教育、文化资源集聚；区位优越，交通便利，拥有京沪高铁五大枢纽站之一的济南西站，387趟高铁直达全国297个城市，直达城市数量居全国第二位。

一、工业基本情况

2020年，槐荫区地区生产总值624.3亿元，全年完成工业增加值81.8亿元，占GDP的比重为13.1%。全区规模以上工业企业60家，实现营业收入178.4亿元。“四新”投资占固定资产投资的19.2%。

二、工业产业结构

全区规模以上工业涉及18个大类行业，电气机械和器材制造业、通用设备制造业、金属制品业、铁路和其他运输设备制造业、汽车制造业为全区五大重点行业，占全区工业营业收入的83.4%；其中，电气机械和器材制造业营业收入超过50亿元。

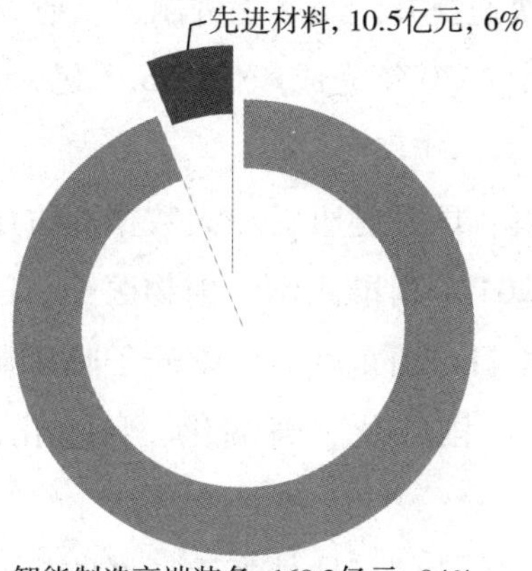

图1-5　2020年济南市槐荫区工业产业结构分布图

三、重点优势产业

装备制造业：主要涉及家用电力器具制造、金属加工机械制造、铁路运输设备制造、汽车整车制造等行业，集聚了九阳、二机床、中车山东机车、重汽特种车四大骨干企业，主要产品涉及小家电、数控机床、轨道交通装备、特种车、大型钢结构产品等，全区规模以上企业40家，2020年实现营业收入169.3亿元。

新材料产业：宽禁带半导体产业小镇成为济南千亿级半导体产业集群的率先引爆点，行业龙头企业山东天岳攻克了碳化硅晶体生长、衬底加工等一系列世界性难题，掌握了碳化硅半导体材料产业化的核心关键技术，产品达到国际先进、国内领先水平，荣获国家科技进步一等奖和山东省独角兽企业。全区规模以上企业8家，2020年实现营业收入10.5亿元。

四、产业集群及工业园区情况

智能制造与高端装备产业集群：槐荫区被认定为“济南市先进制造业

产业集群”。数控机床、绿色智能小家电、轨道交通装备等产品在国内处于领先地位，涌现了济南二机床、九阳、中车山东机车、重汽特种车等重点企业；天岳碳化在硅行业的龙头优势进一步巩固；德迈国际信息产业园的打印产业集聚能力快速提升。全区先进制造企业38家，占全区规模以上工业企业数的63.3%，2020年完成产值156.2亿元，实现营业收入155.0亿元。

医养健康产业集群：国家健康医疗大数据北方中心建成运行，济南国际医学科学中心引进204个精准医学、生物医药、医疗器械、健康医疗大数据等高端医疗康养项目，山东肿瘤医院质子临床研究中心正式启用，医疗硅谷项目全面开工，国际化、高端化、特色化的医学科学高地雏形初现。

山东德迈国际信息产业园：地处高铁新城的核心区域，园区主要产业涵盖工业打印、医疗器械、机械制造、高新科技及上下游领域。金恒丰科技有限公司作为龙头企业入驻，引入了最先进的工业打印技术以及JHF工业数码打印设备生产线，并吸引工业打印机上下游企业入驻，形成产业集群式发展，打造了产、贸、研、居相融合的工业数码打印机产业生态圈。

五、骨干企业情况

2020年，槐荫区营业收入超过10亿元的企业有5家，营业收入合计130.5亿元，占全区规模以上工业企业营业收入的73.2%。

九阳股份有限公司：作为国内品质小家电领导品牌，是国家智能制造示范企业、绿色制造企业，拥有专利5000余件，其中授权发明专利235件、国际专利50件，主持、参与制定国际、国家及行业标准115项，2020年实现营业收入51.2亿元。

济南二机床集团有限公司：是国内机床行业的重点骨干企业，是国内重要的锻压设备和大重型金属切削机床制造基地，拥有国家级企业研发中心和技术中心，主要生产锻压设备、数控金切机床、自动化设备、铸造机械、数控切割设备等，广泛服务于汽车、航空航天、轨道交通、能源、船舶、冶金、模具、工程机械等行业，产品远销世界60多个国家和地区，主导产品与世界最前沿技术保持同步，先后研制了600余种国家首台（套）产品，为国家各重点行业领域提供了重要装备支持，被国务院授予“重大技术装备领域突出贡献企业”，连续多年入选“中国机械工业100强”，2020年实现营业收入26.3亿元。

中车山东机车车辆有限公司：是中国铁路货车制造骨干企业，综合实力跻身国内行业三甲，具备年产10000辆以上各型敞车、平车、罐车、漏斗车及特种车，1000套1.5～6MW风力发电机组及配套装备，30万吨风力发电装备用塔筒、基础环、机座，以及变压器油箱、高速铁路箱梁模板、起重机械、城市高架桥梁等大型钢结构产品的生产能力，智能组合扳机现已占据国内铁路所需扭紧装备市场90%以上的份额，2020年实现营业收入12.8亿元。

山东天岳先进材料科技有限公司：是我国宽禁带半导体材料行业的龙头企业、国家“十三五”“核高基”重大专项承担单位、山东省首批制造业单项冠军企业、山东百年品牌培育企业，同时掌握N型和半绝缘型碳化硅半导体材料生产技术，建有国际领先的碳化硅衬底材料生产基地，具备年产6万片高品质碳化硅衬底能力，拥有核心专利340余件，先后承担国家、省部级重点课题20余项，曾获国家科技进步一等奖、山东省技术发明一等奖。

截至2020年底，全区共有省级以上制造业单项冠军企业6家，“专精特新”企业17家，“小巨人”企业1家，“独角兽”企业1家，“瞪羚”企业3家。

六、科技创新能力

2020年，全区共有高新技术企业147家，国家级企业技术中心3家，省级企业技术中心5家。

七、进出口情况

2020年，全区进出口总额31.4亿元。其中，出口总额22.6亿元；进口总额8.8亿元。

第四节　天桥区

天桥区位于济南市区北部，跨黄河两岸，面积259平方公里，常住人口71.8万人。辖区内交通便利，是铁路、公路、水路运输的重要交通枢纽。天桥区工业主要集中于济南新材料产业园区和药山科技园，建有各类大型专业市场56家、物流市场6家。

一、工业基本情况

2020年，天桥区地区生产总值564.6亿元。全年完成工业增加值45亿元，占GDP比重8.0%。全区规模以上工业企业84家，实现营业收入124.5亿元。全区高新技术企业48家，实现产值77.5亿元，占规模以上工业总产值比重的64.4%。“四新”投资占固定资产投资比重为33.7%。

二、工业产业结构

全区规模以上工业涉及21个大类行业，电力、热力生产和供应业，非金属矿物制品业，化学原料和化学制品制造业，通用设备制造业，电气机械和器材制造业为全区产值排名前五的行业，营业收入均在10亿元以上，共实现营业收入79.8亿元，占全区工业营业收入的64.1%；汽车制造业等其

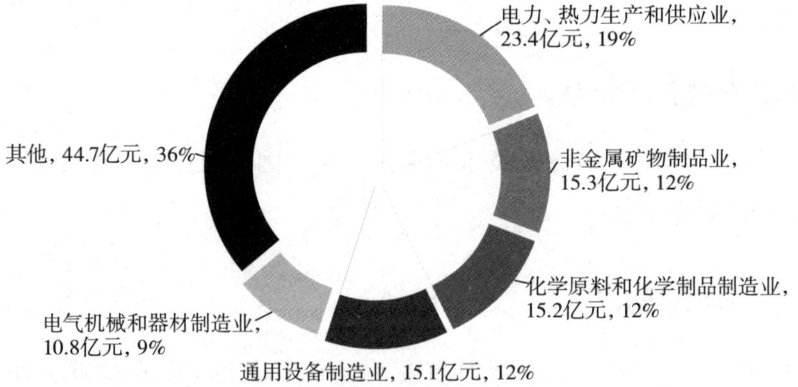

图1-6　2020年济南市天桥区工业产业结构分布图

他16个行业营业收入合计44.7亿元，占全区工业营业收入的35.9%。

三、重点优势产业

石油化工产业：主要涉及基础化学原料制造、精炼石油产品制造、涂料油墨颜料及类似产品制造等行业，代表企业有裕兴化工、赛邦石油等，主要产品涉及钛白粉、汽油、柴油、涂料、油墨等。全区规模以上企业8家，2020年实现营业收入22亿元。

四、产业集群及工业园区情况

济南新材料产业园区和药山科技园共有规模以上工业企业68家，占全区规模以上工业企业数量的81%、产值的70%以上；2020年实现营业收入82.5亿元，占规模以上工业营业收入的66.2%。

济南新材料产业园区：是省级开发区、济南新旧动能转换先行区的核心产业示范区、被授予“国家火炬济南新材料特色产业基地”称号。园区形成了以前沿新材料、智能装备和医疗健康三大产业为主导，配套发展旅游度假、休闲娱乐，高端住宅、教育、医疗等文旅及服务业的产业结构，建有国家级孵化器1个、国家级工程技术中心3个、省市级工程技术中心6个、省级协同创新基地1个、省级院士工作站1个、省级企业技术中心6个，先后规划建设了济南人工智能产业园、中南高科·济南智能制造小镇、中关村（济南）新动能产业基地、新材料产业科技园等一批特色园区，已集聚各类企业2300余家，规模以上企业突破100家。2020年，园区内高新技术企业达到46家，其中，科亚电子、梅格彤天获评省级瞪羚企业；安珀生物等5家企业获评省级专精特新中小企业。

药山科技园：共有工业企业800余家，涉及食品加工、机械制造、精细化工、生物制药、家具制造、商贸、科技教育、信息技术等产业。目前，以天鹅棉机、绿洲清洗为代表的装备制造业向高端领域拓展，无人机组装基地等项目陆续投产，时代未来科技城开工建设，园区产业升级步伐加快。

五、骨干企业情况

2020 年，天桥区营业收入过亿元的企业有 21 家，实现营业收入 89.6 亿元，占全区规模以上工业企业营业收入的 71.9%；其中，超过 10 亿元企业 2 家，营业收入合计 37 亿元，占全区规模以上工业企业营业收入的 29.8%。

济南裕兴化工有限责任公司：是中国最早生产无机盐的企业，“生生”牌钛白粉享誉海内外，年产能达 15 万吨，产品出口连续多年名列全国同行业前列，2020 年实现营业收入 13.6 亿元。

截至 2020 年底，全区共有“专精特新”企业 18 家，“瞪羚”企业 8 家。

六、科技创新能力

2020 年，全区共有国家高新技术企业 180 家，省级企业技术中心 9 家，国家、省、市级工程技术研究中心 42 家，国家、省、市级科技企业孵化器 1 家。申请发明专利 945 件，授权发明专利 231 件。

七、进出口情况

2020 年，全区进出口总额 34.9 亿元。其中，出口总额 33 亿元，进口总额 1.9 亿元。

第五节　高新技术产业开发区

济南高新区位于市区东部，面积 318 平方公里，常住人口 42.4 万人，是首批国家级高新技术产业开发区、山东半岛国家自主创新示范区，拥有国家信息通信国际创新园、齐鲁软件园等国家级专业园区；拥有全国软件出口创新基地、集成电路设计产业基地、国家创新药物孵化基地等一批国家级金字招牌。

一、工业基本情况

2020年，济南高新区地区生产总值1291.5亿元。规模以上工业企业274家，实现营业收入1399.6亿元。

二、工业产业结构

全区规模以上工业涉及27个大类行业，计算机、通信和其他电子设备制造业为全区第一大产业，营业收入规模达到600亿元，占全区工业营业收入的44.4%；医药制造业、汽车制造业、电气机械和器材制造业居第二、三、四位，营业收入均达百亿元，合计占全区工业营业收入的31.4%；专用设备制造业、通用设备制造业、仪器仪表制造业营业收入均在50亿~100亿元，合计占全区工业营业收入的16.0%；铁路船舶航空航天和其他运输设备制造业、非金属矿物制品业、化学原料和化学制品制造业营业收入分别在10亿~50亿元，合计占全区工业营业收入的5.3%；金属制品、机械和设备修理业等其他17个行业营业收入合计40.9亿元，占全区工业营业收入的2.9%。

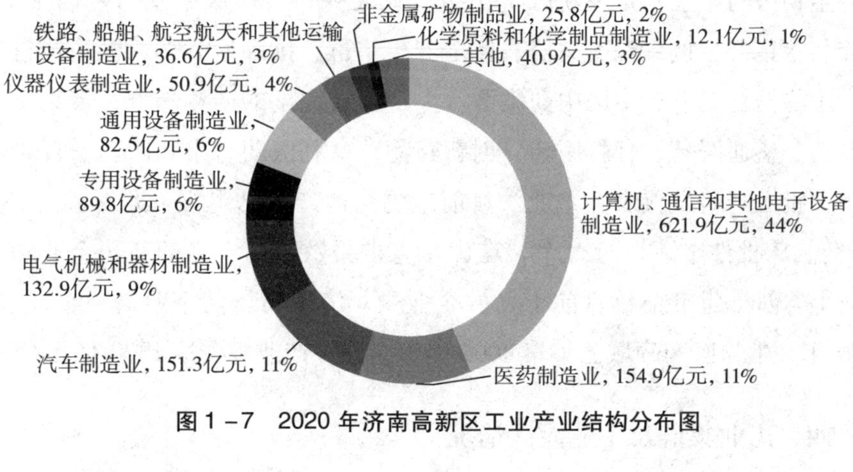

图1-7　2020年济南高新区工业产业结构分布图

三、重点优势产业

电子信息产业：以齐鲁软件园、国家信息通信国际创新园、齐鲁创新谷等园区为依托，以浪潮集团为龙头，以金现代、山大地纬、神思电子、普联软件、中孚信息为骨干，产业集聚效应凸显。济南高新区电子信息被列入国家重点产业示范基地，齐鲁软件园被认定为国家级新型工业化产业示范基地（软件和信息服务）。2020 年，电子信息产业收入达到 2800 亿元，占济南市电子信息产业营业收入的 65%，成为全区产业规模最大的主导产业。

高端装备制造业：主要依托智能装备城和临空经济区，已形成以机器人、激光装备、智能电网装备为引领，新能源装备与智能交通装备突破发展的产业格局，集聚了重汽济南桥箱、山东中车风电、山东输变电、国网智能、山东电工、临工济南重机、邦德激光、中电山东电子、森峰科技、济南轻骑等一批重点企业。围绕山东激光装备创新创业共同体建设打造了“山东光谷”；围绕核电产业园、传感器产业园规划建设，加快推进美核电气、华科高性能传感器产业化基地项目，打造千亿级核电高端装备产业集群。2020 年，全区装备制造业规模以上工业企业 131 家，产业规模达到 1850 亿元，占济南市装备制造业营业收入的 45%，成为“智造济南”的主力军。

生物医药产业：是高新区千亿级产业之一，已形成细胞与基因集群、医疗装备集群、抗衰医美集群、保健养生集群、抗肿瘤集群、医药销售集群、生物培育集群、中医中药集群八大产业链完整的产业集群，聚集了齐鲁制药、盛迪医药、轩竹医药、创新药物、亨利医药、康和医药、百诺医药等一批医药研发代表性企业。目前生物医药产业已申报 I 类创新药 IND（新药临床批件申请）近百个，在山东省申报数量前十名的新药企业和山东省 I 类创新药申报数量前十名的企业中，济南高新区企业占一半还多。2020 年，生物医药领域已集聚 4000 多家企业，产业规模达 1300 亿元。

四、产业集群及工业园区情况

全区已形成电子信息、装备制造、生物医药三大主导产业集群，产业规模均已突破千亿元，其中，电子信息产业占全区工业总产值比重的 45%。

人工智能产业集群：济南市是首批国家人工智能创新应用先导区城市，也是国家新一代人工智能创新发展试验区。济南高新区人工智能特色产业集群的产业链发展相对完善，主要分为三层：基础层主要提供数据采集、算力等基础设施，包括芯片、传感器、开发平台、数据服务、云计算等；技术层主要提供机器学习算法、智能语音识别技术、计算机视觉等算法和技术；应用层是将人工智能算法应用于各行各业形成的新业态、新模式、新产品，主要包括智能机器人、智能无人机和智能制造、智能医疗、智能金融、智能安防、自动驾驶、智能供应链等。产业集群现有人工智能领军企业4家、骨干企业16家、配套企业25家，龙头、骨干企业均拥有省级以上创新平台；浪潮集团AI服务器产销量全球第一，是中国最大的人工智能基础架构方案供应商；高云推出的国产FPGA芯片达到了国际先进水平；华翼微拥有全国第一张国家密码管理局颁发的双界面安全芯片型号证书。2020年，产业集群企业营业收入为679.8亿元。

五、骨干企业情况

2020年，济南高新区营业收入超过10亿元的企业有10家，营业收入合计1014.1亿元，占全区规模以上工业企业营业收入的72.5%。

浪潮集团：浪潮是中国最早的IT品牌之一，新一代信息技术领军企业。浪潮集团作为云计算、大数据服务商，形成了覆盖基础设施、平台软件、数据信息和应用软件四个层面的整体解决方案服务能力，全面支撑政府、企业数字化转型，已为全球120多个国家和地区提供IT产品和服务。旗下的浪潮电子信息产业股份有限公司2020年实现营业收入630.4亿元。

齐鲁制药集团：是国内大型综合性现代制药企业，建有制剂、化学合成、生物技术、抗生素发酵等十大生产基地，抗生素类原料药、头孢类原料药、抗肿瘤类原料药等产品已具有国内乃至世界领先的生产能力和生产水平，十余个主导产品的市场占有率稳居全国首位，2020年实现营业收入113.9亿元。

中国重汽集团济南桥箱有限公司：主要生产汽车桥箱及零部件，产品广泛应用于各种中重型卡车、大中型客车领域，2020 年实现营业收入 113.7 亿元。

临工集团济南重机有限公司：是中国工程机械行业四大集团之一——临工集团的下属子公司，是中国专业的高空作业机械和矿山机械制造商，主导产品宽体矿车连续五年实现全球销量第一，引领了全球宽体矿车行业的发展，剪叉式高空作业机械连续两年实现国内销量第一。2020 年临工重机实现营业收入 48.4 亿元。

六、科技创新能力

2020 年，全区共有高新技术企业 1214 家，占全市总量的 40% 以上，居全省开发区首位；拥有省级以上研发机构逾 250 家，占全市总量的 1/3 以上，居全省开发区首位，其中，国家级企业技术中心 2 家，省级企业技术中心 17 家。

第六节　历城区

历城区是济南中心城区的重要组成部分，面积 520 平方公里，常住人口 111.2 万人。区位优势明显，交通四通八达，智力资源密集，驻有山东大学等各类高校、科研院所 20 多家，形成了东部大学科研聚集区。

一、工业基本情况

2020 年，历城区地区生产总值 1017 亿元。全年完成工业增加值 163.3 亿元，占 GDP 的比重为 16.1%。全区规模以上工业企业 124 家，规模以上工业增加值 70 亿元，实现营业收入 263 亿元。

二、工业产业结构

全区规模以上工业涉及 24 个大类行业，医药制造业为全区第一大产业，营业收入超过 50 亿元，占全区工业营业收入的 27.3%；非金属矿物制品业，电力、热力生产和供应业，电气机械和器材制造业，专用设备制造业，计算机、通信和其他电子设备制造业，印刷和记录媒介复制业营业收入在10亿~50亿元，合计占全区工业营业收入的52.7%；化学原料和化学制品制造业等其他17个行业营业收入合计52.5亿元，占全区工业营业收入的20%。

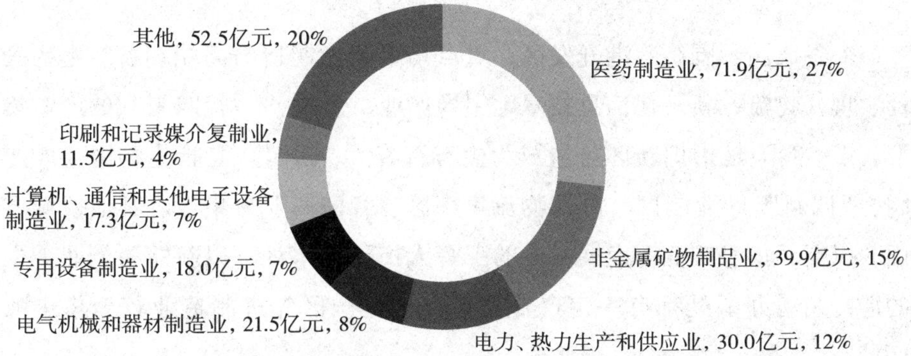

图1-8 2020年济南市历城区工业产业结构分布图

三、重点优势产业

医药制造业：围绕医药制造、中医药、医疗器械、医药物流、化妆品等领域，加快落地国药医疗器械等总部企业和国健医药等研发企业，重点建设中医药国际科技园、临港创新药生产基地、弘业生物产业园等医药园区，产研一体、集聚发展。全区医药产业以齐鲁制药为龙头，齐鲁制药董家制剂园一期顺利投产，坤力疫苗、博科生物等医药产业项目加快建设。2020年，齐鲁制药集团旗下安替制药、安信制药、动物保健品3家企业共实现营业收入60.3亿元。

装备制造业：主要集中在轨道交通、汽车配件制造、电力装备等领域，培育了济南重工集团、小鸭集团、沃德机械、百昌汽车零部件、凯莱电器、鲁冶瑞宝等一批骨干企业，中电建·能源谷、临港·智荟瓴等高端装备与智能制造产业项目形成集聚，华北高端装备总部基地、济南轨道交通产业园、小鸭产业园加快建设。

计算机、通信和其他电子设备制造业：空天信息、机器人、半导体、集成电路、超算及云计算等产业集聚发展，济南人工智能谷、独角兽谷和晶川芯片、国家生态环境监测大数据超算云中心和全省数据存储中心等重点项目加快建设，空天信息产业园、济钢防务卫星总装基地落地建设，行波管自动化装配试验线成功运行。

四、产业集群及工业园区情况

一谷四园：围绕临港开发区，重点培育智能制造与高端装备、生物医药、现代物流、新一代信息技术等主导产业，形成“一谷四园”的产业集群。“一谷”是指把新区打造成为生态智谷。“四园”是指生物医药产业园、“四新”产业园区、高端物流集聚区、智能产业聚集区。其他领域方面，以空天信息产业为发展方向的王舍人街道办事处、以新能源产业为主的港沟街道办事处都有一定产业聚集，也是全区先进制造业较为集中的区域。

山东太阳能产业制造基地：历城区以力诺瑞特为核心，桑乐、豪特、金太阳等十几家太阳能企业为骨干，联合山东省科学院、山东省建筑大学等科研中介机构，形成了我国重要的太阳能光热光电制造业基地，基地内拥有 4 个省级企业技术中心、2 个省级工程技术研发中心，技术达到国内同行业先进水平。

五、骨干企业情况

2020 年，历城区营业收入超过亿元的企业有 280 家，其中，超过 10 亿元的企业 6 家，营业收入合计 113. 4 亿元，占全区规模以上工业企业营业收入的 43. 1% 。

齐鲁安替制药有限公司：是我国出口美国头孢菌素原料药的重要厂家，连续多年位列中国头孢原料药厂家出口额第一名，2020 年实现营业收入 26 亿元。

山东安信制药有限公司：阿米卡星和他挫巴坦两大系列产品通过多国药品监管机构认证，邦达制剂产品稳定出口日本、欧洲、澳大利亚等地，2020 年实现营业收入 18. 2 亿元。

济南重工股份有限公司：主要产品有电力设备、矿山设备、脱硫设备、冶金设备、水泥设备、隧道掘进设备等，主导产品钢球磨煤机的市场占有率居全国前列，并获得了中国名牌产品称号。电厂烟气脱硫设备在国内市场销量名列前茅，无缝钢管生产线和日产5000吨以上的水泥设备生产线实现了国产化的零突破，并达到国际先进水平，2020年实现营业收入7.5亿元。

山东力诺瑞特新能源有限公司：致力于空气源热泵采暖、太阳能热水、大型热水工程等多能互补系统的研发、制造及综合应用，掌握行业核心技术，引领中国太阳能光热产业正式进入工业热能应用阶段，率先将机器人自动化生产线用于太阳能平板集热器和空气源热泵主机生产，建成了具有国际水准的测试评价中心和焓差实验室，实现生产全程可追溯。

截至2020年底，全区共有省级以上制造业单项冠军企业8家，"专精特新"企业105家，"小巨人"企业2家，"独角兽"企业1家，"瞪羚"企业44家。

六、科技创新能力

2020年，全区共有高新技术企业250家，国家级企业技术中心5家，省级企业技术中心36家，院士工作站4家。万人有效发明专利拥有量达61件。

七、进出口情况

2020年，全区进出口总额98.2亿元。其中，出口总额42.6亿元，进口总额55.6亿元。

第七节　长清区

长清区是济南的新区，面积1178平方公里，常住人口59.6万人。长清地处济南市西南部，东依泰山，西滨黄河，是重要交通枢纽和物流中心。长清大学科技园是济南最大的大学城，为长清区工业发展提供了智力支持。

一、工业基本情况

2020年，长清区地区生产总值338.8亿元，全年完成工业增加值80亿元，占GDP的比重为23.6%。全区规模以上工业企业156家，完成工业总产值228亿元，规模以上工业增加值51.9亿元，实现营业收入242.6亿元。高新技术产业产值比重为44.2%。

二、工业产业结构

全区规模以上工业涉及23个大类行业，汽车制造业为全区第一大产业，营业收入超过50亿元，占全区工业营业收入的29.1%；通用设备制造业、非金属矿物制品业、专用设备制造业、金属制品业、电气机械和器材制造业居第二至第六位，营业收入分别为35.5亿元、32.7亿元、32.6亿元、19.9亿元、13.3亿元，合计占全区工业营业收入的55.2%；食品制造业等其他17个行业营业收入合计38.1亿元，占全区工业营业收入的15.7%。

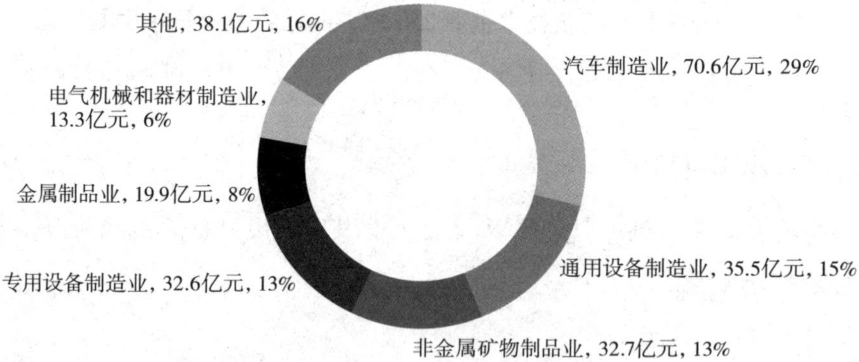

图1-9 2020年济南市长清区工业产业结构分布图

三、重点优势产业

汽车及通用设备制造业：全区拥有汽车及通用设备制造企业92家，代表企业有重汽橡塑件、中油济柴、西电济变、沃德、国机铸锻、奥图自动化等，主要产品有数控铸造锻压设备、变压器、智能机器人、汽车部件等。其中，重汽橡塑件实现产值59亿元；山水重工牵头组建机加工联盟；国机铸锻全球首台砂箱智能化柔性生产线正式投产；奥图自动化高强钢热成形智能智造系统荣获2020年中国机械工业科学技术奖二等奖。

专用设备制造业：全区共有各类节能环保设备制造企业75家，代表企业有国舜、北辰、宏达、国辰等，主要产品有各种环保节能锅炉、核容器、深冷容器、大气污染治理设备、烟气治理设备、水处理设备、焦化设备、高效换热设备、余热回收装置等，2020年产值超过60亿元。其中，山东国舜集团是国家火炬工业烟气治理装备特色产业基地；北辰拥有"军工核安全设备制造许可证"资质，是中国清洁供热平台常务委员单位；宏达具备国家核安全局批准的核级压力容器制造资质。国舜集团绿色装配式钢结构智能制造"绿色工厂"项目和宏达深冷容器技术的深度开发利用及装备产业化项目被列入山东省新旧动能转换重大项目库。

四、产业集群及工业园区情况

高端装备与智能制造产业集群：近年来，长清区积极推进压力容器、散热器等传统制造业向高端装备制造、智能制造、节能环保等领域转型升级，先后荣获国家火炬特色产业基地、山东省高端装备制造产业基地、山东省节能环保产业示范区等称号。全区规模以上高端装备与智能制造企业达到122家，2020年产值达到150亿元。

压力容器制造业产业集群：长清素有"压力容器之乡"之称，目前，全区拥有压力容器制造及配套企业90余家，从业人员2.5万人。龙头企业山东宏达科技集团主要生产高端压力容器，作为中国航天深冷容器制造基地，还从事深冷容器的研究和生产，建有民用换热与化工设备生产基地、核电重型装备生产基地、新能源装备生产基地三大生产基地，拥有核容器制造许可证，成为全国第9家、全省第1家核容器生产企业。

五、骨干企业情况

2020年，长清区拥有营业收入超过亿元企业37家，其中，过10亿元的企业4家，营业收入合计112.4亿元，占全区规模以上工业企业营业收入的46.3%。

中国重汽集团济南橡塑件有限公司：主要产品有汽车空气净化器、汽车空气悬挂减震高档座椅、汽车空调、铝合金燃油箱、汽车电线束等汽车总成，2020年实现营业收入60亿元。

山东国舜建设集团有限公司：是集研发、设计、制造、施工、运营管理、投资服务于一体的大气污染治理环保企业、绿色装配式建筑企业和钢结构国际贸易企业，拥有年产值40亿元的生产能力，完成了上海宝钢等国内130多家钢铁企业脱硫、脱硝、减白、除尘环保工程，华能、华电、国电等火电企业200多项超低排放改造工程和30多个余热回收工程，阿富汗昆都士钢结构大桥、智利伊基克国家体育馆等多项钢结构工程项目，2020年实现营业收入20.9亿元。

中国石油集团济柴动力有限公司：是集团下属唯一的动力装备研发制造企业，拥有27项国家及行业标准制定权，取得了欧盟安全认证、中国船级社、法国船级社和俄罗斯船级社的工厂认证，连续4年入选中国机械工业500强，年生产发动机（组）4000台以上、压缩机（组）100台、液力传动装置1000台（套）、燃气动力集成装置800台（套）、动力电器控制装置3000台（套），2020年实现营业收入19.7亿元。

山东山水水泥集团有限公司：是国内最早从事新型干法水泥生产的企业之一，也是国家重点支持的12户全国性大型水泥企业之一，水泥主业板块覆盖山东、辽宁、山西、内蒙古、新疆等十个省份，水泥年产能约1亿吨。“山水东岳”牌系列水泥荣获国家注册质量信用AAA金质标志，出口美国、俄罗斯、欧洲、澳洲、中东、非洲等60多个国家和地区，2020年实现营业收入11.8亿元。

截至2020年底，全区共有省级以上制造业单项冠军企业2家，“专精特新”企业15家，“瞪羚”企业3家。

六、科技创新能力

2020年，全区共有高新技术企业110家，国家级企业技术中心1家，省级企业技术中心 14 家。

七、进出口情况

2020 年，全区进出口总额 11.3 亿元。其中，出口总额 9.5 亿元，进口总额 1.8 亿元。规模以上工业产品实现出口交货值 3.4 亿元。出口产品以机械加工产品和数控设备为主。

第八节 章丘区

章丘区是济南东部的新区，面积 1719 平方公里，常住人口 107.6 万人。章丘是铁匠之乡、中国铸造之乡，工业基础雄厚，产业体系齐全，被认定为国家级新型工业化产业示范基地、国家级重型汽车特色产业基地、国家级有机高分子材料基地。

一、工业基本情况

2020 年，章丘区地区生产总值 1002.5 亿元。全年完成工业增加值 461.9 亿元，占 GDP 的比重为 46.1%。全区规模以上工业企业 427 家，完成产值 1327.6 亿元，实现营业收入 1356.9 亿元。

二、工业产业结构

全区规模以上工业涉及 33 个大类行业，汽车制造业为全区第一大产业，营业收入规模达到 600 亿元，占全区工业营业收入的 47.6%；化学原料和化学制品制造业居第二位，营业收入超过 200 亿元，占全区工业营业收入的 15.0%；金属制品业、通用设备制造业、黑色金属冶炼和压延加工业营业收入在 50 亿～100 亿元，合计占全区工业营业收入的 17.6%；非金属矿物制品业等 6 个行业营业收入在 10 亿～50 亿元，合计占全区工业营业收入的 13.1%；橡胶和塑料制品业等 21 个行业营业收入合计 91.3 亿元，占全区工业营业收入的 6.7%。

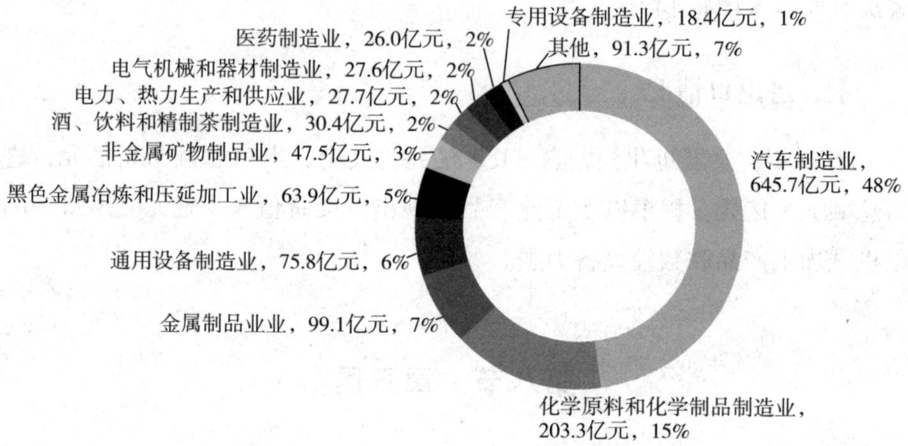

图1－10　2020年济南市章丘区工业产业结构分布图

三、重点优势产业

高端装备制造产业：主要涉及搬运设备制造，烘炉、风机、包装等设备制造，电机制造，电线、电缆、光缆及电工器材制造等行业，现有规模企业313家，建有重汽产业园、济东智造新城、凤凰山工业园等产业园区，集聚了中国重汽、伊莱特、中集车辆、大汉科技、华凌电缆等一批骨干企业。其中，重汽集团连续16年位居国内重卡行业出口首位，占国内重卡出口的50%以上；伊莱特直径15.8米的最大环形锻件成功下线，打破环形锻件的世界纪录；卧龙电气是国内家用电器电机的大型生产和出口基地；山东章鼓罗茨鼓风机在国内市场占有率位居全国之首；大汉科技中小塔机产销行业第一，升降机产销量位列全国三甲；中集车辆（山东）公司冷藏专用车市场占有量稳居全国第一。2020年，全区高端装备制造产业实现产值886亿元；中国重汽集团在章丘区注册7家公司，实现产值624亿元。

新材料产业：主要涉及先进高分子材料、高性能纤维及复合材料、氟化工、生物质化工、非金属材料、晶体材料等领域，已形成刁镇化工产业园、中白新材料产业园、山能新材料三大产业园区，现有规模企业43家，代表企业有圣泉集团、明泉集团、昊月新材料、泰星化工等。其中，圣泉集团“呋喃树脂”系列材料产销量全球领先，在全球首创生物质石墨烯并率先实现商用；华凌电缆是拥有“1E 级 K3 类”核电站用系列电缆设计、制造自主知识产权的先进企业；昊月新材料发布实施高吸收性树脂两项国际标准，是建国以来山东省第四家独立承担起草国家标准的企业；东辰瑞森主要生产长碳链尼龙，独家开发的尼龙 1212 填补了国内空白。2020 年，新材料产业实现产值 207.6 亿元。

新医药产业：现有科兴生物、双鹤利民制药、博科生物、司邦得制药等 20 多家骨干企业。其中，博科生物主导产品生物安全柜在国内市场占有率领先；科兴生物重组人促红素注射液是国内首家投放市场的基因工程药物，标志着我国成为继美国、日本、德国之后第 4 个成功开发的国家。2020 年，新医药产业实现产值 113.5 亿元。

新信息产业：依托龙山人工智能谷、蓝海领航、哈工大机器人研究院等平台，以山大地纬、深兰科技、迅风电子、科盛电子等企业为重点，主要发展人工智能、半导体、新能源储能系统和大数据、物联网等新一代信息技术。其中，百汇电子半导体膜状扩散源技术国际领先，是国内首家也是全球第 2 家能批量生产的企业；蓝海领航大数据产业园被认定为山东省成长型数字经济园区（试点）。2020 年，新信息产业实现产值 24 亿元。

四、产业集群及工业园区情况

交通装备产业集群：章丘区在中国重汽的发展带动下，逐步吸引了中集车辆、济南萨博特种车等几十家企业为其配套生产，形成了交通装备产业集群，被认定为国家火炬计划重型汽车先进制造特色基地、国家新型工业化产业示范基地。2020 年，交通装备产业营业收入占全区规模以上工业营业收入的比重接近 50%。

炊事装备产业集群：章丘区刁镇是国家火炬章丘炊事装备特色产业基地，山东省炊事机械之乡，全镇共有炊事机械企业 66 家，其中规模以上企业 5 家，龙头企业山东银鹰炊事机械有限公司建有国家农产品加工技术装备研发分中心和山东炊事机械产业公共技术服务平台，主要生产“银鹰牌”炊事机械、酱菜机械、蔬菜加工机械、厨房设备和各类大型铸件，大型铸件年产一万吨。

刁镇化工产业园：是国家有机高分子材料特色产业基地，2019 年被认定为省级园区，致力于发展化工新材料、生物化工、精细化工、医药及中间体四大重点化工产业，园区共有化工企业 30 家，2020 年营业收入超过 200 亿元。

五、骨干企业情况

2020 年，章丘区营业收入超过亿元的企业有 137 家，其中，超过 10 亿元的企业 21 家，营业收入合计 939.9 亿元，占全区规模以上工业企业营业收入的 69.3%。

中国重汽集团：在章丘区注册的 7 家公司营业收入合计达 600 亿元，占全区规模以上工业营业收入的 40% 以上。其中，中国重汽集团济南商用车有限公司是中国商用汽车的重要生产基地，从事整车装配、各类汽车零部件生产，产品动力覆盖 160～371 马力，产品品种覆盖普通货车、自卸车、牵引车、特种车（厢车、仓栅车、油罐车），涵盖中卡、中重卡、重卡全系列的近 400 个产品（车型），具有年产销 5 万辆中重型汽车和 12.5 万辆份重型汽车零部件的生产能力。2020 年重汽济南商用车、重汽济南动力分别实现营业收入 305.3 亿元、196.7 亿元。

伊莱特能源装备股份有限公司：主要产品包括环类、盘类、筒体及异形锻件，耐磨钢球、钢段及磨棒，在清洁能源、化石能源、重型装备和矿山开采等领域占有重要的市场地位，是工信部风电法兰单项冠军示范企业，在核电领域保持制造直径 15.8 米超大锻环的世界纪录，管道法兰出口超过 20 年，并获得了八国船级社的认证，是多家世界五百强矿山企业的研磨介质稳定供应商，2020 年实现营业收入 28.1 亿元。

山东章丘鼓风机股份有限公司：是大型罗茨鼓风机专业生产厂家和罗茨鼓风机国家标准的主要起草单位，具有五十多年的风机设计、生产、制造的技术和经验，罗茨鼓风机在国内市场的占有率位居全国前列，是国家高新技术企业、“中国机械 500 强”企业，2020 年实现营业收入 11.0 亿元。

济南圣泉集团股份有限公司：是国家技术创新示范企业、国家制造业单项冠军示范企业、农业产业化国家重点龙头企业、“中国企业专利 500 强”、“中国制造业民营企业 500 强”，是全球秸秆节能综合利用引领者和

“神舟”飞船返回舱保温原材料制造商，主导产品呋喃树脂和酚醛树脂产销规模较大，芯片光刻胶用树脂、圣泉轻芯钢、木质素沥青乳化剂等多种产品打破国外垄断，累计申报国际、国家专利近1000件，主持起草标准近100项。旗下骨干企业山东圣泉新材料股份有限公司是中国耐火材料专用酚醛树脂标准起草单位，具有年产酚醛树脂12万吨的生产能力，2020年实现营业收入56.6亿元。

截至2020年底，全区共有省级以上制造业单项冠军企业14家，“专精特新”企业53家，“小巨人”企业2家，“瞪羚”企业16家。

六、科技创新能力

2020年，全区共有国家级企业技术中心4家，省级企业技术中心25家；国地联合工程实验室1家，省级工程实验室（工程研究中心）11家；省级博士后创新实践基地4家，省级院士工作站2家。

七、进出口情况

2020年，全区进出口总额74.5亿元。其中，出口总额71.3亿元，进口总额3.3亿元。出口产品以纺织服装、化工产品、机电产品、农产品为主，主要出口亚洲和欧洲。

第九节　济阳区

济阳区位于黄河下游北岸、鲁北平原南部，是省会济南的近郊区，面积1076平方公里，常住人口40.2万人。济阳工业发达，交通便利，形成了食品饮料、装备制造、现代物流三大主导产业，被授予全国食品工业强县、国家火炬特色产业基地、中国液压升降平台之乡等称号，是济南“北起”发展的主要承载地，新旧动能转换的重要功能区。

一、工业基本情况

2020年，济阳区地区生产总值205.5亿元。全年完成工业增加值47.9

亿元，占 GDP 的比重为 23.3%。全区规模以上工业企业 97 家，规模以上工业增加值 36.6 亿元，实现营业收入 135.7 亿元。高新技术产业占规模以上工业总产值的比重为 33.3%。“四新”经济投资占固定资产投资的 35.6%。全年工业用电量 6.5 亿千瓦·时。

二、工业产业结构

全区规模以上工业涉及 9 个大类行业，食品制造业为全区第一大产业，实现营业收入 34.9 亿元，占全区工业营业收入的 25.7%；通用设备制造业居第二位，实现营业收入 8.8 亿元，占全区工业营业收入的 6.5%；其他行业营业收入合计 92.0 亿元，占全区工业营业收入的 67.8%。

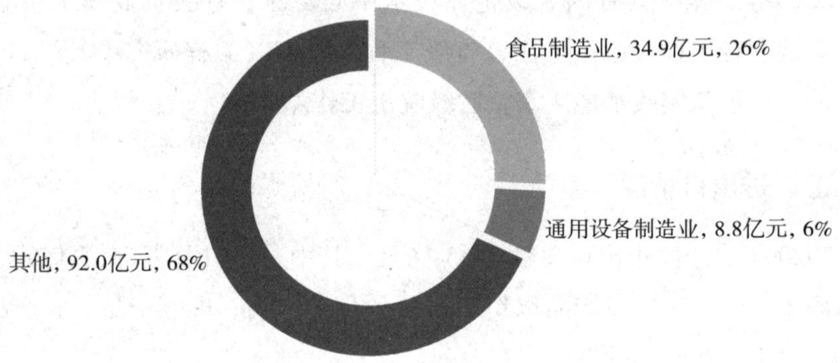

图 1-11 2020 年济南市济阳区工业产业结构分布图

三、重点优势产业

食品饮料产业：形成了以休闲食品、烘焙食品、软饮料为主的健康食品产业集群，代表企业有旺旺、统一、上好佳、迈大、巧媳妇等。全区规模以上企业 14 家，2020 年实现营业收入 34.9 亿元。

机械装备产业：形成了集刹车系统、液压升降、机械配件加工于一体的装备制造集群。其中，济南金麒麟刹车系统有限公司的刹车片、刹车盘产品几乎覆盖全部乘用车车型和大部分商用车车型，2020 年实现产值 6.9 亿元；山东欧锐激光科技有限公司产品主要包括光纤激光切割机、激光雕刻机和光纤激光打标机；山东拓展智能装备制造有限公司研发的汽车车身涂装前处理电泳摆杆输送设备被评为国内“首台（套）技术装备”；济南好为尔机械有限公司的智能化食品切割机产品在全国市场占有率达到70%，在省内市场占有率为95%。全区规模以上企业15家，2020年实现营业收入8.8亿元。

四、产业集群及工业园区情况

食品饮料产业集群：济北经济开发区食品饮料产业城聚集了旺旺、统一、上好佳、迈大、丹夫、熊猫乳品、巧媳妇等超过150家知名食品企业，引进培育了真旺包装、远达彩印、好为尔机械、营养源食品科技、统超物流等一大批食品包装、印刷、机械、食品保鲜剂、冷链物流等配套产业，形成从原料采购、生产研发到保鲜、配送的全产业链条、供应链条。食品工业产值达到数百亿级的产业规模，先后被授予“山东省食品工业基地”“全国食品工业强县”“中国食品工业数字化转型示范园区”等荣誉称号。

液压升降机产业集群：济阳是中国液压升降平台之乡，被评为全国液压升降机制造业基地。液压升降机械涉及国内航天、南极科考、西气东输、核电工程、故宫维修、重汽生产国内重大项目等诸多领域，制造技术达到国内领先水平，产品占全国市场份额的35%以上，并在西亚、南美、东南亚、中东等地区开拓了国际市场。全区现有企业400余家，其中济阳机械、华北平台等规模以上企业34家，年销售总额3亿元以上，销售量1万多台，拥有天梯、金力等多个知名品牌和上千个品种。

五、骨干企业情况

2020年，济阳区营业收入超过亿元的企业有38家，其中，过10亿元的企业1家，实现营业收入18.1亿元，占全区规模以上工业企业营业收入的13.3%。

济南金麒麟刹车系统有限公司：是国家汽车零部件出口基地企业、中国汽车零部件制动器衬片行业龙头企业、中国摩擦材料行业领军企业，可生产6500多个刹车片品种、4300多个刹车盘品种，80%以上产品出口到欧美等70多个国家和地区，是诸多国际知名汽车零部件销售商的长期合作伙伴。

山东旺旺食品有限公司、济南统一企业有限公司是全区食品制造业的代表企业，主要生产加工乳制品、饮料、膨化食品、果冻、方便面等，2020 年分别实现营业收入 18.1 亿元、7.9 亿元。

截至 2020 年底，全区共有省级“专精特新”企业 12 家，“瞪羚”企业 2 家。

六、科技创新能力

2020 年，全区共有高新技术企业 74 家，省级企业技术中心 2 家，省级工程技术研究中心 2 家，省级科技创新平台载体 9 家。

七、进出口情况

2020 年，全区进出口总额 26.5 亿元。其中，出口总额 20.4 亿元，进口总额 6.1 亿元。出口产品以升降平台、刹车片、纺织服装等为主，主要出口欧美、东南亚等地区。

第十节　莱芜区

莱芜区前身为莱城区，面积 1739 平方公里，常住人口 81.6 万人。区位优势明显，矿产资源丰富，铁矿石储量列华东之首，素有“钢城煤都”之称，拥有 1 个国家级高新技术产业开发区、1 个国家农业科技园区（省级农高区）、1 个省级旅游度假区。

一、工业基本情况

2020 年，莱芜区地区生产总值 641.6 亿元。全年完成工业增加值 257.7 亿元，占 GDP 的比重为 40.2%。全区规模以上工业企业 168 家，完成产值 826.8 亿元；规模以上工业增加值 165.1 亿元，实现营业收入 1312.3 亿元。高新技术产业产值 56.9 亿元，占规模以上工业总产值的比重为 6.9%。

二、工业产业结构

全区规模以上工业涉及 19 个大类行业，黑色金属冶炼和压延加工业一枝独秀，营业收入规模接近千亿元，占全区工业营业收入的73.1%；专用设备制造业位居第二，营业收入超过50亿元，占全区工业营业收入的5.1%；电力、热力生产和供应业等8个行业营业收入在10亿～50亿元，合计占全区工业营业收入的16.1%；剩余9个行业营业收入合计75.6亿元，占全区工业营业收入的5.7%。

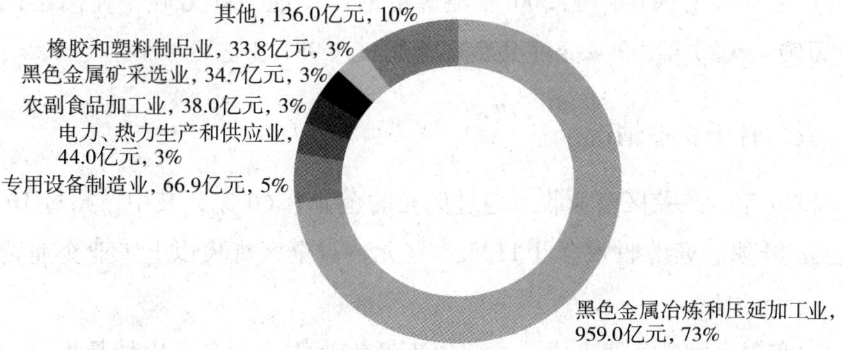

图1－12　2020年济南市莱芜区工业产业结构分布图

三、重点优势产业

黑色金属冶炼和压延加工业：精品钢及先进材料的产业集聚度达70%以上，以泰山钢铁、富伦钢铁为龙头企业，泰嘉不锈钢建成投产，泰钢、九羊蝉联"中国民营企业500强"。2020年，全区共生产生铁813.6万吨、钢坯808.9万吨、钢材891万吨，其中不锈钢卷板113万吨，钢铁产业实现产值490.9亿元。

装备制造业：主要涉及采矿、冶金、建筑专用设备制造、汽车零部件及配件制造、输配电及控制设备制造等行业，代表企业有山能重装莱芜装备、豪驰汽车、力创科技等。其中，山能重装加压过滤机产品技术稳居世界第一，全球市场占有率达到85%；豪驰三大核心技术打破了山东在纯电动汽车关键总成及核心零部件领域无重大项目支撑的局面，填补了全省新能源商用车的空白。

农副食品加工业：主要涉及大蒜、生姜等精加工产品，2020年实现产值68.4亿元。泰丰食品、晔霖等企业加大了对巴西、巴基斯坦等国外市场的开拓，所生产的腌渍姜蒜产品出口成为拉动经济增长的新亮点。

四、产业集群及工业园区情况

钢铁产业集群：共有2家钢铁企业，其中，泰山钢铁生铁年产能350万吨、粗钢年产能323万吨、轧钢年产能500万吨、不锈钢年产能120万吨；富伦钢铁生铁年产能500万吨、粗钢年产能300万吨、轧钢年产能370万吨。2020年，2家企业共实现营业收入987.7亿元。

五、骨干企业情况

2020年，莱芜区营业收入超过亿元的企业有66家，其中，超过10亿元企业14家，营业收入合计1125.5亿元，占全区规模以上工业企业营业收入的85.8%。

山东泰山钢铁集团有限公司：以不锈钢为主营业务，以精品板带材为主体，新材料、高端装备、清洁能源、国际贸易、物流运输等多业并举，主要产品有不锈钢、普碳热轧和普碳冷轧三大系列，是目前全国最具竞争力的400系不锈钢生产基地、山东省重要的冷轧薄板生产基地、山东省“莱—泰内陆精品钢生产基地”的重要支撑、国家新材料产业化基地骨干企业，连续13年进入“中国企业500强”，核心产品400系不锈钢占全国25%的市场份额，37项不锈钢领域技术填补了国内空白，2020年集团实现营业收入497亿元。

山东九羊集团有限公司：是集冶金、铸锻、机械加工、焦化、建筑安装、物流等于一体的大型企业集团，主要下设山东富伦钢铁有限公司、济南市九羊福利钢铁有限公司、山东宝鼎煤焦化有限公司等子公司，具备粗钢400万吨、生铁500万吨、焦炭220万吨、粗苯煤焦油20万吨的年生产能力，主要产品包括工业线材、螺纹钢、盘螺、优特圆钢、热轧中宽带钢等。2020年，富伦钢铁实现营业收入307.3亿元，九羊福利实现营业收入138.1亿元，宝鼎煤焦化实现营业收入45.3亿元。

山东能源重装集团莱芜装备制造有限公司：主导产品加压过滤机是国内一流的固液分离技术产品，被评为国家级新产品和煤炭行业科技进步一等奖，填补了国内空白；无人值守智能装车站实现国内首创，国际领先；高端液压支架获得三张 A 类安标证书；TBM/盾构机等国之重器产品强势崛起，产品逐步由中低端迈向高端。

山东省万兴食品有限公司：是国家级农业产业化重点龙头企业、全国农业产业化示范基地、山东省生姜出口第一大户，拥有国际有机认证的万亩姜园，年加工、出口农产品达到 40 万吨以上，2020 年实现营业收入 19.1 亿元。

莱芜泰丰食品有限公司：是国家级农业产业化重点龙头企业、中国农产品出口百强企业，主营保鲜、腌制两大系列农副产品近百种，主要有生姜、大蒜、水果、土豆、寿司姜片等，其中苹果、大蒜出口总量居全国前列，2020 年实现营业收入 18.7 亿元。

截至 2020 年底，全区共有省级以上制造业单项冠军企业 7 家，“专精特新”企业 36 家，“瞪羚”企业 7 家。

六、科技创新能力

2020 年，全区共有国家高新技术企业 136 家，国家级企业技术中心 1 家，省级企业技术中心 48 家，国家、省、市级科技创新与创业孵化平台 75 家。全区万人有效发明专利拥有量 4.8 件，企业有效发明专利 387 件，新授权发明专利 114 件。

七、进出口情况

2020 年，全区进出口总额 123 亿元。其中，出口总额 67.1 亿元；进口总额 55.9 亿元。规模以上工业产品实现出口交货值 52.9 亿元。

第十一节　钢城区

钢城区是国有大型钢铁企业莱钢集团、山钢股份的驻地，面积 507 平方公里，常住人口 28.7 万人。钢城区是国家新材料产业化基地、全国最大的粉末冶金生产基地和重要的精品钢生产基地。

一、工业基本情况

2020 年，钢城区地区生产总值 300.2 亿元。全年完成工业增加值 190.1 亿元，占 GDP 的比重为 63.3%。全区规模以上工业企业 92 家，规模以上工业增加值 132.9 亿元；实现营业收入 921.6 亿元。高新技术产业产值占规模以上工业总产值比重为 7%。

二、工业产业结构

全区规模以上工业涉及 18 个大类行业，黑色金属冶炼和压延加工业是全区的主导产业，营业收入规模达到 700 亿元，占全区工业营业收入的 82.4%；非金属矿物制品业居第二位，营业收入超过 50 亿元，占全区工业营业收入的 5.5%；金属制品业、电气机械和器材制造业、化学原料和化学制品制造业居第三至第五位，营业收入在 10 亿～50 亿元，合计占全区工业营业收入的 8.4%；黑色金属矿采选业等 13 个行业营业收入合计 33.9 亿元，占全区工业营业收入的 3.7%。

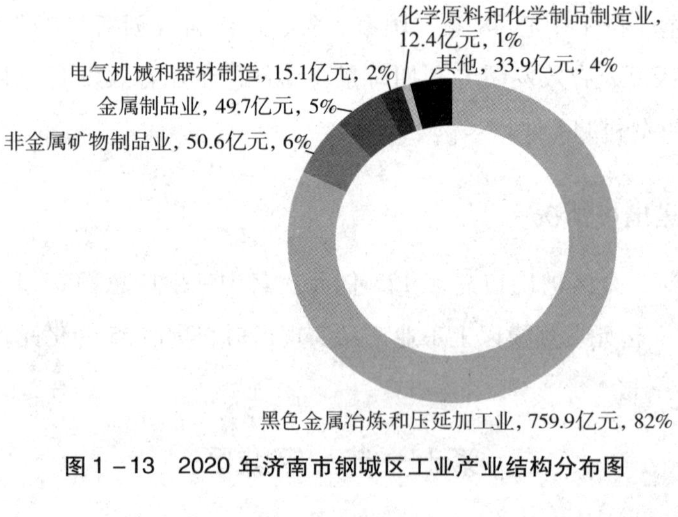

图 1－13　2020 年济南市钢城区工业产业结构分布图

三、重点优势产业

钢铁产业：钢城区钢铁年产能达到1300万吨，钢铁深加工年能力达400万吨，是国内重要的H型钢、齿轮钢、智能车库生产基地。省重大项目山钢新旧动能转换项目打造了国内首创的智能化、数字化融合管理模式，实现钢铁企业超低排放标准，吨钢污染物排放达到清洁生产一级水平。2020年山钢莱芜分公司实现产值634.1亿元，占全区规模以上工业总产值的80.2%；实现增加值92.4亿元，占全区规模以上工业增加值的69.5%。

粉末冶金产业：初步建立了以莱钢粉末、上汽粉末等企业为龙头，集粉末生产、研发、制品加工于一体的粉末冶金产业发展体系，拥有国内领先的高密度低合金技术，是全国规模最大的粉末冶金材料生产基地，被授予“粉末冶金之都”称号。全区现有粉末冶金企业14家，年制粉能力25万吨、年制品能力5万吨。

电子信息产业：全区共培育莱钢电子、金鼎电子等电子信息企业7家，主要发展挠性覆铜板、超薄覆铜板、柔性导电膜、柔性线路板、机器人用柔性导丝导线、PI膜等电子基材产业，年可生产智能停车系统5万套、挠性覆铜板1400万平方米、ITO膜300万平方米、电机控制器8万台（套）、仪表20万套和光电元器件150万件。5G电子基材项目，超细线路材料、导电材料、高导热材料打破了高端电子材料的国外垄断，实现了国产化替代。

新能源与节能环保产业：全区共有规模以上企业12家，主要生产大型风力发动机主轴、增速器、叶片，以及新能源汽车配套产品等。以金雷风电为龙头企业，年可生产风力发电机主轴9000支，全球市场占有率达到15%以上，海上风电主轴项目建成后全球市场占有率将提升到40%。

四、产业集群及工业园区情况

全区初步形成了精品钢、钢铁精深加工、汽车零部件、粉末冶金、电子信息、新能源及节能环保等六大产业集群。

精品钢产业集群：2020年，精品钢产业集群主营业务收入达到1200亿元；莱钢钢产量达到1200多万吨，实现产值634.1亿元。

钢铁精深加工产业集群：形成了以装备制造、机械加工、板管加工、钢结构等为代表的钢铁精深加工产业，被命名为山东省专用钢材产业集群。目前，全区共有钢铁精深加工企业70多家，钢铁精深加工能力达到每年400万吨。

汽车零部件产业集群：全区汽车零部件生产企业22家，产品涉及发动机、变速箱、底盘、传动制动系统等八大体系，配套服务通用汽车、吉利汽车等20多家国内外知名企业，年产配件2600万件套、35万吨。汇锋高端汽车部件产业园与山钢股份联合成立齿轮材料应用研发中心，着力打造百亿级产业集群，主导产品螺旋锥齿轮在国内市场占有率达到60%以上。

五、骨干企业情况

2020年，钢城区营业收入超过10亿元的企业有6家，营业收入合计878.7亿元，占全区规模以上工业企业营业收入的95.3%。

山钢股份莱芜分公司：是国内品种规格最全的叉车门架型钢生产基地，也是国内重要的全流程叉车门架型钢制造企业，国内规格最大、性能最高的C270b门架型钢等12项产品填补了国内、国际空白，获得授权专利56项，牵头制修订《叉车用热轧门架型钢》（YB/T 4237）行业标准，主导产品叉车用门架型钢已发展到最高500MPa级、8个钢种、22个规格，实现品种规格的全覆盖，国内整体市场份额占有率达50%以上，高端品种市场占有率达80%以上，2020年实现营业收入538.1亿元。

莱芜钢铁集团银山型钢有限公司：主要生产型钢、板带钢材、生铁、钢坯及钢铁副产品等，2020年实现营业收入269.6亿元。

金雷科技股份公司：主要从事风电主轴的研发、生产和销售，是国家火炬计划重点高新技术企业、山东省制造业高端品牌培育企业，年产大型风电主轴9000支，产品远销欧美、日本等发达国家和地区，出口产品份额占全球的17%，2020年实现营业收入14.8亿元。

截至2020年底，全区共有省级以上制造业单项冠军企业3家，“专精特新”企业16家，“瞪羚”企业2家。

六、科技创新能力

2020年，全区共有高新技术企业36家，省级工程技术研究中心9家，省级重点实验室1家。

七、进出口情况

2020年，全区进出口总额21.7亿元。其中，出口总额16.5亿元；进口总额5.3亿元。出口产品以钢铁产品、冶金粉末、风电主轴、挠性覆铜箔板等为主，主要出口日本、韩国、美国和东南亚、欧洲等国家和地区。

第十二节　平阴县

平阴县，地处古东原之阴，是省会济南的市郊县，距济南市60公里，面积715平方公里，常住人口32.3万人。平阴县被誉为“中国玫瑰之乡”“中国阿胶之乡”。

一、工业基本情况

2020年，平阴县地区生产总值233.3亿元，全县规模以上工业企业101家，完成工业总产值270.1亿元，完成规模以上工业增加值61.2亿元，实现营业收入266.5亿元。高新技术产值占规模以上工业产值的比重达到70%。“四新”经济投资占固定资产投资的39.5%。全年工业用电量13.9亿千瓦·时。

二、工业产业结构

高端五金、炭素电极、医药食品、水泥建材、节能环保为全县五大重点行业，其中，高端五金行业营业收入达百亿元，占全区工业营业收入的38.2%；炭素电极和医药食品行业营业收入超过50亿元，合计占全区工业营业收入的43.3%；其他两个行业营业收入在10亿~50亿元，合计占全区工业营业收入的18.5%。

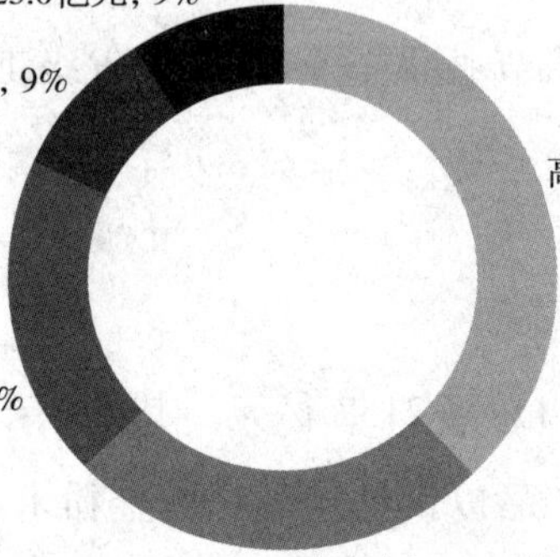

图1－14　2020年济南市平阴县工业产业结构分布图

三、重点优势产业

高端五金产业：主要涉及建筑、安全用金属制品制造、结构性金属制品制造、铸造及其他金属制品制造等行业，代表企业有玫德集团、迈科管道、越宫钢构件、二机床铸造，产品涉及阀门、玛钢管件、沟槽管件、不锈钢管件、钢构件等。2020年，玛钢相关行业实现产值66.5亿元。

炭素电极产业：主要涉及石墨及其他非金属矿物制品制造业，代表企业有澳海炭素、丰源炭素、万瑞炭素、龙山炭素等，主要产品有预焙阳极等。2020年，炭素制品相关行业实现产值69.9亿元。

医药食品产业：主要涉及阿胶产业和玫瑰深加工产业。福胶集团生产的“福牌”阿胶占全国销量的40%以上，产销量连续六年位居全国第一，2020年，阿胶产业完成产值26.0亿元，其中，福胶完成产值5.5亿元。平阴是著名的“中国玫瑰之乡”，其重瓣玫瑰1300多年的种植史驰名中外，玫瑰深加工产业代表企业为华玫生物，主要生产玫瑰花冠茶、玫瑰超微粉、玫瑰精油、食品、化妆品等。目前平阴县玫瑰高端产业园入驻加工企业20余家，其中，生产精油化妆品企业5家、生产花蕾花冠企业12家，年加工玫瑰制品5000余吨，产值4亿元。

四、产业集群及工业园区情况

机械装备产业集群：现有规模以上企业49家，以玫德集团为龙头，以黄河特钢、二机床产业园、实达紧固件公司为骨干，重点发展机械装备、汽车、智能电网等产业。主导产品有玛钢管件、工字钢、紧固件、机床配件、汽车摩托车配件、配电柜等。

炭素电极产业集群：现有规模以上企业9家，以万瑞炭素为龙头，主导产品为铝电解用预焙阳极，年生产炭素制品159万吨，占全国炭素制品产量的五分之一以上，是国内重要的炭素制品生产基地，产品技术水平和生产技术处于国内领先水平。

医药食品产业集群：现有规模以上企业14家，以齐发药业、华玫生物、福胶集团、伊利乳业、欧莱博为骨干，深入挖掘平阴玫瑰、阿胶两大地方特色资源优势，重点发展生物医药、中药材提取物、医疗器械以及健康食品等产业。

绿色建材产业集群：现有规模以上企业20家，以平阴山水、鲁平建材等企业为骨干，重点发展装配式混凝土建筑构件、绿色墙体材料、新兴材料，推动产业由石料开采向碳酸钙产业转型。

节能环保产业集群：现有规模以上企业29家，依托国家火炬平阴清洁能源特色产业基地，以琦泉集团、鸿瑞新材料、大唐风电等企业为骨干，建立了覆盖生物质能、工业节能、新材料、风能、太阳能等产业领域的科技创新平台和服务体系。

五、骨干企业情况

2020年，平阴县营业收入超过10亿元的企业有6家，营业收入合计129.8亿元，占全县规模以上工业企业营业收入的48.7%。

玫德集团有限公司：作为世界一流的流体输送产品提供商，主要提供流体输送与计量产品、电力金具、铸造生铁、灌浆套筒等产品和相关技术服务，产品涵盖各类碳钢管、阀门、玛钢管件、沟槽管件、不锈钢管材管件等，是中国玛钢管件生产基地龙头企业、中国绿色铸造示范企业、不锈钢领域双卡压专利技术的发明者和国家标准起草者，拥有400多项国家专利，产品销往130多个国家和地区，2020年实现营业收入43.5亿元。

济南澳海炭素有限公司：是主要从事炭素制品的生产、研发与经营的高新技术企业，是我国预焙阳极的出口生产基地，主导产品铝电解用预焙阳极销往多家国内大型铝厂，并在北美、北欧和中东等国家和地区有较高的市场占有率，2020年实现营业收入22.7亿元。

山东福胶集团有限公司：是阿胶业界中华老字号企业，主要生产福牌阿胶及系列产品，“福”牌、“东阿镇”牌阿胶畅销全国，公司还率先建立了全国第一个阿胶生产标准、质量标准、检测标准，收载于《中国药典》，成为全国质量标准控制的规范。

山东华玫生物科有限技公司：是平阴玫瑰深加工行业的龙头企业，主要生产玫瑰花茶、食品、化妆品三大玫瑰系列产品，研发出国内首条冻干玫瑰花冠茶生产线，具备年加工玫瑰花冠1500吨的生产能力。

山东齐发药业有限公司：是由齐鲁制药有限公司投资兴建的生物制药基地，年生产各种微生物类药物折纯量8000多吨，主要产品已通过FDA、EDQM、APVMA认证，产品远销北美、南美、欧洲、中东及东南亚等30多个国家和地区，2020年实现营业收入10.4亿元。

截至2020年底，全县共有省级以上制造业单项冠军企业2家，“专精特新”企业14家，“小巨人”企业1家，“瞪羚”企业5家。

六、科技创新能力

2020年，全县共有高新技术企业49家，国家级企业技术中心2家，省级企业技术中心5家。全年发明专利申请总量114件，发明专利授权量24件，累计有效发明专利227件。

七、进出口情况

2020年，全县出口总额52.1亿元。出口产品以五金管件、炭素制品、兽用医药等为主，主要出口欧洲、美国、东南亚等国家和地区。

第十三节　商河县

商河县是济南市的北大门，济南对接京津冀的桥头堡，面积1162平方公里，常住人口52.7万人。交通便利，全县公路密度名列全省之首。地热资源得天独厚，是济南市“中国温泉之都”的主要承载地。

一、工业基本情况

2020年，商河县地区生产总值180亿元。全年完成工业增加值40.2亿元，占GDP的比重为22.3%。全县规模以上工业企业112家，完成工业总产值120.3亿元，实现营业收入121.2亿元。高新技术产业产值占规模以上工业总产值的比重达到45.2%。“四新”经济投资占比43.3%。

二、工业产业结构

全县规模以上工业涉及25个大类行业，农副食品加工业、非金属矿物制品业、纺织业、化学原料和化学制品制造业、汽车制造业为全县排名前五的行业，营业收入均在10亿元以上，合计占全区工业营业收入的62.5%；金属制品业等20个行业营业收入合计45.4亿元，占全区工业营业收入的37.5%。

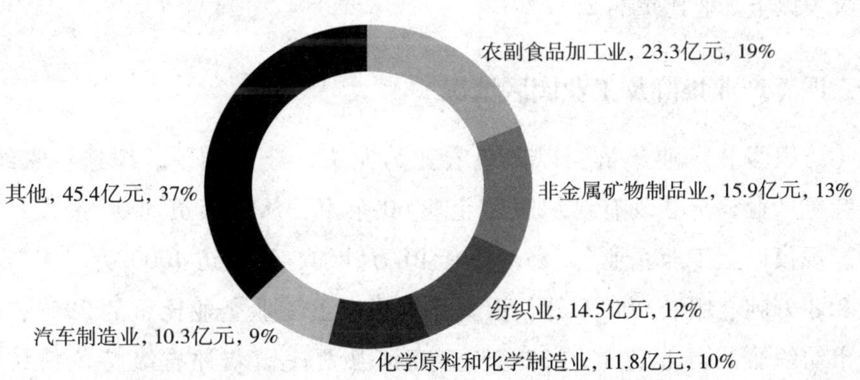

图1－15　2020年济南市商河县工业产业结构分布图

三、重点优势产业

农副食品加工业：以济南万润为龙头，主要以畜禽宰杀、粮食、大蒜等加工为主。2020 年产值 24 亿元，占规模以上工业企业产值比重的 19.9%。

非金属矿物制品业：玻璃制造产业依托玉皇庙镇国家级玻璃小镇，以力诺特玻为龙头，全县微波炉转盘产量占全球市场份额的 50%，电光源玻壳产品占全球市场份额的 60%，药用玻璃规模位居全国第三，中硼硅玻璃占全国市场份额的 40%。

纺织业：以齐鲁宏业为龙头，涉及纺纱、织造、家纺、服装等产业。拥有 40 万纱锭、气流纺 4000 头，年产纱线 8.8 万吨、服装 894 万件、布 1232 万米、床上用品 160 万余件。规模以上工业企业 10 家，年主营业务收入超过亿元的企业 3 家，2020 年产值 12.9 亿元，占规模以上工业企业产值比重的 10.8%，占全市纺织服装行业比重的 39.4%。

化学原料和化学制品制造业：全县规模以上生物医药化工企业 16 家，以科源制药为龙头，主要涉及医药、生物酶制剂及农药、肥料等行业。2020 年产值 20 亿元，占规模以上工业比重的 16.7%。

汽车制造业：全县规模以上装备制造企业 24 家，以泰富特钢为龙头，主要涉及汽车零部件、光缆、焊接材料等行业。2020 年产值 26.1 亿元，占规模以上工业比重的 21.7%。

四、产业集群及工业园区情况

纺织服装产业集群：以齐鲁宏业为龙头，涉及纺纱、织造、家纺、服装等产业，全县现有纺织服装企业 60 余家，从业人员 5000 余人。其中，规模以上工业企业 37 家，拥有 40 万纱锭、气流纺 4000 头，年产纱线 8.8 万吨、服装 900 万件，占全县规模以上工业企业比重的 29%，占全市纺织服装行业比重的 39.4%。商河县贾庄镇获评省级特色精纺小镇，以高端精纺产业园为平台，以宏业纺织为龙头，雅洁地毯、昊鹏服饰、新华制衣等项目陆续落地、投产，拉动就业 4000 余人，年产值达到数十亿元。

工业园区：商河医药化工园规划面积7.77平方公里，是省级医药化工园区；商河智能制造与高端换装备产业园规划面积12平方公里，是国家火炬环保节能材料与装备特色产业基地；经济开发区建有商河化工产业园、绿色循环经济产业园，正在续建特色装备制造工业园二期项目。

五、骨干企业情况

2020年，商河县营业收入超过亿元的企业有28家，实现工业总产值82.7亿元，占规模以上工业企业产值比重的69%。

山东力诺特种玻璃股份有限公司：是中国耐热玻璃龙头企业、中国轻工业日用玻璃行业十强企业，参与了药用玻璃、玻璃仪器和耐热玻璃器皿国家标准的起草工作，主持起草微波炉玻璃托盘等多项国家标准，高硼硅耐热玻璃器具成为美的、格兰仕的核心供应商，中硼硅药用安瓿、管制注射剂瓶填补了国内空白。

齐鲁宏业纺织集团：以精品纱线为主业，其生产的高档纯棉系列针织用纱及涤棉混纺色织米通布用纱在市场上拥有很高的知名度，集团资产总值达到10亿元，年产各类纱线4万余吨、针织布5000多吨、针织成衣400多万件。集团下属骨干企业山东宏业纺织股份有限公司新型纤维纱线生产规模现已达到15万多锭，占总规模70%以上，被评为国家功能性差别化纤维纱线产品开发基地，2020年实现营业收入7.6亿元。

截至2020年底，全县共有省级以上制造业单项冠军企业2家，“专精特新”企业10家，“瞪羚”企业2家。

六、科技创新能力

2020年，全县共有高新技术企业52家，省级企业技术中心3家。成立首家海外研发机构，建成首家省级外籍院士工作站。

七、进出口情况

2020 年，全县进出口总额 12.8 亿元。其中，出口总额 9.7 亿元；进口总额 3.1 亿元。出口产品以蔬菜制品为主，主要出口美国。

第十四节　莱芜高新区

莱芜高新区地处莱芜区东部，由一个国家级高新区、两个省级园区整合而成，面积 116 平方公里，常住人口 15.4 万人。莱芜高新区是莱芜区高新技术产业发展的火车头、战略性新兴产业的聚集区和区域经济社会发展的重要增长极。

一、工业基本情况

2020 年，莱芜高新区地区生产总值 165.7 亿元，规模以上工业企业 102 家，实现营业收入 99.9 亿元。

二、重点优势产业

全区重点发展以山东重工为龙头的智能制造与高端装备产业，以莱芜医药产业园和口镇化工助剂产业园为载体的医药化工产业和以山东泰山钢铁集团为龙头的先进材料等三大产业。

三、产业集群及工业园区情况

山东重工绿色智造产业城：项目总投资约 1535 亿元，将打造世界一流的百万辆整车整机产业集群，是目前济南市投资额第一、项目规模第一的最大体量项目。产业城以高端整车整机绿色智能制造产业为龙头，以智能网联（新能源）重卡项目、智能叉车项目、智能网联试车场项目及系列高端配套企业引进等为重点，形成了集聚高端配套企业和高端人才的产业集群。目前，产业城核心区建设拉开序幕，智能网联重卡一期顺利投产，重卡二期、德国凯傲叉车项目加快建设，16 个配套项目集中入驻；豪驰新能源商用车整车下线。

莱芜医药产业园：是莱芜区重点打造的“大健康产业”高新技术园区，也是“康养济南”的重要产业支撑。莱芜医药产业园由医药产业孵化园区、医药产业共享服务平台两大功能板块组成，重点布局生物医药、医疗器械两大产业板块，已初步形成医药、医疗器械、现代中药、保健化妆品、销售物流五大产业布局，获批省级科技孵化器。目前，园区已入驻珅诺基药业、朗润医疗、博科集团、宏济堂、修正药业、江中制药等 30 家企业，其中，珅诺基阿可拉定完成三期临床试验，华安可降解心脏支架、朗润核磁共振投产上市。

口镇化工助剂产业园：规划定位为生态型精细化工产业循环经济示范区，重要的生态建材、医药化工、精细化工产品生产基地，是莱芜高新区工业体系新的增长点，目前已入驻固德化工、东岳汶河氟材料、汶河新材料等企业。

四、科技创新能力

2020 年，全区共有高新技术企业 100 家，国家级企业技术中心 1 家，国家级实验室 1 家。省级工程技术研究中心 14 家，院士工作站 11 家。

五、进出口情况

2020 年，全区进出口总额 62 亿元。

第十五节 新旧动能转换先行区

新旧动能转换先行区位于济南市区北部，面积 1030 平方公里，常住人口 16.6 万人。先行区定位为全国新旧动能转换的先行示范区、山东省会城市群的黄河北岸中心、全省高端高效新兴产业集聚地、国际一流的现代绿色智慧新城。

一、工业基本情况

2020 年，先行区地区生产总值 53 亿元。全区规模以上工业企业 35 家，实现营业收入 44.8 亿元。

二、工业产业结构

全区规模以上工业涉及 17 个大类行业，食品制造业为全区第一大产业，营业收入在 10 亿元以上，占全区工业营业收入的 37.9%；非金属矿物制品业等 16 个行业营业收入合计 27.8 亿元，占全区工业营业收入的 62.1%。

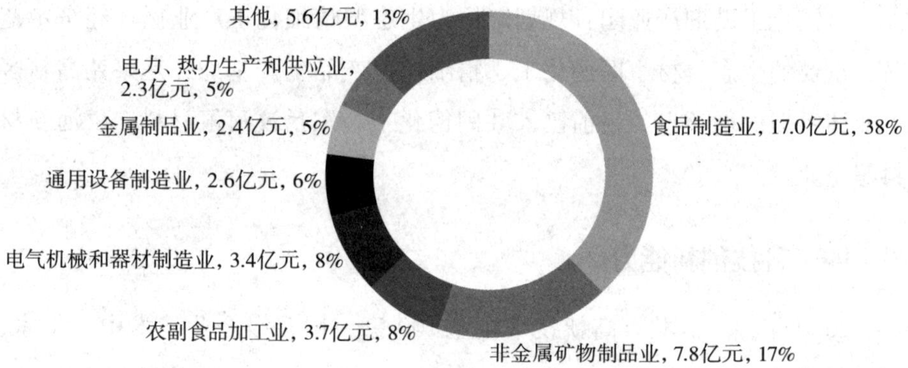

图 1-16　2020 年济南市先行区工业产业结构分布图

三、骨干企业情况

济南达利食品有限公司：是福建达利集团下属企业，山东省农业产业化龙头企业，先后形成了派类糕点食品、薯片、饼干、饮料等四大产品系列共 500 多个品种，“达利园·派”派类食品、“好吃点”饼干先后荣获“中国名牌产品”，2020 年实现营业收入 16.8 亿元，占全区规模以上工业企业营业收入的 37.5%。

四、科技创新能力

2020 年，全区共有省级企业技术中心 1 家。

第十六节 南部山区

南部山区地处泰山余脉，被誉为省城后花园，常住人口20.4万人。旅游资源丰富，形成了以自然风光为基础，融人文景观为一体的资源体系。

一、工业基本情况

2020年，南部山区地区生产总值63.1亿元。全区规模以上工业企业12家，实现营业收入9.9亿元。

二、重点优势产业

全区规模以上工业涉及12个大类行业，重点产业为白酒酿造、纸制品制造、农产品加工和变压器制造等。其中，趵突泉是山东省粮食酒重点生产企业；泉华包装市场占有率稳居国内液体纸基屋顶盒行业的第二名；野风酥食品是山东省农业产业化重点龙头企业，产品获得“山东老字号”“山东省名牌产品”“山东省著名商标”等荣誉；通源电气专注于智能成套配电设备的研发和生产，是世界500强企业施耐德集团的协议成套商和技术、商务合作伙伴。

三、产业集群及工业园区情况

工业园区：南部山区现有2个工业园区，一个是趵突泉芝麻香型白酒产品结构调整技术改造项目，位于仲宫街道办事处103省道以东，园区级别为市级，主导产业为白酒酿造、销售；另一个是凤凰工业园，位于柳埠街道柳西村，园区级别为镇（街），主导产业为农产品加工和变压器制造等。园区内大多数企业从事原材料粗加工等价值链低端的传统产业，从事先进制造业、高新技术企业的比例偏低。

四、骨干企业情况

济南趵突泉酿酒有限责任公司：是山东省粮食酒重点生产企业，全国白酒标准化技术委员会芝麻香型白酒分技术委员会秘书处承担单位，拥有行业内最先进的冷冻过滤技术、微机勾兑及色谱分析系统，2020 年实现营业收入 4 亿元。

济南泉华包装制品有限公司：专业从事生产牛奶、果汁用屋顶盒，彩箱、彩盒，食品卡纸等绿色环保型食品级包装制品，市场占有率达 40%，是国内第二大屋顶型液体食品无菌包装生产企业，2020 年实现营业收入 4.3 亿元。

五、出口情况

出口产品以纸基屋顶型包装盒、塑料制品为主，主要出口亚洲、非洲、欧洲、中美洲等地区。

第二章　青岛市

青岛是山东副省级城市、国家计划单列市，对外开放的沿海港口城市，“一带一路”新欧亚大陆桥经济走廊主要节点和“海上合作战略支点”城市。青岛市位于山东半岛南部，辖市南、市北、李沧、崂山、西海岸新区（黄岛）、城阳、即墨7个区和胶州、平度、莱西3个县级市，以及高新技术产业开发区、前湾保税港区，总面积11293平方公里，常住人口1007.2万人。

【青岛市经济总量】

2020年，青岛市地区生产总值12400.6亿元。全市完成工业增加值3268.4亿元，占GDP比重26.4%。“新经济”增加值占生产总值比重达32.6%。所辖区县中，西海岸新区经济发展领跑全省各区县，全年生产总值超3722亿元，即墨区、市南区、胶州市、城阳区生产总值超过千亿元，上述5个区经济总量占全市比重的70.2%。

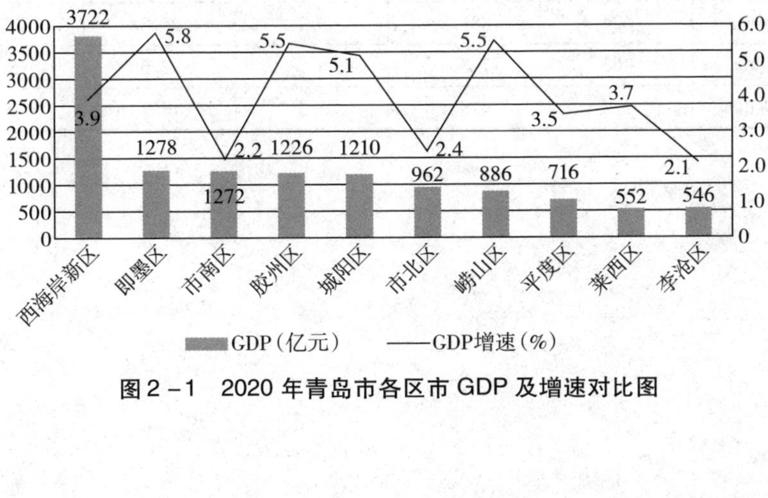

图2－1　2020年青岛市各区市GDP及增速对比图

【青岛市各区县工业经济】

2020 年，全市规模以上工业企业 3560 家，实现营业收入 9589.3 亿元。其中，西海岸新区（收入达 3400 亿元）、城阳区、即墨区规模以上工业营业收入超过千亿元，规模以上工业企业数占全市的比重为 55.6%，营业收入占全市的 67.1%，利润总额占全市的 76.2%。

各区市营业收入超过百亿的重点企业有 9 家（西海岸新区 5 家，市南区、李沧区、城阳区、即墨区各 1 家），占全市规模以上工业企业总营业收入的 25%；其中，一汽解放青岛汽车有限公司营业收入超过 500 亿元。

表 2－1　2020 年青岛市各区市规模以上工业主要经济指标情况表

县（市/区）	企业单位数（家）	营业收入		利润总额	
		累计（亿元）	同比（%）	累计（亿元）	同比（%）
全市合计	3560	9589.3	4.2	531.6	12.4
市南区	8	32.1	－3.0	－0.1	－244.2
市北区	52	377.3	－1.2	18.1	85.3
李沧区	98	311.8	－9.8	6.3	－14.8
崂山区	80	329.0	7.0	33.3	2.1
西海岸新区（含保税港区）	786	3402.9	1.1	230.4	15.7
城阳区（含高新区）	687	1697.6	－0.3	122.6	7.9
即墨区	507	1335.5	20.4	52.2	1.4
胶州市	624	881.8	8.7	28.0	22.3
平度市	403	743.3	6.2	22.6	35.9
莱西市	278	478.1	6.3	18.2	－5.6

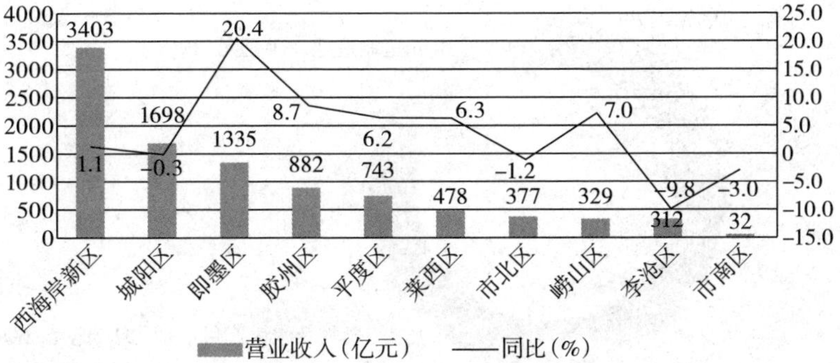

图 2－2　2020 年青岛市各区市规模以上工业营业收入及增速对比图

第一节　市南区

市南区位于青岛市区南部，面积 30 平方公里，常住人口 48.7 万人。市南区是青岛市行政、旅游、商贸、文化、金融、科技中心，自然旅游资源和人文景观丰富，是著名的旅游度假观光避暑胜地，全国首批总部经济发展实践基地。

一、工业基本情况

2020 年，市南区地区生产总值 1272.3 亿元。全年完成工业增加值 57.2 亿元，占 GDP 的比重为 4.5%。全区规模以上工业企业 8 家，完成工业总产值 26.6 亿元，实现营业收入 32.1 亿元。

二、工业产业结构

热力、燃气及水生产供应业为全区第一大产业，共有规模以上企业 4 家，营业收入合计占全区工业营业收入的 69.2%；制造业规模以上企业 4 家，营业收入合计占全区工业营业收入的 30.8%。

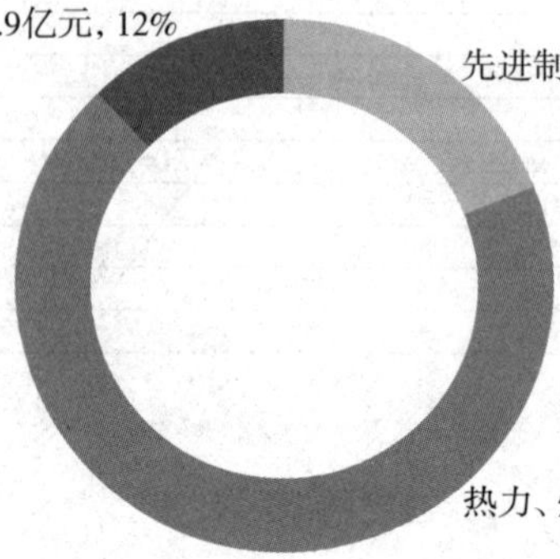

图2－3　2020年青岛市市南区工业产业结构分布图

三、重点优势产业

全区围绕科技引领、金融支撑、数字赋能，构建以总部经济、数字经济为牵引，现代金融、商贸商务、航运贸易、文化旅游等为重点的特色产业体系，服务业增加值占生产总值比重稳定在90%左右，海洋经济增加值占生产总值比重超过30%。

四、骨干企业情况

海信集团：总部位于市南区，业务涵盖多媒体、家电、IT智能信息系统和现代服务业等多个领域，旗下有海信、东芝电视、科龙、容声等多个品牌，在全球建有29个工业园区、生产基地和20所研发机构。在以彩电为核心的B2C产业，海信始终处在全球行业前列；在智慧交通、精准医疗和光通信等新动能B2B产业，海信也占据了全国乃至全球领先地位。2020年集团实现营业收入1411亿元，其中海外收入549亿元，占比近40%。

青岛啤酒股份有限公司：是中国历史悠久的啤酒制造厂商，目前青岛啤酒品牌价值1792.9亿元，连续17年居中国啤酒行业首位，位列世界品牌500强，公司规模和市场份额均居国内啤酒行业领先地位，为世界第五大啤酒厂商。2020年实现啤酒销售量782万千升，实现营业收入195.5亿元。

截至2020年底，全区共有省级以上制造业单项冠军企业1家，“专精特新”企业23家，“小巨人”企业1家。

五、科技创新能力

2020年，全区共有高新技术企业236家，国家级企业技术中心6家，省级企业技术中心3家。全年发明专利申请量2075件，发明专利授权量953件，有效发明专利4715件。

科技服务平台：中国—上海合作组织技术转移中心正式启用，成为国内首个集市场化、国际化、专业化于一体的国际科技合作新平台；组建全省首个区域性产学研联盟，海洋科技成果转移转化中心被列为全省首批创新创业共同体；科学仪器细分领域特色产业园区——青岛科学仪器产业园落户。

六、进出口情况

2020年，全区进出口总额652.8亿元。其中，出口总额439.1亿元；进口总额213.8亿元。出口产品以工艺品为主。

第二节　市北区

市北区位于青岛市主城区的中心位置，面积65.4平方公里，常住人口109.7万人。市北区区位条件优越，经济发达，人文气息浓厚，是“百年青岛”历史文化的传承地，青岛近代产业的摇篮。

一、工业基本情况

2020年，市北区地区生产总值962.2亿元。全年完成工业增加值63.7亿元，占GDP比重6.6%。全区规模以上工业企业52家，完成工业总产值256亿元；实现营业收入377.3亿元。“四新”经济投资占固定资产投资的32.4%。

二、工业产业结构

农副食品加工业为全区第一大产业，营业收入达百亿元，占全区工业营业收入的48.7%；铁路、船舶、航空航天和其他运输设备制造业，电力、热力生产和供应业居第二、第三位，营业收入分别为58.8亿元、46.1亿元，分别占全区工业营业收入的15.6%、12.2%；其他行业营业收入合计88.7亿元，占全区工业营业收入的23.5%。

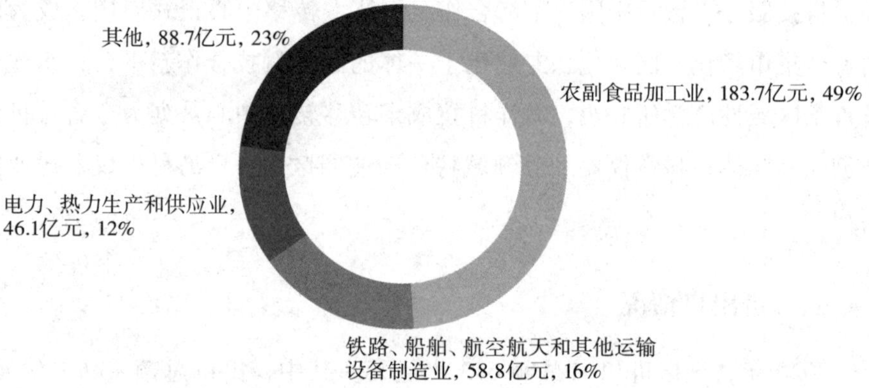

图2－4　2020年青岛市市北区工业产业结构分布图

三、重点优势产业

农副食品加工业：主要涉及粮油加工、饲料加工等行业，代表企业有渤海科技、渤海农业、青岛长生等，全区规模以上企业2家，2020年实现营业收入183.7亿元。其中，青岛渤海科技有限公司实现产值58亿元，青岛渤海农业发展有限公司实现产值39亿元。

铁路运输设备制造业：代表企业有中车四方研究所、亚通达、前哨精密仪器等，产品涉及轨道车辆电气、减振、钩缓、制动等。全区规模以上企业6家，2020年实现营业收入58.8亿元。其中，中车青岛四方车辆研究所有限公司实现产值47亿元。

电力、热力生产和供应业：全区有规模以上企业8家，2020年实现营业收入46.1亿元。其中，华电青岛发电有限公司实现产值23亿元。

四、产业集群及工业园区情况

市北新材料协同创新都市产业园：是青岛市第一批工业产业集聚区，重点发展橡塑材料、绿色化工、高温合金、智能制造、前沿新材料及生态服务产业，聚力攻关橡塑轮胎、高性能乳胶材料、橡塑新材料、复合新材料、高温金属合金等关键技术，建设了绿色化工检验检测公共服务平台，联合海尔卡奥斯搭建橡胶大规模定制平台并上线发布。目前，产业园吸引集聚了怡维怡研究院、钢研集团、有研集团、京博控股等100余家产业链条企业及科研机构，园内橡胶谷是全国首批科技部批复建设的化工橡胶国家专业化众创空间。2020年集群主导产业实现营业收入14.8亿元。

五、骨干企业情况

2020年，市北区营业收入超过20亿元的企业有3家，营业收入合计161.7亿元，占全区规模以上工业企业营业收入的42.9%。

青岛渤海科技有限公司：主要生产食用植物油、单一饲料（豆粕）等，年大豆压榨能力达到800万吨以上，拥有酶法脱胶等世界领先的工艺技术以及混合油精炼、适度精炼等几十项自主研发专利技术，2020年实现营业收入90.5亿元。

中车青岛四方车辆研究所有限公司：重点发展轨道车辆电气、减振、钩缓、制动四项产业和研究试验及技术服务业务，核心技术已达到国内领先、国际先进水平，成为中国轨道车辆行业高端产业链的重要组成部分，推动了中国铁路客车技术的发展。铁道部产品质量监督检验中心车辆检验站、车辆专业标准化技术归口单位和铁道车辆信息中心均设在四方所，2020年实现营业收入46.8亿元。

截至2020年底，全区共有省级以上制造业单项冠军企业1家，“专精特新”企业6家，“小巨人”企业1家，“瞪羚”企业9家。

六、科技创新能力

2020年，全区共有国家级企业技术中心3家，省级企业技术中心

13 家。

七、进出口情况

2020 年，全区进出口总额 260. 5 亿元。其中，出口总额 129. 1 亿元；进口总额 131. 5 亿元。

第三节 李沧区

李沧区位于青岛市中心城区北部，面积 99. 9 平方公里，常住人口 73. 7 万人。李沧区人文历史悠久，兴商传统浓厚，交通优势明显，生态基底优越，是青岛近代工业文明的发源地之一，也是中国商业名区。

一、工业基本情况

2020 年，李沧区地区生产总值 545. 9 亿元。全年完成工业增加值 102. 9 亿元，占 GDP 的比重为 18. 8%。全区规模以上工业企业 98 家，完成工业总产值 275. 3 亿元，实现营业收入 311. 8 亿元。“新经济”增加值占生产总值的比重达 32. 1%。

二、工业产业结构

全区规模以上工业涉及 26 个大类行业，石油、煤炭及其他燃料加工业为全区第一大产业，营业收入达百亿元，占全区工业营业收入的 35. 9%；酒、饮料和精制茶制造业居第二位，营业收入在 50 亿～100 亿元，占全区工业营业收入的 26. 5%；非金属矿物制品业，汽车制造业，化学原料和化学制品制造业，计算机、通信和其他电子设备制造业 4 个行业营业收入在 10 亿～50 亿元，合计占全区工业营业收入的 20. 2%；专用设备制造业等 20 个行业营业收入合计 54. 1 亿元，占全区工业营业收入的 17. 4%。

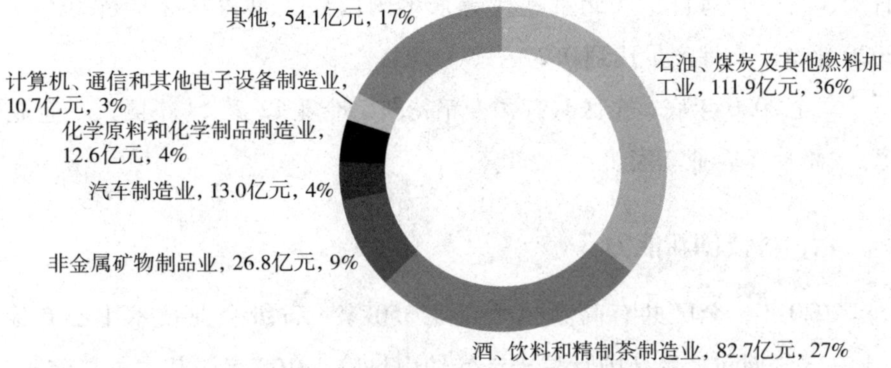

图2－5　2020年青岛市李沧区工业产业结构分布图

三、重点优势产业

石油、煤炭及其他燃料加工业：以原油加工为主，产品涉及汽油、柴油、燃料油、石脑油、液化石油气、石油焦等，代表企业为青岛石化。全区规模以上企业2家，2020年实现营业收入111.9亿元。

四、产业集群及工业园区情况

院士港数字经济园区：依托青岛—亚马逊联合创新中心、青岛国际特别创新区、信联天地等载体，集聚了中特科技、聚纳达、中瑞集团等一批重点企业，重点发展大数据、云计算、物联网、软件和信息技术服务业等数字化领域，协同发展工业互联网、数字化解决方案、实体经济数字化等产业数字化领域，获评省级示范数字经济园区。“十三五”期间，累计实现营业额256亿元，累计孵化企业1750余家，包括规模以上企业55家、高新技术企业43家。

五、骨干企业情况

中国石化青岛石油化工有限责任公司：原油年加工能力为500万吨，主要产品有汽油、柴油、燃料油、液化石油气、初级形态塑料等，2020年实现营业收入111.2亿元，占全区规模以上工业营业收入的35.7%。

乐星汽车电子（青岛）有限公司：主要生产汽车开关、继电器等，为日产、三菱、马自达、北京现代等众多国内外大型汽车企业配套生产，2020年电子元件产量达到0.2亿只。

截至2020年底，全区共有“专精特新”企业12家，“小巨人”企业5家，“瞪羚”企业2家。

六、科技创新能力

2020年，全区共有高新技术企业350家，省级企业技术中心6家。“十三五”期间，青岛国际院士港签约引进院士108名，其中外籍院士占比超过85%。院士港获评全市首个省级创业创新示范综合体，产业加速器入选国家级小微企业创业创新示范基地。

七、进出口情况

2020年，全区进出口总额130.9亿元。其中，出口总额51.7亿元；进口总额79.2亿元。出口产品以汽车电子零部件及配件、纺织服装、绒毛玩具、轴承、化工产品为主，主要出口韩国、日本、美国、德国、中国香港等国家和地区。

第四节　崂山区

崂山区位于青岛市区东部，陆地面积395.8平方公里，海域面积3700平方公里，海岸线长103.7公里，常住人口50.2万人。崂山区是青岛市高端新兴产业的核心集聚区、极具活力的科技创新区、旅游资源精华的聚集区和旅游业发展的主阵地、大型功能设施的主要承载区。

一、工业基本情况

2020年，崂山区地区生产总值886.4亿元。全年完成工业增加值143.3亿元，占GDP的比重为16.2%。全区规模以上工业企业80家，完成工业总产值309亿元，实现营业收入329亿元。高新技术产业产值占规模以上工业总产值比重达到85.5%，居全市首位。

二、工业产业结构

全区规模以上工业涉及17个大类行业，电气机械和器材制造业为全区第一大产业，营业收入达百亿元，占全区工业营业收入的36.1%；专用设备制造业，酒、饮料和精制茶制造业，计算机、通信和其他电子设备制造业，仪器仪表制造业，医药制造业居第二至第六位，营业收入在10亿~50亿元，合计占全区工业营业收入的47.5%；非金属矿物制品业等11个行业营业收入合计54.1亿元，占全区工业营业收入的16.4%。

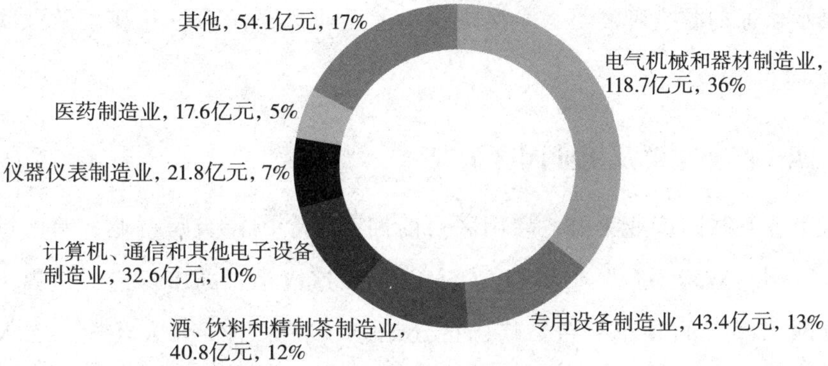

图2-6　2020年青岛市崂山区工业产业结构分布图

三、重点优势产业

电气机械和器材制造业：主要涉及电线电缆光缆和电工器材制造、输配电和控制设备制造、家用电器制造、专用设备制造等行业，代表企业有汉缆、特锐德、海尔智能、埃斯倍、普诺希等，产品涉及电力电缆、家用电器、输配电及控制设备、风电设备。全区规模以上企业8家，2020年实现营业收入118.7亿元。

专用设备制造业：主要涉及海洋工程、纺织、环保、化工、木材、非金属加工专用设备制造等行业，代表企业有双瑞、宏大纺机、海德威、海尔模具等，产品涉及船舶压载水处理系统、船用黑匣子等高端船配产品、智能纺织机械等。全区规模以上企业6家，2020年实现营业收入43.4

亿元。

新一代信息技术产业：主要包括智能制造、高性能服务器、虚拟现实、微电子等行业，重点企业有汉缆、特锐德、双瑞、海德威、宏大纺机、歌尔、卡奥斯、中科曙光、宁畅等，重点平台有海尔卡奥斯工业互联网平台、中国工业互联网研究院山东分院、歌尔山东省虚拟现实制造业创新中心、海尔山东省高端家电制造业创新中心、北航青岛研究院、山东产业技术研究院等，拥有规模以上企业 12 家，2020 年实现产值 202.4 亿元。

酒、饮料和精制茶制造业：代表企业有中粮可口可乐（山东）、崂山矿泉水、顶津食品、华东葡萄、崂特啤酒、青啤五厂等，产品涉及饮料、矿泉水、葡萄酒、啤酒等，全区规模以上企业 7 家，2020 年实现营业收入 40.8 亿元。

四、产业集群及工业园区情况

工业互联网产业集群：崂山区目前拥有 1 个国家级跨行业、跨区域工业互联网“双跨平台”卡奥斯 COSMOPlat，这也是青岛市打造“世界工业互联网之都”的领军平台。崂山区还培育了特来电、天人环境、宏大纺机、品物科技、新希望六合、艳阳天环保等 25 个垂直行业工业互联网平台，这些平台覆盖 IOT 装备、工业软件、网络安全、前沿技术等多个环节，形成了包括研究机构、学校、协会联盟、金融、应用企业等在内的产业服务生态。产业集聚方面，引进了华通华睿互联、中科数扬、奥利普、鑫雷音、乐豪斯以及新引进的东华软件、竹云科技、东土科技等一批重点项目，已成为工业互联网领域的一流服务商，助力龙头企业搭建工业互联网平台。

医药及医疗器械产业集群：重点企业有黄海制药、华仁药业、杰华生物、博益特生物等，聚集了中国海洋大学、中科院青岛生物能源与过程研究所、海洋局一所、中科院兰化所青岛研发基地、海洋生物医药研究院等一批与生物医药产业相关的一流高校与科研院所。全区共有医药及医疗器械企业 70 余家，规模以上企业 12 家，2020 年实现营业收入 42.1 亿元。

五、骨干企业情况

2020 年，崂山区营业收入超过 20 亿元的企业有 5 家，营业收入合计 278.8 亿元，占全区规模以上工业企业营业收入的 84.7%。

海尔集团：公司总部位于崂山区，主要生产各类家用电器，连续 12 年稳居欧睿国际世界家电第一品牌，连续 3 年作为物联网生态品牌蝉联 BrandZ 全球百强，连续 4 年稳居由世界品牌实验室发布的“亚洲品牌 500 强”第四位，连续 20 年稳居中国品牌价值 100 强榜首。集团下属 3 家上市公司，拥有海尔、卡萨帝等七大全球化高端品牌和全球首个场景品牌“三翼鸟”，构建了引领全球的工业互联网平台卡奥斯，成功孵化 5 家独角兽企业和 37 家瞪羚企业，在全球布局了“10 + N”创新生态体系、28 个工业园、122 个制造中心和 24 万个销售网络，深入 160 多个国家和地区，服务全球 10 亿 + 用户家庭。在崂山区注册的青岛海尔智能电子有限公司 2020 年实现营业收入 21 亿元。

青岛特锐德电气股份有限公司：是中国箱变产业领军者，中国电力产品技术标准的参与者和制定者，在全球拥有十大国际领先水平的研发中心，智能箱式变电站产品在中国铁路市场占有率达到 60% 以上，高端高压模块化变电站占电网及新能源市场份额的 60% 以上，2020 年实现营业收入 74.2 亿元。

青岛汉缆股份有限公司：是国际知名的电线电缆供应商，220KV 超高压交联电缆在国内市场占有率达 30%，2020 年实现营业收入 69.7 亿元。

青岛双瑞海洋环境工程股份有限公司：是我国拥有完全自主知识产权的船用关键设备供应商，多项研发成果填补了国内空白或达到国际领先水平，已获得世界 12 大主流船级社认证，双瑞船舶压载水管理系统市场占有率居世界前列；电解制氯产品在核电领域市场的占有率达到 90%，腐蚀控制产品的市场占有率达到 30%，2020 年实现营业收入 20.7 亿元。

海克斯康测量技术（青岛）有限公司：是目前全球最大的三坐标测量仪器制造商，2020 年实现营业收入 18.6 亿元。

青岛宏大纺织机械有限责任公司：是国家纺织机械制造行业的大型骨

干生产企业，是纺织梳理设备与自动络纱设备的重要生产基地，主导产品自动络筒机、梳棉机和清梳联合机的市场占有率均处于国内领先地位。

华仁药业股份有限公司：业务聚焦肾科、呼吸科、精麻科及大容量制剂等领域，主营产品包括小容量注射剂、腹膜透析液、治疗性输液、基础输液、医疗器械、片剂、胶囊剂、散剂、颗粒剂、配套药包装、大健康产品及原料药等，总产能达到 9.5 亿袋（瓶），市场占有率居同行业前列，2020 年实现营业收入 16.2 亿元。

截至 2020 年底，全区共有省级以上制造业单项冠军企业 11 家，“专精特新”企业 14 家，“小巨人”企业 8 家，“独角兽”企业 3 家，“瞪羚”企业 9 家。

六、科技创新能力

2020 年，全区共有高新技术企业 484 家，国家级企业技术中心 10 家，省级企业技术中心 15 家。国家级科研院所 6 家。国家级重点实验室 4 家，国家级工程技术研究中心 5 家，省级技术创新中心 6 家。国家级众创空间 12 家，国家级科技企业孵化器 1 家。有效发明专利拥有量 14214 件，万人发明专利拥有量达到 298 件，居全省首位。

七、进出口情况

2020 年，全区进出口总额 702.4 亿元。其中，出口总额 393.3 亿元；进口总额 309.2 亿元。出口产品以机电产品、纺织服装等为主。

第五节　西海岸新区

西海岸新区位于青岛胶州湾西岸，是国家级新区、青岛三大主城区之一，陆域面积 2128 平方公里，海域面积 5000 平方公里，海岸线 280 公里，常住人口 190.4 万人。新区以海洋经济为主，是青岛市经济、社会发展的龙头，综合实力位居全国 19 个国家级新区前列；拥有前湾港、董家口港两个世界级港口，是沿黄河流域的主要出海通道和亚欧大陆桥东部的重要端点，具有辐射内陆、连通南北、面向太平洋的战略区位优势。

一、工业基本情况

2020年，西海岸新区（含保税港区）地区生产总值3721.7亿元，占全市生产总值的比重为30%。全年完成工业总产值3227.7亿元，占全市总量的近1/3；工业增加值1077.3亿元，占GDP比重的28.9%；“新经济”增加值占GDP比重达32.1%。全区规模以上工业企业786家，完成工业总产值3227.7亿元，规模以上工业增加值697.4亿元，实现营业收入3402.9亿元。

二、工业产业结构

全区规模以上工业涉及32个大类行业，电气机械和器材制造业为全区第一大产业，营业收入规模接近600亿元，占全区工业营业收入的17.6%；计算机、通信和其他电子设备制造业，石油、煤炭及其他燃料加工业，汽车制造业，黑色金属冶炼和压延加工业，化学原料和化学制品制造业居第二至第六位，营业收入在200亿~500亿元，合计占全区工业营业收入的48.5%；橡胶和塑料制品业，通用设备制造业，农副食品加工业，专用设备制造业，非金属矿物制品业，铁路、船舶、航空航天和其他运输设备制造业6个行业营业收入均达百亿元，合计占全区工业营业收入的21.0%；金属制品业等7个行业营业收入在10亿~100亿元，合计占全区工业营业收入的9.2%；有色金属冶炼和压延加工业等13个行业营业收入合计126.5亿元，占全区工业营业收入的3.7%。

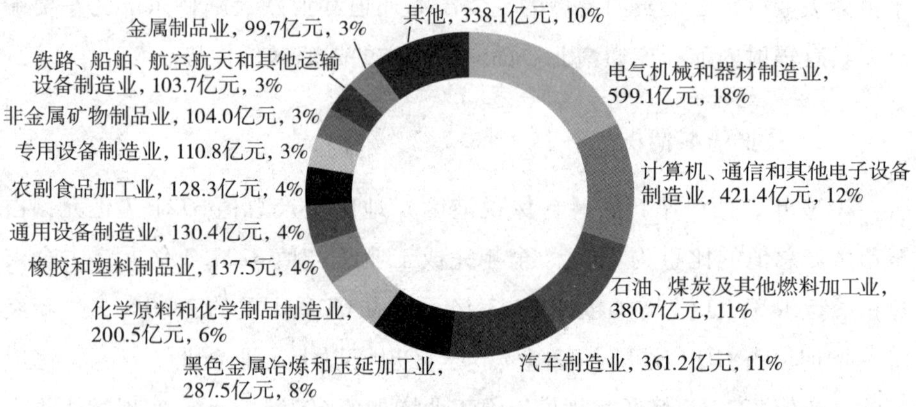

图 2-7　2020 年青岛市西海岸新区工业产业结构分布图

三、重点优势产业

家电电子产业：主要涉及家用电力器具、电子器件、电子元件及电子专用材料、非专业视听设备、通信设备制造等行业。产品涉及家用电冰箱、冷柜、电热水器、电视机、电子计算机整机、手机、通信和电子网络用电缆以及各种电子元器件，代表企业有海尔、海信、澳柯玛、海容冷链、智动精工、鼎新电子、设计谷、尼德科、新东洋等，其中，海尔连续 12 年蝉联全球大型家电第一品牌；海信电视出货量保持全球市场第三、国内市场连续 17 年第一，高端光通信芯片技术国内领先；澳柯玛专注制冷产业 30 年，家用制冷、商用冷链、生物冷链、超低温装备、冷链物流行业领先。2020 年家电产业累计完成产值 709. 5 亿元，占全区规模以上工业总产值的比重为 22. 4%。

石化产业：以原油加工为主，以青岛炼化为龙头，产品涉及汽煤柴成品油、液化气、石油焦、聚丙烯、苯乙烯、纯苯、对二甲苯、烧碱等，全区规模以上企业 4 家，2020 年实现营业收入 380. 7 亿元。

汽车产业：主要涉及汽车整车、零部件及配件、改装汽车制造等行业，代表企业有上汽通用五菱（青岛）、威伯科（中国）、五菱专用车等，其中，上汽通用五菱连续 9 年保持国内单一车企销量冠军；威伯科汽控是全球领先的商用车安全和效率控制系统供应商。全区规模以上企业 48 家，

2020 年实现营业收入 361.2 亿元。

化工橡胶产业：主要涉及基础化学原料制造、合成材料制造、专用化学产品制造、橡胶制品、塑料制品、合成纤维制造等行业，产品涉及可溶性硅酸盐类产品、化学农药原药、合成橡胶、橡胶轮胎、初级形态塑料、塑料制品以及高性能化学纤维，代表企业有海湾化学、丽东化工、赛轮股份、双星轮胎、信泰科技等，其中，海湾化学是硅酸盐行业先进技术的领航者，中国可溶性硅酸盐产品国家和行业标准的主要起草单位；赛轮股份发布了全球首个橡胶工业互联网平台；青岛双星建成了全球轮胎行业全流程“工业 4.0”智能化工厂，双星轮胎品牌连续多年荣登“亚洲品牌 500 强”。全区规模以上企业 132 家，2020 年实现营业收入 339.7 亿元。

机械装备产业：主要涉及专用、通用设备制造业，代表企业有雷沃集团、赛特环球机械、九方泰禾、德瑞石油装备、金正机械、瑞智精密机电，产品涉及工程机械、纺织机械、农用机械、石油钻井设备、数控机床、电动机等行业，全区规模以上企业 145 家，2020 年实现营业收入 241.2 亿元。

食品饮料产业：主要涉及植物油加工、肉类加工、水产品加工、酒和饮料制造、乳制品制造及其他食品制造业，产品涉及精制食用植物油、熟肉制品、鲜、冷藏肉、冷冻水产品、冷冻蔬菜、白酒饮料、乳制品、海藻制品等，代表企业有嘉里粮油、康大海青、康大食品、鑫海丰、麦康食品、琅琊台、圣元、明月海藻，其中，嘉里粮油旗下“金龙鱼”“胡姬花”等品牌是国内食用油知名品牌，占国内食用油市场超过 40% 的份额；青岛琅琊台是青岛市白酒生产龙头企业，目前已成为国内重要的衣康酸系列产品生产研发基地；明月海藻是全球著名的褐藻胶生产企业，海藻酸盐等主导产品产量稳居世界前列。全区规模以上企业 67 家，2020 年实现营业收入 226.6 亿元。

新区从现有产业中梳理出新一代半导体、高端化工及新材料、海洋生物医药、船舶海工、智能家电、汽车、海洋冷链、影视文化和新经济九大重点产业链，2020 年 9 条产业链累计完成产值 2553 亿元，占全区工业总产值的 80.4%。

四、产业集群及工业园区情况

全区已经形成了家电电子、石油化工、汽车制造、船舶海工、机械装备制造、海洋生物医药等产业集群，其中，海洋特色产业集群生产总量近1400亿元，占GDP比重达到37%，占全市海洋经济总量的38%。

家电电子产业集群：已经形成了以海尔和海信2家世界级企业为龙头、澳柯玛等约50家整机企业为核心、300多家规模以上企业为骨干、千余家配套企业为支撑的国家先进制造业集群，并获评首批“家电及电子信息”国家级新型工业化产业示范基地，成为国内三大家电生产基地之一。

船舶海工装备产业集群：拥有中船海洋装备研究院、中船7个研究院所分部、山东省船舶与海洋工程装备制造业中心等一批创新载体，培育集聚了北海重工、中海油青岛海工、中石油青岛海工、中国船柴、海西重机等龙头及配套企业。其中，北海船舶重工是海西湾造修船基地龙头企业，在超大型矿砂船、大型散货船、大型修船改装等领域具有优势地位，超大型矿砂船业绩位居全球第一；中海油青岛海工主要从事FPSO、钢质导管架平台、深水浮式平台等海上油气田设施的建造，产品覆盖中国各海域的浅、深水油气田工程设施制造。此外，全球最大的40万吨新型矿砂船、全国首个万吨级半潜式储油平台、世界最大吨位级海上浮式生产储油装置、世界最大俄罗斯亚马尔天然气生产模块、世界首座规模最大半潜式智能海上渔场、国内最大作业水深浮式生产储卸油装置等一批高端装备陆续交付，智能化船舶与船舶智能化建造能力持续提升。

五、骨干企业情况

2020年，西海岸新区营业收入超过20亿元的企业有28家，营业收入合计2035.2亿元，占全区规模以上工业企业营业收入的59.8%。

海信视像科技股份有限公司：主要从事图像显示及上下游产业链产品的研发、生产与销售，掌握激光显示、画质、芯片、AI等核心技术，引领显示行业技术和产品升级，电视年产能达到2600万台，在全球市场的销量突破2000万台，在中国彩电市场占有率上连续十多年位居第一。在西海岸新区注册的海信视像、海信日立空调、海信宽带3家骨干企业，2020年共实现营业收入432.9亿元，占全区规模以上工业营业收入的12.7%。

澳柯玛股份有限公司：以制冷家电为核心业务，具备年产制冷产品600万台、商超设备30万台、超低温及生物医疗产品10万台的生产能力，营销网络覆盖全球五大洲的100多国家和地区。近年来，澳柯玛由以冷柜为主的传统家电企业，向以全冷链产品为基础的冷链物联网企业转型，打造“智慧冷链设备制造与销售”“智慧家电、智能家居制造与销售及智慧社区服务”，2020年实现营业收入32.2亿元。

海尔智家股份有限公司：主要生产冰箱/冷柜、洗衣机、空调、热水器、厨电、小家电等智能家电产品，位列《财富》世界500强。落户于西海岸新区的海尔智家、海尔特种电冰箱、海尔空调等10家骨干企业，2020年共实现营业收入332.8亿元，占全区规模以上工业营业收入的9.8%。

中国石化青岛炼油化工有限责任公司：是特大型石油化工联合企业，原油综合配套年加工能力达到1200万吨，年产汽煤柴成品油800多万吨，液化气、石油焦、聚丙烯、苯乙烯、混苯、硫黄等各类石化产品200多万吨，公司年产1000万吨的大炼油项目是我国批准建设的第一个单系列千万吨炼油项目，也是中国石化调整国内炼化产业布局、打造环渤海湾炼化产业集群的重大战略项目，2020年青岛炼化实现营业收入361.5亿元。

上汽通用五菱汽车股份有限公司：是大型中外合资汽车公司，连续9年保持国内单一车企销量冠军，青岛分公司是其四大制造基地之一，2020年实现营业收入250.4亿元。

青岛特殊钢铁有限公司：是大型钢铁企业，国家核准产能417万吨，钢帘线、胎圈钢丝用钢盘条、特种焊接用钢盘条、弹簧扁钢等产品具有较高的市场知名度，2020年实现营业收入161.8亿元。

赛轮股份有限公司：是国家橡胶与轮胎工程技术研究中心科研示范基地，发布了全球首个橡胶工业互联网平台，具备年产全钢子午线轮胎1495万条、半钢子午线轮胎6800万条、非公路轮胎16万吨的能力，2020年实现营业收入42.8亿元。

截至2020年底，全区共有省级以上制造业单项冠军企业14家，“专精特新”企业36家，“小巨人”企业22家，“独角兽”企业1家，“瞪羚”企业13家。

六、科技创新能力

2020年，全区共有高新技术企业739家，国家级企业技术中心11家，省级企业技术中心34家，国家级重点实验室13家，国家级工程技术研究中心6家，国家工程研究中心7家。国家级孵化器3家，国家级小型微型企业创业创新示范基地1个。国家级博士后科研工作站9个。

七、进出口情况

2020年，全区进出口总额2149.2亿元，占全市总量的35%，稳居全市外贸龙头地位。其中，出口总额912.1亿元；进口总额1237.1亿元。全年工业产品出口交货值累计完成439.7亿元。出口产品以纺织服装、农产品、机电产品、高新技术产品为主。

第六节　城阳区

城阳区地处青岛的地理中心，既是青岛的交通枢纽区，也是胶东半岛面向东北亚的开放窗口。全区面积583.7平方公里，常住人口111.0万人。城阳区与青岛国家高新区、青岛轨道交通产业示范区、青岛胶州湾综合保税区、青岛环海经济开发区协同联动、相互赋能、一体发展。

一、工业基本情况

2020年，城阳区（含高新区）地区生产总值1209.6亿元。全年完成工业增加值495.7亿元，占GDP的比重为41.0%。全区规模以上工业企业687家，实现营业收入1697.6亿元。

二、工业产业结构

全区规模以上工业涉及29个大类行业，铁路、船舶、航空航天和其他运输设备制造业是全区的主导产业，营业收入规模达到500亿元，占全区工业营业收入的33.1%；汽车制造业，专用设备制造业，化学原料和化学制品制造业，通用设备制造业，计算机、通信和其他电子设备制造业位居第二至第六位，营业收入均达百亿元，合计占全区工业营业收入的35.1%；橡胶和塑料制品业等3个行业营业收入在50亿~100亿元，合计占全区工业营业收入的11.9%；电气机械和器材制造业等11个行业营业收入在10亿~50亿元，合计占全区工业营业收入的17.4%；有色金属冶炼和压延加工业等9个行业营业收入合计43.1亿元，占全区工业营业收入的2.5%。

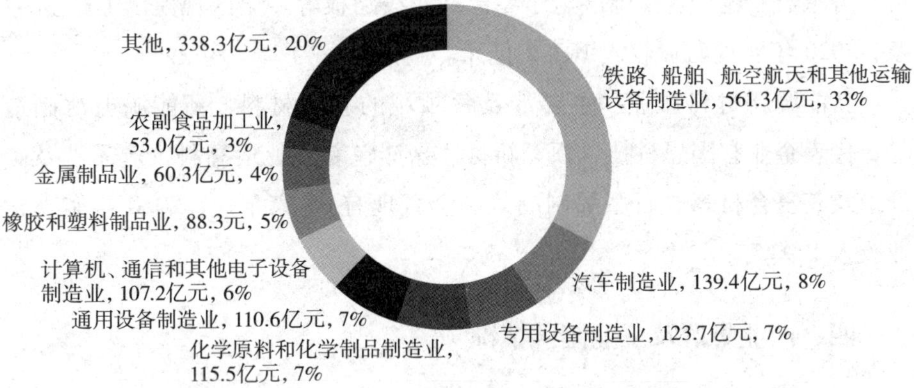

图2-8　2020年青岛市城阳区工业产业结构分布图

三、重点优势产业

铁路、船舶、航空航天和其他运输设备制造业：主要涉及铁路运输设备制造业，代表企业有中车青岛四方机车、中车四方车辆、庞巴迪、思锐科技，产品涉及动车组、铁路客车、城市轨道车辆等。全区规模以上企业59家，2020年实现营业收入561.3亿元。

汽车制造业：主要涉及汽车零部件及配件制造、汽车用发动机制造、改装汽车制造、整车制造等行业，代表企业有青特众力车桥、洋马发动机、中汽特种汽车、比亚迪等，产品涉及车桥总成等各种汽车零部件、发动机、改装汽车、新能源汽车等，全区规模以上企业32家，2020年实现营业收入 139.4 亿元。

其他装备制造业：主要涉及专用设备制造业、通用设备制造业、电气机械和器材制造业，代表企业有大牧人机械、三利水设备、安德烈斯蒂尔动力、华东电缆、信果变压器、恒能电气等，产品涉及机械化农业及园艺机具、自动化养殖设备、无负压给水设备、电力电缆、精密线束、变压器等。全区规模以上企业 163 家，2020 年实现营业收入 276.8 亿元。

计算机、通信和其他电子设备制造业：主要涉及通信设备、电子元件及电子专用材料、电子器件制造等行业，代表企业有乐金浪潮、博盛（中国）控制器、三元传感、泰科电子、星电、沃尔芯电子等，产品涉及手机、传感器、电子连接器、电子零部件、线路板等。全区规模以上企业 47 家，2020 年实现营业收入 107.2 亿元。

新能源新材料产业：主要涉及各领域的新型材料、新能源电池制造等，代表企业有国恩科技、领军新材、嘉泽包装、乾运高科，产品涉及碳纤维及其复合材料、石墨烯制品等。全区现有 65 家企业，2020 年实现营业收入 129 亿元。

四、产业集群及工业园区情况

高速列车及轨道交通装备产业基地：青岛轨道交通产业示范区是集高铁地铁整车生产、轨道交通关键核心系统研发制造、国家基础应用技术协同创新平台于一体的产业集聚区，入选国家先进制造业集群、国家外贸转型升级基地（铁路机车）、国家首批战略性新兴产业集群、山东省“十强”产业“雁阵形”集群库，产业规模连续多年全国领先，已实现了全速度等级、全产品谱系和全寿命周期的产品平台和服务体系建设，主导产业集聚度达 70% 左右。示范区拥有国家高速列车技术创新中心、轨道交通车辆系统集成国家工程实验室等研发平台，集聚了中车青岛四方机车、中车四方车辆、庞巴迪等核心企业和 200 余家核心配套企业，具备高速动车组、城际动车组、跨座式单轨车辆、悬挂式单轨车辆等一系列高端产品生产能力，生产的高铁动车累计占全国运营动车组的 60% 左右，地铁车辆约占全国运营车辆的 25%，2020 年以示范区为核心的全产业链产值突破1100亿元。

五、骨干企业情况

2020年，城阳区营业收入超过20亿元的企业有9家，营业收入合计673.3亿元，占全区规模以上工业企业营业收入的39.7%。

中车青岛四方机车车辆股份有限公司：是铁路总公司确定的六家装备现代化重点扶持企业之一，中国高速列车产业化制造基地和城轨地铁车辆定点制造企业，国家主要的轨道交通装备产品出口基地，是中国中车股份有限公司的核心企业。目前，中车青岛四方高速动车组的市场占有率近50%，高档铁路客车的市场占有率超过70%，2020年实现营业收入382.5亿元。

青特集团有限公司：主要研发生产各种专用车、特种汽车、商用车车桥及支撑桥等零部件，是中国重要的专用车及零部件生产和出口基地，具备年产专用车1万辆，各种轻、中、重卡及大型客车系列车桥110万套，支撑桥10万支，齿轮10万套，铸件10万吨的能力。2020年实现营业收入38.9亿元。

青岛乐金浪潮数字通信有限公司：主要生产制造数字移动电话和相关产品，是城阳区夏庄街道电子信息产业集群的龙头企业，带动集聚电子信息类项目30余个，LG手机配套企业14家，2020年实现营业收入26.5亿元。

青岛国恩科技股份有限公司：是改性塑料粒子及其制品、高分子复合材料及其制品的专业制造商，改性塑料和高分子复合材料业务规模在同行业中处于领先地位，2020年实现营业收入55.8亿元。

截至2020年底，全区共有省级以上单项冠军企业3家，“专精特新”企业37家，“小巨人”企业18家，“瞪羚”企业11家。

六、科技创新能力

2020年，全区共有高新技术企业969家，国家级企业技术中心7家，省级企业技术中心25家。国家级科技企业孵化器7家，中韩离岸孵化器1

家。国家级技术创新中心1家，省级技术创新中心2家，省级以上重点实验室6个，博士后科研工作站5家，山东省博士后创新实践基地4家。全年发明专利申请1954件，发明专利授权676件，有效发明专利数量为4163件。

七、进出口情况

2020年，全区进出口总额931.9亿元。其中，出口总额668.3亿元；进口总额263.6亿元。出口产品以机电、纺织服装、轻工产品、农产品和化工产品为主，主要出口“一带一路”国家、欧盟、东盟、美国、日本、韩国等。

第七节　即墨区

即墨区地处黄海之滨、山东半岛西南部、青岛城区北部，陆地面积1780平方公里，海域面积2517平方公里，海岸线长183公里，常住人口133.6万人。即墨区是山东半岛的重要交通枢纽，商贸繁荣，品牌集聚，民营经济发达，拥有中国针织、中国童装“双名城”称号。

一、工业基本情况

2020年，即墨区地区生产总值1278.4亿元。全年完成工业增加值509.1亿元，占GDP的比重为39.8%。全区规模以上工业企业507家，实现营业收入1335.5亿元。

二、工业产业结构

全区规模以上工业涉及32个大类行业，汽车制造业独占鳌头，营业收入规模接近700亿元，占全区工业营业收入的51.1%；纺织服装、服饰业居第二位，营业收入达到百亿元，占全区工业营业收入的8.0%；金属制品业、电气机械和器材制造业居第三、第四位，营业收入分别为90.7亿元、65.1亿元，合计占全区工业营业收入的11.7%；计算机、通信和其他电子设备制造业等14个行业营业收入在10亿~50亿元，合计占全区工业营业收入的26.7%；电力、热力生产和供应业等14个行业营业收入合计32.9亿元，占全区工业营业收入的2.5%。

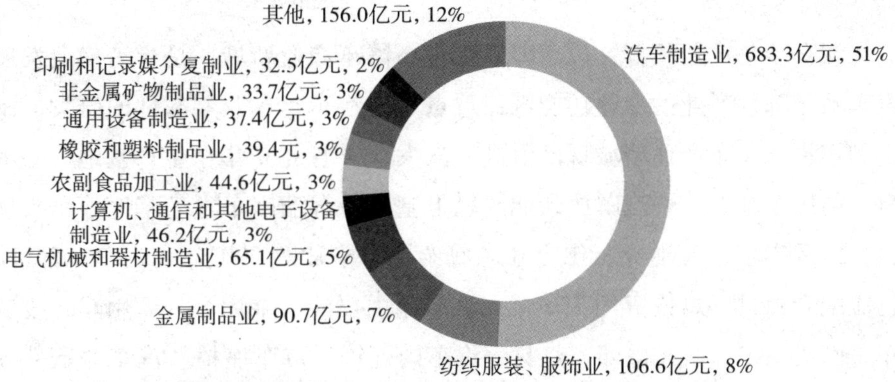

图2-9 2020年青岛市即墨区工业产业结构分布图

三、重点优势产业

汽车产业：主要涉及汽车整车制造、零部件及配件制造等行业，代表企业有一汽解放、一汽大众、海通车桥、富奥威泰克、华翔汽车等，产品涉及乘用车、商用车、改装车、车桥、底盘系统、汽车电器、座椅、冲压件等，全区规模以上企业58家，2020年实现营业收入683.3亿元。

纺织服装产业：即墨纺织服装产业占据青岛市纺织服装产业的半壁江山，主要涉及针织或钩针编织服装制造、机织服装制造、服饰制造等行业，代表企业有即发集团、华诺针织、酷特智能、恒尼智造、雪达、红纺等，其中，即发集团是全国规模最大的针织企业，雪达集团针织面料研发水平国际领先，红纺集团品牌运营成效突出。近年来，即墨童装产业异军突起，年产值达到120亿元，占青岛市童装产值的90%，成为全国三大童装生产基地之一。2020年，全区纺织服装规模以上企业48家，实现营业收入106.6亿元。

生物医药产业：产品涉及医疗耗材、生物制药、海洋生物制品、海洋食品添加剂等领域，代表企业有东丽医疗、华山生化、海智源生命科技、海之林生物。全区生物医药企业 73 家，2020 年实现产值 12.4 亿元；规模以上企业 11 家，实现产值 11.2 亿元。

四、产业集群及工业园区情况

汽车装备产业集群：位于即墨区青岛汽车产业新城，是青岛确定发展汽车及零部件产业的专业功能区，重点发展汽车整车及零部件的研发、制造和销售。汽车产业新城现已引进一汽大众（青岛）华东生产基地、一汽解放商用车基地、一汽解放新能源轻卡基地、奇瑞汽车青岛基地等龙头项目，以及李尔、天纳克、佛吉亚、威泰克、华翔等 200 余个汽车零部件、物流配套项目，总投资约 750 亿元，产品主要涉及乘用车、商用车、改装车、底盘系统、汽车电器、灯具、汽车内外饰、汽车座椅、汽车冲压件等多个方面，初步建立了比较完整的汽车产业链，2020 年实现产值 900 亿元，其中，51 家重点企业实现产值 679.4 亿元。

纺织服装产业名城：即墨是全国重要的针织服装加工优质制造基地和三大童装生产基地之一，已形成棉纺、针织、印染、服装加工等较为完整的纺织服装产业链，拥有各级企业技术中心 32 个，其中国家级 3 个、省级 6 个，集聚了即发、雪达、酷特智能等一大批知名企业，年产各类服装约 5 亿件，先后荣获中国针织名城、中国童装名城、全国纺织模范产业集群、纺织服装产业国家级示范基地、世界级童装产业集群先行区等荣誉称号。全区拥有注册企业 4166 家，其中有经营和纳税实绩的 2196 家，2020 年实现销售收入 207.4 亿元；重点企业 77 家，实现产值 123.9 亿元；童装企业 700 余家，年产童装近 3 亿件，年产值 120 余亿元。

五、骨干企业情况

2020 年，即墨区营业收入超过 20 亿元的企业有 4 家，营业收入合计 624.3 亿元，占全区规模以上工业企业营业收入的 46.7%。

一汽解放青岛汽车有限公司：是全国解放卡车的重要生产基地和主要出口基地，拥有目前国内工艺水平最先进的即墨工厂和设计年产 5 万辆新能源卡车的工厂，在整车轻量化技术、智能网联技术等方面实现了行业领先；一汽解放商用车基地项目主要建设冲压、焊装、涂装、总装四大工艺齐全的中重型卡车生产厂区，年产中重型卡车10万辆。2020年公司产量28.3万辆，实现产值549.3亿元。

一汽—大众汽车有限公司青岛分公司：主要生产全新一代宝来、宝来纯电动车、全新奥迪A3 Sportback和全新奥迪A3L Limousine等车型。一汽大众青岛工厂项目计划建设冲压、焊装、涂装、总装四大车间及配套设施，规划产能30万辆。2020年公司生产汽车24.4万辆，产值215亿元；截至2020年底，已经累计生产整车60.4万辆。

青岛即发集团股份有限公司：是全国大型纺织服装企业和发饰品生产出口基地，国家级制造业单项冠军示范企业，主要生产针织服装、衬衣、功能性面料以及发饰品，众多科技创新成果获得国家、省和行业科技进步奖，其中自主研发的甲壳素纤维纺织材料获得国家科技进步二等奖，并在超临界二氧化碳无水染色和可穿戴智能服装等领域取得重大成果，2020年实现营业收入17.1亿元。

青岛雪达集团有限公司：主要生产高中档针织服装，是山东省针织服装研发生产骨干企业和出口基地企业，位居全国针织服装行业经济效益排行榜前列，形成了擅长利用高科技新型纤维材料研发生产功能性针织服装的特色产品，主导产品分为针织内衣、童装、运动休闲服、时尚家居服、防护服和民用防护口罩等系列，年生产针织服装4800万件，高中档针织料布6000余吨。

青岛酷特智能股份有限公司：建有全球领先的RCMTM服装智能定制创业平台，打造数据驱动流水作业制造个性化产品的智造模式，为服装鞋帽、假发、机械、电器等多个行业提供互联网+工业的传统产业转型升级解决方案，2020年公司实现营业收入6.3亿元。

青岛正大有限公司：是大型食品加工企业，中国农业产业化龙头企业、中国屠宰与肉类加工行业百强企业、全国出口农产品基地标准化示范企业，已形成饲料生产、种禽繁育、畜禽养殖、屠宰加工、肉食品生产、国内外销售一条龙连贯作业体系，2020年实现营业收入26.9亿元。

截至2020年底，全区共有省级以上制造业单项冠军企业6家，“专精特新”企业21家，“小巨人”企业14家，“独角兽”企业1家，“瞪羚”企业12家。

六、科技创新能力

2020年，全区共有高新技术企业410家，国家级企业技术中心4家，省级企业技术中心22家，海洋试点国家实验室、国家深海基地、国家海洋设备质检中心等国家级科研机构27家。全年专利申请量6390件，专利授权量5438件，其中，发明专利申请量1071件，发明专利授权量186件。

七、进出口情况

2020年，全区进出口总额419.2亿元；其中，出口总额372.6亿元，进口总额46.5亿元。出口产品以纺织服装、金属制品、家用电器等为主，主要出口日本、美国、韩国等国家。

第八节　胶州市

胶州市位于山东半岛西南部，地处黄海之滨、胶州湾畔，陆地面积1324平方公里，海岸线长25公里，常住人口98.8万人。胶州市是山东半岛连接海内外的重要交通咽喉，拥有国家级临空经济示范区、中国—上海合作组织地方经贸合作示范区等战略平台。

一、工业基本情况

2020年，胶州市地区生产总值1225.9亿元。全年完成工业增加值452.0亿元，占GDP的比重为36.9%。全市规模以上工业企业624家，实现营业收入881.8亿元。高新技术产业产值占规模以上工业产值比重为56.3%。

二、工业产业结构

全市规模以上工业涉及30个大类行业，通用设备制造业、金属制品业分别为全市第一、第二大产业，营业收入规模均超过百亿元，分别占全区工业营业收入的22.3%、15.6%；农副食品加工业、专用设备制造业居第三、第四位，营业收入在50亿~100亿元，合计占全区工业营业收入的16.7%；食品制造业等15个行业营业收入在10亿~50亿元，合计占全区工业营业收入的41.1%；燃气生产和供应业等11个行业营业收入合计37.8亿元，占全区工业营业收入的4.3%。

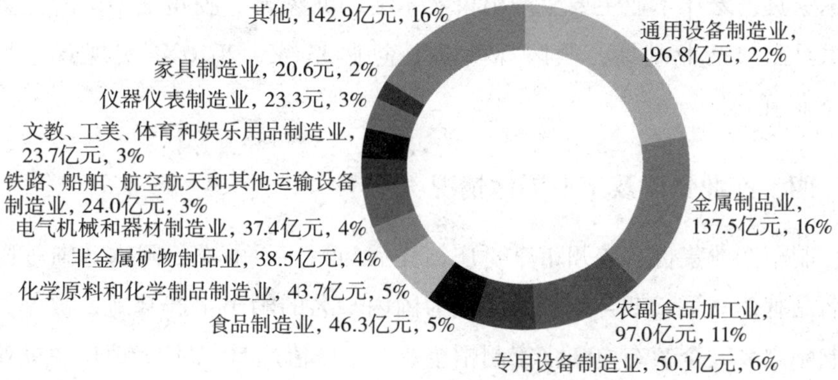

图2－10　2020年青岛市胶州市工业产业结构分布图

三、重点优势产业

机械装备产业：主要涉及通用设备、专用设备、金属制品、电气机械和器材制造等行业，产品涉及船用锅炉、锻压机械、塑料机械、橡胶机械、冷藏集装箱、钢结构、电力装备、空调器，代表企业有阿法拉伐、软控机电、天能重工、武晓集团、中集冷藏箱、东方铁塔、特锐德、海尔（胶州）空调器等，其中，阿法拉伐是全国最大的船用锅炉辅机生产企业，船用辅助锅炉的市场占有率为75%；软控机电位列全球橡胶机械制造之首，是全国最大的橡胶轮胎生产设备供应商；中集冷藏箱制造是全国重要的冷藏集装箱生产企业；特锐德股份是国内箱式电力设备制造业的领军企业，高铁用配、变电设备市场占有率国内第一；海尔胶州互联工厂是国内领先的智能制造互联工厂，是海尔家用空调主要出口生产基地。全区规模以上企业302家，2020年完成产值467.4亿元。

食品产业：主要涉及农副食品加工业和食品制造业，代表企业有品品好、维良、鑫盛联、福生、顺昌食品、新希望乳业等，产品涉及食用油、小麦粉、鲜、冷藏肉、冷冻水产品、冷冻蔬菜、速冻食品及乳制品。全区规模以上企业 81 家，2020 年实现营业收入 143.3 亿元。

家具产业：产品涉及木质家具、竹藤家具、智能家居等，代表企业有华谊优品、宏洋木业、一木家居等，其中，华谊优品主要生产出口高档纯实木家具，宏洋木业主要生产出口实木婴幼儿家具。胶州是中国北方重要的家具出口产业基地，全区规模以上企业 33 家，2020 年实现营业收入 20.6 亿元。

四、产业集群及工业园区情况

制帽产业集群：胶州市李哥庄镇先后与耐克、冠军、阿迪达斯等国际知名品牌建立了长期合作关系，成为国内知名的帽子生产基地，被誉为中国制帽之乡，全镇有 400 多家制帽企业，年产值达 50 多亿元，解决就业人口约 3 万人，帽子年产量占全国总产量的 60% 以上，90% 以上的产品出口销往欧美、拉美和亚非等 100 多个国家和地区。

工业园区：胶州市共有工业园区 33 个，园区内注册企业 2891 家，其中，高新技术企业 284 家，占全市高新技术企业总数的 57.5%；专精特新企业 340 家，占全市专精特新企业总数的 47%。2020 年，全市工业园区总营业收入 1156.7 亿元。其中，胶州特种装备制造产业集聚区、胶州湾工业园、北关工业园等 3 个工业园区总营业收入达到 100 亿元以上，胶北工业园总营业收入达到 50 亿元以上。

五、骨干企业情况

2020 年，胶州市营业收入超过 20 亿元的企业有 5 家，营业收入合计 143.2 亿元，占全市规模以上工业企业营业收入的 16.2%。

青岛海尔（胶州）空调器有限公司：是全球首家模块化家电生产基地，海尔集团数字化转型的成功样板，拥有 6 条现代化整机生产线，年生产能力 300 万套，人均效率 1.35 台/人 × 时，2020 年实现营业收入 44.5 亿元。

青岛天能重工股份有限公司：是国内知名的风电设备制造商，主要生产陆上风电塔筒、海上风电塔筒、海上风电基础（单桩、套笼、高桩承台）、陆上风电锚栓等风电设备，在风电设备制造细分行业排名前列，2020 年实现营业收入 27.8 亿元。

青岛武晓集团股份有限公司：主要生产各功能用铁塔及类似钢结构、大型海陆风力发电塔架、大型锻造法兰及环状锻件、大口径厚壁直缝焊钢管等，年生产能力可达 30 万吨，2020 年实现营业收入 25.2 亿元。

软控股份有限公司：是橡胶机械行业的引领者，稳居橡胶机械行业世界第二、国内第一，拥有专利近 1000 项，起草国际标准 4 项、国家及行业标准 82 项，还开发出世界首套数字化轮胎全系列装备，入选了国家智能制造系统解决方案供应商目录。下属骨干企业青岛软控机电工程有限公司 2020 年实现营业收入 20.2 亿元。

青岛中集冷藏箱制造有限公司：主要制造各类 ISO 标准冷藏集装箱，年生产能力 7 万台，自 2007 以来市场份额一直保持世界第一，2020 年实现营业收入 16.4 亿元。

青岛华谊优品智能家具股份有限公司：主要生产高档纯实木家具，连续四年产值达到 2 亿元以上。公司拥有直营进出口权，每月出口欧洲 200 多个超高柜，连续八年位居青岛港高档纯实木家具出口量前两名。

截至 2020 年底，全市共有省级以上制造业单项冠军企业 9 家，“专精特新”企业 35 家，“小巨人”企业 16 家，“瞪羚”企业 6 家。

六、科技创新能力

2020 年，全市共有高新技术企业 494 家，国家级企业技术中心 2 家，省级企业技术中心 28 家。省级工程研究中心 5 家，省级以上企业创新中心 1 家，省级以上重点实验室 1 家。国家级服务平台 3 家，省级服务平台 4 家。全年发明专利申请量 580 件，授权量 168 件。

七、进出口情况

2020 年，全市进出口总额 606.9 亿元。其中，出口总额 509.7 亿元；进口总额 97.2 亿元。出口产品以纺织机械、塑料机械、水产品、蔬菜制品、家具、服装鞋帽、发制品、集装箱等为主，主要出口日韩、欧盟、美国、加拿大、东南亚、中东、俄罗斯等国家和地区。

第九节　平度市

平度市位于环渤海湾经济圈、山东半岛制造业的中心地带，是连接青岛、潍坊、烟台三大城市的“枢纽”，面积 3176 平方公里，常住人口 119.1 万人。平度市是山东省面积最大的县级市，也是全国高速公路通车里程最长的县级市，自然资源丰富，矿产资源总量占整个青岛市的 70% 以上，是中国优质石墨重点产区之一、中国重点产金县市之一。

一、工业基本情况

2020 年，平度市地区生产总值 715.7 亿元。全年完成工业增加值 227 亿元，占 GDP 的比重为 31.7%。全市规模以上工业企业 403 家，实现工业总产值 700 亿元，实现营业收入 743.3 亿元。

二、工业产业结构

全市规模以上工业涉及 30 个大类行业，农副食品加工业、电气机械和器材制造业为全市第一、第二大产业，营业收入规模均达百亿元，分别占全区工业营业收入的 18.8%、17.8%；化学原料和化学制品制造业居第三位，营业收入在 50 亿~100 亿元，占全区工业营业收入的 6.9%；酒、饮料和精制茶制造业等 9 个行业营业收入在 10 亿~50 亿元，合计占全区工业营业收入的 32.7%；食品制造业等 18 个行业营业收入合计 177 亿元，占全区工业营业收入的 23.8%。

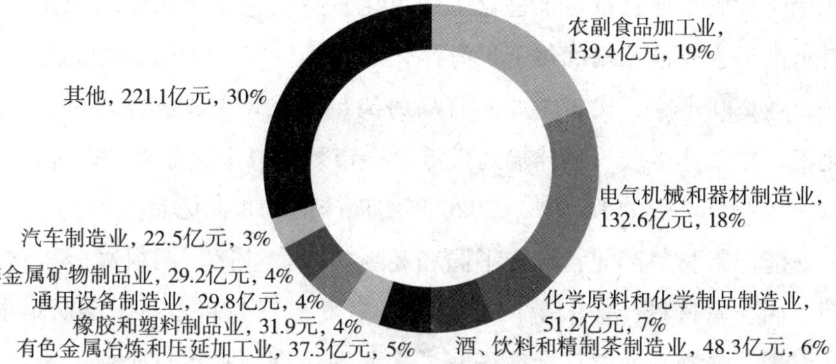

图2－11　2020年青岛市平度市工业产业结构分布图

三、重点优势产业

家电电子产业：依托南村海信智能家电产业园，形成了以智能家电为核心的支柱产业，代表企业有海信空调、海信冰箱、海佰利机械、库曼电器等。全市规模以上企业35家，2020年实现产值149.1亿元，占全市规模以上工业总产值的21.3%。

食品饮料产业：依托平度食品饮料国家新型工业产业化示范基地、粮油加工区、畜产品加工区等产业集聚区，培育形成了天祥食品、田润食品、波尼亚、好面缘面粉、德盛恒信、青岛啤酒三厂等一批重点食品制造企业，主要涉及植物油加工、屠宰及肉类加工、谷物磨制、蔬菜、菌类、水果和坚果加工，调味品、发酵制品制造、饲料加工、酒和饮料制造等行业。全市规模以上企业76家，2020年实现产值168.3亿元，占全市规模以上工业总产值的24%。

机械制造产业：主要涉及锅炉和原动设备、泵、阀门、压缩机，类似机械、轴承、齿轮和传动部件、烘炉、风机、包装等设备，金属加工机械、汽车零部件及配件制造等行业，代表企业有青岛征和、宏泰铜业、鑫光正钢结构、德盛机械、三合山、连山铸造等，产品涉及汽车配件、高端链条、发动机曲轴、工业自动化装备、铜管、农用机械、畜牧养殖设备等。全市规模以上企业89家，2020年实现产值118.1亿元，占全市规模以上工业总产值的16.9%。

化工橡胶产业：重点推进化工绿色化、高端化发展和轮胎工业互联网发展示范，主要涉及精细化工、海洋化工和高性能橡胶轮胎等行业，聚集相关企业200余家，代表企业有青岛海湾、润农化工、红蝶新材料、奥盖克化工、格锐达橡胶、环球输送带等。全市规模以上企业40家，占全市规模以上工业总产值的16.9%，2020年实现产值118.1亿元。

新能源新材料产业：形成了同和高新技术产业区、明村高分子材料产业园、店子新材料产业园等产业集群，集聚了青岛新力通、德斯腾电子、海达石墨、昊鑫新能源、泰达华润、多元锂业等一批重点企业。全市规模以上企业21家，2020年产值占全市规模以上工业总产值的4%左右。

高端装备产业：形成了以智能制造装备、电子及智能仪表、船舶装备为主导的高端装备产业集群，集聚了青岛淄柴、青岛立博、磐石生命科技、同和汉缆、华青集团、三利智能动力等一批重点企业。全市规模以上企业11家，2020年产值占全市规模以上工业总产值的6%左右。

四、产业集群及工业园区情况

平度市建有“四区八园”，即省级经济开发区、青岛临空经济区北区、同和高新区、新河生态化工新城四个园区和白沙河、明村、店子、崔家集、田庄、蓼兰、旧店、仁兆八个镇级产业集聚区。2020年，“四区八园”占规模以上工业总产值的90.8%。从重点行业看，2020年机械配件、家电电子、食品加工、特色化工四大产业集群产值占全市规模以上工业总产值的76%。

智能家电产业集聚区：以海信（山东）家电产业园为依托，以海信空调、海信冰箱为龙头企业，集聚了恒利盛电器、美利特交通设施、海阔万通电子、万沅金属、常蒸蒸发器、厚维电子等一批上下游配套企业，主要生产中高端冰箱、空调、冷柜、洗衣机产品，现有注册企业99家，规模以上企业32家。2020年，集聚区实现营业收入237亿元，其中，智能家电产业实现营业收入161亿元。

新河生态化工产业集聚区：是青岛市2008年设立的六大重点工业功能区之一，主要招引国内外精细化工、化工新材料等高端化工项目，拥有规模以上企业 24 家，2020 年实现营业收入 62.6 亿元。

五、骨干企业情况

2020 年，平度市营业收入超过 10 亿元的企业有 4 家，营业收入合计 178.7 亿元，占全市规模以上工业企业营业收入的 24%。

海信（山东）冰箱有限公司：主要生产家用节能环保电冰箱、冷柜、洗衣机及其他家用节能制冷电器产品，是制冷家电企业集团——海信科龙电器股份有限公司旗下的电冰箱、冷柜、洗衣机制造基地，冰箱年产能 350 万台、冷柜年产能 120 万台、洗衣机年产能 260 万台，海信牌、容声牌冰箱的市场占有率在国内市场名列前茅，2020 年实现营业收入 83.7 亿元。

海信（山东）空调有限公司：是目前中国技术先进的大型变频空调生产基地，以家用空调机及小型商用空调为主导产品，年生产能力 300 万套，海信变频空调在国内变频空调市场上保持着较高的占有率，2020 年实现营业收入 54.3 亿元。

青岛天祥食品集团有限公司：是国家级农业产业化重点龙头企业，以生产喜燕食用植物油、天祥金喜燕小麦粉、挂面、辣椒制品为主，年生产加工花生油 4 万余吨、小麦粉 3 万余吨、辣椒制品 6000 余吨，公司拥有自营进出口权，出口产品销往美国、西班牙、日本、韩国等国家和地区，2020 年实现营业收入 26.7 亿元。

青岛海湾精细化工有限公司：主要生产染料、化工产品、化工中间体，是中国人民解放军士官、将校尉服装专用染料生产企业，2020 年实现营业收入 14 亿元。

青岛征和工业股份有限公司：是国内链传动行业的领军企业和链系统技术领导者，从事各类链传动系统的研发、制造和销售，产品主要应用于各类车辆的发动机和传动系统、农业机械传动和输送系统、工业设备传动和输送系统等，2020 年实现营业收入 9.1 亿元。

截至 2020 年底，全市共有省级以上制造业单项冠军企业 1 家，“专精特新”企业 13 家，“小巨人”企业 9 家，“瞪羚”企业 4 家。

六、科技创新能力

2020 年，全市共有国家高新技术企业 90 家，国家级企业技术中心 3 家，省级企业技术中心 24 家，省级工程研究中心 23 家。

七、进出口情况

2020 年，全市进出口总额 258.5 亿元。其中，出口总额 170 亿元；进口总额 88.5 亿元。出口产品以机电产品、农产品、橡胶制品、纺织服装为主，实现出口 125 亿元，占全市出口总额的 73.5%，主要出口韩国、欧洲、日本和美国等国家和地区。四大市场全年累计出口额 108.4 亿元，占全市出口总额的 63.8%。

第十节　莱西市

莱西市位于胶东半岛中部，面积 1569 平方公里，常住人口 72 万人。莱西市处在青岛、威海、烟台、潍坊四个对外开放城市的中间位置，是胶东半岛乃至山东省重要的交通枢纽。

一、工业基本情况

2020 年，莱西市地区生产总值 551.9 亿元。全年完成工业增加值 128.1 亿元，占 GDP 的比重为 23.2%。全市规模以上工业企业 278 家，完成工业总产值 467.3 亿元，完成规模以上工业增加值 86.6 亿元，实现营业收入 478.1 亿元。高新技术产业产值占规模以上工业总产值比重的 35%。

二、工业产业结构

全市规模以上工业涉及 29 个大类行业，农副食品加工业为全市第一大产业，营业收入规模达百亿元，占全区工业营业收入的 34.6%；食品制造业居第二位，营业收入为 53.6 亿元，占全区工业营业收入的 11.2%；橡胶和塑料制品业等 8 个行业营业收入均在 10 亿 ~ 50 亿元，合计占全区工业营业收入的 41.8%；金属制品业等 19 个行业营业收入合计 59.3 亿元，占全区工业营业收入的 12.4%。

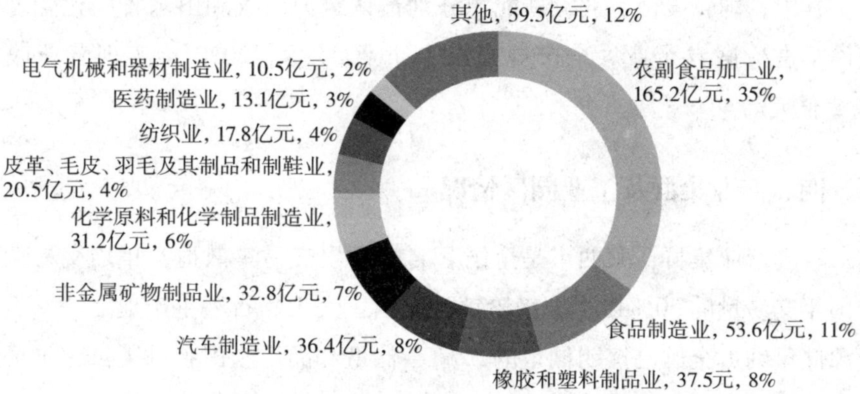

图 2－12　2020 年青岛市莱西市工业产业结构分布图

三、重点优势产业

食品加工产业：主要涉及屠宰和肉类加工，蔬菜、菌类、水果和坚果加工、粮油加工、乳制品制造、调味品、发酵制品制造、方便食品制造等行业，代表企业有万福、九联、雀巢、希杰等。其中，熟食畜禽产品出口总量占全国总量的近三成，九联鸡肉产品年出口量 3.7 万吨，连续 12 年国内排名第一；雀巢咖啡全部实现“莱西生产”。全市现有注册企业 46 家，2020 年实现营业收入 82.1 亿元，主导食品产业收入 68.9 亿元，主导产业集聚度达 85%。

新材料产业：主要涉及石墨和其他非金属矿物制品制造业，石墨加工基本实现了石墨产业链的全覆盖。石墨产业集聚区是青岛市“十三五”战略性新兴产业发展规划中重点培育建设的战略性新兴产业特色园区，石墨新材料正在向石墨烯应用和锂离子电池负极材料等高精尖领域延伸。目前全市以石墨烯生产企业为龙头，打造了集石墨烯上下游产品生产为一体的石墨深加工产业链，已经培育了德通纳米、青北碳素、洛唯新材料等十几家石墨新材料企业。

新能源汽车产业：莱西新能源汽车产业集聚区以新能源汽车制造产业为主体，是省级产业集聚区，全国重要的纯电动汽车生产基地，引入了北京汽车制造厂等整车制造项目，集聚国轩电池、泰和兴业等汽车零部件企业，其中，国轩电池、北汽新能源分别被认定为国家和山东省两化融合管理体系贯标试点企业。全市规模以上企业 25 家，2020 年实现营业收入 68.2 亿元。

四、产业集群及工业园区情况

石墨产业集群：莱西市是全国著名的石墨交易集散地，年均交易量占全国年交易量的 50% 以上。南墅镇是全国三大天然石墨主产地之一，石墨资源储量约占全国已探明储量的 22%，储量和品质全国独一无二，被誉为“中国石墨之乡”，同时也是石墨工业技术输出地和标准制定地，产品涉及中、高碳鳞片石墨及高纯、微粉、可膨胀胶体、石墨乳、石墨制品、球形石墨、石墨种子润滑剂等国内石墨加工的所有领域，年产量约占全国的 1/3，石墨制品远销美国、日本等 56 个国家和地区。在国际市场上，标注有“NANSHU”字样的石墨产品价格比同类产品高 20% 左右，2012 年南墅镇石墨工业园被认定为青岛石墨新材料产业集聚区。全市现有石墨制造企业 120 家左右，年产值达到 50 亿元。

五、骨干企业情况

2020 年，莱西市营业收入超过 10 亿元的企业有 5 家，营业收入合计 130.4 亿元，占全市规模以上工业企业营业收入的 27.3%。

北京汽车制造厂（青岛）有限公司：公司整车制造总部基地于 2020 年落户莱西国际招商产业园，是莱西市为打造新能源汽车产业集聚区引进的重点项目之一，项目总投资 110 亿元。目前，北京汽车制造厂有限公司传统商用车资质和 10 万辆产能，以及新能源乘用车资质和 5 万辆产能已全部迁至莱西市，2020 年实现营业收入 20.6 亿元。

截至 2020 年底，全市共有“专精特新”企业 12 家，“小巨人”企业 5 家，“瞪羚”企业 5 家。

六、科技创新能力

2020 年，全市共有国家级企业技术中心 1 家，省级企业技术中心 10 家。全年发明专利申请 328 件，发明专利授权 74 件。

七、进出口情况

2020 年，全市进出口总额 233.8 亿元。其中，出口总额 198.8 亿元；进口总额 35 亿元。出口产品以农副食品、机电、鞋、纺织服装、橡胶轮胎为主，主要出口东南亚、韩国、欧洲、日本、美国等国家和地区。

第三章 淄博市

淄博地处黄河三角洲高效生态经济区、山东半岛蓝色经济区两大国家战略经济区与省会城市群经济圈的重要交汇处，全市总面积 5965 平方公里，常住人口 470.4 万人，下辖张店、淄川、博山、周村、临淄 5 个区，桓台、高青、沂源 3 个县和淄博国家高新技术产业开发区、淄博经济开发区、文昌湖省级旅游度假区。

【淄博市经济总量】

2020 年，全市地区生产总值 3673.5 亿元。高新技术产业产值占规模以上工业总产值比重达 42.5%。

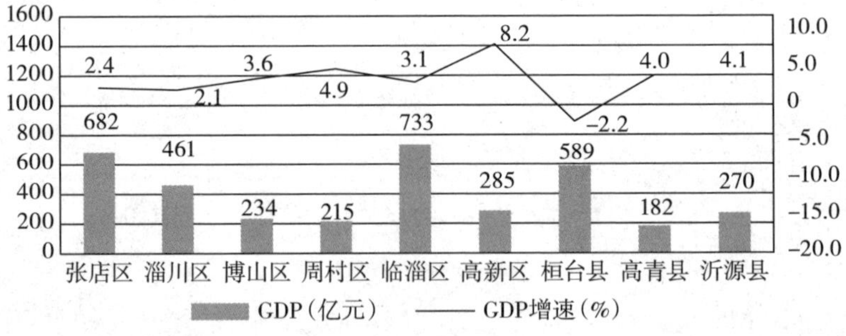

图 3-1　2020 年淄博市各区县 GDP 及增速对比图

【淄博市各区县工业经济】

2020 年，全市规模以上工业企业 1626 家，实现营业收入 4475.3 亿元。其中，营业收入超过 1000 亿元的区县有 2 个，分别是临淄区、桓台县，两区县规模以上工业企业数量占全市总数的29.9%，营业收入占全市营业收入的57.5%，利润总额占全市利润总额的45.2%；高新区、淄川区营业收入在300亿~500亿元。各区县营业收入超过100亿元的重点企业有6家，占全市规模以上工业企业营业收入的24.6%；中国石油化工股份有限公司齐鲁分公司营业收入接近500亿元。

表3-1　2020年淄博市各区县规模以上工业主要经济指标情况表

县（市/区）	企业单位数（家）	营业收入		利润总额	
		累计（亿元）	同比（%）	累计（亿元）	同比（%）
全市合计	1626	4475.3	-9.3	214.8	18
张店区	81	157.4	15.5	19	206.4
淄川区	222	329.6	-9.7	25.6	-18.6
博山区	182	190.6	5.6	1.2	-78.6
周村区	170	220.4	-1.6	9.5	43.7
临淄区	309	1429.1	-14.9	67.5	47.2
高新区	184	423.7	5.2	34	39.7
经开区	92	192.3	-7.5	6.7	-7.5
桓台县	178	1144.4	-15.6	29.7	-16.7
高青县	84	146.3	2.6	3.1	46.2
沂源县	86	209.2	1.9	17.8	10.2
文昌湖区	38	32.4	-14.9	0.7	-16.3

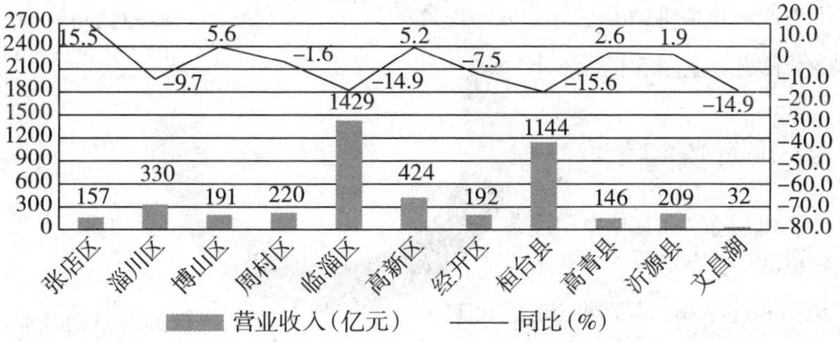

图3-2　2020年淄博市各区县规模以上工业营业收入及增速对比图

第一节　张店区

张店区是淄博市的中心城区，面积 110.9 平方公里，常住人口 79.6 万人。区域位置优越，交通便捷，是全国重要的石油化工、医药、建材生产基地。

一、工业基本情况

2020 年，张店区地区生产总值 681.8 亿元，工业增加值 142.8 亿元，规模以上工业企业 81 家，实现营业收入 157.4 亿元。

二、工业产业结构

张店区主要工业行业为橡胶和塑料制品业，占全区规模以上工业企业营业收入的比重为 26.3%；燃气生产和供应业，电气机械和器材制造业，化学原料和化学制品制造业，计算机、通信和其他电子设备制造业，专用设备制造业，仪器仪表制造业营业收入占全区规模以上工业企业营业收入的 6.4%；其他行业占比较小。

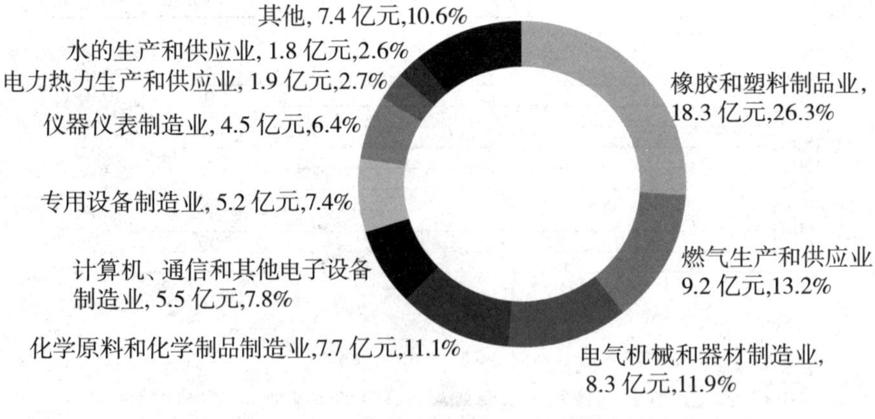

图 3－3　2020 年淄博市张店区工业产业结构分布图

三、重点优势产业

橡胶和塑料制品业：重点发展各种型号的塑胶手套、塑料制品等，包括医用手套和卫生防护手套，产品广泛应用于医疗卫生、工业生产、食品加工、隔离防护等多个领域。全区规模以上企业5家，代表企业有恒昌医疗、鸿烨上勤医疗等，产品远销日本、美国、英国、法国、意大利等多个国家和地区。

电力电子设备产业：主要从事电力电子基础元器件制造、智能电力控制设备及电缆制造。代表企业有山东计保电气有限公司、山东科汇电力自动化股份有限公司、山东泰光电力有限公司、山东安澜电力科技有限公司、淄博美林电子有限公司等。2020年，全区规模以上企业6家，实现营业收入8.3亿元。

四、产业集群及工业园区情况

淄博科技工业园：重点发展电子电器、医疗器械、文化信息等高端产业。主导产品有智能自动化配电装备、二极管、互感器等。2020年实现营业收入35亿元，现有企业230余家，其中，规模以上企业45家，高新技术企业23家。拥有国家级、省级研发平台18家，院、博士工作站3家，瞪羚、隐形冠军企业5家，“专精特新”企业6家，取得了300余项国家、省级专利和科研成果，拥有“卓创资讯”“山东泰光”等驰名商标。

五、骨干企业情况

全区营业收入超过亿元的企业有20家，超过10亿元的企业有1家。

山东恒昌医疗科技股份有限公司：主要从事各类PVC塑胶手套、PE手套、丁腈手套、乳胶手套、塑料制品等生产。广泛应用于医疗卫生、工业生产、食品加工、隔离防护等多个领域。公司具有自营进出口经营权，产品主要销往日本、美国、英国、法国、意大利等多个国家和地区。2020年，实现营业收入12.7亿元。

山东计保电气有限公司：主要从事配变电设备制造、电力工程咨询、设计、安装施工、检测验收、运行维护的整套服务，是国家级高新技术企业。主要生产互感器、变压器、电容器、高压开关、高低压成套设备、箱变、电能计量仪器仪表、电线电缆、电缆桥架、电力器材、电网信息化装置及系统等设备及配件。

淄博贝林电子有限公司：是国内少数几家开发生产电子式智能水表、智能电表、智能燃气表和智能热能表的骨干企业。其在智能水表领域的核心产品和技术，包括光电直读远传远控水表、阶梯水价智能水表、基于RS－485/M－Bus通讯技术的远传远控水表及无线自组网远程通讯技术和BS架构计量仪表数据服务平台均处于同行业领先水平。

截至2020年底，张店区共有省级以上制造业单项冠军企业7家，“专精特新”企业53家，“小巨人”企业9家，“瞪羚”企业22家。

六、科技创新能力

2020年，全区共有国家级企业技术中心2家，省级企业技术中心42家。2020年，张店区研发经费投入总额达5.1亿元；获得淄博市科学技术发展计划等科技项目3566万元资金，发明专利申请量2506件（含高新区）。

七、进出口情况

2020年，张店区进出口总额120.9亿元。其中，进口总额42.8亿元，出口总额78.1亿元。2020年，实际使用外资金额5166万美元。

第二节　淄川区

淄川区面积960平方公里，常住人口61.4万人。淄川区是中国纺织产业基地和建筑陶瓷产业基地。

一、工业基本情况

2020年，淄川区地区生产总值461.1亿元，工业增加值214.9亿元，其中，新材料、智能制造、新医药、电子信息等“四强”产业增加值占规模以上工业增加值的比重达到1/3。全区规模以上工业企业222家，实现营业收入329.6亿元。全区工业总产值355.5亿元，高新技术企业达到62家，高新技术产业产值占比达到45.4%，研发投入占比达到2.9%，超过全省平均水平。

二、工业产业结构

淄川区主要工业产业为非金属矿物制品业，占全区规模以上工业企业营业收入的35%；纺织业、化学原料和化学制品制造业、医药制造业、汽车制造业营业收入占全区规模以上工业企业营业收入的比重分别为14%、9.4%、7.7%、6.9%；其他行业占比较小。

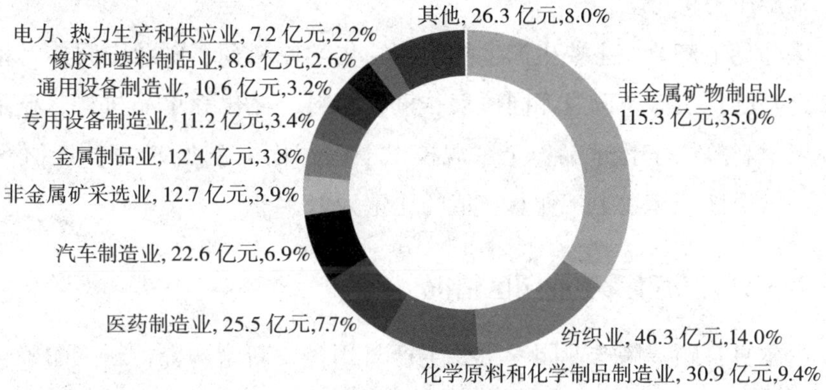

图3－4　2020年淄博市淄川区工业产业结构分布图

三、重点优势产业

建材产业：淄川是全国重要的建材基地，建陶、日用瓷、耐材、水泥等在全省乃至全国均有举足轻重的地位。全区规模以上建材企业78家，工业产值为130.5亿元，占规模以上工业总产值比重的36.7%。淄川区是鲁青瓷的重要生产基地，素有“淄博陶瓷·当代国窑”的美誉。全区水泥熟料年产能1051万吨，占淄博市产能的70%以上。

纺织服装产业：淄川是全国纺织产业集群试点区、中国纺织产业基地、山东省纺织服装名城，是中国北方著名的婴幼儿服装生产基地，礼盒式宝宝服产量占全国市场产量的1/3以上。2020年有规模以上企业6家，实现产值53.3亿元。行业骨干企业鲁泰集团是全球知名的高档色织面料生产商和全球顶级品牌衬衫制造商，先后荣获全国质量奖、中国工业大奖、全球卓越绩效奖、国家科技进步一等奖等称号。

装备制造业：主要涵盖汽车及零部件制造、煤矿机械制造、石油设备制造、各类通用专用设备制造四大板块。汽车及零部件制造主要包括汽车整车、汽车板簧、汽车模具及电动车、电源材料、汽车电机、电池电容等产品；煤矿机械制造主要包括矿用支架、薄煤层采煤机、矿用监测设备等煤矿装备；石油设备制造主要包括抽油杆、换热器、压力容器、石油钻头等；通用专用设备制造包括新型墙材挤出机、门座式起重机、皮带输送机、螺旋压力机等。

医药化工产业：主要生产生物制药、化学原料药、医药中间体、精细化工、基础化工等，以及硼同位素、氟碳材料、氮化镓单晶材料、氟系列光电新材料等电子化学品。全区规模以上医药化工企业34家，产值65.4亿元，占全区规模以上工业总产值的比重为18.4%。

四、产业集群及工业园区情况

海尔日日顺建陶产业园：主要生产日用瓷、新型陶瓷，新兴陶瓷包括氮化硅陶瓷、碳化硅陶瓷、氧化铝陶瓷、氧化锆陶瓷等。目前园区已有6家企业进驻，8条生产线投入生产。统一陶瓷是防静电陶瓷砖国家标准主要起草单位，获国家发明专利；维统科技拥有4件国际发明专利使用权，是拥有粉煤灰综合利用制造新型建材产品核心专利技术的制造企业。入园企业全部实现超低排放，环保标准高于欧盟。

高端装备制造产业园区：是山东省新能源汽车及零部件产业基地、国家锻压装备制造交易基地、省高端装备制造产业园区，全区规模以上机械制造企业50家，实现产值64亿元，占规模以上工业总产值的比重为18%。

无机非金属材料产业集群：位于淄川区罗村镇，集群主要由新材料园区、中铝淄博工业园和建陶产业创新园三大园区组成，重点发展功能陶瓷、特种耐火材料、复合材料、硼材料、光电材料、高端陶瓷等无机非金属材料产业；其中，锆系列、硼系列等材料的工艺技术国际领先。

山东省陶瓷工艺产业基地：位于淄川区昆仑镇，昆仑瓷艺源于唐、兴于宋，距今8000多年的磁村瓷窑址是全国重点文物保护单位，淄博陶瓷烧制技艺是国家级非物质文化遗产。昆仑镇已形成文化艺术瓷、日用瓷、工业陶瓷、陶瓷新材料、陶瓷机械等较为完整的产业链。中国国瓷文化城和昆仑陶瓷城已成为全国知名的陶瓷集散地。

红木家具产业集群：主要集中在淄川区西河镇，以传统家具、现代套房家具、办公家具、室内红木装饰及楼梯扶手、樟木箱、红木工艺品等红木家具为主。骨干企业有淄博梦琦红木家具有限公司、淄博名君红木家具有限公司、淄博天一红木家具厂、淄川万达利家具厂、淄川晶诚家具厂、淄川皇艺红木家具厂等。西河镇红木家具产品种类多、材质优，品牌优势明显，设计创意新颖，被誉为“山东省红木家具之乡”。

五、骨干企业情况

鲁泰纺织股份有限公司：是著名的高档色织面料生产商和顶级品牌衬衫制造商，现拥有优质长绒棉基地18万亩，纱锭90万枚，线锭10.2万枚，具备年产色织面料22000万米、印染面料9000万米、衬衣3000万件的能力，70%的产品销往美国、欧盟、日本等30多个国家和地区，业绩常年位居全国纺织行业前列。2020年，鲁泰纺织实现营业收入47.5亿元。

山东唐骏欧铃汽车制造有限公司：主要从事轻型载货汽车和专用改装车生产。目前具备拥有年产轻型商用车10万辆、电动物流车5万辆的产能，是国内最早生产轻型汽车和最早开发新能源汽车的厂家之一。2020年，唐骏欧铃汽车实现营业收入14.6亿元。

山东金城医药化工有限公司：是全球知名的头孢类抗生素中间体生产企业，也是全国重要的生物原料——药谷胱甘肽的生产厂家，是淄博市著名的创业板上市公司；2020年，金城医药实现营业收入7.7亿元。

淄博泰山瓷业有限公司：主要产品为鲁青瓷，其水晶骨质瓷具有国际一流水平，先后被选为皇室用瓷、北京钓鱼台国宾馆用瓷、北京奥运会用瓷和驻外使馆用瓷；耐火材料有镁铁铝尖晶石砖、全陶瓷预热器、氧化锆纤维等。公司拥有先进的生产设备和精湛的制瓷技术，近年来引进世界先进的全自动成型生产线，是国内知名的采用微机自控燃气隧道窑生产镁质强化瓷的企业。

淄博梦琦红木家具有限公司：主要生产明清式传统家具、现代套房家具、展厅陈设家具、宾馆家具及红木工艺品等多个系列，所选木材采用海南黄花梨、越南黄花梨、小叶紫檀、大叶紫檀、老挝红酸枝、乌木、缅甸花梨等名贵木材。产品绿色环保，被中国轻工业质量认证中心认定为“绿色环保家具”。

截至2020年底，淄川区共有省级以上制造业单项冠军企业9家，“专精特新”企业20家，“小巨人”企业3家，“瞪羚”企业6家。

六、科技创新能力

2020年，全区共有国家级企业技术中心4家，省级企业技术中心28家。高新技术企业数量达到62家，研发投入占比为2.9%，超过全省平均水平；全区各类孵化器总面积达到10万平方米。

七、进出口情况

2020年，淄川区进出口总额66.4亿元。其中，进口总额12.8亿元；出口总额53.6亿元。2020年，实际使用外资金额5373万美元。

第三节　博山区

博山区面积698.1平方公里，常住人口41.1万人。博山区煤炭、陶土、焦宝石等资源丰富，是中国泵业名城、中华陶琉文化城、中国琉璃之乡。

一、工业基本情况

2020 年，博山区地区生产总值 234 亿元，规模以上工业增加值 103. 5 亿元，规模以上工业企业 182 家，实现营业收入 190. 6 亿元。全区规模以上工业总产值 181. 8 亿元，高新技术产业产值占全区规模以上工业产值的 40. 6% 。

二、工业产业结构

博山区主要工业产业为非金属矿物制品业，占全区规模以上工业企业营业收入的 24. 9% ；化学原料和化学制品制造业，通用设备制造业，汽车制造业，电力、热力生产和供应业，化学纤维制造业占全区规模以上工业企业营业收入的比重分别为 16. 1% 、12. 6% 、8. 7% 、7. 3% 、5. 8% ；其他行业占比较小。

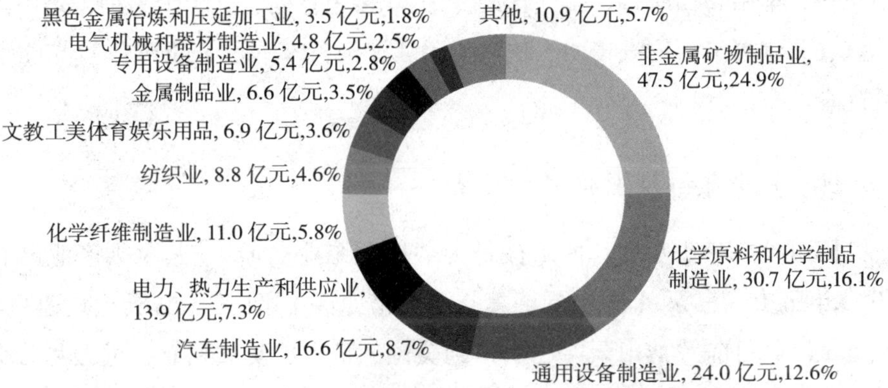

图 3 –5　2020 年淄博市博山区工业产业结构分布图

三、重点优势产业

建材产业：主要发展耐材、日用玻璃及其他新型材料。耐材行业以硅砖、电熔锆刚玉砖、黏土砖、高铝砖、熔融硅砖、免烧砖及不定型耐火材料等产品为代表，主要用于焦炉、炼钢炉、玻璃窑炉、水泥窑炉等行业窑炉。玻璃行业以超白玻璃、离线镀膜玻璃、在线镀膜玻璃等产品为代表，主要用于建筑、汽车、太阳能、工业品等行业。2020年，全区规模以上工业企业35家，实现营业收入47.5亿元。

通用设备制造业：主要集中在泵类产业及相关行业。博山区拥有泵业及机电生产企业800余家（含中小企业），主要涉及泵类、电机、电器、减速机等行业，产业覆盖区域面积达90平方公里。现有国家泵类产品质量监督检验中心1个，省、市级企业技术中心24个，省、市级工程技术研究中心29个，院士工作站2个，省、市级工程研究中心、工程实验室4个。现有“博山牌”等中国驰名商标4个，“颜山牌”等山东省著名商标11个，“华成牌”等山东名牌产品12个。

汽车零部件产业：涵盖专用汽车、钢板弹簧、汽车电机、轮毂、齿轮、高强度螺栓、连杆等行业。零部件产品系列从单一生产钢板弹簧，延伸至汽车断开式平衡轴、变截面板簧、汽车推力杆、汽车助力杆、汽车货厢、活塞销、汽车工程车用钢圈、专用车用油泵、高强度螺栓、车用高分子材料、车用高档涂料、排气管配件等20多个系列、上千个品种，是中国一汽、北汽福田、重汽集团、陕汽集团、江淮汽车、红岩重汽等汽车企业的配套厂家。

四、产业集群及工业园区情况

博山泵类产业基地：博山被誉为“中国泵业名城”，其泵类产业已有70多年历史，三泵（清水泵、真空泵、潜水泵）两机（电机、减速机）享誉全国。目前“博山泵”已出口到美国、日本、澳大利亚、意大利、赞比亚等80多个国家和地区，产销量占到全国的20%以上。其中，工业泵、潜水泵、真空泵三大类产品的生产总量、市场占有率、经济效益均居全国同行业的前三名。

博山（新能源汽车零部件）特色产业集群：集群内企业可大致分为底盘、车身及附件、电子、新能源电池包等4类，主导产品涵盖变速箱、板簧、汽车电机、汽车玻璃、新能源汽车锂电池包、轮毂、高端螺旋伞及各类齿轮、高强度螺栓、各类内饰件等20多个系列、上千个品种。现有高新技术企业6家，院士工作站1个，省级企业技术中心8个，省“一企一技术”创新企业9家、研发中心1个，市级工程技术研究中心7个，市级企业技术中心7个。2020年，汽车零部件已形成100万吨的年生产能力，是国内知名的汽车零部件生产销售研发基地。

医药产业园：拥有医药制造、医药流通和大健康三大板块，产业体系完备。拥有省级企业技术中心，省、市级工程技术研究中和血液净化吸附材料工程研究中心等科技创新平台；是山东省现代服务业集聚（产业集群）示范区和淄博市“两谷两园”医药专业园区；拥有博山制药、万杰制药、岜山中药、康贝医疗、民康药业等一批骨干企业；同时，成功引进大骋医疗、银蕨科技、九州通物流等多家创新型高科技企业。

五、骨干企业情况

金晶集团有限公司：是全区玻璃行业的龙头企业，主要生产超白玻璃、离线镀膜玻璃、在线镀膜玻璃等产品，广泛应用于建筑、汽车、太阳能等产业领域。金晶集团是国家高新技术企业，是中国新材料基地骨干企业。

山东华成集团有限公司：主要从事水环真空泵、精密减速机、渣浆泵、脱硫泵、发动机连杆等装备产品的研发生产。华成集团是全国著名的水环真空泵、渣浆泵生产企业和山东省重要的汽车发动机连杆生产企业。华成牌水环真空泵、华成牌渣浆泵，双双荣获“山东名牌”称号，“华成”商标被国家工商总局认定为中国驰名商标。

山东北汽海华汽车部件股份有限公司：主营复合材料汽车部件产品及汽车悬架系统钢板弹簧产品，为康明斯、北汽福田、中国重汽、陕西重汽等国内外知名汽车品牌提供解决方案及零部件配套服务。下设汽车轻量化产研中心、山东海华汽车部件制造有限公司、北京中材汽车复合材料有限公司、德国IFC复合材料有限公司等。

山东东佳集团股份有限公司：是国内重要的二氧化钛制造商，其中锐钛型钛白粉年产2.5万吨，金红石型钛白粉年产6万吨，化纤钛白粉年产1万吨；是全国主要钴冶炼企业之一，主要生产硫化钴、氧化钴、橡胶钴等产品，钴盐类产品年生产加工能力1000吨金属量。2020年，东佳集团实现营业收入20.4亿元。

截至2020年底，博山区共有省级以上制造业单项冠军企业5家，“专精特新”企业21家，“小巨人”企业1家，“瞪羚”企业6家。

六、科技创新能力

2020年，全区共有国家级企业技术中心1家，省级企业技术中心21家，高新技术企业45家。

七、进出口情况

2020年，博山区进出口总额38.7亿元；其中，出口总额35.7亿元，进口总额3.1亿元。实际使用外资金额2335万美元。

第四节　周村区

周村区素有“天下第一村”之称，是鲁商发源地、中国纺织产业基地、中国电热锅产业基地、中国软体家具产业基地。面积307.3平方公里，常住人口35.4万人。

一、工业基本情况

2020年，周村区地区生产总值215.4亿元；规模以上工业增加值80.9亿元。全区规模以上工业企业170家，实现营业收入220.4亿元。规模以上工业总产值218亿元，高新技术产业产值占规模以上工业总产值的比重达50%。

二、工业产业结构

周村区主要工业产业为化学原料和化学制品制造业，占全区规模以上工业企业营业收入的34.4%；非金属矿物制品业、纺织业、黑色金属冶炼和压延加工业、医药制造业、专用设备制造业营业收入占全区规模以上工业企业营业收入的比重分别为12.5%、8.5%、5.8%、5.4%、5.4%；其他行业占比较小。

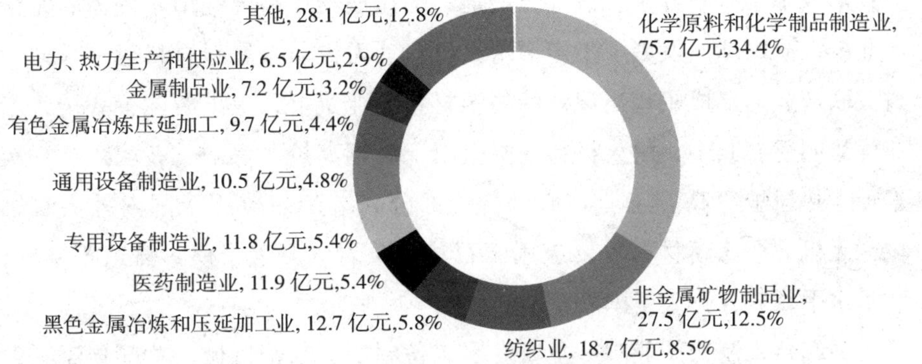

图 3-6　2020 年淄博市周村区工业产业结构分布图

三、重点优势产业

化工行业：主要发展石油化工，以山东宏信化工股份有限公司、中国石化催化剂有限公司齐鲁分公司、山东赫达股份有限公司为龙头，带动全区化工产业发展。目前，拥有规模以上工业企业 24 家，营业收入 75.7 亿元。

建材行业：主要聚集于周村区王村镇，以耐火材料和无机非金属材料为代表，依托丰富的矿产资源、便利的交通网络和龙头企业的强力带动，已逐步发展形成了集矿石开采、焦宝石煅烧、配比成型、高温烧结于一体的完整产业链，上下游配置齐全，具有比较明显的产业发展优势。全区规模以上工业企业 30 家，产值接近 30 亿元。

纺织业：以丝绸面料、巾被、毛毯、牛仔布等为主导产品，形成了品种齐全、结构合理、高中低档产品共同发展的格局，被中国纺织工业协会授予“中国纺织产业基地”称号。目前，丝绸纺织已成为周村区的主导产业，为促进地区经济发展发挥了重要作用。拥有规模以上工业企业 23 家，产值 20 亿元。

四、产业集群及工业园区情况

高温新材料产业集群：主要聚集于王村镇，以耐火材料（包括定形和不定形耐火材料）、无机非金属新材料、连铸三大件等高温材料为主导产业；形成了集矿石开采、焦宝石煅烧、配比成型、高温烧结于一体的完整产业链，同时横向发展了不定形耐火材料、无机非金属新材料等一系列耐材关联产业，形成了相当规模的高温材料产业集群，上下游配置齐全，产业优势明显。其中，耐火材料主要应用于炼钢高炉、焦炉、玻璃窑炉、炭素炉、热风炉等高温工业核心部件，部分高端产品应用于国内外尖端领域；无机非金属新材料主要应用于石油和页岩气开采、模具铸造等领域，技术水平领先，打破了国外垄断。

高端装备制造产业园：主要发展装备制造、精密机械、总部物流三大板块，围绕重型数控金属切削机床项目、大型数控成形冲压设备项目、精密机床备品备件项目、数字化工具系统及量仪项目、专用工业机器人及成套设备制造项目和高速、精密、复合数控金属切削机床项目等，形成了龙头带动效应。日本西铁城集团、日本兄弟公司、新加坡祥峰科技公司、德国 IBG 集团、金堆城钼业集团、香港新景发展有限公司等一批国际知名公司相继入驻高端装备制造产业园建立独资或合资企业。形成了以精密数控机床、高级精密轴承、高档造纸机械、矿山机械成套设备及零配件为主导的产业集群。

丝绸纺织产业集群：周村素有“丝绸之乡”的美誉，被中国纺织工业协会授予“中国纺织产业基地”称号。丝绸纺织产业是周村人民引以为豪的传统支柱产业和重要民生产业，全区纺织企业 818 家，其中规模以上企业 104 家，占全区企业总数的 23.3%，产值占全区总产值的 15%，拥有一批在全省、全国叫得响的知名品牌和拳头产品。

不锈钢产业集群：主要发展不锈钢原材料加工制造和不锈钢制品加工（电热锅）等。集群现有企业 460 余家，从业人员 6000 余人。其中，以大明国际、伟业不锈钢、新世纪不锈钢等为代表的不锈钢流通加工类规模以上企业 37 家，以金润德、顺盈钢管制造等为代表的工业加工类规模以上企业 3 家。目前，全区拥有开平线 32 条，抛光、拉丝、覆膜、切割等加工设备 600 台以上，配套加工工艺全、能力强、精度高、质量好。集群主要服务容器储罐、不锈钢管制造、厨具餐具制造、医疗器械等不锈钢消费企业，年消费不锈钢约 170 万吨。

五、骨干企业情况

山东宏信化工股份有限公司：主要生产基本有机化工原料，重点产品有苯酐、增塑剂、不饱和聚酯树脂、顺酐、塑胶手套等五个产品系列、30余个品种。2020年，实现产值28.9亿元，营业收入30.7亿元。

山东华安新材料有限公司：主要生产PVDF含氟聚合物、新型高效环保制冷剂、含氟医药中间体等产品。2020年，实现产值3.6亿元，营业收入4.4亿元。

山东赫达股份有限公司：主要生产纤维素醚系列产品、石墨制化工设备、HPMC植物胶囊、原乙酸三甲酯、双丙酮丙烯酰胺等。2020年，实现产值10.9亿元，营业收入10.5亿元。

山东耐火材料集团有限公司：主要生产铝硅系耐材、连铸耐材、焦宝石及莫来石料、镁质原料和制品、含碳制品、特耐制品、不定型材料等七大类产品，年产能达55万吨。2020年，实现产值3.4亿元。

淄博大染坊丝绸集团有限公司：是全国宽幅真丝家纺面料的龙头企业，丝绸面料织造产量位居全国前列，是全国知名的具有缫丝、织造、练印染、筒丝染色、长车轧染、家纺制品、丝绸工艺品、国内外贸易完整产业链的丝绸生产企业；2020年，实现产值6亿元。

截至2020年底，周村区共有省级以上制造业单项冠军企业6家，“专精特新”企业25家，“小巨人”企业2家，“瞪羚”企业5家。

六、科技创新能力

2020年，全区共有国家级企业技术中心2家，省级企业技术中心18家。

七、进出口情况

2020年，全区进出口总额52.8亿元。其中，出口总额47.3亿元；进口总额5.5亿元。

第五节　临淄区

临淄区面积663.7平方公里，常住人口64.9万人。临淄区矿产资源丰富，种类繁多，胶济铁路、青银高速公路和济青高铁横贯境内。

一、工业基本情况

2020年，临淄区地区生产总值733.3亿元。规模以上工业增加值404.3亿元。全区规模以上工业企业309家，实现营业收入1429.1亿元。高新技术产业产值占全区规模以上工业总产值的比重达32.6%。

二、工业产业结构

临淄区主要工业产业为石油、煤炭及其他燃料加工业，占全区规模以上工业企业营业收入的48.6%；其次是化学原料和化学制品制造业，占全区规模以上工业企业营业收入的29.8%；电力、热力生产和供应业，专用设备制造业，橡胶和塑料制品业，医药制造业，造纸和纸制品业行业规模相对较小，占全区规模以上工业企业营业收入的比重均在5%以下。

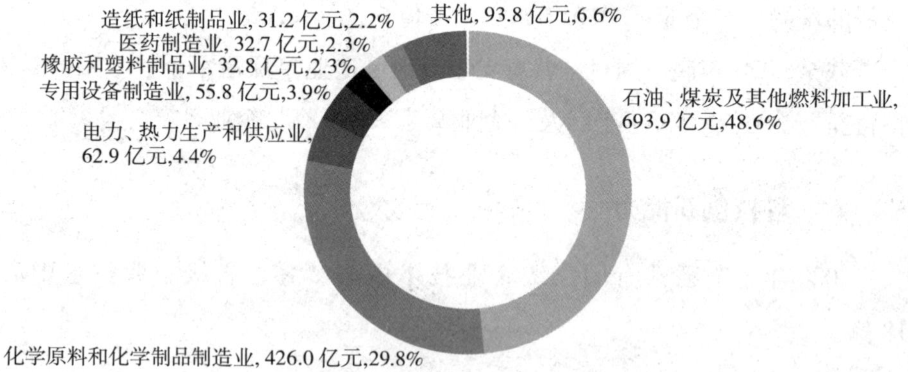

图3-7　2020年淄博市临淄区工业产业结构分布图

三、重点优势产业

炼化行业：是全区主导行业，目前形成了油—盐—煤一体化协同发展的、比较完整的化工产业格局，围绕齐鲁石化分公司发展下游精细化工及新材料产品链，已经形成炼化一体化、碳四综合利用、工程塑料、聚氨酯材料、塑料加工等五大优势产品链，产品关联度在80%以上，集聚了齐翔腾达、清源集团、一诺威等一批精细化工及新材料龙头企业，拥有甲乙酮、苯乙烯、新戊二醇、三羟甲基丙烷、丁烷法顺酐等具有市场知名度的产品。

四、产业集群及工业园区情况

齐鲁化学工业区：园区以炼化一体化、精细化工、化工新材料为主导产业，拥有齐鲁石化、齐翔腾达、一诺威、清源集团、齐旺达集团、蓝帆集团、民基化工、鲁华泓锦、齐隆等龙头企业。齐鲁化工区荣获2020年中国化工园区30强、中国绿色化工园区等荣誉称号。园区发展按照“高端、绿色、循环、智慧”定位，加快化工区转型升级和新旧动能转换，实现园区高质高效发展。

山东淄博临淄（化工新材料）特色产业集群：位于临淄区齐鲁化学工业区。2020年，集群化工新材料企业实现营业收入1260亿元。多年来，集群企业积极开展产学研协同创新，拥有较强的成长性。

目前，集群拥有高新技术企业24家，省级“专精特新”中小企业2家，“瞪羚”企业1家，省制造业单项冠军企业5家，龙头骨干企业技术装备及创新能力在全省乃至全国同行业中处于领先水平。

五、骨干企业情况

中国石油化工股份有限公司齐鲁分公司：是中国石化集团直属的特大型石油化工联合企业，原油一次加工能力1300万吨/年、乙烯生产加工能力80万吨/年。2020年，中国石油化工股份有限公司齐鲁分公司实现营业收入490.1亿元。

淄博齐翔腾达化工股份有限公司：是碳四产业链的龙头企业，主导产品甲乙酮产能居行业前列。2020 年实现产值 1315 亿元，具有年加工 1820 万吨原油和年产 80 万吨乙烯、63 万吨聚乙烯、30 万吨聚丙烯、60 万吨聚氯乙烯、69 万吨丁辛醇、70 万吨芳烃、21 万吨苯乙烯、60 万吨增塑剂、20 万吨苯酐的优势产能。2020 年，齐翔腾达化工实现营业收入 68.8 亿元。

蓝帆集团股份有限公司：是全国知名的增塑剂生产企业，增塑剂产能 50 万吨/年，苯酐产能 7 万吨/年。主要业务共分为两大板块，一是医疗健康板块蓝帆医疗（上市公司），主要是健康防护系列产品，核心产品 PVC 手套占全球市场份额的 22%；二是石油化学板块蓝帆化工（非上市公司），以增塑剂及其相关原料生产为核心业务，产能 84 万吨/年，为增塑剂生产企业，占中国市场份额的 35%。

截至 2020 年底，临淄区共有省级以上制造业单项冠军企业 14 家，“专精特新”企业 14 家，“小巨人”企业 2 家，“瞪羚”企业 7 家。

六、科技创新能力

2020 年，全区共有国家级企业技术中心 1 家，省级企业技术中心 25 家。全社会研发投入占比达到 2.3%，市级以上研发平台达到 166 个，拥有高新技术企业 81 家。

七、进出口情况

2020 年，临淄区进出口总额 183.6 亿元。其中，进口总额 117.8 亿元；出口总额 65.8 亿元。实际使用外资金额 6412 万美元。

第六节　高新技术产业开发区

淄博国家高新技术产业开发区（以下简称淄博高新区）位于淄博中心城区的东北部，面积 115.1 平方公里，常住人口 23.9 万人。

一、工业基本情况

2020年，淄博高新区地区生产总值285.2亿元，工业增加值138.8亿元。规模以上工业企业184家，实现营业收入423.7亿元。高新技术产业产值占规模以上工业总产值的比重为68.4%。

二、工业产业结构

淄博高新区主要工业产业为化学原料和化学制品制造业，占全区规模以上工业企业营业收入的20.5%；非金属矿物制品业，医药制造业，专用设备制造业，燃气生产和供应业，黑色金属冶炼和压延加工业，电力、热力生产和供应业营业收入占全区规模以上工业企业营业收入的比重分别为14.4%、12.1%、12%、7.2%、4.6%和4.5%；其他行业占比较小。

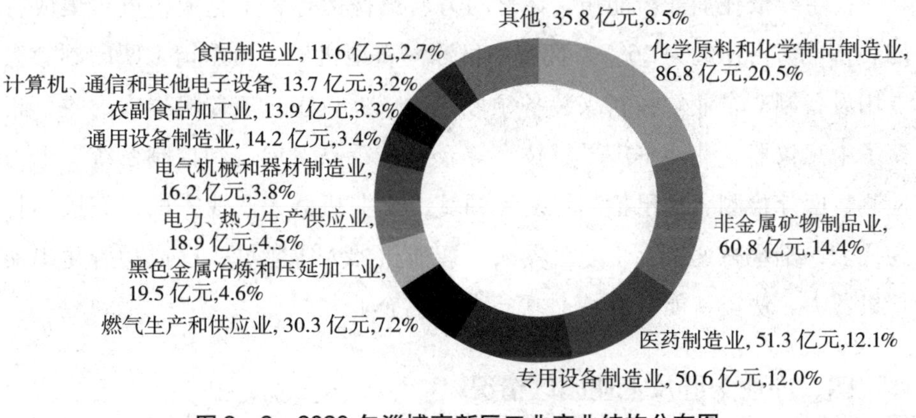

图3－8 2020年淄博高新区工业产业结构分布图

三、重点优势产业

新材料产业：是淄博高新区的主导产业，全国“新材料名都”，被授予“国家火炬先进陶瓷特色产业基地”“国家火炬功能玻璃特色产业基地”和“国家火炬聚氨酯特色产业基地”称号，形成了无机非金属、有机高分子、金属新材料三大板块，精准招引了总投资24亿元的先导靶材、总投资8.5亿元的新朗华气凝胶等一批技术水平先进的高端产业项目，助推产业集群快速发展。

生物医药产业：重点发展医疗器械、生物制药、保健品等领域，是国家级产业基地和国家创新药物孵化基地，被科技部火炬中心认定为“国家火炬生物医药特色产业基地”。目前规划建设了总占地面积6000余亩的高新区生物医药创新港、医疗健康产业园、航远创新医疗器械孵化器、圣海奥斯保健品产业园等一批专业产业园区，致力于打造千亿级产业集群，在2020年全国生物医药产业园区百强榜中位列第22位。

人工智能产业：是高新区发展最快的版块，依托清华大学MEMS研究院、6英寸硅基MEMS研发制造平台等，高标准建设了集MEMS芯片设计研发、工艺加工、封装测试、产品应用等于一体的综合性研发产业基地。目前，高新区已有智能装备产业企业50余家。在传统装备领域，以电机、重大集成智能装备、高档数控机床为主。其中，电机产业产值占比约为40%，主要依托淄柴新能源、休普动力、德普达等骨干企业；重大集成智能装备产值占比约为26%，拥有中材淄博重型机械、山东精工凹印制版等专用设备制造企业。在新兴装备领域，以仪器仪表、工业机器人为主，集聚了中惠仪器、北斗华宸导航技术等企业，重点发展自动控制系统、电力检测、医疗检测、通讯检测等多元领域；工业机器人产业方面以纽氏达特为代表，围绕减速机、工业机器人、智能机器人等领域，已成功孵化出能行机器人、法奥智能（淄博）等行业知名企业。

四、产业集群及工业园区情况

电子信息产业创新园：主要涉及软件、仪器仪表、系统集成、互联网服务等产业领域，科技型企业占比90%，入驻率为98.5%。2020年入驻企业实现收入16.3亿元，企业拥有有效知识产权990余项，认定的高新技术企业29家，软件企业21家，挂牌上市企业14家，高层次人才领办、参办企业12家。园区建设有电子信息综合服务平台，投资4000余万元，建筑面积2000平方米，包括仪器仪表检测实验室、集成电路与嵌入式实验室、IBM实验室、动漫工作站、录音与非线编工作室等十余个线下实验室和“火炬之窗”“软件工厂”“企业管家”“教育在线”等多个线上系统，可为企业研发、生产和办公经营提供检测、实验、软硬件环境支持以及教育培训、信息情报、企业管理应用等专业服务。

智能制造产业发展中心：以 MEMS 相关产业、光电子、化合物半导体为核心。园区现有企业 107 家，在建省、市级重大项目 20 余个，2020 年，园区总营业收入 24.4 亿元。智能制造中心将以发展 MEMS 相关产业、光电子、化合物半导体等产业集群为主线突破口，扩大现有成果，完善产业布局，提升产业核心竞争力，积极布局 MEMS、封装测试、功率半导体、化合物半导体等 4 个细分科创产业，打造 MEMS 完整产业链，推动封装测试业规模达到国内领先，提升功率半导体产业竞争力，做大做强化合物半导体产业，打造全球领先的国际化 MEMS 产业示范基地和千亿级产业园区。

先进陶瓷产业创新园：是集产业项目孵化、公共技术服务、技术交易交流、创业人才培训等功能于一体的综合性创新服务平台，是科技部火炬中心认定的国家级科技企业孵化器。陶瓷园做精做优科技创新创业服务体系，为入驻企业、项目、人才提供公共技术、企业培训、咨询指导、创业导师、融资支持、创新激励、中介服务等，构建了涵盖企业成立、成长、发展全过程的创新创业服务生态。目前，陶瓷园入驻企业 130 余家，员工 1700 余人，集中在先进陶瓷、耐火材料、窑炉生产设计技术等领域。2020 年园区企业实现营业收入 15.4 亿元，产业集群类型为无机非金属材料及其配套、节能环保、新能源，共有 55 家企业，2020 年，实现营业收入 6 亿元。

精细化工和高分子材料产业创新园：是淄博高新区管委会建设的集研发、孵化和产业化示范于一体的专业化创新产业园区。园区现拥有孵化场地面积 2.2 万平方米，是科技部认定的国家级科技企业孵化器，共有入驻企业 46 家，重点企业有主要从事无创产前基因检测、遗传性耳聋基因检测等工作的山东卫康医学检验有限公司，有山东省环境领域大型第三方检测机构山东嘉誉测试科技有限公司。2020 年，园区实现营业收入 5 亿元。园区配套的精细化工和高分子材料公共技术服务平台，由淄博高新区管委会投资 4500 万元，占地建筑面积 2660 平方米。平台主要包括两个分析测试中心、两个公共实验室（固/液分离实验室、液/液分离实验室），共有进口设备118台（套），国产设备105台（套），可提供实验、检测、中试转化等多方面的公共服务。在2018年被评为山东省品牌创新公共服务平台。

生物医药产业创新园：是由淄博高新区管委会投资建设的集研发、孵化和产业化示范于一体的公益性、专业化创新产业园区，具有孵化器、加速器和产业化示范的功能。医药园主要以生物医药类研发团队和中小企业为服务对象，为入驻企业提供分析检测、研发、孵化、中试生产和办公方面的共享设施、设备，并提供政策、管理、法律、财务、融资、市场推广和培训等方面的服务。医药园现拥有孵化企业68家，符合本产业领域的企业占90%以上。2020年，在孵企业实现营业收入2.4亿元，拥有有效知识产权350项，认定高新技术企业2家，挂牌上市企业1家，重点企业有山东则正医药科技有限公司、山东汉肽生物医药有限公司等。产业链配套方面，医药园按照"研究院+公共技术平台+企业孵化与产业化+产业示范与集群"四位一体的模式进行管理运营，构建成果转化、技术服务和产业化紧密衔接的链条。

五、骨干企业情况

山东工业陶瓷研究设计院有限公司：是国家级工业陶瓷专业科研院所，目前已形成了高性能陶瓷透波材料、陶瓷防隔热材料、特种陶瓷纤维、特种功能涂层、先进陶瓷精密加工技术、高温陶瓷膜及装备、工业固废弃物综合利用等七大学科，搭建了关键共性技术研发、检测评价、标准化及工程化转化四大创新平台，孵化了微晶氧化铝、熔融石英、高压电瓷及高温陶瓷膜装备等四大产业。

山东金晶科技股份有限公司：主要经营范围为浮法玻璃、在线镀膜玻璃和超白玻璃、钢化玻璃等。金晶科技年产超白玻璃原片360万重量箱，约占国内总产量的40%，低辐射镀膜玻璃等产品远销欧美、日韩等上百个国家和地区。2020年，金晶科技实现营业收入16.4亿元。

山东新华医疗器械股份有限公司：是集医疗器械、制药装备的科研、生产、销售、医疗服务、商贸物流各领域于一体的国内领先健康产业集团，拥有山东、北京、上海三大核心区域。目前，感染控制设备的品种和产量居世界前列；放疗设备研发生产规模大、品种全，国内市场占有率高，技术水平领先；位居全球医疗器械公司100强榜单排名第47位。

山东蓝星东大化工有限责任公司：隶属于中国化工集团下属的中国蓝星总公司，主要产品及规模为6万吨环氧丙烷、10万吨聚醚多元醇、万吨离子交换树脂、5000吨二乙烯苯、万吨组合聚醚及聚氨酯型材、40亿只一次性输注器械橡胶件、5亿只药用氯化丁基胶瓶塞，市场占有率均位居国内前三，其中，东大牌聚醚多元醇获山东省名牌称号。2020年，蓝星东大实现营业收入23.3亿元。

淄博金纪元研磨材有限公司：主要生产经营磨料、磨具、研磨液、研磨块、金刚石等，产品技术含量高，质量稳定，在与国外产品竞争中处于领先位置，近年来出口订货量稳定增长，出口业务占总业务的60%左右。

六、科技创新能力

2020年，全区共有国家级企业技术中心1家，省级企业技术中心4家。目前，高新区建成国家级孵化器5家，省级以上研发机构76家，院士工作站32家；拥有国家级人才工程专家43人，“泰山系列人才”59人，省级及以上人才数量占全市50%以上。

七、进出口情况

2020年，淄博高新区进出口总额82.9亿元。其中，进口总额18.7亿元；出口总额64.2亿元。实际使用外资金额1.3亿美元。

第七节　经济开发区

2020年4月，淄博经济开发区调整至淄博市中心城区南部区域，成为主城“南拓”的关键区域，常住人口17.9万人。区内交通条件便利，滨博高速穿城而过，距胶济铁路淄博站、滨博高速新区站仅1公里。

一、工业基本情况

2020年，淄博经济开发区规模以上工业企业92家，实现营业收入193.2亿元，全年规模以上工业增加值47.5亿元。

二、工业产业结构

淄博经济开发区主要工业产业为有色金属冶炼和压延加工业，占全区规模以上工业企业营业收入的47.2%；非金属矿物制品业，电力、热力生产和供应业，化学原料和化学制品制造业营业收入占全区规模以上工业企业营业收入的比重分别为23.7%、12.2%、10.4%；其他行业占比较小。

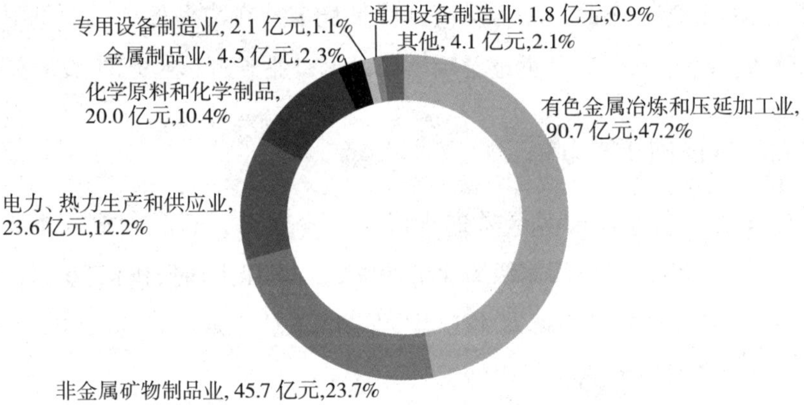

图3-9　2020年淄博经济开发区工业产业结构分布图

三、重点优势产业

制铝产业：淄博经济开发区以制铝及相关产业为主导，在人才、科技、工程、管理、营销和全产业链、循环经济、资源利用、土地、铁路物流等方面形成了较好的综合优势。铝基新材料产能超过170万吨，实现铝基新材料产品种类的全覆盖，产品出口50多个国家和地区，在中国的市场占有率超过40%，全球的市场占有率接近20%，是知名的铝基新材料生产基地。经开区铝基新材料产业以中铝山东有限公司为主要生产地。

建材产业：代表产业是建筑陶瓷，目前建筑陶瓷产业规模居全国第二，形成了集科研、材料、机械、辅料、人才、会展、商贸和物流于一体的完整产业体系，是全国重要的优质建筑陶瓷生产基地、展销集散地；陶瓷等传统产业是淄博经济发展的“基石”。目前，经开区有建陶生产线51条，占全市总量的69%；年产能1.7亿平方米，占全市总产能的63%；年实际产量近1亿平方米，产值超20亿元，直接和间接从业人员数万人。

化工装备产业：主要集中在傅家镇，有“搪玻璃之乡”的称号，搪玻璃制造行业产能占全国总产能的1/3。傅家镇是搪玻璃设备的主要生产地，主要包括反应釜、储罐、搅拌器、放料阀、垫片、瓷釉、活套法兰、高颈法兰等，其中淄博中升机械有限公司规模较大、产业链较全。

四、产业集群及工业园区情况

氧化铝产业集群：主要依托龙头企业中铝山东，形成了微粉氢氧化铝、高白填料氢氧化铝、活性氧化铝、沸石系列、拟薄水系列、板状刚玉、煅烧氧化铝、高纯氧化铝、聚合氯化铝9大类精细氧化铝产品系列，远销全球50多个国家和地区。

建筑陶瓷产业集群：是经开区的传统产业，规模居全国第二，已形成了科研、材料、机械、辅料、人才、会展、商贸和物流等完整产业体系，是全国重要的优质建筑陶瓷生产基地、展销集散地。

高端化工装备制造产业集群：全区共有搪玻璃整装生产企业19家，零部件生产企业15家，全部位于傅家镇，其中规模以上企业6家，为中升机械、三田化工设备、华星化工设备、盛普化工设备、华鼎化工设备、瑞诚化工设备，从业人员5000余人。

五、骨干企业情况

中铝山东有限公司：是中铝集团精细氧化铝研产销基地，有9大系列、200余种铝基新材料产品。其中，高白填料氢氧化铝被国际用户誉为“中国白”，4A沸石系列产品的全球市场占有率居前列，煅烧α氧化铝、高纯氧化铝等高纯铝盐系列产品生产技术全球领先，沉淀法超细微粉氢铝质量达到世界一流水平，拟薄水铝石系列产品规模和质量均居全国前列。2020

年，中铝山东实现营业收入70.1亿元。

淄博三田化工装备有限公司：主要生产医药化工专用搪玻璃搅拌设备、减速机及四柱式机架、搪玻璃水翼型轴流搅拌桨、釜用机械密封、搪玻璃多管式换热器、搪玻璃配件等；釜用聚四氟乙烯波纹管212型及釜用径向双端面型机械密封、搪玻璃翼型轴流搅拌桨等产品耐强腐蚀，可在各种特殊条件下使用。

第八节　桓台县

桓台县面积509平方公里，常住人口48.9万人。桓台县是全国知名的“吨粮首县”和“建筑之乡”，建筑业连年稳居全省十强县之首，被誉为“中国膜谷”。

一、工业基本情况

2020年，桓台县地区生产总值588.5亿元，全年完成工业增加值265.4亿元。规模以上工业企业178家，实现营业收入1144.4亿元。

二、工业产业结构

桓台县主要工业产业为石油、煤炭及其他燃料加工业，占全区规模以上工业企业营业收入的35%；其次是化学原料和化学制品制造业，占全区规模以上工业企业营业收入的31.1%；造纸和纸制品业、黑色金属冶炼和压延加工业分别占全区规模以上工业企业营业收入的10.2%和10.1%；其他行业占比较小。

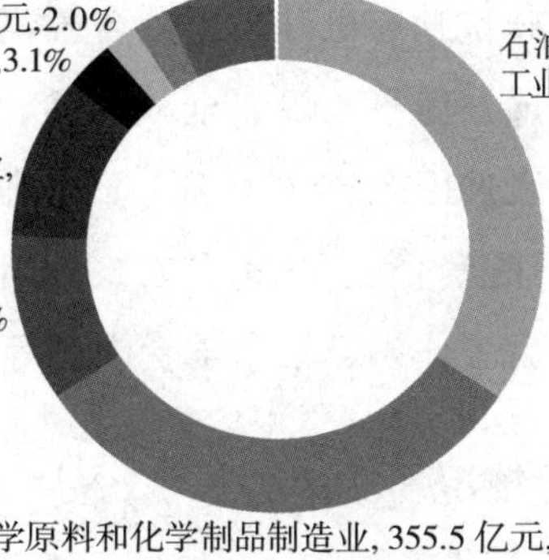

图 3－10 2020 年淄博市桓台县工业产业结构分布图

三、重点优势产业

炼化行业：桓台县工业发展以石油、煤炭及其他燃料加工业和化学原料和化学制品制造业为主导，占全县规模以上工业企业营业收入的 65.8%。在石油化工、有机化工、化工新材料等领域，主要集中了汇丰石化、金诚石化、清河化工和博汇集团等。

造纸和纸制品业：主要发展各类机制纸及纸浆等，代表产品主要有山东博汇纸业的白纸板和石膏护面纸、淄博永丰环保科技有限公司的瓦楞纸和箱板纸、山东仁丰特种材料股份有限公司的包装用纸和特种纸等。

四、产业集群及工业园区情况

桓台马桥化工产业园区：重点发展石油炼化及化工、纸业、包装印刷等相关产业，形成了以山东金诚石化集团有限公司和山东博汇集团有限公司为主体，各类中小企业共同发展的格局。依托金诚、博汇两大集团，构建“油头化尾”的产业格局，不断拓展延伸以 MZRCC 联合工程为主的石油炼化产业链条，以丙烯、环氧丙烷为主的聚氨酯精细化工产业链条，以 ABS、尼龙 66 等为主的聚酰胺产业链条，以特种纸和装饰新材料等高附加值产品为主的纸业及包装印刷产业链条。

氟硅新材料产业集群：围绕氟化工、硅化工和膜树脂配套等拉伸产业链，建成了从氟矿石到氟化工基础材料无水氟化氢，从甲烷氯化物到绿色环保制冷剂，从氟硅烷到有机硅，再到含氟高分子材料及其深加工，以至到尖端技术六氟丙烯、偏氟乙烯、全氟乙烯、全氟离子交换树脂及离子膜等的产业集群，并入选山东省“十强”产业雁阵形集群。目前集群内规模以上企业10余家，配套企业30家左右，拥有国家重点实验室、国家级企业技术中心、博士后工作站、泰山学者岗位等。

五、骨干企业情况

山东汇丰石化集团有限公司：主要从事石油炼制、精细化工、热力供应、新材料研发等；拥有各类生产装置39套，危化品铁路运输专用线10条，烟台港、日照港及董家口港原油输送管线3条、成品油输送管线1条。原油一次加工能力600万吨/年，综合配套加工能力1500万吨/年，主要生产国Ⅵ标准汽柴油、异辛烷、MTBE、丙烯、苯、甲苯、顺酐、聚丙烯、丙烯酸酯橡胶以及工业白油等石油化工产品。2020年，汇丰石化实现营业收入168.7亿元。

山东清河化工科技有限公司：主要生产丙烯、丙烷、甲基叔丁基醚、轻芳烃、石脑油、酸性气、中间产品干气、低分气、重芳烃、液化石油气、精制轻芳烃、改质调和剂、精制重芳烃等化工产品。2020年，清河化工实现营业收入114.7亿元。

山东博汇纸业股份有限公司：是一家集纸张研发、生产、销售于一体的上市公司，主导产品为白卡纸、文化纸、箱板纸、石膏护面纸、造纸木浆等。2020年，博汇纸业实现营业收入71.1亿元。

截至2020年底，桓台县共有省级以上制造业单项冠军企业4家，“专精特新”企业42家，“小巨人”企业7家，“瞪羚”企业2家。

六、科技创新能力

2020年，全县共有国家级企业技术中心1家，省级企业技术中心22家。桓台县新增高新技术企业18家，总数达56家，高新技术产业产值占比提高9.7个百分点。新增“四上”企业85家、省级以上两化融合贯标试点企业 4 家，智慧工厂、智能车间累计达 51 个。

七、进出口情况

2020 年，桓台县进出口总额 210.5 亿元。其中，进口总额 167.3 亿元；出口总额 43.2 亿元。实际使用外资金额 1393 万美元。

第九节　高青县

高青县面积 831 平方公里，常住人口 31 万人，是淄博市纳入黄河三角洲高效生态经济区的区县和省财政直管县。

一、工业基本情况

2020 年，高青县地区生产总值 181.5 亿元，规模以上工业增加值 54.4 亿元。规模以上工业企业 84 家，实现营业收入 146.3 亿元。高新技术产业产值占规模以上工业总产值的比重达 47.6%。

二、工业产业结构

高青县主要工业产业为化学原料和化学制品制造业，占全区规模以上工业企业营业收入的 39.2%；酒、饮料和精制茶制造业，纺织业，农副食品加工业，石油加工、炼焦和核燃料加工业营业收入占全区规模以上工业企业营业收入的比重分别为 13.9%、7.8%、6.4% 和 5.1%；其他行业占比相对较小。

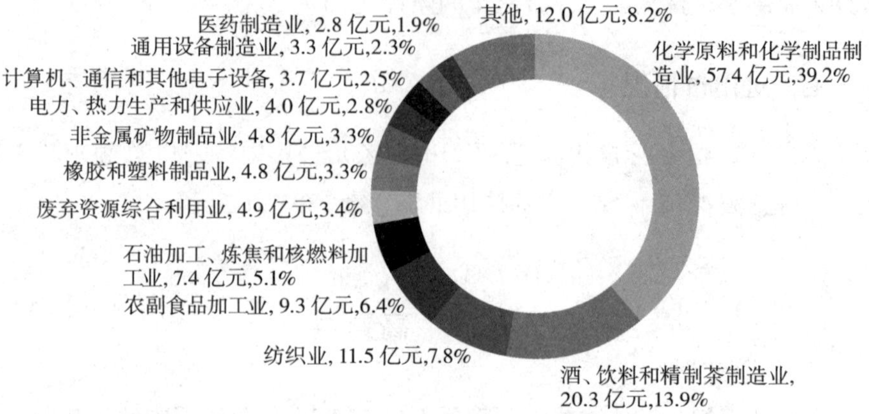

图 3－11 2020 年淄博市高青县工业产业结构分布图

三、重点优势产业

化工行业：拥有规模以上工业企业 19 家，产值约 60 亿元。以山东隆华新材料股份有限公司、山东开泰石化丙烯酸有限公司、淄博飞源化工有限公司等为代表形成了化工和材料产业集聚。

酿酒行业：主要集中在白酒酿造，代表企业是山东扳倒井股份有限公司。高青县是中国酿酒文化起源地、酒祖仪狄故里，是世界美酒特色产区。2020 年，高青县造酒行业产值超 20 亿元。

新材料产业：主要发展聚氨酯材料、含氟新材料和硼材料等产业。聚氨酯材料方面，隆华新材料高端聚醚 POP 产品已连续多年位居全国市场占有率前列，是全国产能较大的聚醚生产企业。含氟新材料产业方面，以飞源集团为龙头，拥有基础原材料、含氟医药、农药中间体、终端绿色制冷剂、含氟高纯新材料等完整产业链条。硼材料产业方面，龙头企业华元新材料产值 2 亿元左右，硼酸产品的国内市场占有率为 75%，硼化合物产品体系不断拓宽。

健康医药产业：致力于打造化学原料药及制剂、生物药品制造、医疗器械制造等重点板块。高青县正在规划建设医疗器械产业园，目前已经基本形成了医药产业发展集群区，在产业政策、产业基础、发展空间、交通网络、生态环境等方面，已具备了做大做强的基础条件。恒智医创高端特色医疗器械项目、欧迈医疗一次性医疗耗材出口项目、曙创医疗头孢呋钠原料药及制剂项目、侨森医疗高端输液器注射器项目的建设将继续推动高青县医药产业高速发展。

四、产业集群及工业园区情况

高青县化工产业园：主要产业包括氟硅新材料、精细化工、石墨烯新材料等，形成了以飞源集团为龙头的产业链。主要企业包括飞源集团、齐星化学、海迈新材料等。园区有工业企业35家，其中规模以上企业13家，累计完成固定资产投资16671万元，工业总产值37亿元，累计上缴税收6838万元。

黄河三角洲药谷产业园：以生物制药、化学制剂、中成药、药用辅料、医疗器械及包装材料等医药制造产业发展为主导，目前已有20余家医药医疗研发及生产企业入驻。园区确立了培育多个百亿级健康医药产业链，打造江北地区知名健康医药产业基地的发展目标，着力推动健康医药产业升级，加快促进产业聚集和集群化发展。

五、骨干企业情况

山东隆华新材料股份有限公司：是国内专业的聚醚多元醇、聚合物多元醇系列产品研发、生产的规模化企业，现产能36万吨/年。隆华新材被评为“高新技术企业”，荣获“山东省制造业单项冠军”“山东省瞪羚企业”等荣誉。隆华公司的高端聚醚POP产品已连续多年在全国市场占有率位居前列，是全国产能较大的聚醚生产企业。2020年，山东隆华新材料股份有限公司实现营业收入24.1亿元。

山东开泰石化集团有限公司：主要经营丙烯酸、丙烯酸甲酯、丙烯酸丁酯、冰晶级丙烯酸；高端基础白油、食品级白油；发电、蒸汽、液氮等。开泰石化是国家“三体系”认证企业、山东省丙烯酸酯工程技术研究中心、山东省高新技术企业；“开泰牌”丙烯酸是山东省名牌产品。2020年，开泰石化产值约10亿元。

山东扳倒井股份有限公司：是国家大型酿酒企业，拥有国井、扳倒井、好客三大品牌，主要生产国香型、酱香型、复粮芝麻香型、浓香型白酒。国井扳倒井工艺传承自酒祖仪狄正朔，国井集团是《齐民要术》酿酒要术的核心传承者。2020 年，国井“扳倒井窖池群及酿酒作坊”被认定为国家工业遗产；同年，中国与欧盟正式签署《中欧地理标志协定》，国井扳倒井与茅台等五家白酒地理标志产品成为中欧地理标志互认互保产品。2020 年，山东扳倒井股份有限公司实现营业收入 20.3 亿元。

截至 2020 年底，高青县共有省级以上制造业单项冠军企业 2 家，“专精特新”企业 3 家，“瞪羚”企业 1 家。

六、科技创新能力

2020 年，全县共有省级企业技术中心 7 家。2020 年，高青县创业创新孵化园获批国家众创空间。侨牌集团获批省级工程实验室，侨森医疗获批省级企业技术中心，年内新增市级工程实验室 4 家，市级企业技术中心 4 家。立新制药抗病毒药物技术研究项目获批 2021 年省重点区域紧缺人才“优秀”项目。

七、进出口情况

2020 年，高青县进出口总额 15.8 亿元。其中，进口总额 3 亿元；出口总额 12.8 亿元。实际使用外资金额 1270 万美元。

第十节　沂源县

沂源县总面积 1636 平方公里，常住人口 51.5 万人。沂源是沂河、弥河、汶河“三河之源”，被称为“中国矿泉水之乡”。

一、工业基本情况

2020 年，沂源县地区生产总值 269.7 亿元，全年完成工业增加值 94.9 亿元。规模以上工业企业 86 家，实现营业收入 209.2 亿元，实现工业总产值 215.7 亿元；高新技术产业产值占规模以上工业总产值的 83.9%，位居全省前列。

二、工业产业结构

沂源县主要工业产业为医药制造业，占全区规模以上工业企业营业收入的 41.6%；非金属矿物制品业、化学原料和化学制品制造业营业收入占全区规模以上工业企业营业收入的比重分别为 17.8% 和 13.6%；其他行业占比较小。

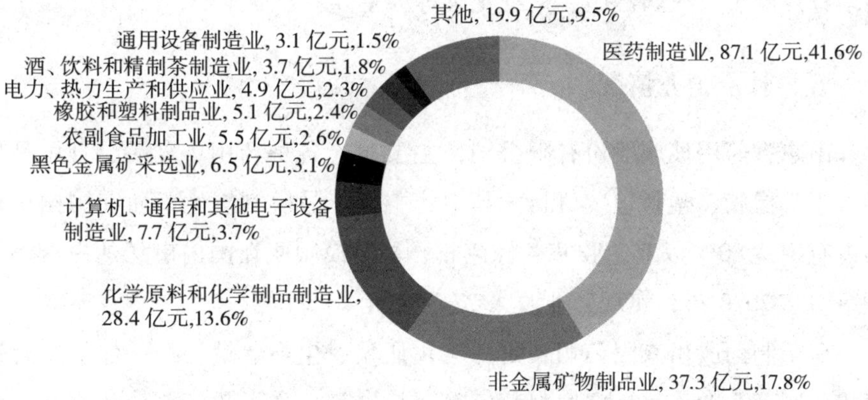

图 3－12　2020 年淄博市沂源县工业产业结构分布图

三、重点优势产业

医药制造业：依托瑞阳制药、山东药玻等龙头医药制造业企业带动，形成了具有显著优势的医药产业体系，主要包括：以瑞阳公司为龙头的高端医药制造，以鑫泉公司为龙头的原料药、医药中间体生产，以药玻为龙头的医药包装生产制造。全区拥有规模以上工业企业 4 家，营业收入 87.1 亿元。

新材料产业：突出新材料产业发展优势，以鲁阳陶瓷纤维、卓意玻璃纤维为主的无机非金属材料，以合力泰化工、瑞丰高分子材料为主的有机化工材料，以博拓塑业、国塑科技为主的新型塑料等基础材料产业发展迅速。全区拥有规模以上工业企业 19 家，实现营业收入 37.3 亿元。

四、产业集群及工业园区情况

沂源化工产业园：重点打造以医药、精细化工产业为主导的生态产业体系，依托山东药玻、瑞阳制药、瑞丰高材等骨干企业，培育了新材料、医药健康、精细化工等主导产业集群。园区主导产品为头孢抗生素类原料药、抗冲改性剂 MBS、加工助剂和抗冲改性剂 ACR、医药中间体等，其生产规模、技术含量和市场份额均居国内一流水平，在国内国际市场享有较高声誉。依托鑫泉医药、瑞阳制药、瑞丰高材、汇佳橡胶等骨干企业，逐渐培育发展了以医药健康、精细化工等为主导的产业集群。

五、骨干企业情况

山东省药用玻璃股份有限公司：主要生产各种药用、食品、日用品玻璃、丁基橡胶、塑料包装材料。其中，主导产品模制抗生素瓶在国内市场的占有率达 80% 以上，胶塞、棕色瓶、一类模制瓶在国内市场的占有率均达 50%。2020 年，实现营业收入 27.9 亿元。

瑞阳制药股份有限公司：是一家集研发、生产、销售于一体的综合性现代化制药企业，可生产原料药、普通粉针剂、冻干粉针剂、片剂、胶囊剂、小容量注射剂、颗粒剂、合剂、栓剂等 9 个剂型、近 400 个品规的产品。其主导产品为注射用头孢曲松钠、注射用美洛西林钠、阿莫西林胶囊。2020 年，实现营业收入 53.1 亿元。

山东鲁阳节能材料公司：是集陶瓷纤维、玄武岩纤维、轻质耐火砖等节能材料研发、制造、销售等于一体的中外合资企业。公司陶瓷纤维制品产能位居全球前列，规模、技术、品种与效益连续二十六年在国内同业中名列前茅，并跻身世界陶瓷纤维业三强。2020 年，实现营业收入 21.5 亿元。

山东瑞丰高分子材料公司：主要从事以加工助剂和抗冲改性剂为主的高性能 PVC 制品用功能高分子材料的研发、生产和销售，是中国知名的丙烯酸酯类抗冲改性剂 ACR、MBS 及加工助剂 ACR 生产企业，是全国塑料行业国家级制造业单项冠军示范企业。2020 年，实现营业收入 15.7 亿元。

淄博卓意玻纤材料公司：隶属山东能源临矿集团，是山东玻纤集团的全资子公司，是集玻璃纤维及其制品、贵金属加工于一体的新材料公司。主要产品有中碱、ECER 系列玻璃纤维纱。2020 年，实现营业收入 4.9 亿元。

截至 2020 年底，沂源县共有省级以上制造业单项冠军企业 3 家，“专精特新”企业 20 家，“小巨人”企业 1 家，“瞪羚”企业 6 家。

六、科技创新能力

2020 年，全县共有国家级企业技术中心 3 家，省级企业技术中心 16 家。2020 年，沂源县有 1 家企业被认定为国家企业技术中心并入选省“十强”产业集群领军企业，1 家企业的工程实验室被认定为省级工程实验室，1 家企业被认定为省企业技术中心。

七、进出口情况

2020 年，沂源县进出口总额 34 亿元。其中，进口总额 3.1 亿元；出口总额 30.9 亿元。实际使用外资金额 3325 万美元。

第十一节 文昌湖省级旅游度假区

文昌湖省级旅游度假区（以下简称文昌湖区）面积 96.5 平方公里，常住人口 4.5 万人。文昌湖区总库容约 9000 万立方米，湖面面积 7 平方公里，湖区沼泽与湿地 18 平方公里。

一、工业基本情况

2020 年，文昌湖区规模以上工业企业 38 家，实现营业收入 32.4 亿元。高新技术产业产值占规模以上工业产值的比重达 34%。

二、工业产业结构

文昌湖区主要工业产业为金属制品业，占全区规模以上工业企业营业收入的21.5%；非金属矿物制品业，纺织业，石油、煤炭及其他燃料加工业、化学原料和化学制品制造业、造纸和纸制品业、专用设备制造业、计算机、通信和其他电子设备制造业占全区规模以上工业营业收入的比重分别为16.3%、10.5%、10.2%、9.9%、7.7%、6.7%和5.5%；其他行业占比较小。

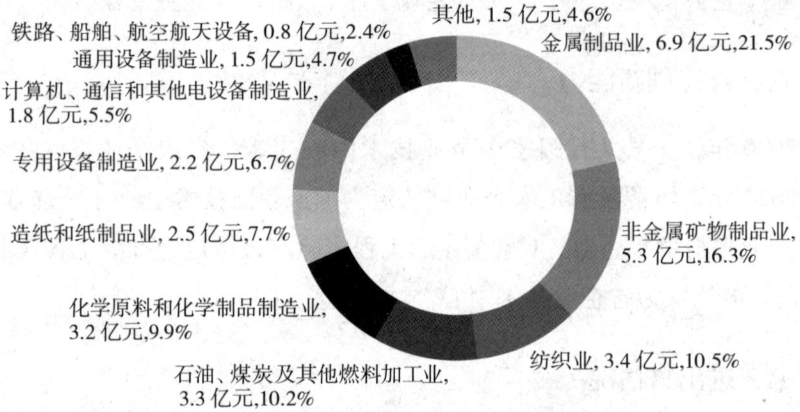

图3－13　2020年淄博市文昌湖区工业产业结构分布图

三、重点优势产业

装备制造业：金属制品领域主要发展钢丸、钢砂、氧化铝、碳化硅、磨料磨具等产品，年产值超8亿元；代表企业有淄博大亚金属科技、山东锐石研磨材料等。机械制造领域主要发展玻璃机械、抛丸机械等，年产值约5亿元；代表企业有大亚机械、嘉丰玻璃机械等。

非金属矿物制品业：主要发展非金属研磨材料、商品混凝土、干混砂浆等产品，目前拥有规模以上工业企业8家，产值超5亿元；代表企业有山东锐石、淄博泰坤等。

四、产业集群及工业园区情况

受旅游文化产业发展职能定位的限制，文昌湖区工业经济整体发展规模有限，目前没有形成产业集群或园区。

五、骨干企业情况

淄博大亚金属科技股份有限公司：是全球五大金属磨料供应商之一，致力于钢丸、钢砂、钢丝切丸、不锈钢丸等系列产品的生产和经营，并实现了自动化流水线生产，自主研发了低碳钢丸、贝氏体钢丸及专用混合磨料等新产品。产品在造船、铸造、钢铁、汽车、集装箱、机械制造、航空、石材切割、管道防腐等行业得到了广泛应用，并出口到30多个国家和地区，连续5年产销量位居全国前列。

山东锐石研磨材料有限公司：主要从事氧化铝、碳化硅、磨料磨具、耐火材料制品、非金属磨料、金属磨料等的研发生产；产品广泛用于冶金、电子、磨具、陶瓷、航空航天、化工、精密铸造、木地板等多个行业领域。2020年实现工业产值1.2亿元。

山东嘉丰玻璃机械有限公司：主要生产玻璃瓶罐机械设备，具有自主知识产权的四大系列制瓶机，多种规格的制瓶机填补了国内空白，推动了制瓶机行业的发展和进步。每个系列单滴、双滴、多滴之间能实现互换，可以满足各种瓶型、不同产量的生产需要。其Z－112型数字化全自动大型玻璃瓶行列式制瓶装备获批2020年度山东省首台（套）技术装备，在同行业中处于较高水平。

六、进出口情况

2020年，文昌湖区进出口总额4.2亿元。其中，进口总额2.4亿元；出口总额1.8亿元；实际利用外资62万美元。

第四章　枣庄市

枣庄市是重要的现代煤化工、能源、建材和机械制造基地，新兴科技创新基地，鲁南地区中心城市之一；总面积 4564 平方公里，常住人口 385.6 万人。枣庄辖市中区、薛城区、峄城区、台儿庄区、山亭区 5 个区和滕州 1 个市，另设有高新区。

【枣庄市经济总量】

2020 年，全市地区生产总值 1733.3 亿元。全年工业增加值 567.4 亿元。

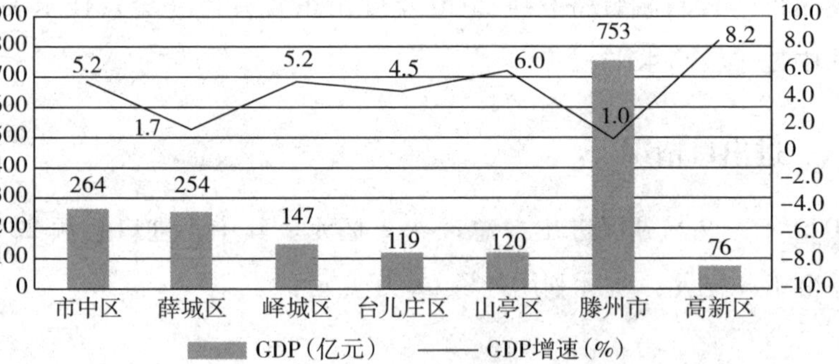

图 4－1　2020 年枣庄市各区县 GDP 及增速对比图

【枣庄市各区县工业经济】

2020 年，全市规模以上工业企业 609 家，实现营业收入 1176.5 亿元。其中，营业收入超过 200 亿元的区县有 2 个，分别是滕州市和薛城区，两区县规模以上工业企业数量占全市总数的48.9%，营业收入占全市总收入的59.7%，利润总额占全市利润总额的44.2%；市中区、峄城区营业收入均超过100亿元。各区县营业收入超过10亿元的重点企业有22家，占全市规模以上工业企业营业收入的42.2%；枣庄矿业（集团）有限责任公司、兖矿鲁南化工有限公司、山东潍焦集团薛城能源有限公司3家企业营业收入超过50亿元。

表4－1　2020年枣庄市各区县规模以上工业主要经济指标情况表

县（市/区）	企业单位数（家）	营业收入		利润总额	
		累计（亿元）	同比（%）	累计（亿元）	同比（%）
全市合计	609	1176.5	-1.8	79.9	4.5
市中区	97	121.5	9.8	9.4	54.8
薛城区	69	202.6	-11.1	13.7	3.5
峄城区	76	107.2	9.0	16.5	48.8
台儿庄区	48	80.3	1.3	7.9	24.0
山亭区	52	71.9	14.5	6.7	18.8
滕州市	229	500.2	-6.5	21.6	-29.7
高新区	38	92.8	10.4	4.0	24.3

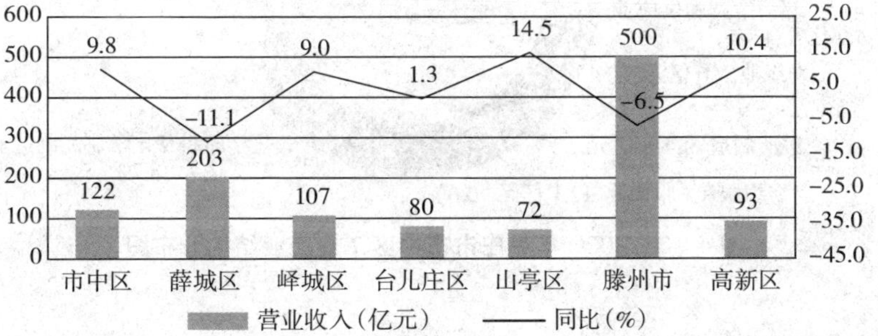

图4－2　2020年枣庄市各区县规模以上工业营业收入及增速对比图

第一节　市中区

市中区面积375.3平方公里，常住人口61.3万人。境内公路、铁路纵横交错，交通发达。

一、工业基本情况

2020 年，市中区地区生产总值 264.1 亿元；全年完成工业总产值 62.1 亿元。规模以上工业增加值 32.7 亿元，规模以上工业企业 97 家，实现营业收入 121.5 亿元。高新技术产业产值占规模以上工业总产值的 37.1%。

二、工业产业结构

市中区主要工业产业为非金属矿物制品业，占全区规模以上工业企业营业收入的 29.7%；化学原料和化学制品制造业，纺织服装、服饰业，医药制造业，纺织业营业收入占全区规模以上工业企业营业收入的比重分别为 18.7%、10%、7.2%、6.3%；其他行业占比较小。

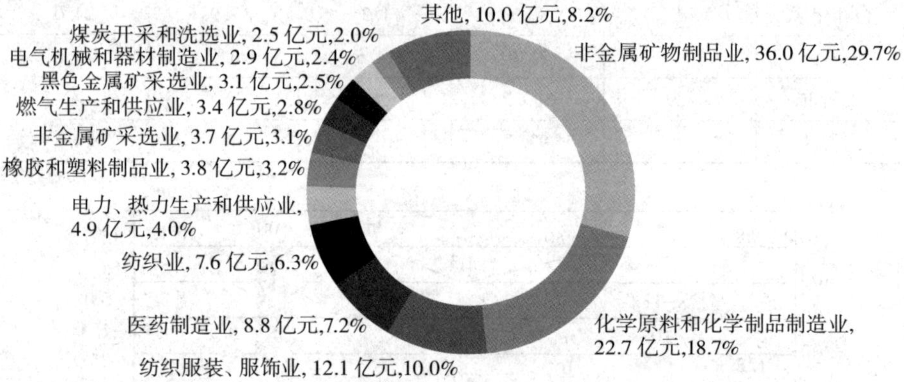

图 4-3　2020 年枣庄市市中区工业产业结构分布图

三、重点优势产业

建材行业：主要集中在水泥、建筑石料、石灰等行业，以枣庄中联水泥有限公司、枣庄市沃丰水泥有限公司、泉头集团枣庄金桥旋窑水泥有限公司、枣庄市中区狮子山建筑石料用灰岩矿有限公司等为龙头，形成了规模较大的建筑材料产业。全区拥有规模以上工业企业 14 家，营业收入 36 亿元。

化工行业：以水处理药剂制造为主，已成为市中区支柱产业之一，是“工业强区、产业兴区”的主战场。以化工园内水处理剂生产企业为主，包括山东泰和水处理科技股份有限公司、枣庄鑫泰水处理技术有限公司、枣庄中科化学有限公司、枣庄东方浩源化工有限公司等。全区拥有规模以上工业企业 9 家，实现营业收入 22.7 亿元。

纺织服装产业：包括纺织业和纺织服装服饰业，产业集聚效应显著，现有企业 300 余家（含中小企业），规模以上企业 26 家，从业人数 6 万余人。产品门类丰富，具有纺纱、织造、漂染、印花、刺绣、针织服装、梭织服装、家纺、化纤、毛纺等上下游较为完善的产业链条，形成了具有特色的针织服装区域品牌。市中区先后被授予“中国针织文化衫产业创新基地”“中国针织文化衫名城”“中国针织服装名城”“中国针织工业发展推动奖”“中国针织工业超百亿元重点集群”“中国针织区域品牌行业大奖”“中国针织行业可持续发展推动奖”等荣誉称号和奖项。

四、产业集群及工业园区情况

水处理剂产业园：市中区现有化工企业 10 家，以水处理剂生产企业为主，包括山东泰和水处理科技股份有限公司、枣庄鑫泰水处理技术有限公司、枣庄中科化学有限公司、枣庄东方浩源化工有限公司。2020 年产业园实现工业总产值约 20 亿元。

纺织服装产业集群（枣庄纺织产业园）：目前市中区拥有规模以上纺织产业及相关工业企业近 30 家，重点企业包括山东龙翔针纺织品有限公司、山东鲁瑞针织服饰有限公司、枣庄市宝隆针织制衣厂、枣庄市宝源服饰有限公司、枣庄市嘉佳制衣有限公司、山东超越制衣股份有限公司、枣庄世纪针纺有限公司等。项目建设上，鲁瑞针织的高性能纤维新材料织造及年产 800 万件针织服装生产线建设项目、维高纺织的万泰退城进园一期项目等“双千”工程项目建设均在稳步推进。

五、骨干企业情况

中国联合水泥集团有限公司：是中国建材的核心企业，是集水泥、商品混凝土、砂石骨料、水泥制品等制造及研发、节能环保与综合利用于一体的国家重点扶持的大型水泥企业集团。中国联合水泥拥有全资及控股企业近100家，分布于山东、江苏、河南、河北、安徽、山西、内蒙古、四川、北京等省市自治区。水泥年产能1.2亿吨，商品混凝土年产能2亿立方米，骨料年产能近1亿吨，总资产近800亿元。

枣庄中联水泥有限公司：是中国联合水泥集团有限公司核心企业之一，主要生产“CUCC”中联牌袋装、散装水泥产品及水泥熟料产品；拥有3条新型干法水泥生产线，日产熟料10000吨。其全资控股的临沂沂东中联水泥有限公司，年生产规模达600万吨。2020年，枣庄中联水泥实现营业收入12亿元。

山东泰和水处理科技股份有限公司：主要产品包含有机磷系列阻垢缓蚀剂、螯合剂、聚合物类阻垢分散剂、杀菌灭藻剂、粘泥剥离剂、缓蚀剂、复合阻垢缓蚀剂、清洗预膜剂、消毒剂等。拥有十个自动化生产车间，产品包含行业所需的多个系列、数百个品种，年产能30余万吨。除满足水处理行业需求外，还广泛应用于采油、日化、纺织印染、造纸、电子清洗等领域。2020年，实现营业收入14.9亿元。

枣庄龙翔针纺织品有限公司：是集织面、印染、成衣于一体的综合性针织生产企业，主要产品为针织布、文化衫、棉毛套装、T恤衫、各式短裤等。2020年，龙翔针纺生产成衣100万件左右，营业收入达2.6亿元。

截至2020年底，枣庄市市中区共有省级以上制造业单项冠军企业2家，专精特新企业5家，瞪羚企业4家。

六、科技创新能力

2020年，全区共有国家级企业技术中心1家，省级企业技术中心6家。2020年，市中区“四新”经济增加值占比达到29.8%，“四新”投资占比为36.5%。高新技术企业总数达到28家。规模以上高新技术产业产值占规模以上工业总产值的比重达到37.1%。

七、进出口情况

2020 年，市中区进出口总额 46.5 亿元。其中，出口总额 45.6 亿元；进口总额 0.9 亿元。

第二节　薛城区

薛城区面积 422.7 平方公里，常住人口 48.6 万人；矿产资源主要有煤、铁、磷、铝、稀土、石灰石、白云石、玉石、钾长石和石膏等 20 余种，其中非金属矿是薛城区的优势资源。

一、工业基本情况

2020 年，薛城区地区生产总值 254 亿元，规模以上工业增加值 186 亿元，规模以上工业企业 69 家，实现营业收入 202.6 亿元。

二、工业产业结构

薛城区主要工业产业为化学原料和化学制品制造业，占全区规模以上工业企业营业收入的 46.4%；非金属矿物制品业、农副食品加工业营业收入占全区规模以上工业企业营业收入的比重分别为 26.4%、20.5%；专用设备制造业相对较小，占全区规模以上工业企业营业收入的 6.6%。

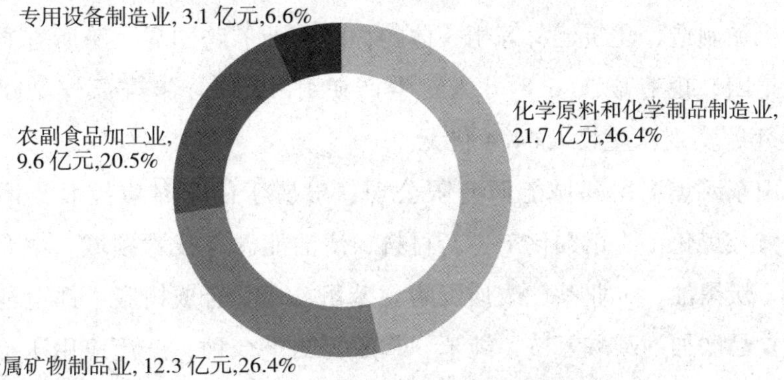

图 4－4　2020 年枣庄市薛城区工业产业结构分布图

三、重点优势产业

化工行业：以潍焦薛城能源和杰富意振兴化工为龙头，带动全区化工产业发展。2020 年，山东潍焦集团薛城能源有限公司实现营业收入 59.7 亿元。目前，全区以山东潍焦集团薛城能源有限公司为链主企业进行延链、强链，吸引上下游产业集聚，促进煤化工产业集群发展。

农副食品加工业：以枣庄市银牛面业有限公司为代表，主要进行小麦面粉加工。目前，银牛面业日加工小麦 1000 吨，年处理小麦达 30 万吨，年生产各种民用、专用及工业用优质面粉 22.5 万吨。产品主要销往云南、四川、重庆、湖南、江苏、西藏以及东北三省等全国 20 多个省市和地区。

四、产业集群及工业园区情况

薛城化工产业园：以煤化工为基础，重点发展针状焦、碳纤维、精细化工等产业，实现精细化、高端化、差异化发展。园区以煤制气为龙头，沿煤焦油深加工、煤气综合利用、笨精深加工三条产业链向下游延伸，拥有日本 JFE 振兴化工、山东潍焦薛城能源等大型化工企业 8 家，形成了 18 种产品、年产能 400 万吨的产业规模。园区科研实力雄厚，与中科院山西煤化所、大连理工大学、中钢鞍山热能研究院等一批科研院所长期合作。

五、骨干企业情况

枣庄矿业（集团）有限责任公司：是集煤炭生产加工、煤电、煤化工、机械制造、建筑建材等于一体的，跨行业、跨国界、跨所有制的大型企业集团，现有职工 6.8 万人，生产矿井 12 座，年产原煤 2000 万吨。2020 年，实现营业收入 64.4 亿元。

山东潍焦集团薛城能源有限公司：隶属于山东潍焦控股集团有限公司，涉及煤化工、精细化工、新材料、清洁能源等技术领域。主要产品有焦炭、炭黑油、工业萘、改质沥青、苯酐、PBT 合成树脂、锂电池负极材料、食品添加剂碳酸氢铵、纯苯、苯酚等四十余种，广泛应用于冶金、化工、医药、食品加工等行业领域，不仅畅销国内，还远销世界五十多个国家和地区。2020 年，实现营业收入 53.1 亿元。

截至 2020 年底，薛城区共有“专精特新”企业 14 家，“小巨人”企业 1 家，“瞪羚”企业 4 家。

六、科技创新能力

2020 年，全区共有省级企业技术中心 6 家，19 家企业通过市级科技型中小企业认定，3 家企业通过市级科技小巨人企业认定，7 家企业通过高新技术企业认定。新增市级创新平台 21 家，省级以上创新平台 5 家。

七、进出口情况

2020 年，薛城区进出口总额 36.3 亿元。其中，进口总额 0.5 亿元；出口总额 35.8 亿元。实际使用外资金额 5134 万元。

第三节　峄城区

峄城区面积 635 平方公里，常住人口 36.3 万人。峄城是山东省的南大门，处于北京、上海两城市的中间位置，紧邻徐州市，位于淮海经济区的中心位置，是东部沿海和西部内陆的过渡带。

一、工业基本情况

2020 年，峄城区地区生产总值 147.3 亿元。规模以上工业企业 76 家，实现营业收入 107.2 亿元。规模以上高新技术产业产值占规模以上工业总产值的比重为 20.4%。

二、工业产业结构

峄城区主要工业产业为非金属矿物制品业，占全区规模以上工业企业营业收入的 30.6%；电力、热力生产和供应业，橡胶和塑料制品业，农副食品加工业，纺织服装、服饰业，煤炭开采和洗选业的营业收入占全区规模以上工业企业营业收入的比重分别为 15%、10.1%、7.4%、7.2%、4.8%；其他行业占比较小。

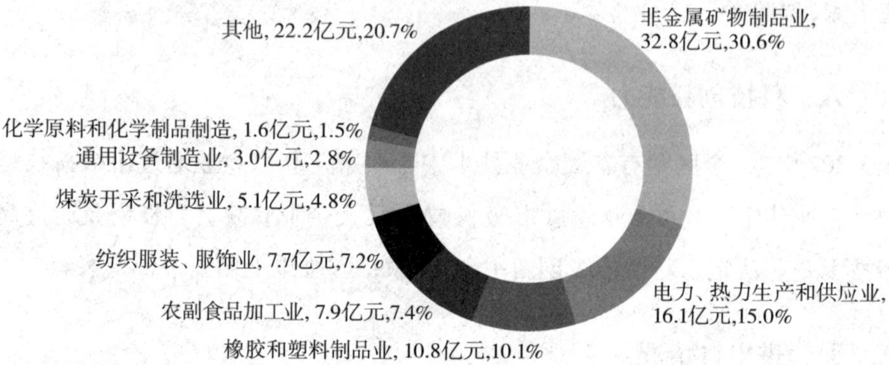

图 4-5　2020 年枣庄市峄城区工业产业结构分布图

三、重点优势产业

建材产业：主要集中在水泥行业，以山东申丰水泥集团有限公司、华沃（山东）水泥有限公司等为龙头，形成了规模较大的建筑材料产业；拥有规模以上工业企业 5 家，营业收入 32.8 亿元。

橡胶和塑料制品业：主要集中在轮胎行业，产能主要来自山东丰源轮胎制造股份有限公司。全区橡胶和塑料制品业规模以上工业企业的产值超过 10 亿元。

四、产业集群及工业园区情况

巨成新型建材产业园：主要发展装配式建筑、PC 专用集料等建筑新材料的生产加工，该项目由香港五洲发展有限公司、重庆巨成集团有限公司等多家境内外企业联合投资建设，总投资 10 亿元。项目盘活了老旧废弃水泥厂，破解了土地瓶颈问题，实现了“老树发新枝”。项目着力打造建筑工地“六个百分百”，建设无尘、环保、绿色、节能项目区，年产值约 10 亿元，带动就业 200 余人。

化工产业园区：立足区域煤化工产业发展基础，延伸优化产业链，重点以精细化工、化工新材料为主，将建设成为多产品链、多产业集群的枣庄市生态型化工产业示范园区。园区内现有企业16家，化工生产企业9家，其中非危化品化工生产企业7家，危化品生产企业2家，主要产品有HEDP、四聚乙醛、磷酸三甲苯酯、磷酸三二甲苯酯、甲醛、草酸、合成蒽醌、溴靛蓝、无水氯化钙等，工业总产值约60亿元。

五、骨干企业情况

山东申丰水泥集团有限公司：主要产品为水泥、水泥熟料等。2020年，山东申丰水泥集团有限公司实现营业收入13.4亿元。

华沃（山东）水泥有限公司：主要产品包括水泥、水泥熟料、水泥产品包装袋、建筑材料制品等。2020年，华沃（山东）水泥有限公司实现营业收入6.6亿元。

山东丰源轮胎制造股份有限公司：主要生产子午线轮胎，公司由枣矿集团控股重组，设计规划年产能为2000万条半钢子午线轮胎，目前已经具备年产1000万条半钢子午线轮胎的能力。2020年，实现营业收入10.8亿元。

截至2020年底，峄城区共有省级以上制造业“专精特新”企业10家，“瞪羚”企业1家。

六、科技创新能力

2020年，全区共有省级企业技术中心1家。引进省部级以上高层次人才37人，3名专家获得“泰山产业领军人才”称号，13名专家入选“枣庄英才集聚工程”。创建院士工作站7个，获批国家级星创天地2家。高新技术企业14家，省级工程技术研究中心2家、工业设计中心1家，工程实验室4家，建成省市级企业技术中心8家。

第四节　台儿庄区

台儿庄区面积538.5平方公里，常住人口30.5万人。台儿庄是山东的南大门、江苏的北屏障，战略位置重要，历来为兵家必争之地。

一、工业基本情况

2020 年，台儿庄区地区生产总值 119.4 亿元；全年完成工业增加值 41.1 亿元。全区规模以上工业企业 48 家，实现营业收入 80.3 亿元。其中，制造业实现营业收入 72.6 亿元。高新技术产业产值占规模以上工业产值比重为 39.2%。“十强产业”增加值为 31 亿元。

二、工业产业结构

台儿庄区主要工业产业为非金属矿物制品业，占全区规模以上工业企业营业收入的 21.6%；造纸和纸制品业，纺织业，黑色金属冶炼和压延加工业，专用设备制造业，化学原料和化学制品制造业，电力、热力生产和供应业，煤炭开采和洗选业的营业收入占全区规模以上工业企业营业收入的比重分别为 19.9%、12.8%、8.3%、8.3%、6.4%、4.8%、4.5%；其他行业占比较小。

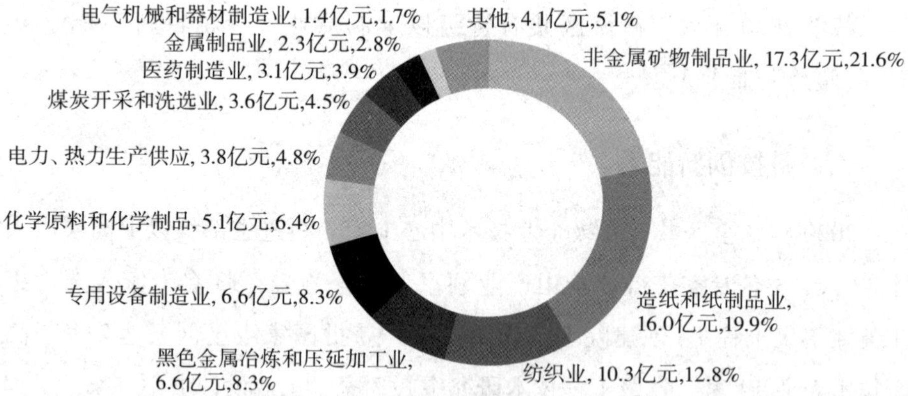

图 4-6　2020 年枣庄市台儿庄区工业产业结构分布图

三、重点优势产业

建材产业：主要集中在水泥行业，全区水泥年产能为 1000 万吨；以泉兴水泥、山水水泥为代表的重点企业年产值均超过 5 亿元，带动台儿庄区水泥行业发展。拥有规模以上工业企业 8 家，实现营业收入 17.3 亿元。

造纸和纸制品业：全区造纸年产能达 100 万吨，以荣华纸业、天龙纸业、恒宇纸业为代表的龙头企业年产值在 5 亿元左右。拥有规模以上工业企业 5 家，营业收入 16 亿元。

纺织服装产业：包含纺织业及纺织服、装服饰业，主要产品包括差别化特细精梳纱线、牛仔布、本色布、酒店用纺织品和家用纺织品以及各类服装产品。全区现有纺织服装企业 26 家（含中小企业），纺纱年产能 38 万锭、牛仔布年产能 3000 万米、服装年加工能力 4000 万件。纺织业拥有规模以上工业企业 4 家，营业收入 10.3 亿元；纺织服装、服饰业拥有规模以上工业企业 2 家，营业收入 1.2 亿元。

四、产业集群及工业园区情况

矿山装备特色产业集群：矿山装备排名位居行业前列，尤其是台时 3000 吨砂石骨料成套装备位居行业前列。集群成功培育了枣庄鑫金山智能装备、瑞隆机械、亿和机械、胜达精密铸造等一批大型龙头企业。集群可持续发展能力强，龙头企业带动作用明显，拥有相关生产服务企业 114 家，营业收入达 106.3 亿元。集群内申请专利 1847 项，目前拥有专利 1143 项，其中发明专利 542 项。

五、骨干企业情况

山东泉兴晶石水泥有限公司：主要经营“泉兴”牌、“申丰”牌水泥与砂石骨料，以及水泥制品的生产加工、销售与水泥技术服务等。下辖山东泉兴水泥有限公司、山东申丰水泥集团有限公司、枣庄沃丰水泥有限公司、山东泉兴中联建材有限公司等多家企业。目前水泥年产能达 1000 万吨以上，拥有员工 2300 余人，资产总额 50 余亿元，年销售收入逾 20 亿元。

山东荣华纸业有限公司：主要产品为 240 ~ 400g 单面涂布白板纸、300 ~ 600g 单双面灰板纸、纱管纸、复合板。2020 年，实现营业收入 5.4 亿元。

青纺联（枣庄）纤维科技有限公司：经营范围包括纤维纱线面料研

发、生产、服装加工等。2020 年，实现营业收入 3.2 亿元。

枣庄鑫金山智能装备有限公司：主要从事破碎、筛分、洗选输送、成套砂石设备和矿山设备的制造。2020 年，实现营业收入 3.5 亿元。

截至 2020 年底，台儿庄区共有省级以上制造业单项冠军企业 1 家，“专精特新”企业 9 家，“小巨人”企业 2 家，“瞪羚”企业 1 家。

六、科技创新能力

2020 年，全区共有省级企业技术中心 9 家；市级科技企业孵化器、重点实验室、协同创新中心、技术创新中心、工程技术研究中心、新型研发机构、工程实验室、企业技术中心等平台共计 64 个；拥有国家科技型中小企业 21 家，枣庄市科技型中小企业 40 家，科技小巨人企业 7 家。先后与中国工程院、山东省科学院等 20 多所大学、科研院所建立了技术协作关系；建设院士工作站 4 个，入选重点区域引进急需紧缺人才项目 3 个、西部经济隆起带基层科技人才支持计划 7 人、省泰山领军人才项目 2 个。

第五节　山亭区

山亭区地处山东省南部、枣庄市东北部，面积 1018 平方公里，常住人口 40.7 万人。山亭区煤炭资源丰富，建有煤矿 17 处，总储量 12 亿吨，年产能 700 万吨。

一、工业基本情况

2020 年，山亭区地区生产总值 119.8 亿元；全年完成工业总产值 34.9 亿元。全区规模以上工业企业 52 家，实现营业收入 71.9 亿元。

二、工业产业结构

山亭区主要工业产业为非金属矿物制品业、造纸和纸制品业、农副食品加工业，三个行业规模以上工业企业营业收入均在 20 亿元左右，占全区规模以上工业企业营业收入的比重分别为 29.3%、27.2%、26.1%；电力、热力生产和供应业占全区规模以上工业企业营业收入的 5.7%；其他行业占比较小。

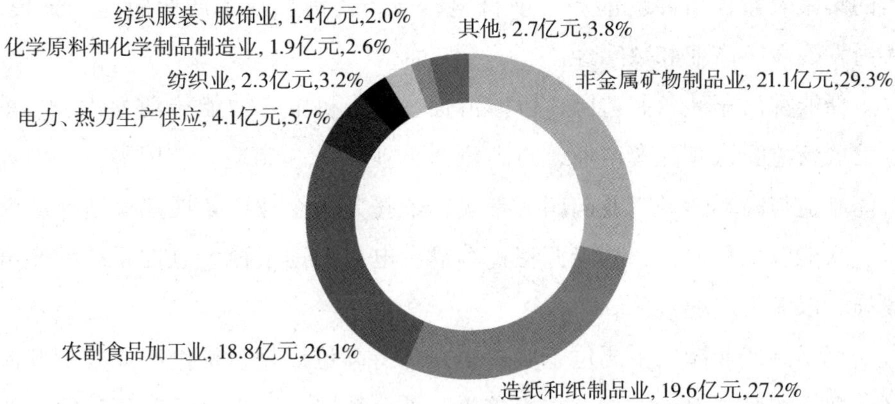

图 4－7　2020 年枣庄市山亭区工业产业结构分布图

三、重点优势产业

建材产业：主要发展水泥、环保建筑材料等，目前大力推广保温隔热性墙体结构、屋面、门窗、地板等节能型建材及装配式建筑材料。拥有规模以上工业企业 15 家，营业收入 21.1 亿元。

造纸和纸制品业：以枣庄华润纸业有限公司为龙头，主要生产石膏板护面纸，产品不仅畅销国内，还出口印尼、韩国、泰国、马来西亚及土耳其、巴基斯坦、阿联酋、印度等十几个国家。全区造纸和纸制品业产值超过 20 亿元。

农副食品加工业：重点发展豆制品、休闲食品、功能食品等产业。拥有规模以上工业企业 18 家，营业收入 18.8 亿元。

四、产业集群及工业园区情况

大健康食品产业园：围绕传统食品产业“补链”“强链”，引进产业链项目，重点招引休闲食品、健康饮品、果蔬加工、地瓜枣、花生与枣制品、小杂粮等农产品深加工项目，实施品牌化战略，促进现有食品企业向精深化、多元化、高端化、高新化提升，建设枣庄绿色休闲食品基地。

翼云科创园：发挥中国科学院高能物理研究所山亭区联合研发平台、中科院高性能硅基辐射探测器芯片及核心部件产业化基地玖润电子建设项目的集聚效益，引导新能源、新材料、新一代信息技术产业向园区聚集，大力发展数字产业和数字经济。

新能源汽车装备制造园：以博雷顿、金丰机电、博能传动为代表，重点发展新能源汽车配套产业，打造汽车产业研发、制造、应用平台，引导智能制造与高端装备产业向园区聚集，依托龙头企业，拓展建设新能源汽车、新能源工程机械、新能源特种车辆、电机、锂电池、电控系统、充电设施，以完善产业链。

豆制品产业园：主要位于城头镇，坚持高位谋划，推进产业规划和园区规划。按照“基地主导、多点支撑、平台助推、示范园区带动”的“四位一体”发展思路，城头镇合理调整豆制品产业的发展布局规划，着力形成“一核多点”竞相发展的格局。目前，城头镇年产豆制品35万吨，大豆加工机械4万余套。城头镇不断强化智慧物流、电子商务的赋能，拓展产品销售渠道与国内外市场，打造美誉度高、知晓率广的园区共有品牌，实现豆制品产业集聚，不断向智能化、高端化发展。

高端塑编产业园：引导轻工产业集聚入驻，拓展上下游领域，延伸产业链条，促进塑编产业的规模化、规范化、高端化，在现有塑编产业基础上，拓展上下游领域，构建企业孵化、人才培育、研究开发、成果转化、配套服务平台，支持鼓励相关配套产业退镇入园，形成集聚新效应，引领塑编产业提档升级。

新型建材产业园：引导造纸新材料、建筑新材料相关企业入园集聚，依托龙头企业积极开展研发升级，拓展功能纸、模块化建材等高端品类，形成绿色环保、高附加值的新型建材产业链条。

山亭万汇智造园：围绕智能制造相关技术和装备，引导工业机器人、数控机床、环保设备、矿山装备、新能源配套等产业入园集聚。高标准建设基础配套设施，针对智能制造企业的需求，定制专用厂房和供电、供气、通信设施，开展工业5G应用试点。

五、骨干企业情况

华沃（枣庄）水泥有限公司：主要从事水泥、水泥熟料、水泥产品包装袋、建筑材料制品的制造。目前，拥有一条5000t/d新型干法熟料水泥生产线，年产熟料180万吨、水泥200万吨。2020年，华沃水泥实现营业收入6.9亿元。

枣庄华润纸业有限公司：主要生产石膏板护面纸，产品不仅畅销国内，还出口印尼、韩国、泰国、马来西亚、土耳其、巴基斯坦、阿联酋、印度等十几个国家。2020年，枣庄华润纸业有限公司实现营业收入19.6亿元。

枣庄华宝牧业开发有限公司：主要生产速冻食品，是鲁南地区规模较大、产业链关系紧密、带动能力较强的“公司+基地+农户”产业化惠农企业。2020年，枣庄华宝牧业开发有限公司实现营业收入5.8亿元。

截至2020年底，山亭区共有“专精特新”企业16家，“瞪羚”企业2家。

六、科技创新能力

2020年，全区共有省级企业技术中心6家。2020年，山亭区35家企业获批获批国家级科技中小型企业，并拥有1家市级科技企业孵化器，2家市级新型研发机构，3家市级重点实验室，4家市级科技中小型企业，5家市科技小巨人企业。认定5家市级技术创新中心，5家市级协同创新中心。柔性引进4名国家级高层次人才入库，成功引进1名巴基斯坦博士、1名韩国专家。组织申报的高层次人才专家工作站通过审核，实现山亭区历史上“零的突破”；获批泰山产业领军人才1名。

七、进出口情况

2020年，山亭区进出口总额29.2亿元。其中，进口总额2亿元，出口总额27.1亿元；实际使用外资金额1655万美元。

第六节　滕州市

滕州市面积1495平方公里，常住人口157.5万人。滕州自古为交通要道，素有“九省通衢”之称，是承东启西、连接南北的重要节点城市。

一、工业基本情况

2020年，滕州市地区生产总值753.1亿元，完成工业增加值274.8亿元。规模以上工业企业229家，实现营业收入500.2亿元。高新技术产业产值占规模以上工业总产值的比重为49%。

二、工业产业结构

滕州市主要工业产业为化学原料和化学制品制造业，占全区规模以上工业企业营业收入的30.6%；非金属矿物制品业，农副食品加工业，石油、煤炭及其他燃料加工业，金属制品业，通用设备制造业，电力、热力生产和供应业营业收入分别占全区规模以上工业企业营业收入的13.4%、13.3%、6.7%、5.7%、5.6%、4.9%；其他行业占比较小。

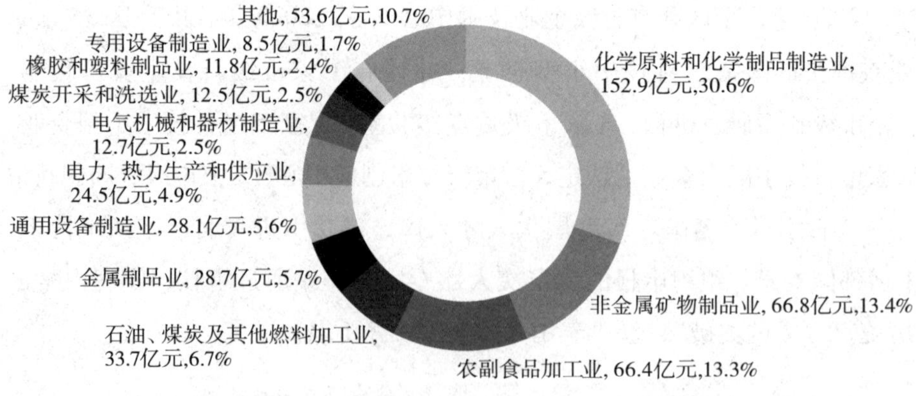

图4-8　2020年枣庄市滕州市工业产业结构分布图

三、重点优势产业

化工行业：主要向精细化、高端化新材料方向突破，围绕“氨基”“醇基”两大产业链，持续拉长、加粗产业链，在拓宽产品面的同时，不断提升高附加值和终端产品比例，加快实现产业基础的保障供给和产业链现代化。2020 年，拥有规模以上企业 19 家，营业收入 152.9 亿元。

建材行业：主要产能集中在玻璃、水泥等建材领域，以鲁南中联水泥有限公司、滕州金晶玻璃有限公司为代表，形成了规模较大的产业集聚效应。2020 年，拥有规模以上企业 33 家，营业收入 66.8 亿元。

农副食品加工业：以山东春藤食品有限公司、滕州合易食品有限公司、山东福藤食品有限公司为代表，形成了一大批速冻肉制品、速冻面米食品企业。2020 年，拥有规模以上工业企业 20 家，营业收入 66.4 亿元。

装备制造业：主要分布在通用设备制造业、专用设备制造业、金属制品业、电气机械和器材制造业等行业中。滕州市装备制造企业（含中小企业）多达 785 家，从业人员 3.2 万人。装备制造业产品涵盖数控机床及零部件、工程机械、农机装备、轨道交通、汽车配套、仪器仪表等 10 余类、600 多个品种，年产数控机床、数控钻铣床、数控锻压设备等 10 万余台套。

四、产业集群及工业园区情况

鲁南高科技化工园区（高端化工产业集群）：拥有鲁南化工、新能凤凰、联泓新科等大型化工企业，及水煤浆气化和煤化工国家工程研究中心。主导产业为煤化工、精细化工和化工新材料，已形成以醇基新材料和氨基新材料两大方向为主的 10 余个产业链条，涉及甲醇、烯烃、聚丁烯等近 30 余种上下游产品，初步构建了区域性产业集群。共有工业企业 117 家，化工企业 36 家，其中规模以上化工企业 11 家。园区是枣庄打造千亿级高端化工产业集群的主战场，已发展成为山东省煤化工产业的核心区，是全国重要的煤化工产业研发生产基地。

高端装备产业集群：先后引进首钢集团、联想控股、中国建材、正威国际、中国中铁等一批世界500强、国内500强企业落户，形成了以机械装备制造为主导，新能源新材料、新一代信息技术、生物医药等战略性新兴产业共同发展的产业格局。在装备制造业中，钻铣床产量和市场销售额均占全国80%以上，建有国家机床质检中心，先后入选全国产业集群区域品牌建设（机床产业）试点地区、国家新型工业化产业（装备机床）示范基地、全国机械工业引领高质量创新发展产业集聚区，被中国机械工业联合会命名为“中国中小机床之都”。2020年，在全省160家开发区（含国家开发区、国家级高新区）排名第6，先后被评为“国家火炬特色产业基地”“中国产业集群品牌50强”“山东省对外开放先进园区”“山东省创新创业公共服务示范平台”等称号。

滕州市香精香料产业基地：主要生产合成香精香料、食品添加剂和医药中间体，产品品种达370多个，销往欧洲、北美洲和亚洲的50多个国家和地区。企业分布在全市6个镇街，悟通公司已发展成为国内生产杂环类合成香料骨干企业；瑞元香料有限公司在香精香料及医药中间体的新产品开发上具有独特的优势；吉田香料公司是大规模研发杂环类、含硫类合成香料及医药中间体的专业公司。滕州市香精香料产业已成为我国香精香料产业的重要生产基地。

滕州市童车童床生产基地：主要生产电动童车、儿童推车、高档童床、儿童滑板、益智玩具、绒布玩具、儿童尿布等儿童用品，配套生产发泡轮、车丝杆、彩印包装等7大系列、300多个品种。产品畅销全国20多个省市、自治区，远销阿联酋、日本、韩国、东南亚、欧美等国家和地区。知名企业有吉祥龙童车有限公司、万宝童车有限公司、宏伟童车有限公司等。

五、骨干企业情况

兖矿鲁南化工有限公司：由兖矿鲁南化肥厂和兖矿国泰化工技术、资产整合而成；资产总额100亿元，现拥有员工4912人。主导产品有30多种，年生产能力为尿素80万吨，尿素、甲醇60万吨，醋酸30万，聚甲醛4万吨等。2020年，兖矿鲁南化工实现营业收入63.7亿元。

联泓新材料科技股份有限公司：以研发生产高分子材料和特种精细材料为主，构建了催化剂开发、合成工艺开发、应用体系开发等研发体系。2020 年，实现营业收入 45 亿元。

鲁南中联水泥有限公司：是中国联合水泥集团旗下的核心企业，拥有 3 条新型干法水泥生产线，日产熟料 10000 吨，同时全资控股菏泽中联水泥有限公司。2020 年，鲁南中联水泥实现营业收入 13 亿元。

山东恒仁工贸有限公司：主要生产加工玉米淀粉、淀粉液糖、棉花精纺、副产物综合利用的农产品。2020 年，恒仁工贸实现营业收入 27.9 亿元。

新能凤凰（滕州）能源有限公司：主要从事煤化工及化学试剂生产，年产甲醇 15 万吨、二甲基甲酰胺（DMF）38 万吨。2020 年，实现营业收入 16.4 亿元。

山东鲁南机床有限公司：以数控车床、加工中心及数控专用机床为主导产品，有 200 多个规格品种，产值数控化率达 97%；建有院士工作站、省级重点技术开发中心、省首批工业设计中心、省车铣复合加工工程技术研究中心等。

山东威达重工股份有限公司：是鲁南地区重要的铣床制造企业，主导产品为龙门式、立式、卧式数控铣床和加工中心，含 8 大系列、90 余种规格，年产值约 3 亿元。

截至 2020 年底，滕州市共有省级以上制造业单项冠军企业 4 家，“专精特新”企业 29 家，“小巨人”企业 2 家，“瞪羚”企业 11 家。

六、科技创新能力

2020 年，全市共有省级企业技术中心 27 家，高新技术企业 93 家。完成国家科技型中小企业评价入库 105 家，新认定枣庄市科技型小巨人企业 5 家。全市高新技术产业占规模以上工业总产值的比重为 49.1%。

七、进出口情况

2020 年，滕州市进出口总额 48.3 亿元。其中，出口总额 45.4 亿元；

进口总额2.9亿元。

第七节　高新技术产业开发区

枣庄国家高新技术产业开发区（以下简称枣庄高新区）是鲁南高新技术产业发展的聚集地、国家战略性新兴产业知识产权集群管理的试点区，享受市级经济管理权限。面积120平方公里，常住人口10.8万人。

一、工业基本情况

2020年，枣庄高新区地区生产总值75.7亿元；全年完成工业总产值28.2亿元。全区规模以上工业企业38家，实现营业收入92.8亿元。

二、工业产业结构

枣庄高新区主要工业产业为橡胶和塑料制品业，占全区规模以上工业企业营业收入的21.1%；其次是电气机械和器材制造业，占全区规模以上工业企业营业收入的21%；非金属矿物制品业，有色金属冶炼和压延加工业，电力、热力生产和供应业，专用设备制造业，医药制造业营业收入占全区规模以上工业企业营业收入的比重分别为16.5%、10.8%、8.3%、7.7%、7.0%；其他行业占比较小。

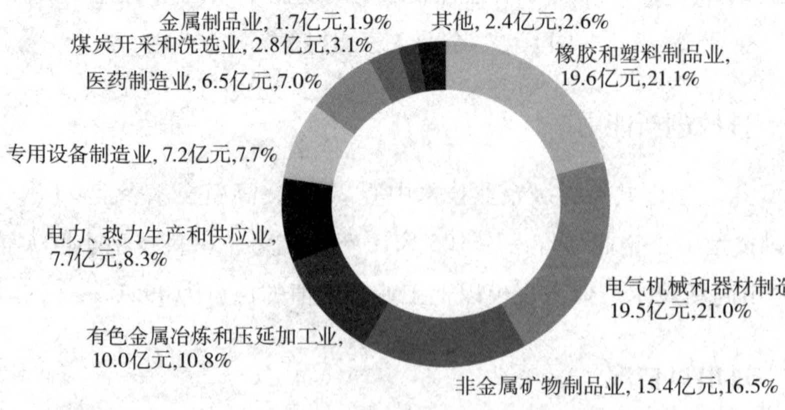

图4-9　2020年枣庄高新区工业产业结构分布图

三、重点优势产业

轮胎制造：以八亿橡胶有限责任公司为代表的龙头企业产值超过 10 亿元，带动了枣庄高新区橡胶行业发展。2020 年，拥有规模以上工业企业 2 家，营业收入 19.6 亿元。

电气机械和器材制造业：以山东泉兴银桥光电缆科技发展有限公司、山东精工电子科技有限公司为代表的重点企业年产值均超过 5 亿元，带动枣庄高新区电缆、锂电池等产业形成一定的产业集聚效应。2020 年，拥有规模以上工业企业 9 家，营业收入 19.5 亿元。

建材产业：以枣庄高新区新禹特种水泥有限公司为代表，主要生产快硬硫铝酸盐系列水泥。2020 年，拥有规模以上工业企业 8 家，实现营业收入 15.4 亿元。

四、产业集群及工业园区情况

锂电产业园：共有锂电相关企业 19 家，锂电产品 160 余种，其中山东省名牌产品 8 项，12 项产品技术处于国际领先水平。至今申请专利 706 项，其中发明专利 205 项。在原材料方面，涵盖正极材料、锂电隔膜、电解液生产；在锂电池种类方面，包含圆柱锂电池、软包锂电池、方形锂电池等动力电池，薄膜太阳能电池等储能电池，船舶、海洋航标、航空等高性能锂电池；在控制系统方面，分为锂电池化成分容设备、电池管理系统、动力控制系统；在检测检验方面，拥有国家级锂电检测检验中心；在产品应用方面，重点打造“互联网 + 出行”，包括充换电站、共享电单车、锂电车出行大数据。

新信息产业集群：目前，枣庄高新区形成了“两镇一谷一中心”的发展格局。互联网小镇对入驻企业实行工商注册全托管、培训指导、资金扶持等一条龙服务，注册和入驻企业分别超过 300 家和 100 家；智能制造小镇以科技服务业和高端装备制造业为主，入驻企业 80 多家；鲁南电商谷规划建设网商交易平台、研发 APP 手机终端和微商城功能、建设自提点，目前，已有 1 家公司运营、3 家科技企业入驻孵化、8 家公司达成协议；鲁南大数据中心重点发展数据存储、整理、挖掘、开发利用等全产业链，项目初期规划面积141亩，建设机柜8000个。

新医药产业集群：以新医药产业园为主要载体，以华润三九、海王医药、大参林、威智百科为依托，建设了集研发、检测、孵化、展示、交易等功能于一体的公共服务平台，积极对接华大基因、国药控股等重大项目，扶持安洁院感防控、拜因诺生物、勃森干细胞、心镜云影、聚力康、柯润玺、润达医疗等高科技项目茁壮成长，引导和鼓励医药企业向园区集聚，形成了以中医药为基础，以创新药、生物制药、化学仿制药、创新医疗器械等为突破口的医养健康产业发展格局。

新材料产业集群：引进了国家级企业技术中心、重点实验室以及博士后科研工作站，与清华大学、北京化工大学、中国科技大学等科研院校共同建设研究院，聚焦新能源材料、光电材料、纳米材料等前沿领域开展招商引资，推动骏明光纤拉丝、维信诺OLED柔性电路板、库仑核孔膜、3D打印等项目建设，新开发华源磁材、无线充电等项目，推动产值25亿元的东方光源二期特种光电缆项目投产达效。

五、骨干企业情况

八亿橡胶有限责任公司：主要从事轮胎、橡胶制品、橡胶机械的研发生产。2020年，实现营业收入17.8亿元。

山东泉兴银桥光电缆科技发展有限公司：主营业务为通信光缆、电力光缆、光纤复合架空地线等生产。2020年，实现营业收入8.2亿元。

山东精工电子科技有限公司：是一家专注于绿色新能源领域的高新技术企业，实施磷酸铁锂正极材料、动力电池及电池组、超级电容器、纯电动汽车产业链发展模式。2020年，实现营业收入5.5亿元。

华润三九（枣庄）药业有限公司：主要生产丸剂、颗粒剂、片剂、散剂、糖浆等医药产品。2020年，实现营业收入5.3亿元。

六、科技创新能力

2020年，全区共有3个国家级、9个省级、36个市级企业工程技术研究中心、技术中心或实验室。截至目前，累计申请专利 1810 项，授权 860 项，1 项发明专利获 5 个国家授权。共申报和实施各类项目 870 多个，其中国家级科技项目 46 项，省级 132 项。涌现出一批较有实力的品牌企业，1 个中国驰名商标，7 个山东省著名商标。以国家级科技创新服务中心为龙头，在区内建立了 12 个孵化基地、3 个众创空间，累计孵化企业 269 家，毕业企业 72 家，在孵企业 153 家，为科技成果转化搭建了桥梁。

七、进出口情况

2020 年，枣庄高新区进出口总额 45.4 亿元。其中，进口总额 4.2 亿元；出口总额 41.2 亿元；实际使用外资金额 6611 万美元。

第五章　东营市

东营是中国重要的石油基地、黄河三角洲中心城市，面积 8243 平方公里，常住人口 219.4 万人；辖东营区、河口区、垦利区、利津县、广饶县、东营经济技术开发区、东营港经济开发区等区县（功能区）及胜利油田。

【东营市经济总量】

2020 年，东营市地区生产总值 2981.2 亿元。全市完成工业增加值 1615.8 亿元。

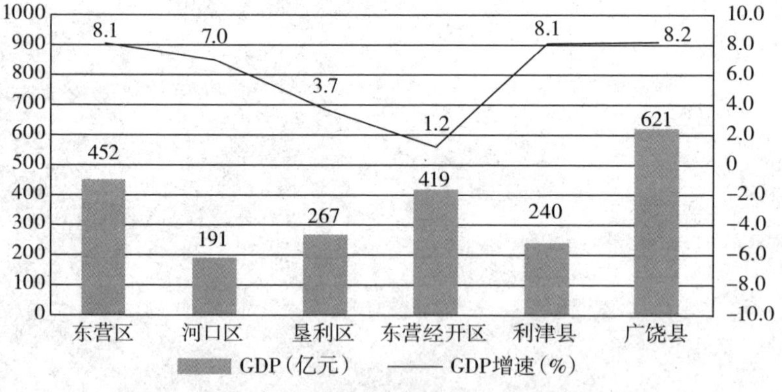

图 5－1　2020 年东营市各区县 GDP 及增速对比图

【东营市各区县工业经济】

2020 年，全市规模以上工业企业 758 家，实现营业收入 7203.7 亿元。其中，营业收入超过 1000 亿元的区县有 2 个，分别是广饶县和东营港经济开发区，两区县规模以上企业数量占全市总企业数的 37.1%，营业收入占全市总营业收入的 47.1%；其他区县营业收入均在 500 亿~1000 亿元。各区县营业收入过 100 亿元的重点企业共有 23 家，占全市规模以上工业营业收入的 61.1%。中国石油化工股份有限公司胜利油田分公司营业收入超过 500 亿元；利华益利津炼化有限公司、东营鲁方金属材料有限公司、东营齐润化工有限公司、东营方圆有色金属有限公司、山东东方华龙工贸集团有限公司 5 家企业营业收入均超过 200 亿元。

表 5-1　2020 年东营市各区县规模以上工业主要经济指标情况表

县（市/区）	企业单位数（家）	营业收入		利润总额	
		累计（亿元）	同比（%）	累计（亿元）	同比（%）
全市合计	758	7203.7	-7.9	57.9	-46.1
东营区	120	648.4	-8.5	18.3	590.7
河口区	82	648.7	21.5	16.8	74.4
垦利区	109	668.7	-4.2	26.1	158.5
东营经开区	85	739.3	-23.6	41.1	-7.8
东营港经开区	60	1030.6	5.5	44.3	366.7
利津县	80	575.9	-2	18.4	232.6
广饶县	221	2362.1	-8.6	49.3	126.2
胜利油田	1	530.1	-30.4	-156.4	-

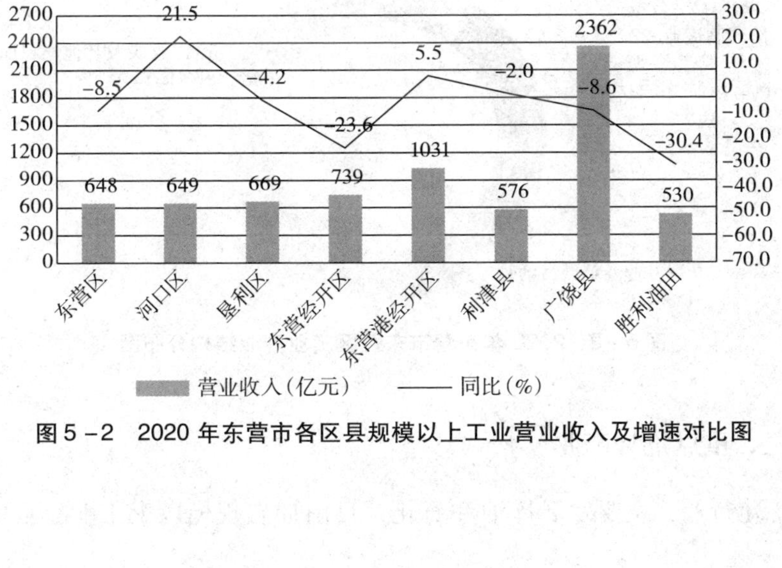

图 5-2　2020 年东营市各区县规模以上工业营业收入及增速对比图

第一节　东营区

东营区是中心城区，面积1178平方公里，常住人口54.8万人；石油、天然气等自然资源丰富，被誉为“石油之城”。

一、工业基本情况

2020年，东营区地区生产总值451.7亿元，占东营市地区生产总值的15.2%，居全市第2位；全区工业增加值93.1亿元。规模以上工业企业120家，实现营业收入648.4亿元，规模以上工业总产值652.1亿元。

二、工业产业结构

东营区主要工业产业为石油、煤炭及其他燃料加工业，占全区规模以上工业企业营业收入的53.7%；开采专业及辅助性活动、专用设备制造业占全区规模以上工业企业营业收入的比重分别为22.5%和7.2%；其他行业占比较小。

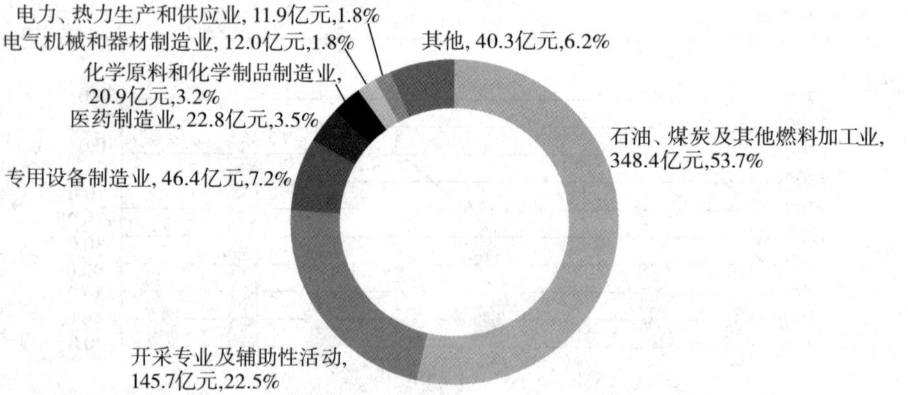

图5-3　2020年东营市东营区工业产业结构分布图

三、重点优势产业

炼化行业：主要发展炼油和石化，目前拥有规模以上工业企业8家，营业收入 348.4 亿元。以山东神驰化工集团有限公司、山东海科化工集团有限公司为代表的企业年产值均超过 100 亿元。

石油装备：主要发展钻采油设备及平台、石油工程机械、石油作业设备、石油管材、大型压力容器、油田大型压裂机组以及高中低压成套电器设备等，拥有规模以上工业企业 41 家，营业收入 46.4 亿元。以胜利油田胜利动力机械集团有限公司、山东科瑞机械制造有限公司为代表，形成了一大批石油装备制造企业。

四、产业集群及工业园区情况

东营区化工产业园：以石油化工为主导，园区现有工业企业 39 家，其中省工业 100 强企业、全国化工 500 强企业 4 家。拥有山东海科化工集团、山东神驰化工集团等产值在百亿级的炼油企业，原油一次加工能力达到 1700 万吨/年。海科化工集团、神驰化工、万通化工分别获得进口原油使用配额 96 万吨/年、252 万吨/年和 195 万吨/年。2020 年，园区丙烯产量达到 16.1 万吨，液化气产量达到 42.6 万吨，均可延伸加工利用，发展成有机化工原料及高附加值的化工新材料等石化产业链中的下游产品。

石油装备产业集群：东营高新区作为以石油装备为主导产业的省级高新区，拥有齐全的石油装备产业门类，国际业务遍布全球 110 多个国家和地区。东营高新区 133 家石油装备与工程技术服务企业中，有石油装备制造企业 101 家、石油装备批发业企业 5 家、油服企业 27 家。以科瑞、胜机为龙头企业，高新区石油装备制造企业从业人数达 11308 人。2020 年，东营高新区石油装备制造企业完成总产值 115.4 亿元；油服企业共计有 207 支油服队伍，专业人员达 2531 人，完成作业井次 7189 次，技术服务类收入达到 37.5 亿元。

五、骨干企业情况

山东神驰化工集团有限公司：是从事石油化工生产的民营企业，主要产品有汽油、柴油、液化石油气、蜡油、重油、轻油、轻烃、丙烯、油浆等。2020 年，实现营业收入 115.6 亿元。

山东海科化工集团有限公司：是集石油化工、新能源材料、半导体化学、营养与消费化学、医药于一体的综合性化工企业集团。目前拥有员工4000余人，入选达沃斯论坛“全球成长型公司”。2020年，实现营业收入112.3亿元。

胜利油田胜利动力机械集团有限公司：主要生产钻采工具、内燃机及发电机组、石油工程机械、石油作业设备、石油管材、高中低压成套电器设备等产品。企业总资产7.5亿元，现有员工2000多人，占地面积40万平方米。

山东科瑞机械制造有限公司：主要研发和生产制造陆地与海洋钻井及修井装备、油田大型压裂机组、连续油管车、油气生产处理工艺系统、天然气液化装置、大型压力容器等石油装备产品。2020年，实现营业收入9.6亿元。

截至2020年底，东营区共有省级以上制造业单项冠军企业6家，“专精特新”企业36家，“小巨人”企业7家，“瞪羚”企业7家。

六、科技创新能力

2020年，全区共有国家级企业技术中心2家，省级企业技术中心34家。科技创新主要集中在东营高新区，目前，共有6家省级工程实验室（研究中心），12家省级企业技术中心，12家市级企业技术中心，12家市级工程实验室，1家省级先进制造业和现代服务业融合发展试点企业；共有4个省级首版次高端软件产品，19个省级首台（套）技术装备及关键核心零部件项目。

七、进出口情况

2020年，东营区进出口总额113.8亿元。其中，进口总额68.6亿元；出口总额45.2亿元；实际使用外资金额6676万美元。

第二节　河口区

河口区面积2267.4平方公里，常住人口19.8万人。河口区地下石油和天然气资源富集，已探明石油地质储量21亿吨，天然气储量170亿立方米；蕴藏着丰富的高浓度卤水储量，有储量近6000亿吨的巨型盐矿。

一、工业基本情况

2020年，河口区地区生产总值190.5亿元，占东营市地区生产总值的6.4%，居全市第6位。规模以上工业企业82家，实现营业收入648.7亿元。

二、工业产业结构

河口区主要工业产业为石油、煤炭及其他燃料加工业，占全区规模以上工业企业营业收入的75%；其次是化学原料和化学制品制造业，占全区规模以上工业企业营业收入的17.4%；电气机械和器材制造业，电力、热力生产和供应业相对较小，占比均在2%以下；其他大类行业合计占全区规模以上工业企业营业收入4.5%。

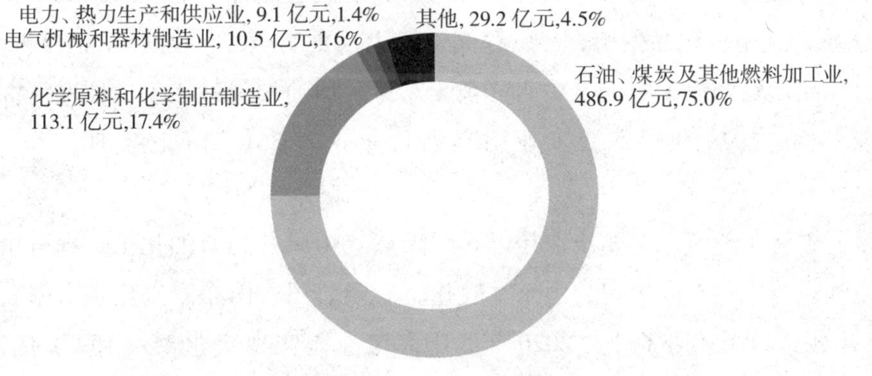

图5－4　2020年东营市河口区工业产业结构分布图

三、重点优势产业

炼油行业：以东营华联石油化工厂有限公司、山东富宇化工有限公司、中海石油东营石化有限公司等为代表的企业年产值均超过100亿元。拥有规模以上工业企业13家，总营业收入486.9亿元。

化工行业：卤水储量丰富，在卤水开发、原盐生产、溴素生产等方面具有天然优势。主要集中在石油化工和盐化工行业。以山东锦龙石化有限公司、东营润博石油化工有限公司等为龙头，形成了石化产业集聚；拥有规模以上工业企业22家，营业收入113.1亿元。盐及盐化工规模以上企业6家，总产值3.1亿元。

四、产业集群及工业园区情况

河口经济开发区：主导产业为石油钻采设备、家具、精细化工，连续多年荣获“山东省投资环境最佳园区”称号。目前，初步形成了以中车电机、唐正能源、胜利万和等企业为代表的新能源装备与技术，以中科钢研、瑞致新材料、海螺型材、常青树胶业等企业为代表的新材料两大主导产业。2020年，56家规模以上工业企业（含富海、中海）实现工业总产值310亿元。

富海工业园：主要产业为石油化工、物流仓储等产业。园区现有企业27家，其中危化品生产、经营存储、使用企业11家，一般化工企业4家，危化品运输企业1家，工矿商贸企业6家，加油加气站4家，环保清洗企业1家。2020年，富海工业园实现营业收入361亿元，实现产值201亿元。

中海工业园：主要产业是以石油天然气为原料的石油化工。现有中海石油东营石化有限公司、山东军胜化工有限公司、山东永兴化工有限公司3家规模以上工业企业。2020年，中海工业园实现营业收入169.1亿元，实现产值136.5亿元。

五、骨干企业情况

东营华联石油化工厂有限公司：是富海集团下属子公司，主要生产销售燃料油、石脑油、丙烯、丙烷、苯、芳烃等产品。2020 年，实现营业收入 151.8 亿元。

山东富宇化工有限公司：主要生产销售液化石油气、柴油、汽油、丙烯、甲基叔丁基醚（MTBE）等。2020 年，实现营业收入 128.7 亿元。

中海石油东营石化有限公司：由中国海油炼化公司和山东中海化工集团共同组建成立，主要产品为汽柴油、液化气、丙烯、MTBE、石脑油、沥青、焦炭等。2020 年，实现营业收入 119.7 亿元。

山东中车电机有限公司：主要从事大型风力发电机组及零部件的研发、生产、销售。注册资本 1.6 亿元，2020 年，实现营业收入 9.9 亿元。

山东汇海医药化工有限公司：是山东金城医药化工股份有限公司（位于淄博）的子公司，以基础化工原料的开发生产为主，产品主要有双乙烯酮、乙酰乙酸甲酯、乙酰乙酸乙酯、AABI（5－乙酰乙酰氨基苯并咪唑酮）等。

截至 2020 年底，河口区共有省级以上制造业单项冠军企业 3 家，“专精特新”企业 8 家，“瞪羚”企业 1 家。

六、科技创新能力

2020 年，全区共有省级企业技术中心 7 家，市级科技型 48 家，国家科技型中小企业 31 家，高新技术企业 28 家，东营市重点实验室 15 家。4 人获评“黄河三角洲产业领军人才”。

七、进出口情况

2020 年，河口区进出口总额 76.6 亿元（含华联、富宇原油进口额）。其中，出口总额 16.6 亿元；进口总额 60 亿元。

第三节　垦利区

垦利区地处黄河入海口，面积 2331 平方公里，常住人口 25.7 万人。垦利区境内石油、天然气、卤水、地热、盐膏等矿产资源丰富，特别是油气资源。垦利区是胜利油田的中心地带，已探明储量的 45% 都出自垦利地下。东部沿海卤水储量 20 亿立方米，岩盐储量 2.8 亿吨。

一、工业基本情况

2020 年，垦利区地区生产总值 267.4 亿元，占东营市的 9%，居全市第 4 位，工业总产值 598.3 亿元。规模以上工业企业 109 家，实现营业收入 668.7 亿元。

二、工业产业结构

垦利区主要工业产业为石油、煤炭及其他燃料加工业，占规模以上工业企业营业收入的 40.8%。化学原料和化学制品制造业、橡胶和塑料制品业占全区规模以上工业企业营业收入的比重分别为 24.2% 和 14.3%。其他行业占比较小。

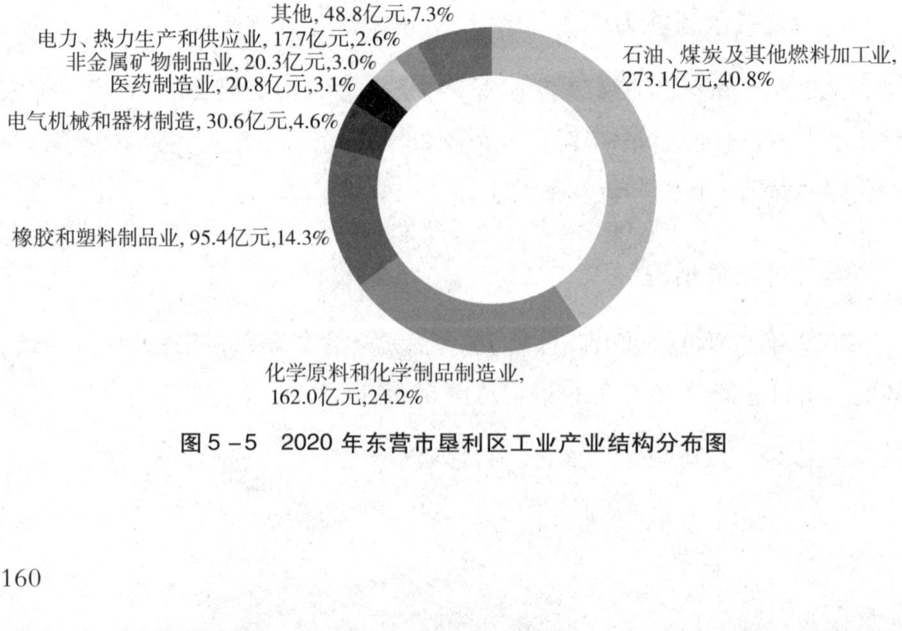

图 5-5　2020 年东营市垦利区工业产业结构分布图

三、重点优势产业

炼油行业：以山东垦利石化集团有限公司、东营亚鑫化工有限公司、山东三合实业集团有限公司为代表形成了炼化产业集聚。2020 年，拥有规模以上工业企业 17 家，营业收入 273.1 亿元。

化工行业：主要发展石油化工和盐化工，以东辰控股集团有限公司、山东石大胜华化工集团股份有限公司、东营旺豪化工有限公司等为代表的骨干企业年产值均在 30 亿元以上。2020 年，全区拥有规模以上工业企业 25 家，营业收入 162 亿元。

四、产业集群及工业园区情况

胜坨化工产业园：以高端精细化工和化工新材料为主导，拓展碳 9、碳 4 深加工，聚焦聚酰亚胺、特种环氧树脂、硼化工等产业链，致力于打造鲁北高端石化基地的近郊研发中心，努力建成国家级生态化工示范基地和国家级精细化工产业基地。其中，重点依托上市企业四川东材科技集团，在高性能树脂领域精耕细作，着力打造为 5G 服务的特种环氧树脂项目和特种改性酚醛树脂产业园；依托中油新兴（东营）能源有限公司年产能 110 万吨的新材料项目，建设全国重要的 ABS 生产装置和 ASA 塑料生产装置，打造全国重要的工程材料生产基地。

生物医药优势产业集聚区：以医药中间体、生物制剂、成药、功能食品、生物材料、医械制造、智能装备等为生产主体，建设集研发、设计、生产、包装、物流、健康服务等于一体的现代生物医药产业集聚区和生产基地。

五、骨干企业情况

山东垦利石化集团有限公司：主要生产汽柴油、丙烯、液化石油气、溶剂油、石脑油等。先后自主开发了轻汽油醚化、干气制氢联产甲醇、高品质硫氢化钠、丁烷脱氢等装置，在应用新技术、新设备、新工艺等方面居行业前列。2020 年，实现营业收入 144.4 亿元。

东营亚鑫化工有限公司：主要生产溶剂油、石脑油、汽柴油等产品。拥有 30 万吨/年溶剂油加工设备 1 套，库容 2 万吨，可生产 6#溶剂油、120#溶剂油、180#溶剂油、200#溶剂油、脱硫石脑油、石脑油等多种油品。2020 年，实现营业收入 41.1 亿元。

东辰控股集团有限公司：是以化工、机电、生物医药开发为主导产业，以矿业开发、合成新材料、保税仓储等产业为支撑的大型企业集团，现拥有资产 138 亿元。2020 年，实现营业收入 41.2 亿元。

山东万达宝通轮胎有限公司：主要生产各种型号轮胎产品，广泛应用于乘用车、商用车、工程机械及农机装备等。2020 年，实现营业收入 64.6 亿元。

截至 2020 年底，垦利区共有省级以上制造业单项冠军企业 2 家，“专精特新”企业 9 家，“瞪羚”企业 1 家。

六、科技创新能力

2020 年，全区共有国家级企业技术中心 1 家，省级企业技术中心 14 家。2020 年，垦利区新认定高新技术企业 9 家，总数达到 32 家。国家级孵化器 1 家，省级孵化器 2 家，省级院士工作站 6 家，省级工程技术研究中心 4 家，省级企业重点实验室 1 家，市级重点实验室 21 家。

七、进出口情况

2020 年，垦利区进出口总额 101.5 亿元。其中，出口总额 47.2 亿元；进口总额 54.3 亿元。实际使用外资金额 5947 万美元。

第四节　经济技术开发区

东营经济技术开发区是黄河三角洲地区首家国家级开发区，先后被评为国家高新技术产业标准化示范区、国家铜及铜材产业知名品牌示范区。

一、工业基本情况

2020 年，东营经济技术开发区地区生产总值 418.9 亿元，占东营市 GDP 的 14.1%，居全市第 3 位。规模以上工业企业 85 家，实现营业收入 739.3 亿元。

二、工业产业结构

东营经济技术开发区主要工业产业为有色金属冶炼和压延加工业，占全区规模以上工业企业营业收入的 69.5%；其次是化学原料和化学制品制造业，占全区规模以上工业企业营业收入的 12%；其他行业占比较小。

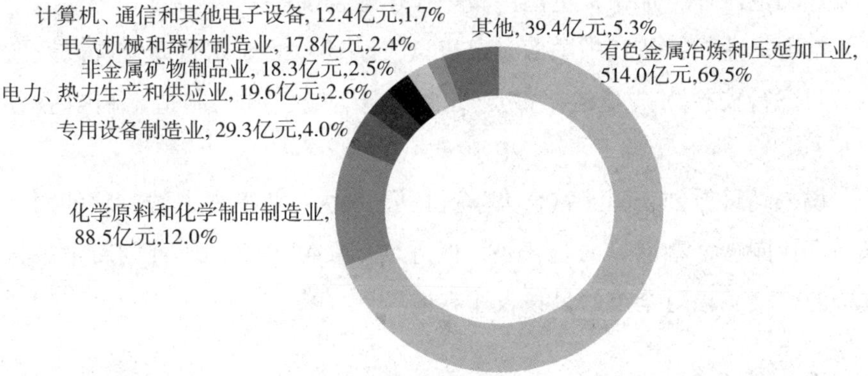

图 5－6　2020 年东营经济技术开发区工业产业结构分布图

三、重点优势产业

有色金属冶炼和压延加工业：主要发展铜、金、银、镍等金属材料，以东营鲁方金属材料有限公司、东营方圆有色金属有限公司为代表的龙头企业年产值均超过 200 亿元。2020 年，拥有规模以上工业企业 6 家，营业收入 514 亿元。

化学原料和化学制品制造业：主要发展化工及新材料产业，以山东金岭新材料有限公司、东营华泰化工集团有限公司为代表的龙头企业年产值均在 20 亿元左右。2020 年，拥有规模以上工业企业 17 家，营业收入 88.5 亿元。

四、产业集群及工业园区情况

新材料产业园：建设稀土催化材料、功能陶瓷材料、氧化铝纤维等 3 个“园中园”，发挥国家级稀土催化研究院的集聚带动功能，强化创新驱动，延伸产业链条，推动新材料产业集群发展。

交通装备制造产业园：建设轨道交通、汽车及零部件、医疗设备等“园中园”，构建特色轨道交通产业集群，打造全链条汽车产业制造体系，搭建高端装备及智能制造创新平台。

广利临港产业园：重点发展海洋装备制造、海洋生物、新材料、仓储物流等临港产业，加快推进港产城一体化融合发展。

空港产业园：依托中国商飞民机试飞基地、北航东营研究院以及航空导航与飞行校验测试基地，重点发展航空运输、航天制造、临空服务等产业。

悦来湖科教创新园：整合大学科技园、中电光谷未来城、软件园、互联网产业园、金融港等功能区块，促进创新要素聚集，培育创新生态，形成资源密集、辐射全市的科技人才高地。

五、骨干企业情况

东营鲁方金属材料有限公司：主要产品为金、银、铜、镍等金属材料，先后入选“2019 中国制造业企业 500 强”“2020 中国装备制造业 100 强”。2020 年，实现营业收入 283.8 亿元。

东营方圆有色金属有限公司：以铜、金、银生产为主，连续多年入围“中国有色金属工业 50 强”“山东省百强”“中国 500 强企业”。2020 年，实现营业收入 213.1 亿元。

山东金岭新材料有限公司：以化工及新材料生产为主，荣获“中国企业 500 强”“中国制造业企业 500 强”“中国化工企业 500 强”“山东省企业 100 强”“国家级高新技术企业”“国家火炬计划盐化工特色产业基地”等称号。2020 年，实现营业收入 22.4 亿元。

六、科技创新能力

2020年，东营经济技术开发区开工亿元以上省级项目11个，5亿元以上项目11个，10亿元以上项目1个；申请三种专利1869件，获得授权1537件。

七、进出口情况

2020年，东营经济技术开发区进出口总额95.3亿元。其中，进口总额18.9亿元；出口总额76.5亿元；实际使用外资金额7574万美元。

第五节　东营港经济开发区

东营港经济开发区，是山东半岛与京津塘地区交通通道的中心控制点，也是黄河三角洲高效生态经济区与山东半岛蓝色经济区建设的关键节点，已连续7年入选“中国化工园区30强”。

一、工业基本情况

2020年，东营港经济开发区规模以上工业产值1052亿元。规模以上工业企业60家，实现营业收入1030.6亿元。

二、工业产业结构

东营港经济开发区主要工业产业为石油、煤炭及其他燃料加工业，占全区规模以上工业企业营业收入的76.2%；其次是化学原料和化学制品制造业，占全区规模以上工业企业营业收入的19.1%。其他行业占比较小。

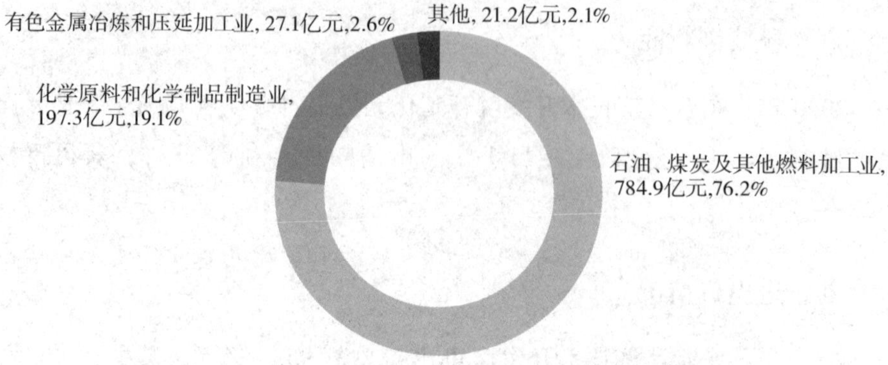

图5－7　2020年东营港经济开发区工业产业结构分布图

三、重点优势产业

炼油行业：以山东天弘化学有限公司、东营市亚通石化有限公司为代表的龙头企业年产值均在200亿元左右。2020年，拥有规模以上企业10家，营业收入784.9亿元。

化工行业：主要发展石油化工产业，以山东神驰石化有限公司、山东华滨化工科技有限公司为代表的龙头企业年产值均超过20亿元。2020年，拥有规模以上企业33家，营业收入197.3亿元。

四、产业集群及工业园区情况

东营港经济开发区化工园区：以发展高端石化产业和新材料产业为目标，推动高端石化产业扩规模、提质效，全力打造鲁北高端石化基地核心区。园区被授予“中国石油化工（东营港）产业区”“全国绿色工业园区”“山东化工行业示范园区”等称号。在省级开发区考核评价中排名第13，在全国化工园区排名第7。

五、骨干企业情况

山东天弘化学有限公司：主要产品为芳烃、柴油、汽油、丙烷、液化石油气、丙烯等。2020年，实现营业收入189.2亿元。

东营市亚通石化有限公司：主要产品为液化气、甲基叔丁基醚、丙烯、硫磺、石油焦、燃料油等。2020年，实现营业收入187.4亿元。

山东神驰石化有限公司：主要产品为汽油、柴油、液化石油气、蜡油、重油、轻油、轻烃、丙烯等。2020年，实现营业收入27.8亿元。

六、科技创新能力

2020年，全区共有市级企业技术中心16家。新增山东省工程实验室1家，新增东营市工程实验室3家，新增东营市企业技术中心2家。申请三种专利270件，获得授权361件。

七、进出口情况

2020年，东营港经济开发区进出口总额244.7亿元。其中，进口总额238.3亿元；出口总额6.4亿元；实际使用外资金额5589万美元。

第六节　利津县

利津县面积1665.6平方公里，常住人口23.8万人。利津县位置优越，境内盐卤、风电资源富集，有油气井3000余口。

一、工业基本情况

2020年，利津县地区生产总值240.3亿元，占东营市GDP的8.1%，居全市第5位。规模以上工业企业80家，实现营业收入575.9亿元。

二、工业产业结构

利津县主要工业产业为石油、煤炭及其他燃料加工业，占全区规模以上工业企业营业收入的67.2%；其次是化学原料和化学制品制造业，占全区规模以上工业企业营业收入的18.1%。纺织业、食品制造业、农副食品加工业相对较小，占比均在5%以下；其他行业占比较小。

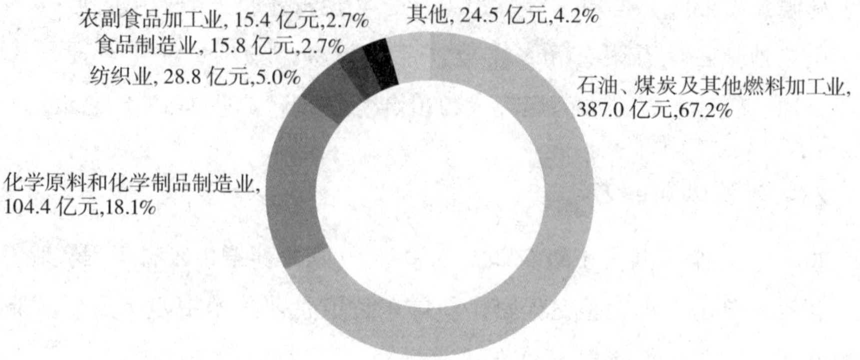

图 5－8　2020 年东营市利津县工业产业结构分布图

三、重点优势产业

炼油行业：以利华益利津炼化有限公司、东营市滨海化工有限责任公司、东营益源石油化工有限公司为代表形成了炼化产业集聚。2020 年，拥有规模以上工业企业 12 家，营业收入 387 亿元。

化工行业：主要发展石油化工产业，以利华益维远化学股份有限公司、东营益洲化工有限公司等为代表的骨干企业年产值均在 30 亿元以上。2020 年，拥有规模以上工业企业 19 家，营业收入 104. 4 亿元。

四、产业集群及工业园区情况

石化产业集群：以炼油为基础、化工为先导，推进石化产业发展，以加快开发绿色、安全、高附加值的高端化工新材料产品为目标，积极打造国内领先的“炼化精细化学新材料一体化”石化产业集群。2020 年，利津县石化产业有 107 家企业（含中小企业），实现营业收入 494. 1 亿元。

五、骨干企业情况

利华益利津炼化有限公司：主要产品为汽柴油、溶剂油、石脑油、液化石油气等。2020 年，实现营业收入 316. 7 亿元。

东营市滨海化工有限责任公司：主要产品为石脑油、溶剂油、己烷、二甲苯、石油醚等。2020 年，实现营业收入 16. 9 亿元。

利华益维远化学股份有限公司：主要产品为苯酚、丙酮、甲醇、苯甲醚、聚碳酸酯。2020 年，实现营业收入 43.9 亿元。

三阳纺织有限公司：具有年产 20 万锭紧密纺、20 万锭环锭纺和 400 台喷气织机等产能。2020 年，实现营业收入 20.3 亿元。

截至 2020 年底，利津县共有省级以上制造业单项冠军企业 2 家，“专精特新”企业 4 家，“小巨人”企业 1 家，“瞪羚”企业 1 家。

六、科技创新能力

2020 年，全县共有省级企业技术中心 12 家。利津县有效注册商标拥有量 1695 件；新注册地理标志证明商标 2 件，地标总量 9 件；马德里国际注册商标新申请 20 件，注册总量 92 件。全县共拥有中国驰名商标 3 件，市长质量奖 3 家、个人 1 人。全年新申请发明专利 134 件，新授权发明专利 29 件，有效发明专利达 130 件；PCT 国际专利申请量 6 件，总量 10 件。组建实体科研机构 7 家，市级以上科技创新平台达到 27 个，高新技术企业、国家科技型中小企业分别达到 14 家、25 家。加快培育科技企业孵化器，颐高新经济产业园参加省众创空间备案，创智绿谷等 2 家园区申报市级众创空间。创新聚才用才留才激励机制，引进高学历等各类人才 64 人。

七、进出口情况

2020 年，利津县进出口总额（原油除外）18.5 亿元。其中，出口总额 9.8 亿元；出口总额 8.7 亿元，进口原油 392.1 万吨。全年实际到位外资 6215 万美元。

第七节　广饶县

广饶县濒临渤海莱州湾，面积 1166 平方公里，常住人口 52.2 万人。广饶县石油、天然气、煤炭、地下卤水、矿泉水、地热等矿产资源丰富。

一、工业基本情况

2020 年，广饶县地区生产总值 620.8 亿元，占东营市 GDP 的 20.8%，居全市第 1 位；规模以上工业总产值 1914.8 亿元。规模以上工业企业 221 家，实现营业收入 2362.1 亿元。

二、工业产业结构

广饶县主要工业行业为石油、煤炭及其他燃料加工业，占全区规模以上工业企业营业收入的 66.0%。橡胶和塑料制品业、化学原料和化学制品制造业占全区规模以上工业企业营业收入的比重分别为 13.8% 和 10.2%；其他行业占比较小。

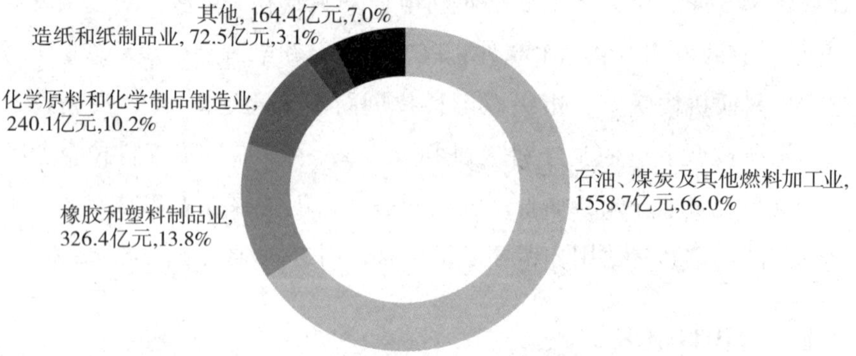

图 5-9　2020 年东营市广饶县工业产业结构分布图

三、重点优势产业

炼油行业：以东营齐润化工有限公司、山东华星石油化工集团有限公司、山东齐成石油化工有限公司为代表的龙头企业年产值均在 200 亿左右。2020 年，拥有规模以上工业企业 19 家，营业收入 1558.7 亿元。

橡胶和塑料制品业：主要发展轮胎行业，以山东昌丰轮胎有限公司、山东永盛橡胶集团有限公司、山东金宇轮胎有限公司为代表的龙头企业年产值均在 50 亿左右。2020 年，拥有规模以上工业企业 39 家，营业收入 326.4 亿元。

化工行业：主要发展石油化工产业，以东营奥星石油化工有限公司、山东金圣达化工科技有限公司等为代表的龙头企业年产值均在20亿元以上。2020年，拥有规模以上工业企业48家，营业收入240.1亿元。

四、产业集群及工业园区情况

广饶化工产业园：以石油化工、橡胶轮胎以及精细化工为主导，拥有企业31家，其中危险化学品生产经营企业8家。2020年，园区规模以上企业实现工业总产值296亿元，营业收入364亿元。园区拥有原油一次加工能力350万吨/年、进口原油配额300万吨/年。橡胶轮胎行业拥有全钢产能700万套，半钢产能6800万套。精细化工方面，以涂料、高分子材料、水性特种涂料为代表，已初具规模。基础配套完善，发展环境优越。

广饶县橡胶轮胎产业集群：是以轮胎行业为主、其他橡胶制品业和橡胶配套业为辅的特色产业集群，是全国橡胶轮胎出口基地，建有国家轮胎及橡胶制品质量监督检验中心广饶轮胎分中心。现有橡胶轮胎产业及相关生产、服务企业298家，其中规模以上工业企业63家。2020年，规模以上企业实现工业总产值343.5亿元。

五、骨干企业情况

东营齐润化工有限公司：主要从事原油加工及石油制品制造等。2020年，实现营业收入253.7亿元。

山东华星石油化工集团有限公司：是集石油化工、产品深加工及国际贸易于一体的大型化工企业，拥有资产23亿元，职工1200余名。2020年，实现营业收入189.2亿元。

山东昌丰轮胎有限公司：主要生产全钢子午胎、半钢子午胎、工程胎等，总资产超过20亿元，拥有员工2500余人。2020年，实现营业收入54亿元。

山东永盛橡胶集团有限公司：是集全钢子午线轮胎、半钢子午线轮胎及相关配套产品研发、生产、销售及对外贸易于一体的产业集团。2020年，实现营业收入37.7亿元。

东营奥星石油化工有限公司：以石油炼化为主导，是集石油产品生产及深加工、国内国际贸易和污水处理于一体的综合性企业。2020年，实现营业收入29.6亿元。

山东华泰纸业股份有限公司：以造纸和化工为主导，连续多年名列中国造纸企业前三名，造纸年产能为400万吨，化工及造纸助剂年产能为400万吨，总资产328亿元。产品覆盖全国，远销世界60多个国家和地区。新闻纸产品占据全国70%的市场份额，成为人民日报、光明日报等报社专供纸张，全国约有20%高档文化纸来自华泰。

截至2020年底，广饶县共有省级以上制造业单项冠军企业1家，“专精特新”企业13家。

六、科技创新能力

2020年，全县共有国家级企业技术中心2家，省级企业技术中心11家。2020年，广饶县共申报各级各类科技计划14项，其中获得上级支持10项。新建扩建科技项目25项。高新技术企业累计达到36家。全年组织开展产学研活动31次，签订科技合作合同（协议）7项，引进高层次专家25人。全年专利申请量1521件，其中发明专利申请量229件，实用新型专利申请量1066件，外观设计专利申请量226件，发明专利授权68件，PCT国际专利申请量14件。国家火炬计划特色产业基地1个，院士工作站5个，省级工程技术研究中心8个。

七、进出口情况

2020年，广饶县进出口总额533.8亿元。其中，进口总额325.4亿元；出口总额208.4亿元。纺织服装类出口2.4亿元，农副产品类出口2.5亿元，橡胶轮胎类出口167.8亿元，纸制品类出口0.4亿元，化工产品类出口3.3亿元，机电制品类出口14.5亿元。

第八节 胜利油田

胜利油田是我国重要的石油工业基地，是中国石油化工集团胜利石油管理局有限公司、中国石油化工股份有限公司胜利油田分公司和中石化石油工程技术服务有限公司胜利石油工程有限公司的统称，主要从事石油天然气勘探开发、石油工程技术服务、地面工程建设、油气深加工、矿区服务与协调等业务。

一、总体情况

2017 年，胜利石油管理局进行公司制改革，成立胜利石油管理局有限公司。目前，胜利油田由胜利石油管理局有限公司党委统筹协调，胜利石油管理局有限公司、胜利油田分公司、胜利石油工程公司是相对独立的企业实体，胜利石油管理局有限公司与胜利油田分公司合署办公。

截至2020 年底，胜利油田分公司主要包括油气勘探开发、油气深加工等业务，有 35 个二级单位，用工 7.1 万人，固定资产原值 3895.9 亿元、净值 853.9 亿元。2020 年，胜利油田分公司实现营业收入 530.1 亿元。胜利石油管理局有限公司主要包括发供电、供水等生产生活服务保障业务，有 23 个二级单位，用工 2.8 万人，固定资产原值 163.7 亿元、净值 80.7 亿元。

二、产业布局

胜利油田工作区域分为东部油区和西部油区，东部油区主要分布在山东省东营、滨州、淄博、德州、潍坊、烟台、济南、聊城 8 个市的 28 个县（区）内以及海上辽东地区，主体部分位于东营市；西部油区分布在新疆、青海、甘肃、宁夏 4 个省（自治区），涉及准噶尔、吐哈等 6 个盆地，主要工区位于准噶尔盆地。油区地表条件复杂，有城乡、浅海、滩涂、沙漠、戈壁等。

截至2020年底，油田探矿权登记面积8.7万平方千米，其中东部3.5万平方千米、西部5.1万平方千米，采矿权登记面积6551.1平方公里，共发现油气田81个，探明石油地质储量55.9亿吨、天然气地质储量2702.5亿立方米；油气水井总数4.6万口，综合含水92.3%。2020年，胜利油田生产原油2340.1万吨。

三、积极贡献

胜利油田发现60年来，坚定不移地履行政治、经济和社会责任，有力推动了国民经济建设、石油石化工业发展和区域经济社会进步。截至2020年底，胜利油田已经累计生产原油12.5亿吨。自1986年以来，胜利油田累计实现营业收入2.4万亿元，为保障国家能源安全发挥了重要作用。胜利油田开创形成了复式油气聚集区和隐蔽油气藏两大勘探理论体系，有力地指导了我国东部渤海湾地区的勘探开发，丰富并发展了中国陆相石油地质理论；攻关配套不同区域、不同类型油藏、不同开发阶段技术体系，实现了高速开发、高产稳产，有力支撑了石油工业“稳定东部、发展西部”的规划格局；近年来，油地联手优化实施合作共建项目，涉及城市建设、经济融合、技术转化、新能源利用、民生建设等多个领域，推动了油地协同发展、融合发展、全面发展。

四、创新发展

胜利油田秉承企业发展与员工成长并重、文明建设与文化建设共建，凝结形成“从创业走向创新，从胜利走向胜利”的新时期胜利精神，共取得各类科技成果8000多项、国家级科技奖励122项、国家专利5752件；培养各类专业技术人才3.4万人，中国工程院资深院士1人，享受国务院特殊津贴专家累计达191人，涌现出全国劳动模范28人。胜利油田始终坚持边生产边生活，注重维护员工群众根本利益，保障了50万员工家属安居乐业，有力促进了区域社会稳定和油田持续发展。

第六章　烟台市

烟台市地处山东半岛中部，北濒渤海、黄海，与大连隔海相望。全市总面积 13864. 5 平方公里，常住人口 710. 2 万人。辖芝罘区、福山区、牟平区、莱山区、蓬莱区、龙口市、莱阳市、莱州市、招远市、栖霞市、海阳市、烟台经济技术开发区、烟台高新技术产业开发区、长岛海洋生态文明综合试验区、昆嵛山国家级自然保护区等 15 个区县（功能区）。

【烟台市经济总量】

2020 年，全市地区生产总值 7816. 4 亿元。全市完成工业增加值 2727. 3 亿元。

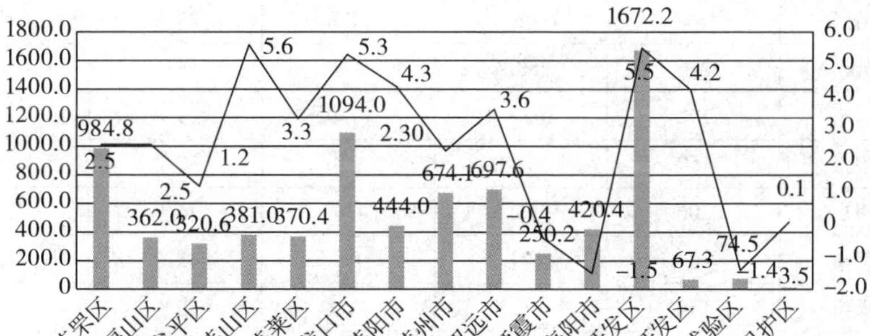

图 6－1　2020 年烟台市各区县 GDP 及增速对比图

【烟台市各区县工业经济】

2020年，烟台市规模以上工业企业1928家，实现营业收入8166亿元。其中，营业收入超过千亿元的区县有3个，分别是经济开发区、招远市、龙口市，规模以上工业企业数量占全市总量的34.9%，营业收入占全市的总营业收入57.8%，利润总额占全市的总利润额60.2%；莱州市、牟平区的营业收入在500亿~1000亿元。各区县营业收入超过百亿元的重点企业有11家，占全市规模以上工业企业总营业收入的40.9%；山东黄金冶炼有限公司、山东招金金银精炼有限公司、万华化学集团股份有限公司、鸿富锦精密电子（烟台）有限公司、上汽通用东岳汽车有限公司5家企业营业收入超过300亿元。

表6-1　2020年烟台市各区县规模以上工业主要经济指标情况表

县（市/区）	企业单位数（家）	营业收入		利润总额	
		累计（亿元）	增减（%）	累计（亿元）	增减（%）
烟台市	1928	8166	7.1	508.8	22.6
芝罘区	100	376	1.0	13.5	73.0
福山区	198	461.6	3.5	33.7	12.7
牟平区	128	530.8	10.7	20.8	-28.2
莱山区	81	188.8	12.8	23.8	9.7
蓬莱市	226	258.4	9.4	14.2	21.8
龙口市	192	1057.8	17.0	34.8	47.9
莱阳市	169	338.0	5.4	30.8	9.1
莱州市	206	961.5	4.7	44.9	7.1
招远市	133	1173.2	9.1	45.9	41.5
栖霞市	148	71.3	-6.9	2.8	5.9
海阳市	155	210.6	-3.9	14.8	-0.7
经济开发区	333	2485.5	5.3	225.5	33.9
高新开发区	34	48.8	1.7	3.3	8.4
长岛试验区	7	3.8	-2.9	0.1	2.5

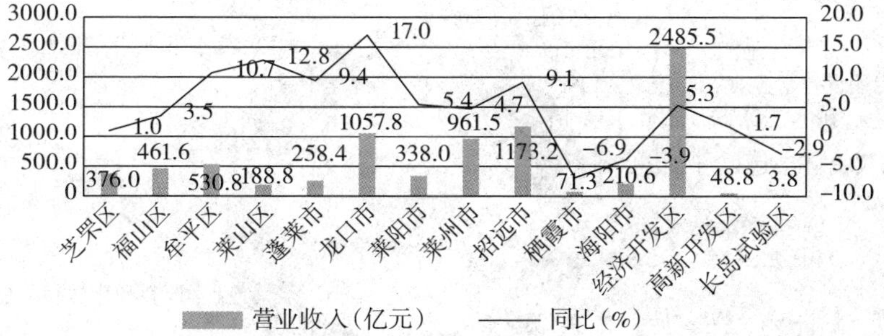

图6－2　2020年烟台市各区县规模以上工业营业收入及增速对比图

第一节　芝罘区

芝罘区是烟台市的政治、经济、科技和文化中心，位于山东半岛东北部。芝罘区面积179.2平方公里，常住人口87.7万人。

一、工业基本情况

2020年，芝罘区地区生产总值984.8亿元，占烟台市GDP的12.6%，居全市第3位。规模以上工业企业100家，完成总产值337.3亿元，实现营业收入376亿元。

二、工业产业结构

芝罘区工业主要有农副食品加工业，化学原料和化学制品制造业，有色金属冶炼和压延加工业，通用设备制造业，铁路、船舶、航空航天和其他运输设备制造业，电力、热力生产和供应业，仪器仪表制造业，燃气生产和供应业，专用设备制造业，医药制造业，营业收入合计341.9亿元，占全区规模以上工业企业营业收入的91%；其他大类行业营业收入占全区规模以上工业企业营业收入9%。

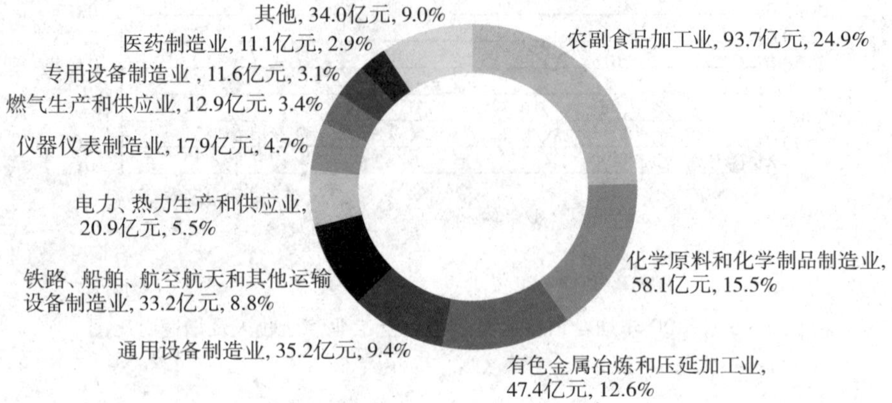

图 6-3　2020 年烟台市芝罘区工业产业结构分布图

三、重点优势产业

装备制造业：全区规模以上企业 27 家，主要涉及通用设备制造业，铁路、船舶、航空航天和其他运输设备制造业、仪器仪表制造业、专用设备制造业等行业，代表企业有烟台中集来福士、冰轮股份、东方电子等，产品涉及海洋工程设备、制冷空调设备、智能电网设备。2020 年，实现营业收入 97.8 亿元。

食品行业：全区规模以上企业 15 家，主要以农副食品加工及酒、饮料制造为主，代表企业有益海（烟台）粮油、烟台张裕等，产品涉及食用植物油、粮食及其相关产品的深加工、葡萄酒酿造。2020 年，实现营业收入 93.7 亿元。

有色金属铜冶炼加工业：全区规模以上企业 2 家，代表企业烟台国润铜业有限公司一枝独秀，主要从事有色金属铜冶炼、再生利用、多种有色金属的综合回收利用。2020 年，实现营业收入 47.4 亿元。

四、产业集群及工业园区情况

高端海工装备产业集群：以烟台中集来福士海洋工程装备有限公司为“链主”，以冰轮环境、宏远氧业、未来自动装备等关键系统制造企业为骨干，以北海海洋工程、洪收海洋工程、洁通水处理等中小企业为配套，芝罘区已初步形成了高端海工装备产业链。全区拥有船舶及海洋工程装备建造企业 4 家，规模以上海工装备制造企业 11 家，2020 年实现工业总产值 59. 3 亿元。

信息技术及智能制造产业集群：芝罘区信息技术及智能制造产业实现抱团发展。其中，软件和信息技术服务业实现营业收入 41 亿元，骨干企业包括东方电子、森盾物联、天泽软控、金理想科技、昊德电子等，主要业务范围涵盖智能电网、智慧消防、工厂自动化、智能监控、智能驾驶等领域。智能制造产业实现营业收入突破 58 亿元，优势行业主要包括高端装备、新材料、医疗器械等。冰轮集团是我国空调制冷领域的领军企业，宏远氧业、烟台未来自动装备等一批骨干企业带动作用明显增强。

五、骨干企业情况

2020 年，芝罘区规模以上工业企业 100 家，营业收入超过亿元的有 45 家，其中超过 10 亿元的有 9 家。

益海（烟台）粮油工业有限公司：主要从事各类油籽、食用植物油、大豆及其他粮食的深加工与仓储业务，生产的“丰苑”牌高蛋白豆粕及“口福”系列小包装油已经成功打入日本、韩国及东南亚等国际市场。2020 年，实现营业收入 50. 5 亿元。

烟台国润铜业有限公司：主要从事有色金属铜冶炼、废旧金属铜再生利用、多种有色金属综合回收业务。拥有阴极铜、金银、硫酸、选矿、除锈砂五条生产线，主要产品产能为阴极铜 10 万吨、黄金 500 公斤、白银 45 吨。2020 年，实现营业收入 46 亿元。

烟台中集来福士海洋工程有限公司：是一家集设计、建造、调试海洋工程装备及其他特殊用途船舶于一体的海工企业。中集来福士是国内率先进入海洋工程行业的企业，主要业务包括半潜式平台、自升式平台、浮式生产储油船、起重船、铺管船和其他船舶的设计及建造，产品涵盖大部分海洋工程产品，在国内率先拥有批量化、产业化建造高端海工产品的能力。2020 年，实现营业收入 30. 2 亿元。

烟台张裕葡萄酿酒股份有限公司：经过百年发展，张裕已经发展成为中国乃至亚洲重要的葡萄酒生产经营企业。张裕在全球布局14大酒庄、21间工厂、1座国际葡萄酒城，拥有25万亩葡萄园。张裕公司的产品在中国葡萄酒市场的占有率、产销量、盈利能力已经连续二十多年稳居行业之首，产品远销全球70多个国家。2020年，实现营业收入5.3亿元。

东方电子集团有限公司：是电力系统自动化、信息化和能源管理系统解决方案的主要供应商，是国家和山东省重点扶持的高新技术企业。拥有11个权属企业，资产总额达22亿元。现有员工2000余人，产品覆盖电力自动化、信息化、铁路、能源等领域，目前有电力调度自动化、电力保护、变电站综合自动化、配电自动化、电能计量计费管理、企业信息管理、智能通信电源、通信、无线射频等9大系列、300多个品种。

截至2020年底，全区共有省级以上制造业单项冠军企业8家，“专精特新”企业20家，“小巨人”企业5家，“独角兽”企业1家，“瞪羚”企业7家。

六、科技创新能力

2020年，全区共有省级企业技术中心14家，国家级企业技术中心7家。2020年R&D经费投入6.4亿元。芝罘区深入实施创新驱动发展战略，高新技术产业产值占比提高到41%；深化国家级知识产权强县工程示范区建设，9家企业获评国家知识产权示范企业、优势企业；深入实施品牌发展战略，8家企业入选山东省制造业高端品牌，拥有山东名牌、知名品牌等56个。

七、进出口情况

2020年，全区进出口总额127.8亿元。其中，进口总额39.7亿元；出口总额88.1亿元；实际使用外资金额19530万美元。

第二节　福山区

福山区地处环渤海经济带，是山东半岛蓝色经济区的前沿，面积

705.4 平方公里，常住人口 45.3 万人。福山区是烟台市规划建设的现代化工业城区和先进制造业基地。

一、工业基本情况

2020 年，全区地区生产总值 362 亿元，占烟台市 GDP 的 4.6%，居全市第 10 位；汽车零部件、装备制造和电子信息三大主导产业共实现产值 262.6 亿元，占规模以上工业产值的比重为 56.9%。规模以上工业企业 198 家，实现产值 445.5 亿元，实现营业收入 461.6 亿元。

二、工业产业结构

2020 年，汽车制造业，黑色金属冶炼和压延加工业，非金属矿物制品业，通用设备制造业，计算机、通信和其他电子设备制造业，纺织业，专用设备制造业，金属制品业，橡胶和塑料制品业均在 10 亿元以上，合计 375.1 亿元，占全区规模以上工业企业营业收入的 90.9%；其他大类行业营业收入仅占 9.1%。

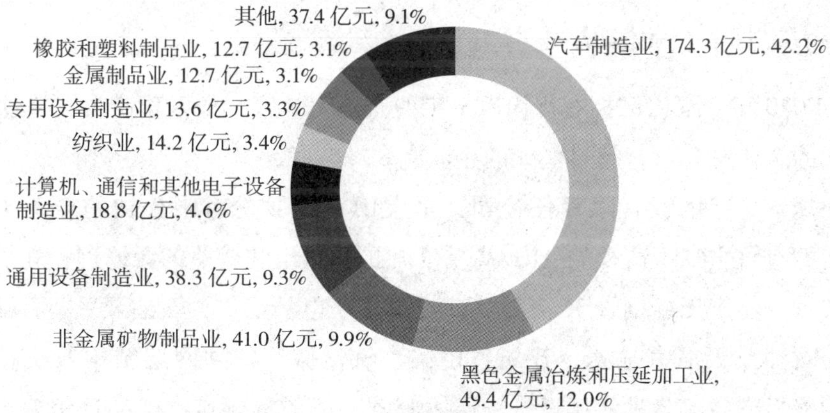

图 6－4　2020 年烟台市福山区工业产业结构分布图

三、重点优势产业

汽车零部件制造业：福山区充分利用临近通用东岳汽车等整车项目的区位优势，形成了比较完善的汽车零部件产业体系，1/3 产品为东岳整车配套、1/3 产品供应国内市场、1/3 产品出口国外市场。2020 年，全区拥有汽车零部件企业近 200 家，其中规模以上企业 62 家，全区规模以上汽车零部件企业完成工业总产值 178. 3 亿元，汽车产业现已成为该区工业经济发展的主导产业。

黑色金属铁冶炼加工业：全区规模以上企业 2 家，代表企业烟台鲁宝钢管有限责任公司，产品主要涉及无缝钢管。2020 年，实现营业收入 49. 4 亿元。

四、产业集群及工业园区情况

汽车零部件产业集群：拥有汽车零部件企业近 200 家，汽车零部件产业的产值占全区工业的比重达到 40%，形成了汽车变速器、汽车线束、高档车灯、转向系统、座椅和汽车冲压件、汽车内饰等七大主导产品。集群现有山东省高新技术企业 10 家，省级企业技术中心 3 家，省级专精特新企业 9 家，省级瞪羚企业 1 家。获得国家火炬烟台福山汽车零部件特色产业基地、福山汽车零部件山东省新型工业化产业示范基地两项荣誉称号。

五、骨干企业情况

2020 年，福山区拥有规模以上工业企业 198 家，全区营业收入超过 10 亿元的企业有 8 家，超过亿元的企业有 82 家。

烟台鲁宝钢管有限责任公司：是宝山钢铁股份有限公司的全资子公司，拥有自主知识产权的 ARE 高精度轧扩管机组和成熟的无缝钢管轧扩一体技术，年产无缝钢管 36 万吨，广泛应用于电站锅炉，石油开采、石油精炼、石油及天然气输送，建筑、桥梁、氧气瓶、各种网架结构及机械结构、液压支柱等各种液压设备，压力容器，船舶等领域，产品远销五大洲的 20 多个国家和地区。2020 年，实现营业收入 48. 6 亿元。

博世华域转向系统（烟台）有限公司：主要从事汽车转向系统的生产与销售，为奔驰、宝马、通用、大众、长城等 20 个整车厂配套，是全国第一个具备电动转向系统生产能力的企业，是转向系统专业生产基地。2020 年，实现营业收入 24. 9 亿元。

德尔福柴油系统（烟台）有限公司：主要从事柴油共轨喷油系统的生产和销售，为潍柴、玉柴、全柴、上柴、莱动等企业配套，是德尔福集团全球第一个集油轨、油泵和喷油器三大关键件于一厂的制造基地。2020年，实现营业收入22.2亿元。

截至2020年底，省级以上制造业单项冠军企业18家，“专精特新”企业68家，“小巨人”企业12家，“独角兽”企业2家，“瞪羚”企业35家。

六、科技创新能力

2020年，全区共有省级企业技术中心14家，国家级企业技术中心7家。科技创新能力持续增强，中科院过程工程研究所、重庆科学技术研究院等相继落户，高新技术企业、科技型中小企业分别达到49家、77家，市级以上创新平台达到86家。

七、进出口情况

2020年，全区进出口总额151.4亿元。其中，进口总额48亿元；出口总额103.4亿元；实际使用外资金额20061万美元。

第三节　牟平区

牟平区位于胶东半岛东部，因处牟山之阳平川地而得名。全区面积1511平方公里，常住人口44.5万人。

一、工业基本情况

2020年，全区地区生产总值320.6亿元。规模以上工业企业128家，实现产值529.5亿元，实现营业收入530.8亿元。

二、工业产业结构

2020年，有色金属冶炼和压延加工业，农副食品加工业，医药制造业，酒、饮料和精制茶制造业，汽车制造业，造纸和纸制品业，金属制品业营业收入均在 10 亿以上，合计 467 亿元，占全区规模以上工业企业营业收入的 88%；其他大类行业营业收入占 12%。

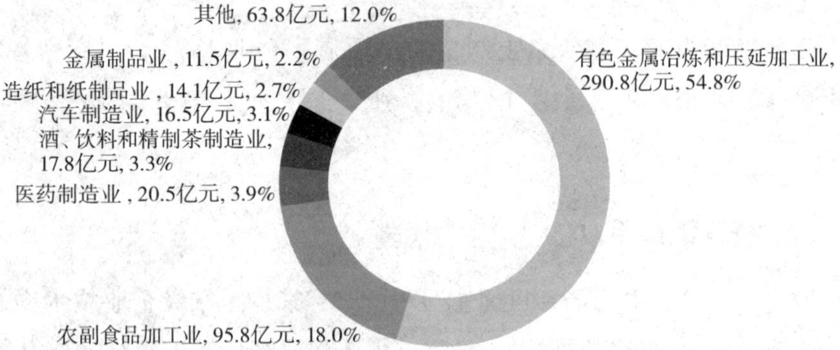

图 6－5　2020 年烟台市牟平区工业产业结构分布图

三、重点优势产业

黄金及有色金属加工：全区规模以上企业 3 家，涉及有色金属金铜、金铅和稀有金属、半金属混合冶炼，代表企业有山东恒邦冶炼股份有限公司等，产品主要涵盖黄金、白银、稀贵金属和高纯金属。2020 年，实现营业收入 290. 8 亿元。

农副食品加工业：全区规模以上企业 23 家，主要涉及肉类屠宰加工、饲料加工等，代表企业有仙坛股份、仙坛食品等，产品以肉禽及饲料为主。2020 年，实现营业收入 95. 8 亿元。

医药制造业：全区规模以上企业 1 家，代表企业石药集团百克（山东）生物制药有限公司，主要涉及生物医药制造，产品主要为抗癌药物，已成为全国生物医药基地。2020 年，实现营业收入 20. 5 亿元。

四、产业集群及工业园区情况

牟平区拥有牟平恒邦化工产业园区、沁水韩国工业园［中韩（烟台）产业园牟平片区］、牟平经济开发区、姜格庄台湾工业园、牟平中小企业工业园区五大工业园区；拥有四大传统产业集群，其中，黄金及有色金属产业集群营业收入达到 298.7 亿元，食品加工产业集群营业收入达到 115.1 亿元，机械制造产业集群营业收入达到 32.3 亿元，电子信息产业集群营业收入达到 5.2 亿元。

五、骨干企业情况

2020 年，牟平区规模以上工业企业达到 128 家，全区营业收入超过 20 亿元的企业有 4 家。

山东恒邦冶炼股份有限公司：国内综合配套较为完备的专业化金铜、金铅和稀有金属、半金属混合冶炼、精炼加工企业。已建立起集探矿、采矿、选矿、冶炼、精炼、深加工于一体的完整产业体系。年产黄金 50 吨、白银 1000 吨，附产电解铜、硫酸等，同时生产锑白、铋锭、碲锭、二氧化硒、金属砷、铂、钯、高纯砷等稀贵金属和高纯金属。2020 年，实现营业收入 289.5 亿元。

山东仙坛股份有限公司：是山东省农业产业化龙头企业，是集种鸡饲养、孵化、饲料加工、商品鸡饲养、屠宰加工于一体的专业化公司，日宰杀加工能力 6 万只，形成了国内一流、国际先进的肉鸡生产完整产业链。2020 年，实现营业收入 30.2 亿元。

石药集团百克（山东）生物制药有限公司：是专门从事生物制品研发、生产、销售的国家级高新技术企业，主要方向为单抗、融合蛋白等类型，公司拥有自主知识产权的长效重组人粒细胞刺激因子注射液“津优力”，在非髓性恶性肿瘤治疗方面具有显著疗效。2020 年，实现营业收入 20.5 亿元。

山东安德利集团有限公司：是国内生产规模较大的浓缩果汁加工企业，在山东、陕西、江苏、辽宁、山西、四川等省建有 8 个浓缩果汁加工厂，拥有 16 条浓缩果汁生产线，可年加工果品 100 多万吨。公司产品以浓缩果汁、果糖为主，还包括果浆、鲜榨果汁（NFC 果汁）、香精等产品。80% 以上的产品出口，出口量连续多年位居全国同行业前列，是国家级农业产业化重点龙头企业、全国农产品加工业出口示范企业，入选全省“十强”产业集群领军企业。下属的果汁公司、果胶公司双双成为山东省制造业单项冠军。

截至2020年底，全区共有省级以上制造业单项冠军企业2家，“专精特新”企业16家，“小巨人”企业2家，“瞪羚”企业3家。

六、科技创新能力

2020年，全区共有省级企业技术中心40家，国家级企业技术中心4家。省农科院（牟平）出口花生产业技术研究院揭牌成立，市级高纯砷材料技术创新中心成功落户。

七、进出口情况

2020年，全区进出口总额159.4亿元。其中，进口总额101.3亿元；出口总额58.1亿元。实际使用外资金额1.2亿美元。

第四节　莱山区

莱山区地处烟台市主城区，面积285.4平方公里，常住人口38.9万人。莱山区智力资源聚集，有山东工商学院、烟台大学、滨州医学院、中科院海岸带研究所等众多高校院所。

一、工业基本情况

2020年，全区地区生产总值381亿元，占烟台市总量的4.9%，居全市第8位；全区工业增加值107.2亿元。规模以上工业企业81家，实现产值194.2亿元，实现营业收入188.8亿元。营业收入超过亿元的企业有32家，设备制造、食品加工、金属制品、仪器仪表、汽车制造五大行业规模以上企业共48家。

二、工业产业结构

2020年，专用设备制造业、农副食品加工业、通用设备制造业、汽车制造业、仪器仪表制造业、食品制造业营业收入均在 10 亿元以上，合计 149.8 亿元，占全区规模以上工业企业营业收入的 84.3%；其他大类行业营业收入占 15.7%。

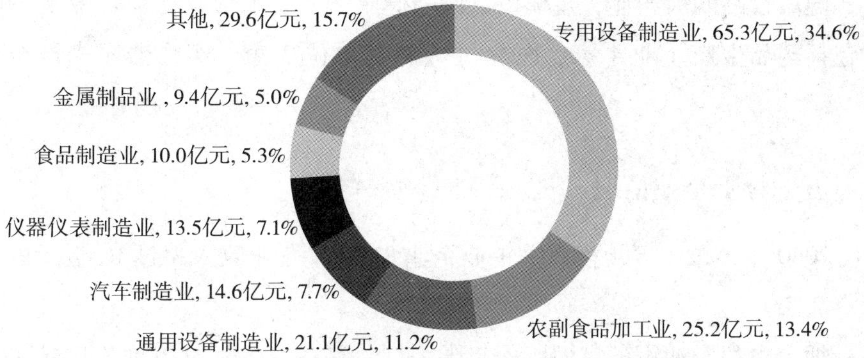

图 6-6　2020 年烟台市莱山区工业产业结构分布图

三、重点优势产业

装备制造业：全区规模以上工业企业 47 家，涵盖专用设备制造、通用设备制造业、汽车制造、仪器仪表制造业、金属制品业、电气机械和器材制造、计算机、通信和其他电子设备制造等八大行业，代表企业有杰瑞石油装备技术、杰瑞石油天然气、东方威思顿、顿汉布什等，产品涵盖钻修井设备、钻完井增产装备、能源计量设备、空调机组等。2020 年，实现营业收入 130.9 亿元。

四、产业集群及工业园区情况

信息技术产业集群：目前已初步形成仪器仪表制造、电子信息传输服务、计算机服务和软件业等三个骨干行业，涵盖工业制造、交通物流、民生、节能、城管、环保、教育、农业等多个领域。拥有规模以上企业 30 余家，包含电子制造企业及服务业企业，其中，规模以上制造企业实现营业收入 32.3 亿元，代表企业捷瑞数字科技是一家以数字孪生为驱动的工业互联网服务公司，公司融合人工智能、大数据、云计算、边缘计算等前沿技术，推出伏锂码云平台，为企业提供数据—平台—智能管理的完整应用解决方案和精准营销渠道。

医药健康产业集群：以烟台国际生命科学创新示范区创建为契机，聚焦医药、医疗、健康等三大产业板块，建设精准医疗、中医药、健康养生、健康食品四大产业，规模以上医药健康产业实现营业收入47亿元。集群包括药品生产企业4家、医疗机构制剂单位3家、医疗器械生产企业15家。

五、骨干企业情况

2020年，莱山区规模以上工业企业81家，营业收入超过10亿元的企业有2家。

烟台杰瑞石油服务集团股份有限公司：是一家专业从事油气田钻采设备、油井服务设备、完井设备、天然气输送设备、天然气液化设备研发制造及油田工程技术服务的国际化综合性企业集团，深耕油气领域，引领全系列钻完井增产装备与新兴领域产品的研发制造。杰瑞工业设计中心被认定为国内油气田装备领域工业设计中心。2020年，实现营业收入43.6亿元。

烟台东方威思顿电气有限公司：是从事能源计量、管理和环保节能智能仪表生产的企业，是国家级高新技术企业，产品有智能电能表、信息采集终端、智能计量自动化系统、高压计量、智能配电成套设备、智能自动化检测等十一大系列、上百种产品，是目前国内品种齐全、技术先进、功能完善的能源计量系列产品生产厂家之一。2020年，实现营业收入11.9亿元。

烟台顿汉布什工业有限公司：是一家专业生产暖通空调和制冷设备的跨国集团，是空调螺杆压缩技术的创造者，在世界各地建立了众多的生产基地及销售网络。压缩机、超静音全封闭冷水机组、离心机组、壁挂式及吊顶式分体空调、新一代空气处理设备、冰蓄冷系统等系列产品技术国内领先，并开发生产了一系列适合中国市场的空调产品，占中国地铁项目70%的订单份额。国家体育场（鸟巢）、上海世博会、红沿河核电站、宁德核电站及阳江核电站也都使用其空调产品。

烟台持久钟表集团有限公司：是一家专注于北斗授时服务和智能时钟研发、制造、服务的国家高新技术企业，主要产品有时频同步系统、时间同步系统、舰船时钟系统、智能时钟等，主要应用于机场、核电、高铁、地铁、电网、金融、广电、舰船、智能楼宇等，综合市场占有率达80%以上。首创钟联网系统支撑多个工业互联网平台建设，参与5个领域、8项国家标准的制定，产品采用国际标准认可，是全国同行业的龙头骨干企业，被工信部授予国家级单项冠军企业。

截至2020年底，全区共有省级以上制造业单项冠军企业8家，“专精特新”企业47家，“小巨人”企业7家，“独角兽”企业1家，“瞪羚”企业14家。

六、科技创新能力

2020年，全区共有省级企业技术中心21家，国家级企业技术中心1家。拥有工业设计中心、重点实验室等市级以上创新平台156个，烟台核电研发中心成为全国首个核电产业全产业链创新平台。全区高新技术企业数量达到103家，高新技术产业、战略性新兴产业产值占比分别达到76.1%、68.9%。

七、进出口情况

2020年，全区进出口总额111.2亿元。其中，进口总额29.6亿元，出口总额81.7亿元。实际使用外资金额2亿美元。

第五节　蓬莱区

蓬莱位于胶东半岛最北端，濒临渤海、黄海。面积1197.1平方公里，常住人口43.5万人。荣获中国葡萄酒名城等荣誉称号。

一、工业基本情况

2020年，全区地区生产总值370.4亿元，占烟台市GDP的4.7%，居全市第9位。全区工业增加值102.6亿元。规模以上工业企业113家，实现营业收入258.4亿元。

二、工业产业结构

2020年，汽车制造业，通用设备制造业，专用设备制造业，有色金属矿采选业，非金属矿物制品业，电力、热力生产和供应业，医药制造业，化学原料和化学制品制造业，农副食品加工业营业收入均在15亿元以上，合计161.9亿元，占全区规模以上工业企业营业收入的79.8%；其他大类行业营业收入占20.2%。

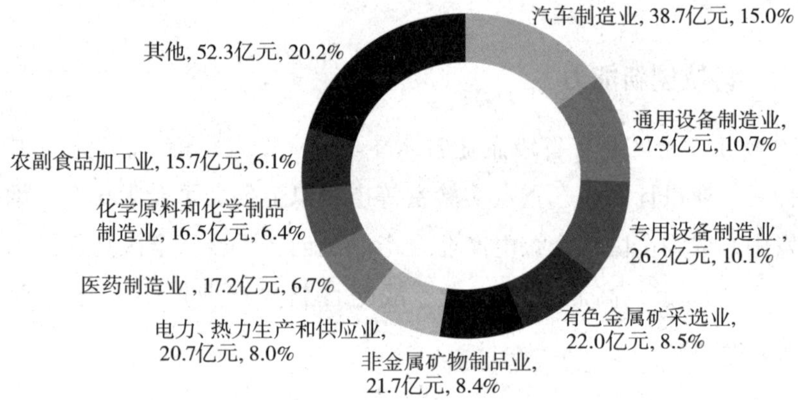

图6－7　2020年烟台市蓬莱区工业产业结构分布图

三、重点优势产业

汽车及零部件制造业：全区规模以上企业10家，2020年，实现营业收入38.7亿元。拥有山东汽车制造有限公司蓬莱分公司、山东蓬翔汽车有限公司、蓬莱兴华汽车改装有限公司、山东吉鲁汽车有限公司等整车生产企业4家，零部件生产企业80家，以重型卡车、改装车和中、重型卡车前（后）桥总成、悬挂总成及零部件加工为主，拥有5万辆轻卡、2万辆改装车的生产能力。

通用设备制造业：全区规模以上企业5家，主要涉及海上风电装备制造，代表企业有大金海洋重工等，产品涵盖海上风电基础导管桩、海上风电塔筒、海洋油气开采装备等。2020 年，实现营业收入 27.5 亿元。

专用设备制造业：全区规模以上企业 3 家，主要涉及海洋油气装备和船舶建造，代表企业有巨涛海洋等，产品涉及海洋石油，天然气钻井平台、模块及导管架的设计、开发和建造。2020 年，实现营业收入 26.2 亿元。

四、产业集群及工业园区情况

海上风电装备产业集群：围绕大金港、装备制造主园区施工安装及运维、修造船及海洋牧场装备制造园区，打造“一港三园”，总规划面积 8.1 平方公里，其中装备制造主园区规划面积 6.5 平方公里。园区内拥有蓬莱大金海洋重工有限公司、东方电气风电（山东）有限公司、蓬莱巨涛海洋工程重工有限公司及蓬莱中柏京鲁船业有限公司等骨干企业。主导产品包括能满足风电全系列的塔架、7～10 兆瓦海上风电大型叶片、导管架等。2020 年实现产值 60 亿元，出口额 2 亿美元。

葡萄与葡萄酒名城：蓬莱以独特的区位优势、气候优势、产业优势，成为国内乃至国际葡萄酒行业最具活力和发展潜力的产区之一，拥有标准化优质酿酒葡萄基地 8 万余亩，被授予“中国酿酒葡萄之乡”“中国葡萄酒名城”等国字号招牌。拥有中粮长城等葡萄酒生产企业 61 家，落户法国拉菲等精品酒庄 33 个，建设葡萄酒特色小镇 1 个。葡萄酒年产能达到 14 万吨，产业综合收入达 45 亿元，带动 3 万农户就业，年吸引游客 200 万人次。

蓬莱化工产业园：2019 年被认定为省级化工园区，园区主导产业为精细化工产业，产品主要包括热压敏材料、生物制药、分散染料、医药中间体、有机颜料等。产业园内现有化工生产企业 9 家，代表企业有康爱特维迅（蓬莱）化学有限公司、烟台安诺其精细化工有限公司、蓬莱嘉信染料化工股份有限公司等，其中产值超过亿元的企业有 5 家。2020 年，园区实现产值 14.4 亿元。

五、骨干企业情况

2020年，蓬莱区规模以上工业企业113家，全区营业收入超过10亿元的企业有7家。

山东蓬翔汽车有限公司：是一家专用汽车及零部件制造商，拥有专用车、中重型卡车驱动桥、液压件三大主导产品，具备年产1.5万辆专用车、15万根驱动桥和1.5万支液压缸的能力。2020年，实现营业收入29.5亿元。

蓬莱大金海洋重工有限公司：是辽宁大金重工股份有限公司的全资子公司，是一家专业为全球风电市场提供高品质风塔和导管架的制造型企业。拥有大件运输自用码头，码头配备1000吨的龙门吊、5万吨级大件专用泊位四个、2万吨级大件专用泊位一个。公司产品主要面向海上风电塔筒及导管架装备制造，产品涵盖海上风电基础导管桩、3~6兆瓦海上风电塔筒、海洋油气开采装备制造、港口机械及压力容器等，主导产品年生产能力20万吨。

山东汇洋集团：是集远洋捕捞、水产品加工出口、调理食品精深加工销售、海水养殖育苗、造船于一体的综合性股份制企业。下设蓬莱京鲁渔业有限公司、蓬莱汇洋食品有限公司、蓬莱京鲁食品有限公司、蓬莱中柏京鲁船业有限公司5家分公司。集团拥有鱿鱼钓船6艘、超低温金枪鱼延绳钓船6艘、鱿鱼兼秋刀鱼钓船12艘，常年在北太平洋、印度洋、南美阿根廷、秘鲁等地作业；现有2处规模较大的养殖场，育苗养成水体两万立方米，养殖场主要养殖海参、鲍鱼、舌鳎、夏夷贝、大菱鲆等苗种；拥有现代化的水产品加工厂18座，年加工成品能力6万多吨，冷库8座，冷藏能力68000吨，其中公用型保税仓库1座，拥有现代化的制冷机房5座，主要从事鱿鱼、鲐鱼、鲅鱼、马哈鱼、金枪鱼、虾蟹类、贝类等水产品以及调理食品的精深加工，加工品种2000多个。

截至2020年底，全区拥有省级以上制造业单项冠军企业1家，“专精特新”企业1家，“小巨人”企业1家，“瞪羚”企业8家。

六、科技创新能力

2020 年，全区共有省级企业技术中心 13 家，国家级企业技术中心 1 家、省级实验室 1 家，2020 年 R&D 经费投入 2.7 亿元。随着蓬莱区创新驱动发展战略深入实施，建成省级以上科技创新平台 22 个，高新技术企业 54 家。

七、进出口情况

2020 年，全区进出口总额 105.3 亿元。其中，进口总额 32.3 亿元；出口总额 73 亿元。实际使用外资金额 12453 万美元。

第六节　经济技术开发区

烟台经济技术开发区是全国首批 14 个国家级开发区之一、中国（山东）自由贸易试验区烟台片区的承载地。2020 年末，全区常住人口 45.3 万人。

一、工业基本情况

2020 年，全区地区生产总值 1672.2 亿元，占烟台市 GDP 的 21.4%，居全市第 1 位。规模以上工业企业实现营业收入 2485.5 亿元。

二、工业产业结构

2020 年，电气、电子和仪器制造业营业收入 857 亿元，占全区规模以上工业企业营业收入的 35.5%；通用、专业和交通设备制造业营业收入 741.6 亿元，占全区规模以上工业企业营业收入的 30.7%；化学原料制造业、食品加工业营业收入 524.4 亿元，占全区规模以上工业企业营业收入的 21.7%；金属制造业、医药制造业营业收入均在 50 亿元以上，合计 115.9 亿元，占全区规模以上工业企业营业收入的 4.8%；其他大类行业营业收入占4.0%。

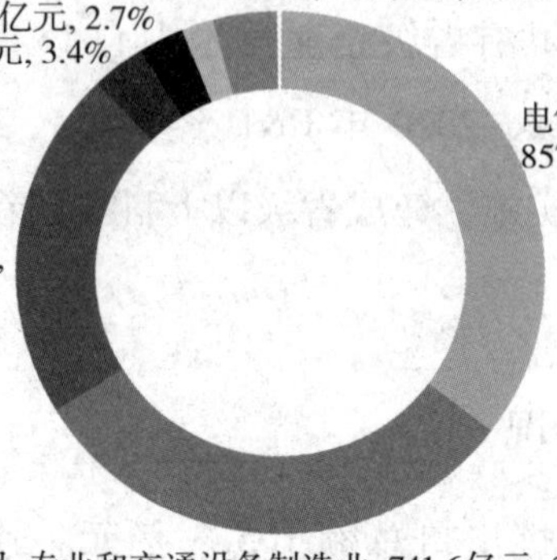

图6-8 2020年烟台经济技术开发区工业产业结构分布图

三、重点优势产业

电气、电子和仪器制造业：全区规模以上企业46家，拥有富士康、鸿富锦精密电子、乐金显示等骨干企业，在3C电子、高端组件等产品基础上，拓展智能可穿戴设备、虚拟/增强现实、超高清终端设备、消费类无人机等智能终端产品，带动显示屏、液晶材料、数码摄像模块、微型马达等上下游配套企业发展。2020年，实现营业收入857亿元。

汽车及通用、专用设备制造业：全区规模以上企业60家，主要涉及整车制造及组装，代表企业有上汽通用东岳汽车有限公司、上汽通用东岳动力总成有限公司。依托现代汽车研发中心、一汽宝雅、宏瑞汽车等骨干企业，发挥产业配套体系优势，补齐动力电池、驱动电机、电控系统等核心部件配套环节，形成传统能源整车与新能源整车并驾齐驱的整车制造产业链。2020年，实现营业收入741.6亿元。

化学原料和化学制品制造业：全区规模以上企业40家，涉及多种专用化学品制造，依托烟台化工产业园，发挥万华化学的龙头作用，拉伸提升MDI、乙烯、精细化工等细分产业链条，吸引上下游企业加速集聚，打造世界级高端化工产业基地。发挥万华研发中心、中科先进材料与绿色化工产业技术研究院、烟台先进材料与绿色制造山东省实验室等创新载体优势，加快新材料前沿基础研究、关键技术研发与产业化应用。2020 年，实现营业收入 524.4 亿元。

四、产业集群及工业园区情况

化工新材料特色产业集群：集群总面积 25.1 平方公里，已布局烟台化工园区、烟台港西港化工码头等重要化工基础设施，通过产业链上下游的联动，聚集了 100 余家核心企业，其中产值过亿元的“骨干型”企业和产值过千万的“成长型”新材料企业 44 家。拥有以万华为代表的世界级化工巨头、以汉高乐泰为代表的跨国研发生产基地、以中节能万润为代表的国企央企和以泰和新材为代表的优秀民族品牌，形成了具有示范性、带动性的化工新材料产业集聚区，已成为山东省化工新材料产业发展的主阵营。集群建有行业唯一的“聚合物表面材料制备技术国家工程实验室”和“国家聚氨酯工程技术研究中心”，拥有“芳纶产业技术创新战略联盟”和“聚氨酯产业技术创新战略联盟”两大省级产业联盟；建立了市级及以上研发平台 20 余个，形成了涵盖聚氨酯、烯烃、高性能纤维、液晶等高端化学品研发制造一体化的产业发展格局。

五、骨干企业情况

2020 年，开发区规模以上工业企业 333 家，全区营业收入超过 100 亿元的企业有 4 家，超过 10 亿元的企业有 29 家。

万华化学集团股份有限公司：是中国唯一一家拥有 MDI 制造技术自主知识产权的企业，产品质量和单位消耗均达到国际先进水平。万华化学在烟台、宁波、北京、珠海、成都、上海等地建设有研发生产基地和商务中心；同时万华化学在美国、荷兰、日本、印度等十余个国家和地区均设有法人公司和办事处；在匈牙利，万华化学拥有自己的海外生产基地。2020 年，实现营业收入 419.4 亿元。

鸿富锦精密电子（烟台）有限公司：产品涉及手机、液晶电视及面板模组、智能机器人、数码光学产品、小家电、机顶盒（含 DVD）及关键零组件（精密光学镜头模组、PCB 线路板）等八大产品集群。2020 年，实现营业收入 365.9 亿元。

上汽通用东岳汽车有限公司：拥有冲压、车身、油漆、总装四大整车生产工艺和铸造、锻造、发动机、变速箱等动力总成车间，产品涵盖别克昂科威、昂科拉和雪佛兰创酷、赛欧 3、乐风 RV 系列车型。2020 年，实现营业收入 312.6 亿元。

截至 2020 年底，全区共有省级“专精特新”企业 31 家，“小巨人”企业 4 家，“独角兽”企业 1 家，“瞪羚”企业 30 家。

六、科技创新能力

2020 年，全区共有市级以上科技企业孵化器 15 家，其中，国家级孵化器 2 家、省级孵化器 4 家、国家级众创空间 2 家。市级以上创新平台 261 家。成为全省首批国家级开发区产才融合发展示范区，累计引进国家和省级人才 170 余人。

七、进出口情况

2020 年，全区进出口总额 1502 亿元。实际使用外资金额 74186 万美元。

第七节　龙口市

龙口市位于胶东半岛西北部，是山东半岛蓝色经济区、胶东半岛高端产业聚集区的重要节点城市和沿海开放港口城市。全市面积 901 平方公里，常住人口 73 万人。

一、工业基本情况

2020 年，全市地区生产总值 1094 亿元，占烟台市 GDP 的 14%，居全市第 2 位。规模以上工业企业实现营业收入 1057.8 亿元。是中国交通铝材名城、国家级铝及铝合金加工高新技术产业化基地、国家级铝精深加工示范基地等。

二、工业产业结构

2020 年，有色金属冶炼和压延加工业、农副食品加工业营业、汽车制造业、化学原料和化学制品制造业、橡胶和塑料制品业、金属制品业营业收入均在 20 亿元以上，合计 763. 9 亿元，占全区规模以上工业企业营业收入的 75. 8%；其他大类行业营业收入占 24. 2%。

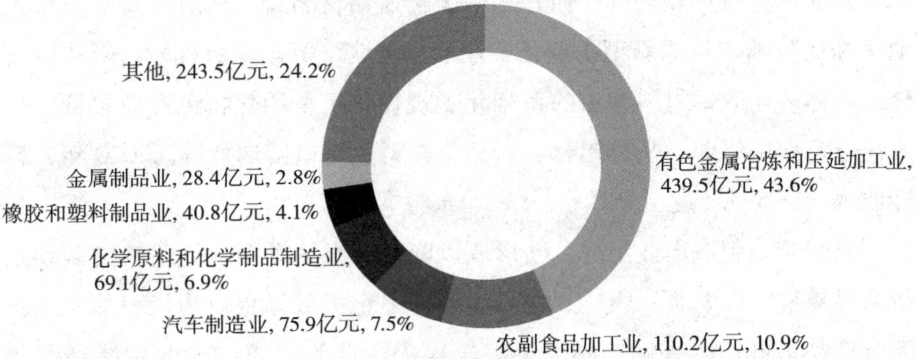

图 6－9　2020 年烟台市龙口市工业产业结构分布图

三、重点优势产业

有色金属铝制品产业：全市规模以上企业 11 家，主要涉及有色金属铝的冶炼、制造、压延加工，代表企业有南山铝业、南山铝业新材料、南山铝压延新材料、东海氧化铝等，产品主要为铝型材，广泛应用于地铁、高速列车、船舶以及航天航空、电力等领域。其中，轨道交通车体型材、易拉罐材料和铝箔产品国内的市场占有率分别达到 60%、50% 和 30%。2020 年，实现营业收入 439. 5 亿元。

农副食品加工业：全市规模以上企业 21 家，主要涉及谷物磨制、饲料加工、植物油加工，代表企业有龙口香驰粮油有限公司、中粮油脂（龙口）有限公司，产品主要为蛋白、果糖、油脂、调味品、五谷杂粮、饲料等。2020 年，实现营业收入 110. 2 亿元。

汽车制造业：全市规模以上企业 40 家，涉及汽车车身、底盘、悬挂、内饰等汽车零部件，主要产品有厢式货车、油泵油嘴、刹车盘、刹车毂、刹车片、摇窗机、汽车三泵、风扇离合器等，可提供一部整车生产所需93%的零配件。其中，制动器总成、刹车盘、制动毂、车轮、蓄电池、油管、燃油喷射系统等产品的产销量在国内同类产品排名前十位。2020年，实现营业收入75.9亿元。

四、产业集群及工业园区情况

高端铝材料产业集群：拥有“中国交通铝材名城”“国家高新技术产业化基地”和“国家新型工业化产业示范基地”等国家级称号，形成以车体、罐体等高端铝材料为主的系列化、规模化、集约化特色产业集群。代表企业有南山铝业、丛林铝材、新活新材料、龙口博瑞特等。2020年，营业收入达到595.1亿元。

高端装备制造产业集群：已形成以隆基、海盟等企业为代表的制动系统产品集群；以龙泵、康达、龙口油管、中宇机械等企业为代表的发动机系统产品集群；以兴民钢圈、星宇轮毂等企业为代表的轮毂轮胎产品集群，组成了三大较为完整的汽车高端装备产业集群。形成了以龙口中集来福士为引领的船舶及海工建造产业集群，以及以中际旭创为代表的智能装备制造产业集群。

五、骨干企业情况

2020年，龙口市规模以上工业企业192家，全市营业收入超过100亿元的企业有3家，超过10亿元的企业有15家。

南山控股有限公司：由南山集团发展而成，设南山集团和新南山国际两个分公司，辖南山工业园区、东海旅游度假区、裕龙石化产业园区和屺母岛临港产业园四大园区，形成了以南山铝业、南山智尚、裕龙石化等为主导的多产业并举的发展格局。其中，南山智尚是集智能制造与品牌运营于一体的国家级高新技术企业，产业链涵盖从羊毛采购、精梳毛条加工到纺、织、染、整的精纺体系，从面料到高级成衣的完整服装体系，以及完善的备纱备货、接单交货快速反应体系，为客户提供一站式的高效服务。

南山铝业拥有从能源、氧化铝、电解铝到铝型材、高精度铝板、带、箔的完整铝产业链，产品涉及航空、船舶、高速列车、集装箱、工业型材、精品民用型材等几十个领域。2020 年，南山铝业实现营业收入 241.4 亿元。

龙口香驰粮油有限公司：隶属于香驰控股有限公司，年加工大豆 300 万吨、玉米 60 万吨，主要产品包括蛋白、油脂等六大系列，大豆分离蛋白、玉米果葡糖浆出口 100 多个国家和地区。2020 年，实现营业收入 63.4 亿元。

山东道恩高分子材料股份有限公司：是一家专业从事高性能热塑性弹性体、改性塑料、色母粒等产品的高新技术企业，产品广泛应用于汽车、家电、电子电气、轨道交通、航空航天、医疗卫生和建筑工程等领域。2020 年，实现营业收入 26.2 亿元。

截至 2020 年底，全区共有省级以上制造业单项冠军企业 11 家，"专精特新" 企业 41 家，"小巨人" 企业 5 家，"瞪羚" 企业 9 家。

六、科技创新能力

2020 年，全市共有省级企业技术中心 17 家，国家级企业技术中心 4 家，国家高新技术企业 69 家，省级以上科技创新平台 14 个，"瞪羚企业" 9 家，"专精特新" 企业 20 家。荣获省级以上科学技术奖 7 项。引进各类人才超过 1.4 万人，其中高层次人才 1250 人，2 人分别入选国家重点人才工程和 "万人计划"。

七、进出口情况

2020 年，全区进出口总额 289.9 亿元。其中，进口总额 95 亿元；出口总额 194.9 亿元。实际使用外资金额 2 亿美元。

第八节 莱阳市

莱阳市位于山东省东部，是 "胶东腹地"，面积 1732 平方公里，常住人口 79.5 万人。莱阳市先后荣获中国绿色食品城、中国绿色名市、全国食品工业强县等荣誉称号。

一、工业基本情况

2020 年，全市地区生产总值 444 亿元，占烟台市 GDP 的 5.7%，居全市第 6 位。全市工业增加值 162 亿元。规模以上工业企业 168 家，完成总产值 308 亿元，实现营业收入 338 亿元。

二、工业产业结构

2020 年，农副食品加工业、食品制造业、汽车制造业、化学原料和化学制品制造业、电气机械和器材制造业营业收入均在 10 亿元以上，合计 291.4 亿元，占全区规模以上工业企业营业收入的 85%；其他大类行业营业收入占 15%。

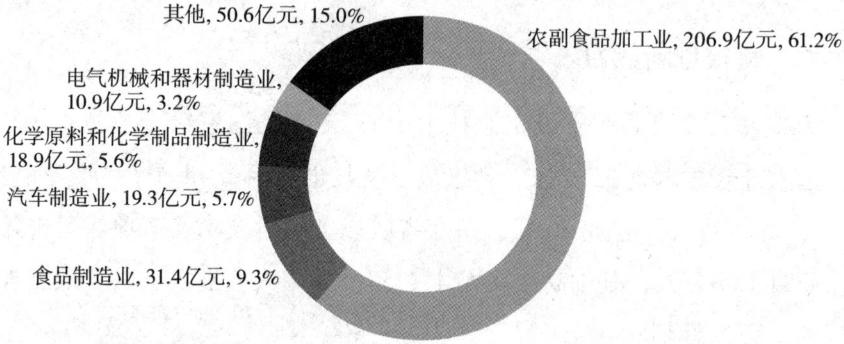

图 6－10　2020 年烟台市莱阳市工业产业结构分布图

三、重点优势产业

食品行业：全市规模以上企业 81 家，主要涉及农副食品加工业和食品制造业，代表企业有山东龙大、莱阳鲁花、春雪食品等，产品涉及冷冻蔬菜、水产品、粮油制品、调理食品、肉制品、果品等六大系列，有鲁花牌花生油、龙大牌粉丝、龙大牌分割肉、龙大牌低温肉制品 4 个中国名牌产品；培育龙大、鲁花、春雪 3 个中国驰名商标，培育龙大、鲁花 2 个国家级技术中心。2020 年，实现营业收入 248.3 亿元。

四、产业集群及工业园区情况

莱阳化工产业园：是山东省重点高端化工产业园之一，有比较雄厚的传统化工、高新材料产业发展基础，重点发展化工新材料、新能源化工、高端专用化学品和生物医药等，形成了 TDI、有机光电材料、生物制药、有机硅等主导产业。烟台君邦选矿材料有限公司生产的乙基黄原酸钠、丁基黄原酸钠等广泛应用于冶炼行业；山东盛华新材料科技股份有限公司主要生产液晶显示材料、OLED 材料及医药中间体；烟台远东精细化工有限公司主要生产各类化学试剂、专业试剂，其中试剂盐酸、试剂硝酸、试剂硫酸、试剂氨水、食品级添加剂氨水 5 个产品产量在全省化学试剂产量中位居首位。2020 年，园区实现销售收入 34.9 亿元。

五、骨干企业情况

2020 年，莱阳市规模以上工业企业 168 家，全市营业收入超过 15 亿元的企业有 3 家。

山东鲁花集团有限公司：是农业产业化国家重点龙头企业，横跨食用油、调味品、米面等多个行业，现拥有 47 个生产基地，食用油年生产能力 150 万吨，调味品年生产能力 30 万吨，米面年加工能力 50 万吨。主要产品有鲁花 5S 压榨一级花生油、鲁花剥壳压榨葵花仁油、鲁花亚麻籽油、鲁花压榨特香玉米胚芽油、鲁花浓香大豆油、鲁花自然香系列料酒、鲁花生鲜蚝油、福花五常和福花万年等系列。先后荣获“国家科学技术进步奖”“山东省省长质量奖”等荣誉。2020 年，鲁花集团销售收入 390 亿元。

山东龙大肉食品股份有限公司：是专门从事肉食品加工的大型企业，拥有集种猪繁育、饲料生产、生猪养殖、屠宰分割、熟食加工于一体的完整肉食品产业链，公司产品主要包括优质鲜冻分割猪肉、低温肉制品、散装酱卤食品等三大类、400 余个品种。2020 年，实现营业收入 88 亿元。

春雪食品集团股份有限公司：是集饲料生产、商品肉鸡养殖、肉鸡屠宰分割、调理食品加工、自营进出口和销售服务于一体的农业产业化国家级重点龙头企业，年屠宰商品肉鸡5400万只，年产冷冻生鲜鸡肉12万吨，年产鸡肉调理食品8万吨，产品主要出口日本、欧盟、中东等国家和地区。2020年，实现营业收入15.9亿元。

截至2020年底，全区共有省级以上制造业单项冠军企业1家，“专精特新”企业26家，“小巨人”企业1家，“瞪羚”企业2家。

六、科技创新能力

2020年，全市共有省级企业技术中心9家，国家级企业技术中心2家。全市泰山学者和泰山产业领军人才17名，烟台市双百计划人才8名，烟台市有突出贡献的中青年专家4名，烟台市首席技师13名。

七、进出口情况

2020年，全区进出口总额84亿元。其中，进口总额12.2亿元；出口总额71.9亿元。实际使用外资金额4238万美元。

第九节　莱州市

莱州市位于胶东半岛西北部，地处烟台、青岛、潍坊三市交界处，西临渤海，矿产资源丰富，黄金储量居全国县级市首位。2020年末，全市常住人口82.5万人。

一、工业基本情况

2020年，全市地区生产总值674.1亿元，占烟台市GDP的8.6%，居全市第5位。全市工业增加值265.9亿元。规模以上工业企业实现产值959.7亿元，实现营业收入961.5亿元。

二、工业产业结构

2020年，有色金属冶炼和压延加工业，有色金属矿采选业，电力、热力生产和供应业，汽车制造业，专用设备制造业，化学原料和化学制品制造业，通用设备制造业营业收入均在20亿元以上，合计853.9亿元，占全区规模以上工业企业营业收入的88.8%；其他大类行业营业收入占11.2%。

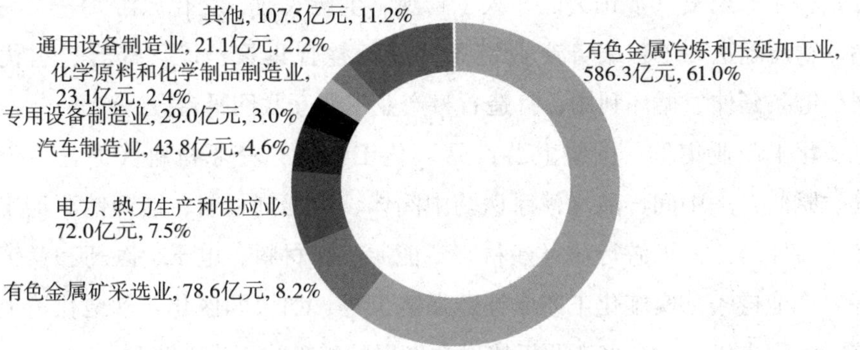

图6－11　2020年烟台市莱州市工业产业结构分布图

三、重点优势产业

黄金产业：莱州市是世界第三大黄金矿区，城内已探明黄金储量3014吨，保有储量2656吨。近几年，黄金年产量一直稳定在20吨左右。有山东黄金、瑞海矿业、汇金矿业3家黄金企业。其中在黄金冶炼加工方面，山东黄金冶炼有限公司一枝独秀，涉及贵金属冶炼，代表产品有黄金、白银等；2020年，实现营业收入586.3亿元。有色金属矿采选业，全区规模以上企业4家，主要涉及贵金属矿的采选，代表企业有山东黄金矿业（莱州）有限公司焦家金矿、山东黄金矿业（莱州）有限公司三山岛金矿、山东黄金矿业股份有限公司新城金矿。2020年，实现营业收入78.6亿元。

四、产业集群及工业园区情况

黄金产业集群：围绕黄金矿山设备（采、选、冶、尾矿设备和运输车辆）—生产辅料（民用爆破品、钢球、衬板及选矿冶炼药剂）—黄金开采—黄金冶炼—黄金产品深加工—尾矿利用—黄金旅游—黄金金融产业链条，补强产业链上游，壮大发展产业链中游，引进发展产业链下游，建设智能矿山，实现向精深加工转型，打造世界级黄金产业基地。

石材产业集群：石材总储量30多亿立方米，围绕石材矿山地质勘查及矿权出让—矿山开采—荒料（荒料贸易、荒料市场）—荒料加工（异形材、板材、石雕石刻）—循环经济（陶瓷原料、新型建材、建筑骨料等）—生态修复（矿山公园、人工景观、生态农业、文化旅游）—贸易展销—物流配送—工程服务产业链条，进行整合集聚、优化提升、引优扶强、链条延伸、循环利用，打造石材产业工业互联网平台。

化工产业集群：围绕上游产品（化工设备）—原材料（原盐、天然气、原油）—中间产品（溴系医药中间体、阻燃剂材料、镁钾钠深加工产品、烯烃等）—下游行业（建材、新能源、新材料、电子、医药和镁钾肥等）产业链条，实施化工产业补链强链工程，加快园区化、基地化、上下游一体化步伐，打造多产业板块融合发展的特色化工产业集群。

五、骨干企业情况

2020年，莱州市规模以上工业企业206家，营业收入超过10亿元的企业有7家。

山东黄金冶炼有限公司：拥有从矿产资源到黄金终端产品的高端高效、节能环保的完整产业链，形成了黄金产业循环经济发展模式，达到了日处理金精矿1200吨，年精炼标准黄金200吨、白银100吨的生产规模。2020年，实现营业收入586.3亿元。

莱州鲁通特种纸业有限公司：是造纸、拉丝、纸绳、织布等综合性特种工艺纸生产企业。主要生产绿色环保产品高湿强彩色艺品编织纸、礼品包装纸、高湿强食品包装纸及白板纸、箱板纸等，可生产不同色泽的五大系列、100多个品种的工艺纸及纸绳、纸布等产品。2020年，实现营业收入15.5亿元。

截至2020年底，全区共有省级以上制造业单项冠军企业1家，“专精特新”企业34家，“小巨人”企业5家，“瞪羚”企业6家。

六、科技创新能力

2020年，全市共有省级企业技术中心16家，国家级企业技术中心1

家。2020 年，海尔海创汇产业加速平台落户莱州，孵化落地企业 14 家；认定高新技术企业、科技型中小企业 347 家；设立人才工作站 3 处，引进省级以上高层次人才 62 名，与山东科技大学建立战略合作关系。

七、进出口情况

2020 年，全区进出口总额 122.2 亿元。其中，进口总额 44.8 亿元；出口总额 77.4 亿元。实际使用外资金额 12555 万美元。

第十节 招远市

招远市位于山东半岛西北部，面积 1432.3 平方公里，常住人口 54.3 万人。招远市内矿藏资源丰富，以金矿和银矿为主。

一、工业基本情况

2020 年，全市地区生产总值 697.6 亿元，占烟台市 GDP 的 8.9%，居全市第 4 位。全市工业增加值 261.7 亿元。规模以上工业企业实现产值 1103.1 亿元，实现营业收入 1173.2 亿元。

二、工业产业结构

2020 年，有色金属冶炼和压延加工业，橡胶和塑料制品业，化学原料和化学制品制造业，有色金属矿采选业，计算机、通信和其他电子设备制造业、农副食品加工业，电力、热力生产和供应业营业收入均在 10 亿元以上，合计 1051 亿元，占全区规模以上工业企业营业收入的 95.6%；其他大类行业营业收入占 4.4%。

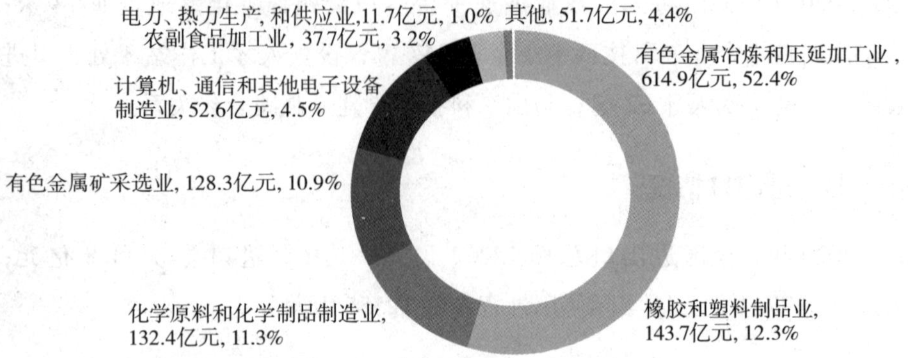

图6－12　2020年烟台市招远市工业产业结构分布图

三、重点优势产业

黄金产业：已形成涵盖黄金机械、地质勘探、设计、采选、氰冶、精炼、黄金深加工、黄金旅游等的完整产业链条，黄金产量连续44年居全国县级市之首。2020年，全市完成矿产金产量104.9万两，冶炼加工黄金176.9万两，精炼黄金625.3万两。其中黄金冶炼加工产业，全市规模以上企业7家，代表企业有山东招金金银精炼有限公司、烟台国大贵金属冶炼有限公司、贺利氏（招远）贵金属材料有限公司、山东国大黄金股份有限公司等。2020年，实现营业收入614.9亿元。

橡胶和塑料制品业：全市规模以上企业6家，主要涉及橡胶和塑料制品制造，代表企业山东玲珑轮胎股份有限公司，产品涉及多种乘用轮胎、特种轮胎。2020年，实现营业收入143.8亿元。

化学原料和化学制品制造业：全市规模以上企业9家，主要涉及化工材料、半导体材料、薄膜材料等，代表企业烟台招金励福贵金属股份有限公司，产品涉及金盐、银盐、半导体键合材料、靶材等。2020年，实现营业收入132.4亿元。

食品产业：主要产品包括粉丝、淀粉、蛋白、中高档白酒和果汁饮料等。作为龙口粉丝的原产地和主产地，全市共有龙口粉丝生产企业70多家；2020年，共生产加工粉丝28万吨，实现销售收入38亿元。全市粉丝出口率达到60%以上，占全国粉丝出口总量的85%。双塔牌、六六顺牌、冠珠牌龙口粉丝获“中国驰名商标”。

四、产业集群及工业园区情况

电子信息产业集群：以电子信息原材料为主，主要产品包括高档电解铜箔、锂电池超薄电解铜箔、合金金丝、低弧度超细金丝、封装用焊粉、金盐、银盐、精细铜材等。重点企业鲁鑫贵金属主要从事集成电路封装用键合丝、焊粉、焊锡线等电子新材料产品及黄金饰品的生产及销售，是国内集成电路封装用键合丝生产厂家和全球技术领先的焊粉生产企业。键合丝产品、焊粉产品分别占到国内市场份额的50%和30%以上，在国内处于绝对领先位置。金宝电子专业生产电子铜箔、覆铜板产品，电子铜箔和覆铜板分别达到年产15000吨、2500万平方米的生产能力。

五、骨干企业情况

2020年，招远市规模以上工业企业168家，营业收入超过15亿元的企业有11家。

山东招金集团有限公司：是一家以矿业链、深加工产业链为核心的大型综合性集团公司，拥有全资子公司6家。其中，山东招金金银精炼有限公司是一家集金银收购、精炼、加工、检测、销售及回购于一体的专业现代化贵金属深加工及营销企业；2020年，实现营业收入540.6亿元。招金矿业股份有限公司是一家集勘探、开采、选矿及冶炼营运于一体，专注于开发黄金产业的综合性黄金生产商和黄金冶炼企业，主要产品为“9999金”及“9995金”标准金锭，拥有约3846.4万盎司黄金矿产资源量和约1543.1万盎司可采黄金储量。2020年，实现营业收入44.5亿元。

山东玲珑轮胎股份有限公司：是世界轮胎20强、全国三大轮胎生产厂家之一，主导产品有斜交轮胎、乘用轻卡子午线轮胎、全钢载重子午线轮胎、特种胎等十大系列、近2000个规格品种，年产斜交胎400万套、乘用轻卡子午胎1500万套、载重子午胎400万套、特种胎10万套。2020年，实现营业收入141.1亿元。

烟台双塔食品股份有限公司：是目前全国规模最大的粉丝生产企业，

行业内首个“中国名牌”和“中国驰名商标”获得者，现已经形成了龙口粉丝、豌豆蛋白、豌豆淀粉、膳食纤维、食用菌、人造肉、植物肉、生物天然气等产品的多元化发展格局。公司被列为“山东省非物质文化遗产保护示范基地”“山东省非物质文化遗产生产性保护示范基地”。公司生产的“双塔”牌龙口粉丝曾先后获得中华人民共和国质量奖、中国食品博览会金奖、中国农业食品博览会金奖。2020 年，实现营业收入 18.9 亿元。

山东康泰实业有限公司：是国内最早生产按摩椅的国家级高新技术企业，是江北地区大型按摩椅生产龙头企业。产品有以“荣康”牌按摩椅为主导的按摩、保健、健身系列产品，“云・康泰”牌按摩机器人系列产品，“康泰”牌汽车零部件系列产品，主要生产汽车座椅、悬架、后桥、控制臂等产品，产品为中誉奔驰、通用东岳和通用五菱等车企配套。

截至 2020 年底，全区共有省级以上制造业单项冠军企业 3 家，“专精特新”企业 18 家，“瞪羚”企业 3 家。

六、科技创新能力

2020 年，全市共有省级企业技术中心 13 家，国家级企业技术中心 2 家。连续斩获中国工业大奖、省长质量奖、泰山品质认证等 3 项重量级大奖。

七、进出口情况

2020 年，全区进出口总额 173.7 亿元。其中，进口总额 68.4 亿元；出口总额 105.3 亿元。实际使用外资金额 15246 万美元。

第十一节　栖霞市

栖霞市地处胶东半岛腹地，面积 1793.2 平方公里，常住人口 43.5 万人。栖霞市工业发展重心向占地少、科技含量、附加值高的产业发展。

一、工业基本情况

2020 年，全市地区生产总值 250.2 亿元。规模以上工业企业 74 家，实现产值 72.6 亿元，实现营业收入 71.2 亿元。

二、工业产业结构

2020 年，农副食品加工业，非金属矿物制品业，金属制品业，电力、热力生产和供应业，通用设备制造业，橡胶和塑料制品业营业收入均在 4 亿元以上，合计 56.8 亿元，占全区规模以上工业企业营业收入的 79.7%；其他大类行业营业收入占 20.3%。

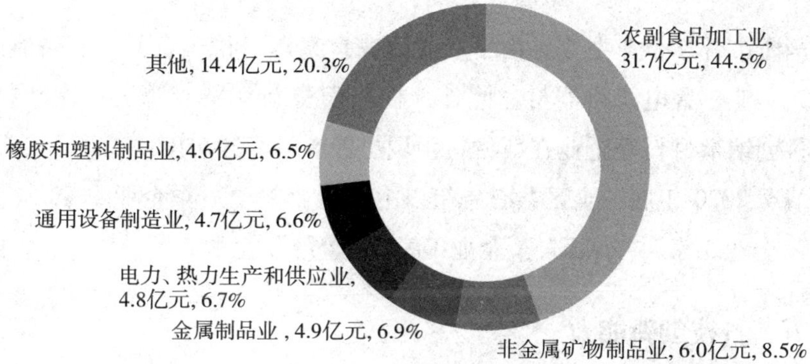

图 6－13　2020 年烟台市栖霞市工业产业结构分布图

三、重点优势产业

农副食品加工业：全市规模以上企业 17 家，主要涉及果蔬初加工、饲料生产、酒水饮料加工、水产品加工、果蔬深加工等领域，代表企业有齐鲁泉源、德丰食品、六和冷藏等，80% 以上的企业是果蔬冷藏加工企业，营业收入占全市工业企业收入的 45% 以上。2020 年，实现营业收入 31.7 亿元。

装备制造业：全市规模以上企业 14 家，主要涵盖汽车零部件制造、节能环保装备制造、输配电及控制设备制造、结构性金属制品制造、零部件制造等领域。同兴实业生产的过滤机、压滤机被广泛应用于环保、化工，食品、矿山等领域，部分产品的市场占有率达到70%以上。鲁电线路器材主导产品为电力金具，是有资质和能力生产500～750KV超高压输电线路金具的厂家，产品关键性能指标和能耗指标及加工工艺和技术达到国际先进水平，近3年主导产品在全国市场占有率为6%，在山东省排名第一。

新材料产业：全市规模以上企业5家，新材料产业发展潜力较大。核晶陶瓷入围山东省新材料企业50强；鸿庆预涂膜在国内同行业中排名前列；华屹科创纳米材料是专业从事无机非金属纳米材料及陶瓷研发制造的科技型企业，拥有国际先进的生产设备及检测设备，工艺先进，技术领先。2020年，实现营业收入4亿元。

四、骨干企业情况

栖霞市骨干企业主要有食品产业的齐鲁泉源、德丰食品，装备制造业的同兴实业、鲁电线路器材。此外，核晶陶瓷新材料、鸿庆预涂新材料、华屹科创纳米材料等企业在新材料领域也拥有较高知名度。

截至2020年底，全区共有省级以上制造业单项冠军企业1家，“专精特新”企业3家，“小巨人”企业1家，“瞪羚”企业5家。

五、科技创新能力

2020年，全市共有省级企业技术中心4家。栖霞市大力实施创新驱动发展战略，同中国农科院果树研究所、青岛农业大学等高校院所合作，建设科技研发机构，培育创新引领型企业。

六、出口情况

2020年，全区进出口总额40.1亿元。其中，进口总额1.1亿元；出口总额39.1亿元。实际使用外资金额859万美元。

第十二节　海阳市

海阳市位于胶东半岛南端，因地处黄海之阳而得名，面积1909平方公里，常住人口58.3万人。

一、工业基本情况

2020年，全市地区生产总值420.4亿元，占烟台市GDP的5.4%，居全市第7位。全市工业增加值109.5亿元。规模以上工业企业176家，实现营业收入222.8亿元。

二、工业产业结构

2020年，电力、热力燃气及水生产和供应业，纺织服装、服饰业，农副食品加工业，有色金属冶炼和压延加工业，专用设备制造业，电气机械和器材制造业营业收入均在10亿元以上，合计162亿元，占全区规模以上工业企业营业收入的77%；其他大类行业营业收入占全区规模以上工业企业营业收入的23%。

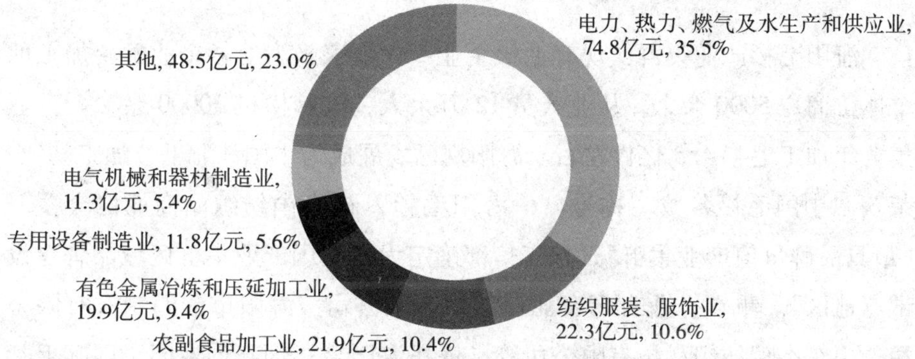

图6－14　2020年烟台市海阳市工业产业结构分布图

三、重点优势产业

核电新能源产业：全市规模以上企业11家，主要涉及核电、海上风电等。在全国率先实现核能供热，荣膺“国家能源核能供热商用示范工程”和“山东省核能综合开发利用示范城市”称号；加快推进海水淡化项目，抢抓“省海上风电融合发展试点示范项目”，先后引进了国家电投、华能、上海电力、上海电气、远景能源等海上风电及配套项目5个、总投资185

亿元，其中国家电投、华能海上风电陆上运维中心已开工建设。2020 年，实现营业收入 74.8 亿元。

纺织服装、服饰业：全市规模以上企业 42 家，主要涉及毛衫生产及配套加工。海阳市是中国江北毛衫加工基地，产品以订单出口为主。加强时尚设计、柔性制造、品牌营销环节，探索“毛衫 + 文旅”“毛衫 + 时尚”等创新业态，打造江北毛衫针织加工中心、中国毛衫针织设计研发基地。培育做大亚琦纺织、清鸿制衣等龙头企业，补齐产业链短板，上游引入品牌商、原辅料厂商和贸易商，中游推动毛衫针织实现智能制造、个性化制造，下游稳定外贸、拓展内销，实现内外销“两条腿”走路。大力实施品牌战略，倡导“海阳毛衫制造”工匠精神，打造“区域品牌—制造品牌—终端品牌”三级品牌梯次，加大品牌形象推介力度，推动产业向高端化、品牌化方向发展。2020 年，实现营业收入 22.3 亿元。

四、产业集群及工业园区情况

海阳毛衫产业集群：现有毛衫企业 450 余家，为毛衫企业配套加工的个体工商户 5000 余个，从业人员 12 万余人，电脑横机 30000 余台。产业集群年加工毛衫 4.5 亿件左右。海阳现已发展成为中国江北毛衫加工基地，荣获“中国毛衫名城”称号，“海阳毛衫”被中国纺织品商业协会授予“最具品牌价值产业集群”，被工信部确定为“全国产业集群区域品牌建设试点地区”。重点企业有烟台亚琦纺织有限公司、海阳市清鸿制衣有限公司、山东杰瑞纺织科技有限公司等。依托海阳毛衫创新创业园、国际毛衫针织城和山东杰瑞纺织科技项目打造集科技创新、设计研发、生产加工、电子商务于一体的全产业链条。

核电装备制造园区：持续加大项目建设和产业培育力度，矢志不渝地抓好核电装备制造、核电站建设与运营、新能源综合开发利用、核电材料研发等产业发展，积极推动海阳核电站 3、4 号机组核准开工，力促中核控制二期和国核运行项目投产见效。重点企业有山东核电有限公司、山东核电设备制造有限公司等。

海上风电产业园区：加快半岛南海上风电场、远景能源、上海电气等风电装备制造项目建设，积极发展风电制氢、储能等产业，不断培育壮大海上风电产业集群，提升海上风电产业竞争力，努力打造胶东半岛海上风电聚集区，重点企业有远景能源（海阳）有限公司、海阳中集来福士海洋工程有限公司、山东核电设备制造有限公司、上海电气风电集团、山东海阳丰汇设备技术有限公司。

五、骨干企业情况

2020 年，海阳市规模以上工业企业 148 家，全市营业收入超过 20 亿元的企业有 2 家。

山东核电有限公司：是山东海阳核电项目业主单位，海阳核电项目规划建设 6 台百万千瓦级核电机组，并预留两台扩建场地，一期工程 1、2 机组为 1250 兆瓦 AP1000 核电机组，先后于 2018 年 10 月和 2019 年 1 月投入商运；3、4 号机组具备现场开工条件。2020 年，实现营业收入 64. 6 亿元。

烟台亚琦纺织有限公司：是智能化高端毛衫生产企业，主营毛针织为主的全品类产品。公司拥有世界级生产设备——日本岛精、德国斯托尔全自动电脑机以及缝合吊挂系统生产线，实现了由传统手工作业向全自动机械作业质的飞跃；依托互联网和大数据服务平台，建设首家规模化智能毛衫加工厂，实现产业加互联网的高级定制，推动以工业 44. 0 为内涵的企业升级，成为国内毛衫行业的标杆。2020 年，累计生产毛衫 775 万件，实现营业收入 4. 1 亿元。

截至 2020 年底，全区共有省级以上制造业单项冠军企业 1 家，“专精特新”企业 13 家，“瞪羚”企业 5 家。

六、科技创新能力

2020 年，全市共有省级企业技术中心 9 家，国家级科技创新平台 2 家，省级科技创新平台 14 家，烟台市级科技创新平台 6 家。

七、进出口情况

2020 年，全区进出口总额 98. 5 亿元。其中，进口总额 15. 7 亿元；出口总额 82.8 亿元。实际使用外资金额 7627 万美元。

第十三节　高新技术产业开发区

烟台高新区是国家级高新技术产业开发区、首批中国亚太经济合作组织科技工业园区、全国第一家中俄高新技术产业化合作示范基地。包括核心发展区、金山湾新区和 APEC 莱山园、福山高新园、APEC 芝罘园、卧龙园等“两区四园”，其中，核心发展区 48.8 平方公里、金山湾区 51.7 平方公里，常住人口 9.2 万人。

一、工业基本情况

2020 年，全区地区生产总值 67.3 亿元。规模以上工业企业 33 家，实现营业收入 48.9 亿元。

二、工业产业结构

2020 年，医药制造业、专用设备制造业、农副食品加工业、有色金属冶炼和压延加工业、造纸和纸制品业营业收入均在 10 亿元以上，合计 31 亿元，占全区规模以上工业企业营业收入的 63.5%；其他大类行业营业收入占全区规模以上工业企业营业收入的 36.5%。

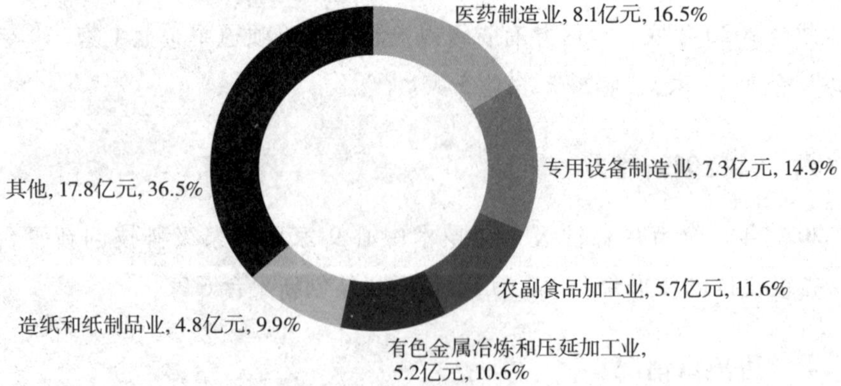

图 6－15　2020 年烟台市高新区工业产业结构分布图

三、重点优势产业

医药制造业：产品涉及医药中枢神经系统、肿瘤、心血管、糖尿病及治疗用抗体开发等领域；高新区中科环渤海（烟台）高等药物研究院有序建设，打造“北方蓝色药谷”；中科院上海药物所烟台分所加快研发，4 个 1 类新药进入临床前研究；绿叶制药的“注射用利培酮微球（II）”和利斯的明多日透皮贴剂、博安生物的“贝伐珠单抗注射液”等产品陆续获批上市。2020 年，实现营业收入 8.1 亿元。

四、产业集群及工业园区情况

航空航天产业集群：重点依托山东航天电子技术研究所，支持航天高新技术园加快建设，利用山东省微纳卫星与脉冲星导航示范工程技术研究中心、山东省微纳卫星技术创新中心提升卫星技术研制和服务能力，进一步拓展卫星姿控系统、测控系统、电源系统、地面终端应用等产品研发设计生产业务，打造山东航天产业总部基地；聚焦卫星应用领域，重点依托二十一世纪应用技术股份有限公司，建立世纪空间山东省本地化运营服务中心，利用北京二号星座、北京三号星系资源及卫星大数据平台面向山东全省开展卫星遥感数据销售、数据加工、软件系统开发、系统集成等服务，打造山东卫星应用产业高地。

五、骨干企业情况

山东绿叶制药有限公司：是一家以研发为基础的专业制药企业，专注于中枢神经系统、肿瘤、心血管、糖尿病等领域，建有“长效和靶向制剂国家重点实验室”、国家企业技术中心、企业博士后科研工作站、山东省新型制剂示范工程技术研究中心等省级以上创新平台。公司在烟台、南京、北京、泸州设有生产和研发基地，并在美国、新加坡和马来西亚等地区设有研发实验室和分支机构，具备按国际标准开发新药的系统创新能力。2020 年，实现营业收入 8.1 亿元。

六、科技创新能力

2020 年，全区共有高新技术企业 159 家，省级及以上研发平台 46 个，国家级科技企业孵化器 6 家，科技部备案众创空间 2 家，省级科技企业孵化器 3 家。

七、进出口情况

2020 年，全区进出口总额 18.5 亿元；实际使用外资金额 4179 万美元。

第十四节　长岛海洋生态文明综合试验区

长岛海洋生态文明综合试验区成立于 2018 年 6 月，151 个岛屿南北纵列于渤海海峡。岛陆面积 59.3 平方公里，海域面积 3242.7 平方公里，海岸线 187.6 公里，常住人口 3.8 万人。风能和航运资源丰富，是我国三大风场之一，拥有天然深水良港。

一、工业基本情况

2020 年，全区地区生产总值 74.5 亿元，全区工业增加值 1.3 亿元。规模以上工业企业 7 家，实现产值 3.7 亿元，实现营业收入 3.8 亿元。

二、工业产业结构

2020 年，农副食品加工业、通用设备制造业营业收入 3.3 亿元，占全区规模以上工业企业营业收入的 88.5%；非金属矿物制品业营业收入 0.4 亿元，占全区规模以上工业企业营业收入的 11.4%。

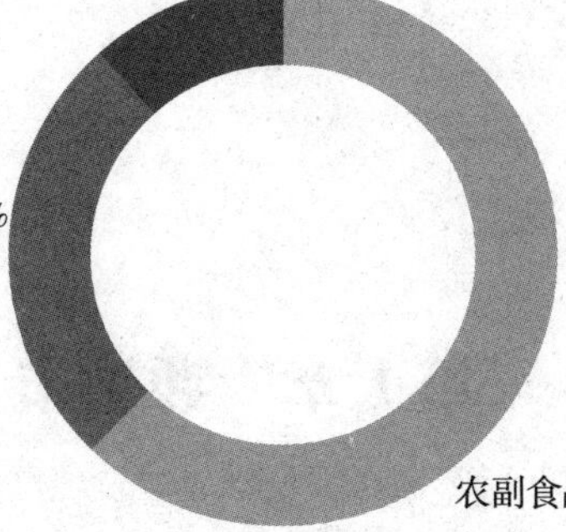

图 6 – 16　2020 年烟台市长岛综合试验区工业产业结构分布图

第十五节　昆嵛山国家级自然保护区

昆嵛山国家级自然保护区位于烟台市东部，依托昆嵛山林场建立，拥有全世界保存最完好的赤松林生态系统。面积 154. 2 平方公里，常住人口 0. 9 万人。

一、工业基本情况

2020 年，全区地区生产总值 3. 5 亿元。昆嵛山山地生态系统持续稳定，是山东省经济社会各项事业全面进步最重要的生态屏障，是极具战略意义的生态高地。

第七章　潍坊市

潍坊市位于山东半岛中部，居半岛城市群中心位置，辖潍城区、寒亭区、坊子区、奎文区、青州市、诸城市、寿光市、安丘市、高密市、昌邑市、临朐县、昌乐县、高新区、滨海区、峡山区、保税区等 16 个区县（功能区），总面积 1.6 万平方公里，常住人口 938.7 万人。

【潍坊市经济总量】

2020 年，全市地区生产总值 5872.2 亿元。全市实现工业增加值 1910.2 亿元。

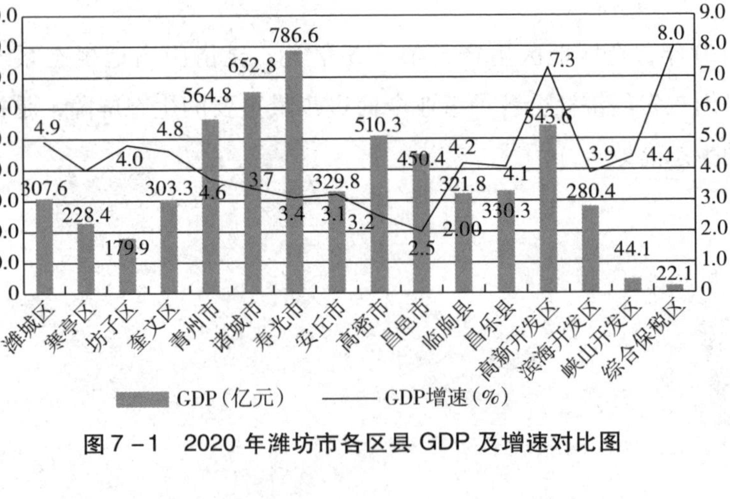

图 7－1　2020 年潍坊市各区县 GDP 及增速对比图

【潍坊市各区县工业经济】

2020 年，潍坊市规模以上工业企业 3120 家，实现营业收入 8755.1 亿元。其中，营业收入超过1000亿元的区县有3个，分别是寿光市、高新区、诸城市，三区市规模以上工业企业数占全市总数的26.9%，营业收入占全市总数的49.2%，利润占全市总数的48.2%；青州市、昌乐县、滨海区营业收入在500亿~1000亿元。各区县营业收入超过100亿元的重点企业有9家，占全市规模以上工业企业营业收入的27.9%；潍柴动力股份有限公司、北汽福田汽车股份有限公司诸城汽车厂、中化弘润石油化工有限公司、歌尔股份有限公司、山东寿光鲁清石化有限公司5家企业营业收入均过300亿元。

表7-1 2020年潍坊市各区县规模以上工业主要经济指标情况表

县（市/区）	企业单位数（家）	营业收入		利润总额	
		累计（亿元）	增减（%）	累计（亿元）	增减（%）
潍坊市	3120	8755.1	3.1	445.9	24.3
潍城区	107	127.8	4.7	5.1	47.5
寒亭区	148	217.7	-13.3	7.1	7.2
坊子区	151	292.8	6.7	9.4	8.3
奎文区	25	40.0	9.6	2.2	29.3
青州市	330	867.3	-8.4	43.1	71.6
诸城市	348	1142.7	12.5	43.6	37.1
寿光市	380	1841.5	3.6	58.3	5.7
安丘市	271	345.4	8.8	11.8	48.3
高密市	322	390.1	-5.3	24.9	10.9
昌邑市	242	493.1	-11.3	21.4	22.4
临朐县	246	376.1	7.6	31.5	74.6
昌乐县	251	580.3	-4.0	24.5	20.0
高新区	112	1321.3	7.3	113	-1.1
滨海区	160	552.4	9.4	42.5	76.4
峡山区	18	34.6	14.3	-0.2	95.4
保税区	9	131.9	106.8	7.8	331.4

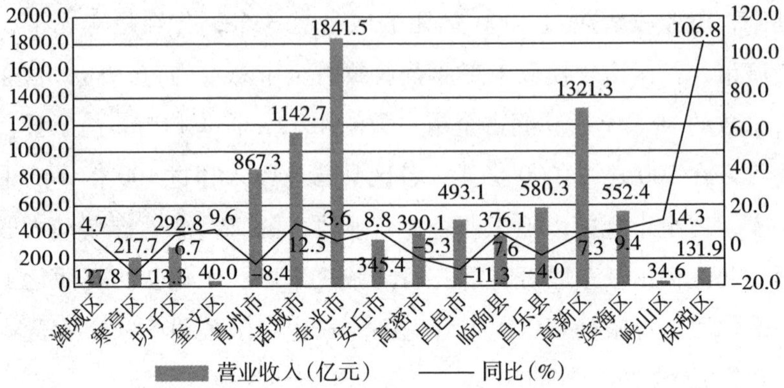

图 7－2　2020 年潍坊市各区县规模以上工业营业收入及增速对比图

第一节　潍城区

潍城区地处潍坊市中心城区，是山东半岛重要的交通枢纽，素有“半岛走廊”之称。面积 355 平方公里，常住人口 52.1 万人。

一、工业基本情况

2020 年，全区地区生产总值 307.6 亿元。规模以上工业企业实现营业收入 127.8 亿元。

二、工业产业结构

2020 年，农副食品加工业、非金属矿物制品业、通用设备制造业、黑色金属冶炼和压延加工业、专用设备制造业、金属制品业均在 10 亿元以上，合计 105.6 亿元，占全区规模以上工业企业营业收入的 82.6%；其他大类行业营业收入占全区规模以上工业企业营业收入的 17.4%。

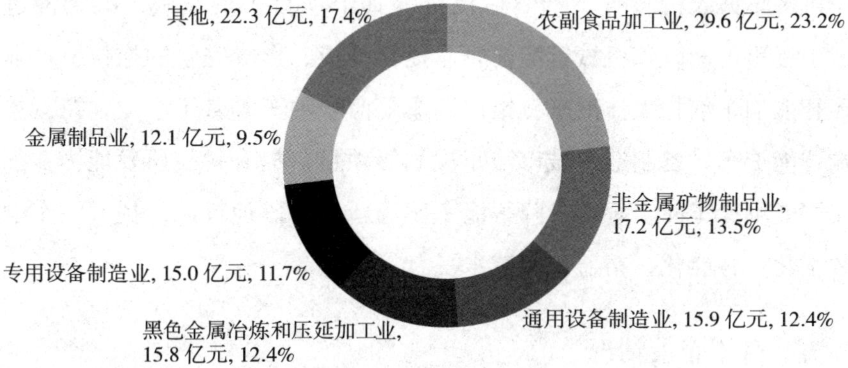

图 7－3　2020 年潍坊市潍城区工业产业结构分布图

三、重点优势产业

农机装备制造业：全区 63 家企业实现工业总产值 78.8 亿元，实现营业收入 67.5 亿元，2020 年的产值和营业收入均占全区规模以上工业企业的 50% 以上。代表企业鲁中拖拉机有限公司的拖拉机年生产能力为 3 万台，拥有先进的机械加工、冲压、焊接、喷漆、磷化、试验设备及整机装配线，2020 年实现营业收入 3.7 亿元；代表企业中远重工是一家集传动系统、驾驶室、覆盖件等产品设计、生产及销售于一体的创新型机械制造企业，可为客户提供全流程、一站式设计服务，2020 年实现营业收入 2.3 亿元。

农副食品加工业：全区规模以上企业 7 家，主要涉及水产品加工、肉类屠宰加工及饲料加工，代表企业有益康宝食品、香野面粉等。2020 年，实现营业收入 29.6 亿元。

四、产业集群及工业园区情况

高端智能化农机装备产业集群：有工业企业 86 家，其中，规模以上企业 35 家，主导产品有拖拉机、变速箱、农机配件、油箱、铸件、农机辅件。2020 年，实现营业收入 41.7 亿元。智慧农机以鲁中大马力拖拉机及配套农机具生产项目建设为依托，引领拖拉机行业的技术转型升级；泰山拖拉机、华博农机装备、泰鸿拖拉机等骨干项目扩资增效，推动前进车桥、中远重工、乾邦机械等配套企业提档升级，形成完整的拖拉机产业链条。智能泊车依托大洋泊车、银河泊车、西城泊车等骨干企业，持续推进高端智能泊车设备制造、城市泊车规划等项目，提升科技研发能力，加快公交智能堆垛车库、垂直升降智能车库等新项目落地投产，提升泊车领域的数字化、智能化、精益化制造水平。

五、骨干企业情况

2020 年，潍城区规模以上工业企业 107 家，营业收入超过 10 亿元的企业有 2 家。

潍坊东方钢管有限公司：是集新材料研究与高端装备制造于一体的高新技术企业，主要产品有高速公路新型环保护栏、大口径长距离输水环保型管道、电力电缆保护管道、EMT 建筑线缆保护管道，产品应用到国内交通、电力、水利、市政建设等行业，出口到美国、加拿大、日本、以色列等国家。2020 年，实现营业收入 14.3 亿元。

潍坊益康宝食品有限公司：是一家生猪定点屠宰、分割，肉制品及鲜活农产品加工、销售的综合食品加工企业。拥有 4 条生猪屠宰线和 3 条分割流水线，年设计屠宰生猪 200 万头、分割产品 2 万吨，拥有年加工肉制品 1 万吨以上的肉制品加工车间。2020 年，实现营业收入 10.2 亿元。

截至 2020 年底，全区拥有省级以上制造业“专精特新”企业 16 家，“小巨人”企业 1 家，“瞪羚”企业 3 家。

六、科技创新能力

2020 年，全区共有省级企业技术中心 3 家。鲁中拖拉机、朝日新能源、智迈德股份等 5 家企业分获省、市科学技术进步奖。新认定东方钢管重防腐海洋新材料研究所等 8 家院（校）企合作平台项目；潍坊先进光电芯片研究院纳入省“1 + 30 + N”创新体系，成为省产业研究院直属院；中科院山东综合技术转化中心潍城区分中心正式挂牌成立。

七、进出口情况

2020 年，全区进出口总额 27.1 亿元。其中，进口总额 2.7 亿元；出口总额 24.4 亿元。实际使用外资金额 4977 万美元。

第二节 寒亭区

寒亭区位于山东半岛中部、渤海莱州湾南岸。面积 628 平方公里，常住人口 33.4 万人。

一、工业基本情况

2020 年，全区地区生产总值 228.4 亿元。规模以上工业企业 148 家，实现工业总产值 205.4 亿元，实现营业收入 217.7 亿元。

二、工业产业结构

2020 年，金属制品业、农副食品加工业、化学原料和化学制品制造业、造纸和纸制品业均在 10 亿元以上，合计 84.2 亿元，占全区规模以上工业企业营业收入的 69.4%；其他大类行业营业收入占全区规模以上工业企业营业收入的 30.6%。

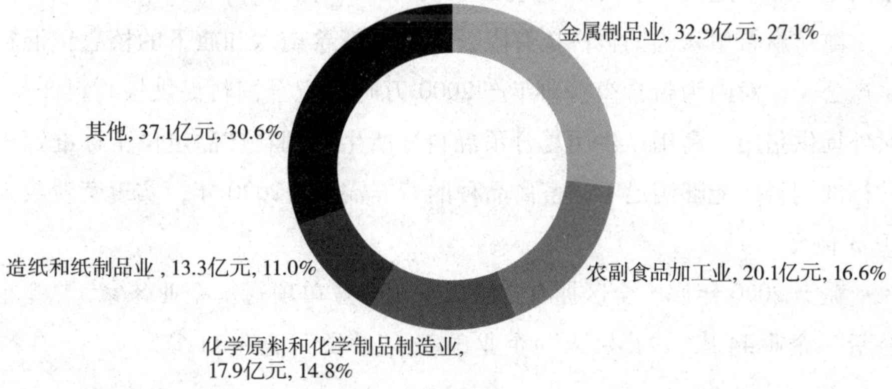

图 7－4 2020 年潍坊市寒亭区工业产业结构分布图

三、重点优势产业

金属制品业：全区规模以上企业7家，涉及黑色金属铸造、汽车零部件制造等。代表企业潍柴（潍坊）材料成型制造中心有限公司，产品以汽车零部件及配件制造、锻件及粉末冶金制品制造为主。2020年，实现营业收入32.9亿元。

四、产业集群及工业园区情况

高端装备产业集群：规模以上企业25家，入驻产业园区企业40家，公共服务平台数量9个，拥有潍柴（潍坊）材料成型制造中心、天润曲轴、瑞通复合管道等一批具有竞争力、影响力的装备制造业企业。以集智能制造装备为主攻方向，大力发展大型机械配件、农业装备、高端轴群承、工业机器人、专用成套设备、环保设备等产业。

五、骨干企业情况

2020年，寒亭区规模以上工业企业148家，营业收入超过10亿元的企业有2家。

潍柴（潍坊）材料成型制造中心有限公司：是潍柴集团子公司，主要从事黑色金属铸造、汽车零部件研发、汽车零部件及配件制造、锻件及粉末冶金制品制造。2020年，实现营业收入30.9亿元。

潍坊新希望六和饲料科技有限公司：是新希望六和旗下的核心预混料生产公司，对内为新希望六和年产2000万吨的配合饲料提供核心料产品，对外提供猪用、禽用、牛用复合预混料，所生产饲料产品定位于标准饲养的标准饲料，能够满足不同畜禽品种的营养需要。2020年，实现营业收入10.3亿元。

截至2020年底，全区拥有省级以上制造业单项冠军企业8家，“专精特新”企业44家，“小巨人”企业3家，“瞪羚”企业11家。

六、科技创新能力

2020年，全区共有省级企业技术中心23家，国家级企业技术中心2家。

七、进出口情况

2020年，全区进出口总额45.9亿元。其中，进口总额16.3亿元；出口总额29.7亿元。实际使用外资金额7359美元。

第三节 坊子区

坊子区位于潍坊市区东南部，地处山东半岛中部，面积412平方公里，常住人口36.2万人。

一、工业基本情况

2020年，全区地区生产总值179.9亿元。规模以上工业企业151家，实现营业收入292.8亿元。

二、工业产业结构

2020年，专用设备制造业、金属制品业、农副食品加工业、造纸和纸制品业、非金属矿物制品业、通用设备制造业、电气机械和器材制造业均在10亿元以上，合计250.7亿元，占全区规模以上工业企业营业收入的89.2%；其他大类行业营业收入占全区规模以上工业企业营业收入的10.8%。

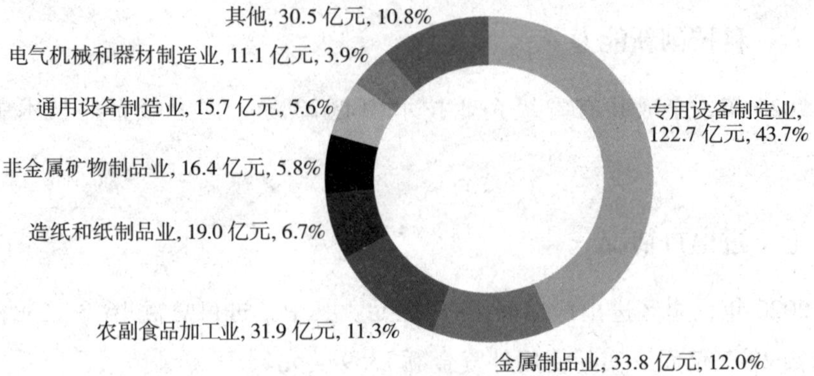

图 7 -5　2020 年潍坊市坊子区工业产业结构分布图

三、重点优势产业

农机装备制造业：全区规模以上企业 23 家，主要涉及工程机械、农机装备等，产品有拖拉机、小麦机、玉米机、履带机、挖掘机、装载机等。代表企业有雷沃重工、裕川机械、福尔沃农业装备等。2020 年，实现营业收入 122.7 亿元。

金属制品行业：全区规模以上企业 37 家，主要涉及铸造行业，产品主要以沟槽管件、农机配件、阀门及出口件为主。其中，消防沟槽管件产品占全国市场份额的 80% 以上，被授予“中国沟槽管件铸造产业基地”称号。坊子区搭建了 12 家研究院和绿色铸造平台、铸装工业云平台等服务平台，推进了“传统产业 + 互联网”“传统产业 + 人工智能”，加快传统产业绿色化、智能化转型。通过“政府 + 科研机构 + 龙头企业 + 产业中介”的合作模式，助推企业实现高产出、低排放的绿色化、智能化转型。运用“铸装平台 + 共享工厂”模式，整合全国 300 多家铸造零部件和装备企业资源，为企业提供工业设计、模具制备、3D 打印、设备共享等线上线下服务。2020 年，实现营业收入 34 亿元。

电子信息产业：依托测绘地理信息产业园区、先进制造业产业园，以共达电声、智新电子等企业为龙头，大力发展人机智能交互系统、新型电子元器件、导航系统、软件等产品，推广云计算、物联网等信息技术在智慧城市、电子政务、电子商务、互联网信息服务等领域的应用，形成规模壮大、链条完善、核心竞争力强的电子信息产业集群。以加快电子元器件产业升级为重点，大力发展片式化、微型化、多功能化的新型电子元器件产品。依托奥卓电气、汇电新能源、恒亘医疗等企业，大力研发生产电气自动化控制软件、工业自动化设备、精密模具、中频感应加热成套设备、办公自动化设备等。2020 年，实现工业产值 25 亿元，实现营业收入 23.6 亿元。

四、产业集群及工业园区情况

装备制造业产业集群：依托雷沃重工、帅克机械、富源增压器、裕川机械、谷合传动等龙头企业，以高端农业装备产业园、机械装备制造园等园区为载体，大力实施品牌战略，着力发展智能装备、机械装备和关键零部件、成套装备，形成具有较大影响力的装备制造产业集群。2020 年，集群企业 91 家，实现营业收入 168 亿元。其中，山东省数字化绿色铸造技术与装备创新服务平台（以下简称平台）坐落于潍坊市军民融合智能装备产业园，是机械科学研究总院集团与坊子区政府联合搭建的数字化绿色铸造技术创新服务平台。

五、骨干企业情况

2020 年，坊子区规模以上工业企业 151 家，营业收入超过 10 亿元的企业有 3 家。

潍柴雷沃重工股份有限公司：依托潍柴集团高端非道路全系列发动机、CVT 动力总成和液压动力总成等核心产业资源，涵盖农业装备、工程机械等机械装备产业，在海外 120 多个国家建立营销服务渠道 500 余家，形成了覆盖全球的网络体系，已累计销售农业装备、工程机械产品超过 10 万台。其中，大中型拖拉机出口的市场占有率达 30%。2020 年，实现营业收入 109.9 亿元。

山东恒安纸业有限公司：是江北重要的生活用纸生产基地和物流配送中心，公司拥有 5 条原纸生产线、1 条擦手纸生产线、5 条复卷机生产线、

43 条成品纸生产线，已形成年产原纸 30 万吨、成品纸 1800 万件的能力，并辐射鲁豫、华北和东北部分地区，主要生产和销售“心相印”系列高档生活用纸。2020 年，实现营业收入 18.7 亿元。

共达电声股份有限公司：是智能声学元器件、智能声学组件、智能声学整体解决方案提供商，是高新技术企业、中国电子元件百强企业。主要产品包括微型麦克风、微型扬声器/受话器及其阵列模组，广泛应用于移动通讯设备及其周边产品、笔记本电脑、平板电脑、个人数码产品、汽车等消费类电子产品领域。2020 年，实现营业收入 11.8 亿元。

截至 2020 年底，全区拥有省级以上制造业单项冠军企业 4 家，“专精特新”企业 9 家，“小巨人”企业 1 家，“瞪羚”企业 1 家。

六、科技创新能力

2020 年，全区共有省级企业技术中心 12 家，国家级企业技术中心 1 家。获批院士工作站 3 家，新型研发机构 16 家，7 家被认定为省级平台。高新技术产业产值占规模以上工业总产值比重的 59.9%。

七、进出口情况

2020 年，全区进出口总额 41.6 亿元。其中，进口总额 13.9 亿元；出口总额 27.7 亿元。实际使用外资金额 7329 美元。

第四节　奎文区

奎文区位于潍坊市中部偏北地区，面积 187.8 平方公里，常住人口 47.5 万人。

一、工业基本情况

2020 年，全区地区生产总值 303.3 亿元。规模以上工业企业 25 家，实现产值 30.4 亿元，实现营业收入 40 亿元。

二、工业产业结构

2020 年，通用设备制造业，电力、热力生产和供应业，专用设备制造业，酒、饮料和精制茶制造业，金属制品业，造纸和纸制品业营业收入均在 1 亿元以上，合计 36.5 亿元，占全区规模以上工业企业营业收入的 91%；其他大类行业营业收入占 9%。

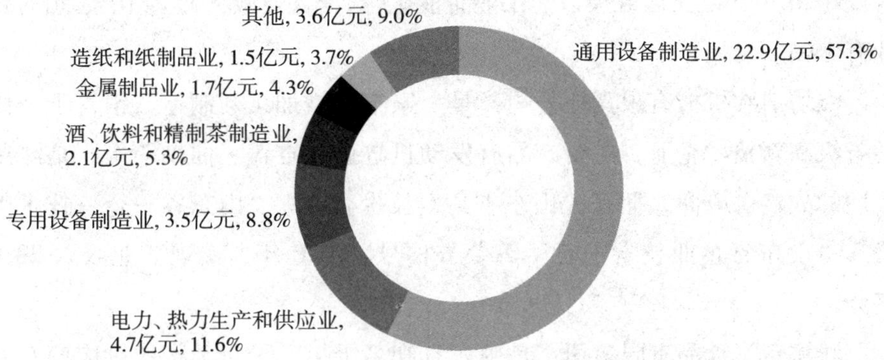

图 7-6　2020 年潍坊市奎文区工业产业结构分布图

三、重点优势产业

通用设备制造业：全区规模以上企业 5 家，涉及通用零部件、轴承、齿轮等制造，代表企业有浩泰机械，产品涵盖发动机缸体、缸盖、曲轴箱等。潍坊浩泰数字化新工厂的 H 系列发动机缸体、缸盖线、林德液压零部件产品线进一步提升国内高端液压件制造能力、工艺水平和研发能力。2020 年，实现营业收入 23 亿元。

食品饮料业：全区规模以上企业 1 家，依托国内外市场和潍坊本地市场，培育壮大青啤潍坊公司、正泓食品等企业，加大研发创新和信息化改造力度，提升产品档次和水平，积极开发“中华传统食品”，着力培育知名品牌，打造奎文特色食品饮料产业。2020 年，实现营业收入 2.1 亿元。

四、产业集群及工业园区情况

动力智谷园区：以高端智能装配、柔性制造加工、新技术一体化、新材料等为主要业态，统筹“产、学、研、销”等各环节，吸引军工通信、信息安全、智能制造装备等高精尖优质产业落户，建设新型工业集群，园区将提供全链条式综合服务，招引其产业链上下游企业入驻，逐步打造新型工业集群。

五、骨干企业情况

2020 年，奎文区规模以上工业企业 25 家，营业收入超过 10 亿元的企业有 1 家。

潍坊浩泰机械有限责任公司：是一家集机械加工、制造、销售于一体的省级高新技术企业，主要产品有发动机缸体、缸盖、曲轴箱等，是潍柴集团的战略供应商，拥有“山东省高新技术企业”“山东省一企一技术中心”“山东省企业技术中心”等荣誉称号。2020 年，实现营业收入 20.4 亿元。

潍坊正泓食品有限公司：是山东省知名干果、干货、蜜饯供应商及专业干果、干货礼盒生产企业。拥有“正弘基”“正泓食品”两大主导品牌，有干果蔬系列、蜜饯系列、炒货系列、山楂系列、豆系列、礼品盒系列等几大系列，销售网络遍布沃尔玛、家乐福、大润发、银座、利群、家家悦等大型连锁卖场。公司在黑龙江、新疆、云南等地拥有 8000 多亩的种植基地。

截至 2020 年底，全区拥有省级以上制造业单项冠军企业 11 家，“专精特新”企业 26 家，“小巨人”企业 1 家，“瞪羚”企业 10 家。

六、科技创新能力

2020 年，全区共有省级企业技术中心 24 家。青岛大学科研成果转化潍坊中心等 12 个科研院所签约落地，新建院士工作站 4 家。

七、进出口情况

2020 年，全区进出口总额 43.5 亿元。其中，进口总额 3.4 亿元；出口总额 40.1 亿元。实际使用外资金额 4112 美元。

第五节 高新区

潍坊高新区成立于1991年，1992年获批国家级高新区，是潍坊市重点打造的高新技术产业引领区。面积110平方公里，常住人口38.9万人。

一、工业基本情况

2020年，全区地区生产总值543.6亿元，占潍坊市GDP的9.3%，居全市第4位；全区工业增加值300.4亿元。规模以上工业企业112家，实现产值1371亿元，实现营业收入1321.3亿元。

二、工业产业结构

2020年，通用设备制造业，计算机、通信和其他电子设备制造业，黑色金属冶炼和压延加工业，汽车制造业，电力热力生产和供应业营业收入均在40亿元以上，合计1223.6亿元，占全区规模以上工业企业营业收入的92.6%；其他大类行业营业收入占7.4%。

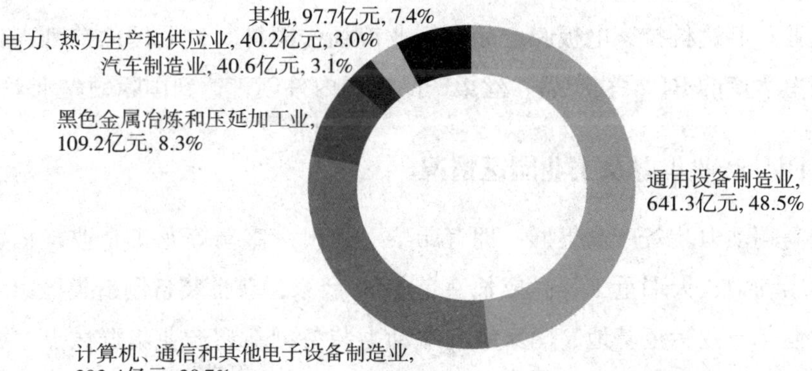

图7-7 2020年潍坊市高新区工业产业结构分布图

三、重点优势产业

装备制造业：以潍坊动力机械产业基地、国家新型工业化示范基地（装备制造·内燃机）为依托，拥有包括动力装备骨干企业50余家，整车、动力总成、汽车零部件和游艇四大业务平台的潍柴集团，商用车制造企业——福田汽车山东多功能汽车厂，全国独家拥有8挡自动变速器自主知识产权的盛瑞传动等。重点发展绿色动力、传动系统、核心零部件、整车制造、智能装备五大领域。2020年，通用设备制造业全区规模以上企业23家，实现营业收入641.3亿元。

新一代信息技术产业：以国家火炬计划——电声器件特色产业基地、国家半导体照明工程高技术产业化基地等为依托，重点推进电声器件、智能硬件、半导体发光三大领域，形成了以歌尔等骨干企业为引领的电声器件、智能硬件产业集群，以浪潮华光等骨干企业为引领的半导体照明产业集群。2020年，共有规模以上企业11家，实现营业收入392.4亿元。

新材料产业：聚集特钢集团、汇胜集团2家龙头企业和以胜达科技、俊富非织造、天维膜为主的近20家成长型骨干企业，涵盖高端钢材、高压绝缘材料、先进膜材料、功能性复合材料等重要领域。其中，特钢集团帘线钢产品技术能力达到国内先进水平；汇胜集团是国内重要的纸管原纸制造企业；胜达科技家电板膜产品在行业市场份额排名位居国内前列；俊富非织造生产的R1柔软产品、丝柔产品属国内首创，达到国际领先水平。

四、产业集群及工业园区情况

高端动力装备产业集群：拥有潍柴、福田、盛瑞等龙头企业，辐射带动华丰动力、天瑞重工等高成长性企业50余家，获批装备制造类国家级新兴工业化产业示范基地、国家级高端动力装备创新型产业集群试点。龙头企业潍柴在与上游零部件供应商、下游整车整机厂的长期合作中，开创了以“研发共同体”“应用共同体”为核心的合作模式，现有57家研发共同体会员单位、48家应用共同体会员单位，同时带动周边400多家企业，建立了以潍柴为主、供方为辅的机械动力制动基地，为振兴地方经济作出了贡献。盛瑞传动作为国内自动变速器领域的领军企业，在潍坊高新区主导建设了国内首个自动变速器配套产业园，形成自动变速器产业聚集区，对我国自动变速器行业发展具有重要影响。

声学光电产业集群：以声学光电产业为主的科技企业研发生产基地，现拥有1个国家级孵化器、3个加速器，建有国家电声及固体照明产品质量监督检验中心、山东省3D打印暨先进制造综合服务平台、山东省工业设计创新服务平台等科技服务平台，引进机械科学研究总院、工信部电子五所、中科院广州电子技术有限公司等国内知名科研院所，产业核心竞争力优势突出。潍坊高新区声学光电产业集群以歌尔股份、浪潮华光等龙头企业为引领，以华滋自动化、元旭光电、贞明半导体、蓝创科技等一批高成长性企业为支撑，吸引集聚100余家企业，主要集中在光电、电声、机电一体化、3D打印、科技中介机构等领域。

五、骨干企业情况

2020年，高新区规模以上工业企业112家，营业收入超过10亿元的企业有10家。

潍柴动力股份有限公司：形成以潍坊为中心的全系列动力产业基地，构筑起动力总成（发动机、变速箱、车桥）、整车整机、液压控制和汽车零部件四大产业板块协同发展的新格局。公司拥有行业内的内燃机可靠性企业国家重点实验室、现代化的企业技术中心及国内一流水平的产品实验中心。2020年，实现营业收入519.1亿元。

歌尔股份有限公司：主要从事声光电精密零组件及精密结构件，智能整机，高端装备的研发、制造和销售，从上游精密元器件、模组到下游的智能硬件，从模具、注塑、表面处理，到高精度自动线的自主设计与制造，歌尔打造了价值链高度垂直整合的精密加工与智能制造平台。2020年，实现营业收入340.6亿元。

潍坊特钢集团有限公司：是集炼铁、炼钢、轧钢、制氧、余热发电、新型建材生产于一体的大型钢铁制造及相关配套产业综合体，公司生产的高速线材、特钢棒材两大系列、八大品种、五十多个规格产品已覆盖全国

34 个省级行政区，出口亚洲、欧洲、美国等 20 多个国家和地区。2020 年，实现营业收入 98 亿元。

六、科技创新能力

2020 年，全区获得省、市科学技术奖 13 项。全国内燃机标准化委员会分会落户高新区。潍柴国家级燃料电池技术创新中心通过科技部论证。万人发明专利拥有量达 176.5 件。潍柴集团发布全球首款热效率突破 50% 的柴油机，荣获中国机械工业科技进步特等奖。歌尔、盛瑞新获省专利奖。创新平台全面提升，潍坊中央创新区、市产业技术研究院落户高新区。新增 8 家省级以上创新平台，总数达到 87 家。

七、进出口情况

2020 年，全区进出口总额 367.2 亿元。其中，进口总额 188.9 亿元；出口总额 178.3 亿元。实际利用外资金额 1 亿美元。

第六节　滨海区

潍坊滨海经济技术开发区是国务院批准成立的国家级经济技术开发区，陆域面积 678 平方公里，海域面积 510 平方公里，海岸线长 69 公里，常住人口 13.6 万人。先后获批国家生态工业示范园区、国家园区循环化改造示范试点园区、国家产城融合示范区、国家级“飞地经济”示范区和山东省产才融合发展示范园区。

一、工业基本情况

2020 年，全区地区生产总值 280.4 亿元。规模以上工业企业实现营业收入 552.4 亿元。

二、工业产业结构

2020 年，化学原料和化学制品制造业，石油、煤炭及其他燃料加工业，医药制造业，通用设备制造业，金属制品业营业收入均在 40 亿元以上，合计 863.2 亿元，占全区规模以上工业企业营业收入的 92.6%；其他大类行业营业收入占 7.4%。

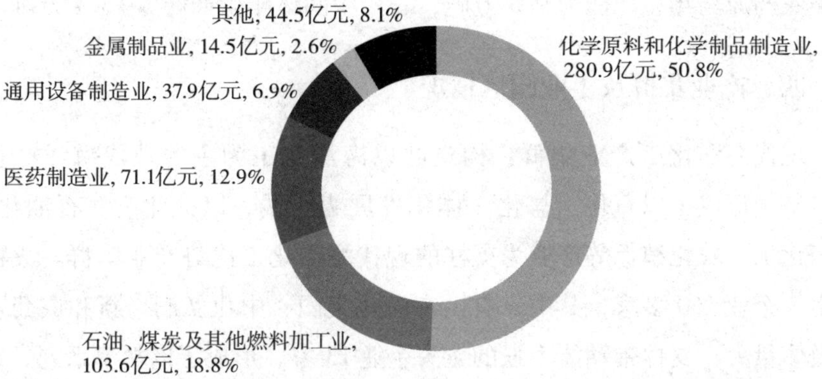

图 7－8　2020 年潍坊市滨海区工业产业结构分布图

三、重点优势产业

海洋化工产业：滨海区形成了以中化弘润为龙头的石油化工产业，以海化集团为龙头的盐化工产业，以新和成为龙头的医药化工产业，以润丰、绿霸为龙头的生态植保等海洋化工产业。

石油化工及新材料产业：以中化弘润、鲁清石化等企业为龙头，鲁清石化拥有 240 万吨原料的年预处理能力。盐溴化工以海化集团为龙头，主导产品原盐的年产能为 600 万吨、溴及溴系阻燃剂的年产能为 6 万吨、纯碱的年产能为 280 万吨，已经形成较为完善的产业链条和产业集群，探索出“一水六用、动脉扩张、静脉串联、动态循环”“石化盐化一体化发展”等独具特色的循环经济发展模式，实现了盐、溴、碱、氯、苦卤、医药等全产业链发展，被科技部认定为国家火炬潍坊滨海海洋化工特色产业基地。

生物医药产业：以新和成、国邦为龙头，重点发展高端原料药及制剂、生物诊断试剂、功能保健品及食品和动物保健药、医药流通、医疗器械等产业链，目前有新和成控股、国邦药业、普洛得邦、华辰生物等重点企业，主要生产蛋氨酸、柠檬醛、硼氢化钠、硼氢化钾等。

生态植保产业：在国内农药行业占有重要地位，共有10多家农药及中间体生产企业，重点企业有润丰化工、新绿化工、山东海利尔等，现拥有各类农药原药年生产能力9.3万吨，农药中间体年生产能力17.7万吨。

四、产业集群及工业园区情况

现代海洋化工产业集群：构筑起以海洋化工为主的现代海洋产业体系，基本形成了以石化、盐化一体化发展为主线，以盐化工、石油化工、医药化工、农化植保等产业为支柱的现代海洋化工优势产业集群。集群内有生产企业160多家，其中，有山东海化集团、中化弘润、新和成药业等规模体量大、支撑带动能力强的龙头企业13家，形成了以盐溴系列、氯碱化工、医药农药中间体、精细化工、石油化工系列为主，上下游产品配套发展的产业链。2020年，集群实现营业收入约400亿元，共有公共服务平台189家。

五、骨干企业情况

2020年，滨海区规模以上工业企业160家，营业收入超过10亿元的企业有9家。

山东海化集团有限公司：是全国重要的海洋化工生产和出口基地、国内盐化工龙头企业，分为盐化、石化、热电和辅业四个板块，主要产品有10多种，其中纯碱、原盐、氯化钙、溴素产能位居全国前列。2020年，实现营业收入73.2亿元。

山东潍坊润丰化工股份有限公司：在全球有四处制造基地，具备多种作物保护产品的原药合成与制剂加工能力，涵盖除草剂、杀菌剂、杀虫剂等产品。在山东济南、山东潍坊拥有研发团队及2处研发中心，在山东潍坊、山东青岛、宁夏平罗、阿根廷拥有4处制造基地。业务覆盖70多个国家，作物保护产品出口额连续多年排名全国第一。2020年，实现营业收入51.4亿元。

山东国邦药业有限公司：主要从事医药及动物保健品领域的相关产品

研发、生产和销售，其中，医药板块涵盖原料药、关键医药中间体及制剂，动物保健品板块涵盖动保原料药、动保添加剂及制剂。2020 年，实现营业收入 18 亿元。

六、科技创新能力

辖区内企业与50 多家高校院所建立了科技合作关系，引进、共建高校院所及分支机构 10 多家，共有产业技术联盟 4 家，科研院所、重点实验室、科技创新中心等各类研发平台 187 家，集群研发平台数量占比超过全区总数的三分之一，其中，拥有国家级研发平台 4 家，省级研发平台 36 家。

第七节　青州市

青州市地处山东半岛中部，面积 1569 平方公里，常住人口 96. 1 万人。

一、工业基本情况

2020 年，全市地区生产总值 564. 8 亿元潍坊市，占全市 GDP 的 9. 6% ，居全市第 3 位；全市工业增加值 180. 3 亿元。规模以上工业企业 346 家，实现产值 854. 6 亿元，实现营业收入 867. 3 亿元。

二、工业产业结构

2020 年，石油、煤炭及其他燃料加工业，专用设备制造业，化学原料和化学制品制造业，橡胶和塑料制品业，通用设备制造业，农副食品加工业，汽车制造业，非金属矿物制品业营业收入均在 30 亿元以上，合计 740. 7 亿元，占全区规模以上工业企业营业收入的 85. 4% ；其他大类行业营业收入占全区规模以上工业企业营业收入的 14. 6% 。

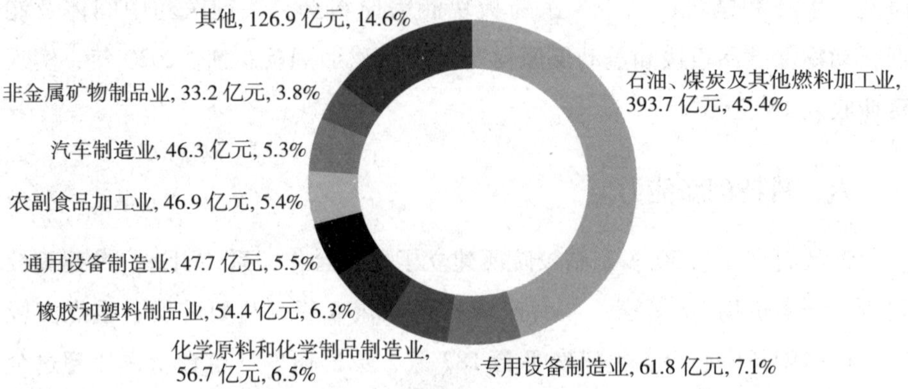

图 7－9　2020 年潍坊市青州市工业产业结构分布图

三、重点优势产业

化工产业：全市规模以上企业 43 家，占全市规模以上工业企业总数的 12.5%。主导产品有汽油、柴油、沥青、炭黑、橡胶轮胎等。弘润石化是石油炼制及深加工、重交道路沥青生产、精细化工与高科技产品多元化的石化企业；天安化工是碳四精细化工的引领者，芳构化装置、萃取精馏装置、丁烯异构化装置等填补了国内空白；博奥炭黑是国家炭黑行业骨干企业，产能规模位居国内同行业前列；多路驰橡胶是高性能半钢子午胎的高新技术企业。2020 年，实现营业收入 393.7 亿元。

装备制造业：全市规模以上企业 140 余家，占全市规模以上工业企业数量的 41%，全年实现产值 185.7 亿元。形成了工程机械、汽车及零部件制造、石油机械、农业机械、环保疏浚等门类比较齐全的产业体系，围绕工程机械、汽车制造等整机产品，打造了从主机到零部件较长较宽的专业化协作和配置链条，形成了卡特、江淮等一批具有较强实力的名牌产品。龙头企业卡特彼勒公司的产品服务于中国及其他 69 个国家和地区，在工程机械行业品牌排名第 5 位，市场占有率为 6%。

四、产业集群及工业园区情况

工程机械产业集群：以卡特彼勒（青州）公司为龙头的青州市工程机

械产业，具有60多年的生产发展史和良好的声誉，拥有成熟的工艺技术、优秀的专业人才，在国内工程机械制造业占有较大的市场份额。形成以卡特彼勒为龙头，以欧劲机械、汇众机械、海宏重工等企业为骨干，以亚泰、云内、泰欣、铸威等多家零部件配套企业为重点的工程机械产业集群。产业链条完整、配套体系完备、生产企业相对集中，主要产品有大中小型装载机、压路机、推土机、挖掘机、挖沟挖壕机、叉车、巷道机、采煤机等设备。

汽车及零部件产业集群：围绕轻型载货汽车、改装车等整车产品配套，加长产业链条，初步形成了以江淮汽车、东虹工贸、汇强重工为龙头，以轻型载货汽车、特种车辆为主要产品的整车制造产业集群；以德威动力、易达零部件、建富齿轮、讴神机械、华瑞丰机械等企业为龙头，以驱动桥、车架、发动机、变速箱、车轮等关键零部件为主要产品的汽车及零部件制造产业集群。主导产品有各类轻型载货汽车、垃圾处理车、除雪车、摩托车以及发动机、车桥、车架、制动器、轮胎等，拥有江淮、云内2个国家驰名商标，在国内具有较高的知名度和市场占有率。

高端化工产业集群：依托资源优势和独特的区位优势，建立起了石油化工、橡胶及助剂、肥料制造、精细化工等门类比较齐全的优势支柱产业，主导产品有汽油、柴油、沥青、炭黑、橡胶轮胎、轻重芳香烃等。“十三五”期间，围绕拉长延伸石油化工产业链，打造了从原油进口到汽柴油炼化、再到石油产品深加工的石油化工产业链条。

五、骨干企业情况

2020年，青州市规模以上工业企业330家，全市营业收入超过10亿元的企业有9家。

中化弘润石油化工有限公司：是石油炼制及深加工、重交道路沥青生产、精细化工与高科技产品多元化的石化企业。涉及石油化工、重化工新材料研发等领域，原油年一次加工能力达到750万吨，综合年加工能力达到1000万吨以上，现有蒸馏、催化裂解、TMP重油裂解、延迟焦化、柴油加氢、汽油加氢、硫磺回收、气分MTBE等14套生产装置。主导产品有车船用系列柴油、汽油，重交道路沥青与改性沥青、液化石油气、丙烯、丙烷、MTBE、苯、甲苯、混合二甲苯等。公司生产的“弘润”牌高等级道路沥青是业内知名品牌。2020 年，实现营业收入 354.7 亿元。

卡特彼勒（青州）有限公司：生产“Cat©（卡特）”和“山工机械”两大品牌产品，山工机械品牌产品包括装载机、推土机、压路机、平地机四大品类及其结构件，工作机具等零部件。2020 年，实现营业收入 38.9 亿元。

山东英科医疗制品有限公司：是一家致力于医疗器械耗材研发、生产、销售的高科技制造企业，涵盖医用耗材、康养器械、理疗护理等系列产品，主要从事一次性 PVC 手套、一次性丁腈手套的生产和销售，建有中国的 PVC 手套和丁腈手套生产线，年产一次性手套超百亿只。2020 年，实现营业收入 35.4 亿元。

截至 2020 年底，全区拥有省级以上制造业单项冠军企业 3 家，“专精特新”企业 21 家，“小巨人”企业 1 家，“瞪羚”企业 2 家。

六、科技创新能力

2020 年，全市共有省级企业技术中心 26 家，院士工作站 5 处，省级企业重点实验室 1 家，省级工程实验室（工程研究中心）5 家，省级产业技术创新联盟 4 处，省级备案的科技孵化器 1 处。

七、进出口情况

2020 年，青州市进出口总额 87.4 亿元。其中，进口总额 9.7 亿元；出口总额 77.7 亿元。实际使用外资金额 12073 万美元。

第八节　诸城市

诸城市位于山东半岛东南部、泰沂山脉与胶潍平原交界处，面积 2183 平方公里，常住人口 107.8 万人。

一、工业基本情况

2020 年，全市地区生产总值 652.8 亿元，占潍坊市 GDP 的 11.1%，居全市第 2 位；全市工业增加值 204 亿元。规模以上工业企业 348 家，实现产值 1047.3 亿元，实现营业收入 1142.7 亿元。

二、工业产业结构

2020 年，汽车制造业、农副食品加工业、金属制品业、纺织服装服饰业、专用设备制造业、橡胶和塑料制品业、纺织业营业收入均在 20 亿元以上，合计 1022.9 亿元，占全区规模以上工业企业营业收入的 89.5%；其他大类行业营业收入占 10.5%。

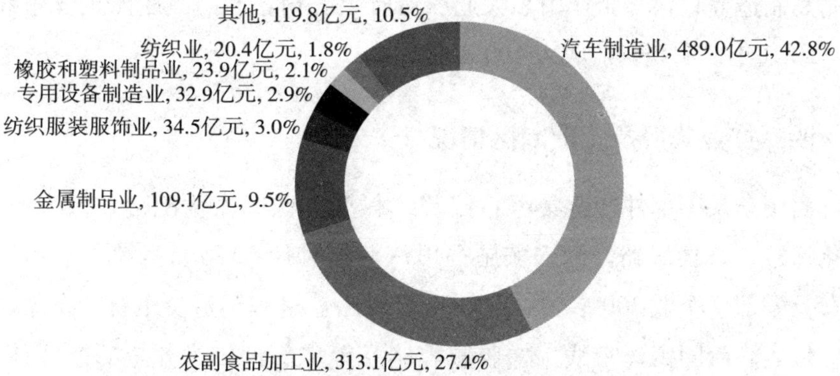

图 7-10　2020 年潍坊市诸城市工业产业结构分布图

三、重点优势产业

汽车制造业：全市规模以上企业 61 家，主要涉及汽车整车制造和汽车零部件制造，随着福田智能优化改造升级项目、义和数字化工厂项目、大业智能化改造升级项目、美晨汽车产业园项目等一批优化改造升级项目先后建成投产，产业链条进一步延伸，已初步形成涵盖整车制造及车桥、车架、轮胎、仪表、胎圈钢丝帘线、橡胶减震制品等零部件较为齐全的产业体系，福田汽车 55% 的后桥、60% 的油箱、75% 的车身、80% 的线束、

90%的车架及内饰件、95%的前桥、100%的车厢均由市内企业配套。2020年，实现营业收入489亿元。

食品产业：全市规模以上企业57家，经济总量占全市规模以上工业的17.6%，形成了以诸城外贸公司、得利斯集团、华宝食品、惠发食品、佳士博食品等企业为龙头，种养加工销售一条龙、贸工农一体化的全产业链式食品产业发展格局。主导产品包括肉鸡产品、低温肉制品、鲜冻畜肉、速冻调理食品及粮油、果蔬等20多个系列、400多个品种，年产低温肉制品12万吨、肉丸20万吨，产销量均列全国第一；年加工肉鸡10万吨，其中，出口6万吨，占全国对日本出口量的1/3。2020年，实现营业收入313.1亿元。

金属制品业：全市规模以上企业23家，涉及金属丝绳制造、结构性金属制品制造等，代表企业山东大业股份有限公司，产品以胎圈钢丝帘线为主。2020年，实现营业收入109.1亿元。

四、产业集群及工业园区情况

商用车及零部件产业集群：按照“做强龙头、做优配套、做大产业、强化扶持”总体思路，深入实施福田汽车新时代50万台战略，全市已有汽车及零部件企业300多家，已初步形成涵盖整车制造及车桥、车架、轮胎、仪表、胎圈钢丝帘线、橡胶减震制品等零部件较为齐全的产业体系。建成省级汽车零部件检测服务平台，福田、大业、美晨、奥扬等多家省级企业技术中心和研究院，拥有9个名牌产品、6个驰名商标。北汽福田诸城汽车厂智能制造试点示范被认定为“现代优势产业集群+人工智能”试点示范项目，车联网平台被认定为省级产业互联网示范平台；大业股份被认定为国家级制造业单项冠军，福田汽车、高强紧固件、艾泰克、奥扬科技被认定为省级单项冠军；大业、美晨青藤科技、海韵汽车、奥扬科技被认定为山东省隐形冠军企业。

食品产业集群：有食品企业400多家，形成了以诸城外贸公司、得利斯集团、华宝食品、惠发食品、佳士博食品等企业为龙头，种养加工销售一条龙、贸工农一体化的全产业链式食品产业发展格局。形成了肉食品、粮油、蔬菜、茶叶等四大系列，冷却肉、低温肉制品、调理食品等20多个大类、400多个品种的食品加工产业链。诸城肉鸡产品对日本、欧盟的出口量分别占全国出口量的10%、30%，低温肉制品、调理食品的国内市场占有率位居第一。拥有市级以上研发机构59家，制修订了淀粉、低温肉制品等国家标准、行业标准25项，被认定为全国食品工业强市、全国食品工业产业集群示范区、山东省高端食品安全示范基地。

五、骨干企业情况

2020年，诸城市规模以上工业企业348家，营业收入超过10亿元的企业有17家。

北汽福田汽车股份有限公司诸城汽车厂：是福田公司汽车产业核心制造基地之一，主要生产瑞沃、时代金刚、北京金系列工程车和北京威龙系列低速货车，共180多个品种。拥有国内一流的车辆焊接、涂装、总装流水线，年产能达20万辆。工厂按零排放、无接触、自动智能的世界标准建造，打造“工业4.0版”卡车全球样板工厂，其中，车身焊接、车身喷涂实现机器人作业，产品质量保证能力和生产效率大幅提升，被授予国家级“绿色工厂”称号。2020年，实现营业收入384.2亿元。

诸城外贸有限责任公司：是中国屠宰及肉类加工业十强企业、中国肉类食品工业50强，公司围绕肉禽食品、玉米淀粉、天然色素等业务板块，形成了饲料供应、良种繁育、商品鸡饲养、宰杀分割、熟食品加工、淀粉生产、色素提炼等支柱产业，其中，肉禽食品板块形成年产父母代种鸡800万套、商品代鸡雏2亿只、商品代鸭雏3000万只、饲料60万吨、鸡肉冻品40万吨、鸡肉熟食品40万吨的生产能力；玉米淀粉板块形成年产玉米淀粉700万吨、饲料原料200余万吨、精制玉米油30万吨及其精深加工品变性淀粉30万吨、麦芽糖浆80万吨、葡萄糖酸钠30万吨、葡萄糖25万吨、麦芽糊精25万吨的生产能力；天然色素板块形成年加工色素2亿克的生产能力。2020年，公司实现营业收入221亿元，位列中国制造业企业500强的第380名。

得利斯集团有限公司：坚持走农业产业化经营和农副产品精深加工的

道路，构建起从源头到餐桌、从初级产品到终端消费无缝对接的全链条产业体系。形成以生猪屠宰、肉制品深加工、速冻调理产品加工、牛肉系列产品精细加工为主的产业体系。产品包含冷却肉及冷冻肉、低温肉制品、速冻调理产品、发酵肉制品、中式酱卤产品、牛肉系列产品等六大类。得利斯集团位列2020年山东民营企业100强的第93位。2020年，得利斯集团实现销售收入162.8亿元。

山东大业股份有限公司：是全国胎圈钢丝行业的龙头企业，主要从事胎圈钢丝、钢帘线以及胶管钢丝的研发、生产和销售，产品主要应用于乘用车轮胎、载重轮胎、工程轮胎以及航空轮胎等各种轮胎制品，圈钢丝的国内市场占有率达20%以上。2020年，实现营业收入32.5亿元。

截至2020年底，全区拥有省级以上制造业单项冠军企业8家，“专精特新”企业26家，“小巨人”企业4家，“瞪羚”企业5家。

六、科技创新能力

2020年，全市共有省级企业技术中心24家，国家级企业技术中心2家。全市拥有省级以上研发机构47家，院士和博士后工作站12家，70多家高等院校、科研单位在诸城市设立了教学科研基地。产学研联合企业近400个，牵头构建产业技术创新战略联盟15家。

七、进出口情况

2020年，全市进出口总额114.4亿元。其中，进口总额13.2亿元；出口总额101.2亿元。实际使用外资金额5973万美元。

第九节　寿光市

寿光市位于山东省中北部，潍坊西北部，渤海莱州湾西南岸，面积2072平方公里，常住人口116.3万人。寿光市是“中国蔬菜之乡”和“中国海盐之都”。

一、工业基本情况

2020年，全市地区生产总值786.6亿元，占潍坊市GDP的13.4%，居全市第1位。规模以上工业企业380家，完成总产值1640.8亿元，实现营业收入1841.5亿元。

二、工业产业结构

2020年，石油、煤炭及其他燃料加工业，黑色金属冶炼和压延加工业，化学原料和化学制品制造业，农副食品加工业，造纸和纸制品业，橡胶和塑料制品业，金属制品业营业收入均在100亿元以上，合计1445.4亿元，占全区规模以上工业企业营业收入的78.5%；其他大类行业营业收入占21.5%。

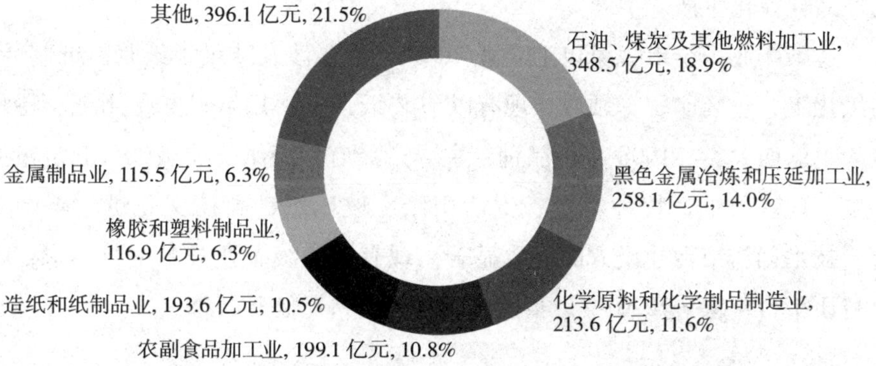

图7－11　2020年潍坊市寿光市工业产业结构分布图

三、重点优势产业

化工产业：全市规模以上企业83家，初步形成以石油化工、盐化工、海洋精细化工、新型阻燃剂、化工新材料等为主体的寿光特色高端化工产业体系。包括以鲁清石化为代表的石油化工，以联盟化工为代表的煤化工，以默锐科技、大地盐化、新龙集团为代表的盐化工，以东方宏业、卫东化工、新华制药、同成医药、博苑医药为代表的精细化工，以昊华轮胎、跃龙橡胶、顺福昌橡塑为代表的轮胎制造。将依托石油炼化、烯烃、芳烃一体化发展，提升盐化工循环产业链，聚焦发展化工新材料产业，优化煤化工产业结构和产品结构，加快精细化工市场导向化发展，推动橡胶轮胎产业向战略新兴产业方向发展，加快形成特色鲜明、具有较强竞争力的高端化工产业发展格局。2020 年，实现营业收入 581.5 亿元。

新材料产业：包括生物基新材料、新型防水材料、特种钢材新材料三个板块。生物基新材料以巨能金玉米、蓝典生物、金英利材料等重点企业为代表，着力打造 PBS（聚丁二酸丁二酯）、PLA（聚乳酸）、绿色纤维等特色产业链条。新型防水材料以为宏源防水、宇虹防水等重点企业为代表，是全国重要的新型防水材料生产基地，产品涵盖改性沥青防水材料、高分子防水材料、防水涂料和专用防水材料等 10 类、100 多个品种，产销量占全国 1/3、山东省的 85% 以上。特种钢材新材料以巨能特钢、鲁丽钢铁等重点企业为代表，聚焦特种钢材关键核心技术研发，不断拓展新型钢材产品规模化生产。

造纸产业：全市规模以上企业 16 家，主要涉及造纸、纸浆、纸制品、造纸化工、包装印刷等领域，现有以包装纸、生活用纸、文化用纸、特种纸为主的四大类、1000 多个品种，主导产品有铜版纸、胶版纸、低定量涂布纸、包装用纸、特种衬纸、生活用纸、玻璃纸、高档文化纸、新闻纸等。技术创新平台建设方面成效显著，现有国家级企业技术中心 1 家，省级科研平台 4 家。2020 年，实现营业收入 193.6 亿元。

四、产业集群及工业园区情况

高端化工产业集群：形成了以石油化工、盐化工、海洋精细化工、新型阻燃剂、化工新材料等为主的具有寿光特色的高端化工产业体系。石油化工立足石油炼化、烯烃、芳烃一体化发展，优化煤化工产业结构和产品结构，提升盐化工循环产业链，推动橡胶轮胎产业向战略新兴产业方向发展，化工新材料和精细化工向市场导向化发展。重点企业主要有石油化工的鲁清石化，煤化工的联盟化工集团，盐化工的默锐科技、大地盐化、新龙集团，精细化工的东方宏业、新华制药、卫东化工、新泰化工、同成医药、博苑医药，轮胎制造的昊华轮胎、跃龙橡胶、顺福昌橡塑等。

装备制造产业集群：以动力装备、石油装备、农机装备为主，形成百亿级产业规模。动力装备企业主要有凯马汽车、康跃科技、万龙实业等汽车整车生产加工及零部件生产配套企业，主要产品涉及汽车、电动汽车和汽车零部件三大门类，初步形成了以载货汽车、电动汽车、专用汽车、摩托三轮车以及汽车底盘、汽车钢圈、增压器等汽车零部件产品为主的产业体系。石油装备企业主要有墨龙石油机械、坤隆石油机械、隆昊石油装备、宝隆石油器材、凯力石油机械等，主要产品有油井管、石油套管、石油专用无缝管、抽油杆、抽油泵等。农机装备企业主要有亿嘉农业装备公司，以生产大马力拖拉机、翻转犁、深松整地联合作业机等大型配套农机为主。

五、骨干企业情况

2020 年，寿光市规模以上工业企业 380 家，营业收入超过 10 亿元的企业有 20 家。

山东寿光鲁清石化有限公司：以石油深加工为主，技术与工艺在国内同行业处于领先水平，生产加工销售柴油、汽油、液化石油气、MTBE、聚丙烯等石油化工产品。公司取得国家发改委批复的进口原油使用资质。目前，鲁清石化有限公司生产的汽、柴油已提前达到国 V 标准。2020 年，实现营业收入 303.1 亿元。

山东联盟化工集团有限公司：是集煤化工、石油化工、生物化工于一体的综合性大型化工生产企业，是中国化工百强、全国肥料制造业的十佳企业之一。下辖山东联盟化工股份有限公司、寿光市联盟石油化工有限公司、山东天力药业有限公司、山东联盟磷复肥有限公司、山东联盟特种装备有限公司 5 个生产企业和山东联盟燃料有限公司等 5 个经营性公司。主要产品有合成氨、尿素、复合肥、甲醇、硫酸、葡萄糖、维生素 C、甘露醇、山梨醇、玉米淀粉等。

鲁丽集团有限公司：是拥有钢铁、铸锻件、木业、人造板、进出口贸易、造纸、电力、光伏科技等多个产（行）业的大型企业集团，公司先后荣获“中国民营企业 500 强”“山东省百强民营企业”等国家级、省级荣誉称号。鲁丽钢铁有限公司是集烧结、炼铁、炼钢和轧钢于一体的中型钢铁联合生产企业，产品包括钢筋混凝土用热轧带肋钢筋（含钢坯），Φ16—Φ180 碳结钢，合金钢，轴承钢，200、300 系列不锈钢，各品种合金钢锭等。2020 年，实现营业收入 126.2 亿元。

山东晨鸣纸业集团股份有限公司：是以制浆、造纸为主的现代化大型综合企业，是中国造纸龙头企业、中国企业 500 强，拥有尖端水平的制浆造纸生产线和制浆造纸生产基地，在山东、广东、湖北、江西、吉林等地均建有生产基地，年浆纸产能达到 1100 多万吨，是行业内产品品种最多、最齐全的企业，涵盖高档胶版纸、白卡纸、铜版纸、轻涂纸、生活纸、静电复印纸、热敏纸、格拉辛纸等系列产品，主要产品市场占有率均位于全国前列。2020 年，实现营业收入 85.1 亿元。

截至 2020 年底，全区拥有省级以上制造业单项冠军企业 9 家，“专精特新”企业 51 家，“小巨人”企业 4 家，“瞪羚”企业 13 家。

六、科技创新能力

2020 年，全市共有省级企业技术中心 40 家，国家级企业技术中心 3 家。2020 年，28 家企业与科研院所共建研发机构。3 个项目入围省重大科技创新工程立项，3 个项目获省科技进步奖，2 个项目获批科技部重点专项项目。软件园入选全省小微企业创业创新示范基地。

七、进出口情况

2020 年，全市进出口总额 303.7 亿元。其中，进口总额 134.3 亿元；出口总额 169.4 亿元。实际使用外资金额 1.2 亿美元。

第十节　安丘市

安丘市位于山东半岛中部，是国务院批准的首批沿海对外开放县市之一，面积 1712 平方公里，常住人口 84.1 万人。

一、工业基本情况

2020 年，全市地区生产总值 329. 8 亿元，占潍坊市 GDP 的 5. 6%，居全市第 8 位。规模以上工业企业 271 家，实现产值 347. 6 亿元，实现营业收入 345. 4 亿元。

二、工业产业结构

2020 年，农副食品加工业，金属制品业，非金属矿物制品业，计算机、通信和其他电子设备制造业，专用设备制造业，石油、煤炭及其他燃料加工业营业收入均在 15 亿元以上，合计 238. 9 亿元，占全区规模以上工业企业营业收入的 69. 2%；其他大类行业营业收入占 30. 8%。

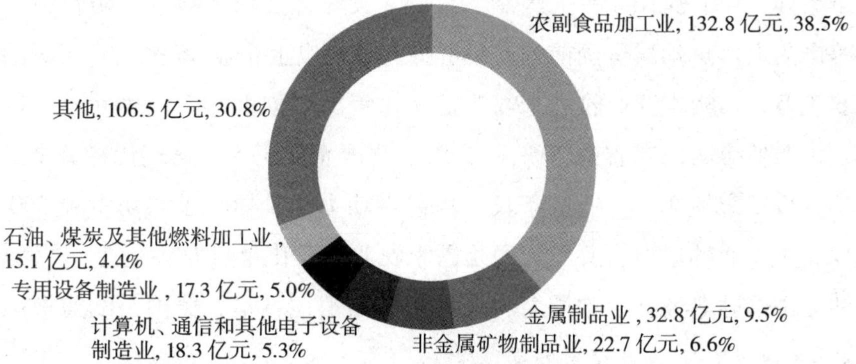

图 7 – 12　2020 年潍坊市安丘市工业产业结构分布图

三、重点优势产业

食品产业：全市规模以上企业 85 家，基于良好的农业基础和丰富的农产品资源优势，形成了以富华食品、三通食品等企业为代表的蔬菜水果加工行业，以鲁丰集团、振祥食品等企业为代表的肉禽屠宰加工行业，以景芝酒业为代表的商品酒行业，以惠康饲料、三通生物为代表的高端饲料行业，以柠檬生化、福克斯食品等为代表的调味品、食品添加剂行业，主要产品有白酒、柠檬酸、低温脱水蔬菜、冷冻速冻菜、蔬菜汁、罐头、冷鲜分割肉、调理肉制品、熟肉制品、面粉、谷朊粉、饲料等。2020 年，实现营业收入 147.1 亿元。

装备制造产业：以盛瑞零部件、富鑫汽车等为龙头的机车及配件产业，以五洲鼎益、华安铁塔为龙头的电力铁塔产业，以贝特重工、路通机械为龙头的工程装备产业，以信川机械、鼎正机械、博阳机械为龙头的智能装备产业，以歌尔精密制造、汇川电子等企业为代表的电子信息产业。2020 年，规模以上企业 87 家，实现营业收入 94.5 亿元。

四、产业集群及工业园区情况

绿色食品加工特色产业集群：集蔬菜加工和农产品检验检测、创新研发、电子商务、冷链物流等功能于一体，具有极强的辐射带动作用，产品有保鲜蔬菜、冷冻蔬菜、干果蔬菜、调理制品、罐头制品、保健制品等 10 多个系列、120 多个品种；其中，大姜、大葱、大蒜、圆葱、胡萝卜、魔芋等产品出口量均居全国前列。集群拥有规模以上企业 76 家，直接吸纳就业 6.3 万人，实现营业收入 126.7 亿元，年出口创汇 6.7 亿美元，出口额分别占潍坊市、山东省的 70% 和 20%。集群企业正大潍坊现代食品全产业链项目投资规模大、产业链条长、辐射带动力强，填补了潍坊世界 500 强农业龙头企业的空白；鲁丰集团是国家农业产业化重点龙头企业，“鲁丰”被评为中国驰名商标、中国名牌产品，产品销往日本、美国及欧盟等国家和地区。

五、骨干企业情况

2020 年，安丘市规模以上工业企业 271 家，营业收入超过 10 亿元的企业有 5 家。

潍坊振祥食品有限公司：是主要从事生猪屠宰、加工及销售业务的民营企业，拥有大型现代化屠宰流水线 3 条、冷藏链 3 条，冷库容量达 7000 吨，公司日屠宰生猪约 3000 头，年屠宰生猪约 50 万头。2020 年，实现营业收入 40.6 亿元。

山东景芝酒业股份有限公司：是山东省大型重点酿酒企业，荣获山东省省长质量奖、中国白酒生产 50 强企业，位于“山东三大古镇”之一的景芝镇。公司形成以白酒酿造经营为主，酒文化旅游、古陶瓷交流、生态养生、热电、综艺包装、蛋白饲料等多元化发展格局。原酒产能 3 万吨，商品白酒产能 10 万吨，其代表产品一品景芝被确定为中国白酒芝麻香型代表，改写了鲁酒无香型代表的历史，成为新中国成立以来中国白酒界仅有的两大创新香型之一。

怡力精密制造有限公司：主要从事光电子器件及其他电子器件、电子元件及组件、印制电路板及其他电子设备、模具、工装、治具类精密产品的研发、生产和销售。2020 年，实现营业收入 18 亿元。

截至 2020 年底，全区拥有省级以上制造业单项冠军企业 6 家，“专精特新”企业 33 家，“小巨人”企业 4 家，“瞪羚”企业 7 家。

六、科技创新能力

2020 年，全市共有省级企业技术中心 15 家，“十三五”期间新增省级以上科技创新平台 11 家，“四新”经济占比达 25%。

七、进出口情况

2020 年，实际使用外资金额 6095 万美元。

第十一节 高密市

高密市地处山东半岛东部，胶莱平原腹地，面积为 1605. 5 平方公里，常住人口 87. 7 万人。

一、工业基本情况

2020 年，全市地区生产总值 510. 3 亿元，占潍坊市 GDP 的 8. 7%，居全市第 5 位。规模以上工业企业 322 家，实现产值 394. 6 亿元，实现营业收入 390. 1 亿元。

二、工业产业结构

2020年，纺织业，专用设备制造业，农副食品加工业，橡胶和塑料制品业，金属制品业，皮革、毛皮、羽毛及其制品和制鞋业，通用设备制造业，化学纤维制造业营业收入均在15亿元以上，合计303.1亿元，占全区规模以上工业企业营业收入的54.8%；其他大类行业营业收入占22.3%。

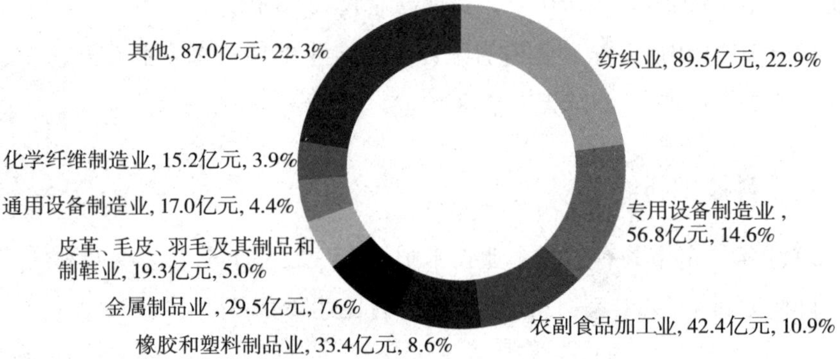

图7-13　2020年潍坊市高密市工业产业结构分布图

三、重点优势产业

纺织服装业：全市规模以上企业125家，主要涉及棉纺织、毛纺织加工、家纺制品制造、产业用纺织品制造及服装制造等，代表企业孚日集团、银鹰化纤等，已形成纺、织、染、缝纫加工、市场销售配套完善的产业体系，主要生产棉纱、棉型坯布、化纤坯布、装饰布、床上用品、巾被、服装、安全防护服、防护手套等产品，全市纺织服装产业年产纱30多万吨、坯布约18亿米、巾被6.6万吨、针织布2.6万吨、梭织布3580万米、巾被9450吨、各类服装5800多万套。2020年，实现营业收入89.5亿元。

装备制造业：全市规模以上企业47家，主要产品涉及轮胎模具、压力机、数控机床、农用车覆盖件、收获机械、节能环保产品、医疗康复机械、油气装备、电力设备、机油泵、散热器、电机、精密铸件等多个类别，拥有豪迈、高锻、金永和等一批龙头企业，同时培育出恒涛、豪沃等一批成长性好的中小企业。其中，豪迈集团是世界轮胎模具制造基地、世界有影响力的高端机械零部件制造商、全球知名的气门芯生产制造商，被认定为国家级单项冠军。2020 年，实现营业收入 114.9 亿元。

四、产业集群及工业园区情况

纺织服装产业集群：全国重点纺织服装产业集群，先后获得“山东省十大工业产业集群”“山东省纺织服装产业基地”“中国家纺名城”“消费品工业‘三品’战略示范城市”等荣誉称号。孚日集团是全球知名的家用纺织品公司，是世界级家纺基地，荣获“国家级绿色工厂”称号。银鹰化纤的主要产品棉浆粕长期占据国内行业龙头地位，出口量占国内同类产品出口额的 80% 以上。2020 年，集群 140 家规模以上工业企业完成工业总产值 125.2 亿元、营业收入 121.7 亿元，分别占全区规模以上工业相应指标比重的 31.7%、31.2%。

安全防护用品特色产业名城：集群拥有安防用品市场主体 2380 家，规模以上企业 48 家。是涵盖安全防护手套、防护鞋和特种功能手套、安全鞋等三大类、300 多个品种的产供销一体化特色产业集群，先后被评为“中国鞋业生产基地”和“中国安全防护用品产业名城”。其中，星宇是全国知名的劳保手套生产商和外贸供应商，市场占有率连续 13 年全国排名第一；海宇是我国江北地区重要的特种功能防护鞋生产基地；凤墩皮革是中国制鞋业知名的进出口制造商。集群年产防护手套 40 亿双、安全鞋 1.5 亿双，产能占全国总产能的 1/3；产品销往全国，并出口俄罗斯、日本、韩国以及中东等 30 多个国家和地区，产销量稳居全国首位。

五、骨干企业情况

2020 年，高密市规模以上工业企业 322 家，营业收入超过 10 亿元的企业有 4 家。

豪迈集团股份有限公司：是轮胎模具研发与制造基地，年产各类轮胎模具20000多套，轮胎模具出口额占国内同类产品的90%以上；是高端机械零部件制造商，产品涵盖风电、燃气轮机、工程机械、轨道交通等领域。2020年，实现营业收入75亿元。

孚日集团股份有限公司：是以家用纺织品为主导产业，集国内外贸易、地产、热电、电机等多元产业于一体的综合性企业集团；拥有世界一流水平的织造、印染及后整理等各类生产设备，形成了集研发设计、棉纺加工、家用纺织品制造、国内外销售于一体的完整产业链。2020年，实现营业收入52亿元。

山东星宇手套有限公司：拥有安全防护手套、医疗防护、新材料、合成胶乳四大产业，是集研发、设计、生产、市场、服务于一体的现代化产业集团。生产材质、规格不同的天然乳胶、丁腈胶乳、PU树脂、PVC浸渍手套，防切割、耐高温、防振防撞、耐油、防化、特种防护手套等200多个品种，日产350余万双。2020年，实现营业收入19.7亿元。

截至2020年底，全区拥有省级以上制造业单项冠军企业7家，“专精特新”企业17家，“瞪羚”企业6家。

六、科技创新能力

2020年，全市共有省级企业技术中心18家，国家级企业技术中心2家。新建市级以上创新平台29家，科研院所合作平台16个。高新技术产业产值占规模以上工业总产值的比重为41.6%。引进两院院士等高端人才（团队）130人，1人入选国家重点人才工程和省“一事一议”顶尖人才，2人入选泰山产业领军人才。

七、进出口情况

2020年，全区进出口总额152.8亿元。其中，进口总额28亿元；出口总额124.8亿元。

第十二节　昌邑市

昌邑市位于山东半岛西北部，渤海莱州湾南岸，面积 1627.5 平方公里，常住人口 56.5 万人。昌邑市海岸线长 53 公里，浅海面积 430 万亩，滩涂 30 万亩。

一、工业基本情况

2020 年，全市地区生产总值 450.4 亿元，占潍坊市 GDP 的 7.7%，居全市第 6 位；全市工业增加值 167.1 亿元。规模以上工业企业 242 家，实现总产值 544.3 亿元，实现营业收入 493.1 亿元。

二、工业产业结构

2020 年，石油、煤炭及其他燃料加工业，化学原料和化学制品制造业、纺织业、通用设备制造业、农副食品加工业、医药制造业、汽车制造业、橡胶和塑料制品业、金属制品业营业收入均在 10 亿元以上，合计 454.2 亿元，占全区规模以上工业企业营业收入的 92.1%；其他大类行业营业收入占 7.9%。

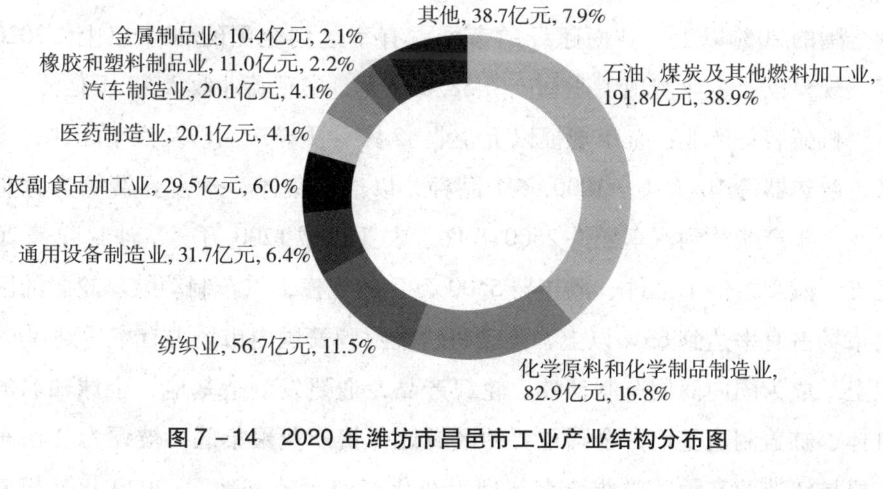

图 7－14　2020 年潍坊市昌邑市工业产业结构分布图

三、重点优势产业

石油化工：全市规模以上企业1家，山东昌邑石化有限公司一枝独秀，位列中国化工企业500强第23位，产品涵盖柴油、汽油、液化石油气、苯、甲苯、丙烯、聚丙烯等。2020年，加工原料油545万吨，生产综合商品525万吨，销售各类产品527万吨，实现营业收入191.8亿元。

盐化工及医药行业：全市规模以上工业企业90家，海天生物化工是国家级高新技术企业，纯碱设计年产能100万吨，居全国第5位；灶户盐化是国内重要的分散染料中间体生产企业，部分苯胺类产品的市场占有率居全国第一；天宇药业原料药拥有8项国家原料药发明专利，取得国内GMP、美国FDA、欧盟EUGMP认证证书；汉兴医药公司牵头组建山东省手性药物中间体产业技术创新战略联盟，主要生产抗病毒医药中间体，成为氨基酸、D—乙酯的全球供应商；孚美新能源针状焦由中国一重和青岛孚美新能源有限公司投资建设，产品填补了国内生产高端针状焦技术的空白，打破国外垄断。2020年，规模以上企业实现产值120.1亿元，实现营业收入114.7亿元。

纺织业：全市规模以上企业72家，目前形成了纺纱、织造、印染及后整理、丝绸、服装、家纺、纺织机械等门类齐全的全产业链。以华晨集团、华宝纺织为龙头的纺织印染企业具有年产纺纱154万锭、织造36亿米、印染35亿米、绒面超纤3800万米的能力，纺织印染的市场占有率达到全国的20%以上、绒面超纤的市场占有率达到全国的90%以上。2020年，规模以上企业实现工业总产值58.8亿元，实现营业收入57.1亿元。

机械装备产业：全市规模以上企业42家，主导产品涉及汽车配件、弹簧、散热器等10大类、1000多个品种，以浩信集团、永富弹簧等为龙头企业，年产能达到汽车配件2600万件、农业机械1200万套、油封弹簧20亿支、减震组件1亿件、散热器5500万片的规模，汽车制动鼓、轮毂的国内市场占有率达到65%以上，发动机、油封弹簧国内市场占有率达到80%以上，成为国内商用车制动鼓、轮毂产品专业研发制造基地，全球知名的缸体、缸盖制造基地，全国重要的区域性弹簧产业聚集区，被评为“山东省机械铸造业基地”“潍坊市新型工业化产业示范基地”。2020年，规模以上企业实现工业总产值67.5亿元，实现营业收入68.9亿元。

食品产业：全市规模以上企业29家，目前已经形成畜禽屠宰及肉类加工、粮食加工、果蔬加工、酿酒加工以及功能食品等门类较全的食品工业体系，代表企业有雅拉食品、硕昌农牧、丸和食品等。其中，雅拉生态食品产业园每年能进口并深加工澳洲活体肉牛2万多头；硕昌农牧具备肉屠宰鸡2900万只，加工禽畜肉及熟食制品6万吨、饲料40万吨的生产能力。2020年，规模以上企业实现工业总产值31.9亿元。

四、产业集群及工业园区情况

高端新材料特色产业集群：集群内有入驻企业86家，规模以上企业47家，主要涉及生物化工、新能源、新材料、医药等多个领域。集群资源丰富，原盐、溴素年产量分别占全国的1/6、1/4，是全国知名的溴素及原盐生产基地；海洋矿产资源丰富，境内已探明一个中型油气田和一个中型油田，即潍北油田和潍北天然气田；石油资源储量1340万吨，天然气资源储量6.8亿立方米，发展海洋化工和精细化工的条件得天独厚。2020年，实现营业收入73.5亿元。

智能装备制造产业集群：集群内有企业76家，重点发展智能制造、高端装备、汽车制造和工业服务，全力培育500亿级智能装备制造产业集群，主要生产汽车配件、农机配件、精密铸件、弹簧等十大类、1万多个品种。其中，汽车制动鼓、轮毂的国内市场占有率达到65%以上；发动机、油封弹簧的国内市场占有率达到80%以上。形成了以浩信集团、浩信康迈为主的汽车配件产业；以昌宁集团、广通机械为主的机械产业；以永富弹簧、精密弹簧、通达弹簧为主的弹簧产业。

丝绸纺织超纤产业集群：是江北床品面料等产品的生产基地，现有纺织印染企业218家，产品覆盖了丝绸、化纤、涤棉、纯棉、装饰布、色织布等六大类、230多个品种，年产各类布匹21亿米，约占全国市场份额的20%。超纤产业主要以凯泰超纤、亿兴超纤、雅辉超纤、誉华超纤、创信超纤、华灿超纤、联鲁超纤等7家超纤生产企业为主导，其中，绒面超纤年产3800多万米，产值超过16亿元，约占全国90%的市场份额。

五、骨干企业情况

2020 年，昌邑市规模以上工业企业 242 家，全市营业收入超过 10 亿元的企业有 4 家。

山东昌邑石化有限公司：隶属于中国化工集团，是以原油和燃料油为原料，生产国家标准汽柴油、液化气、丙烯、聚丙烯、苯、甲苯等十几个品种的特大型石化企业，原料油一次性加工能力达到 1000 万吨/年，综合加工能力达到 600 万吨/年，是重要的油品和化工原材料基地。现有各类装置 20 余套，原料罐容 55 万立方米，成品油罐容 27 万立方米，三苯罐区罐容 6 万立方米；昌邑—莱州双向输油管道的原油输送能力达到 1300 万吨/年，成品油输送能力达到 500 万吨/年。2020 年，实现营业收入 191.8 亿元。

山东海天生物化工有限公司：是金晶（集团）有限公司的子公司，产品有轻质纯碱、重质纯碱、食品级纯碱、食品级小苏打等。2020 年，实现营业收入 19.6 亿元。

山东浩信机械有限公司：是国内知名的商用车制动鼓、轮毂产品研发生产制造基地，全球知名的缸体、缸盖制造基地，主要从事汽车、农用车配件的生产加工，是汽车轮毂、制动鼓总成及农用车后桥的专业生产厂家。年生产轮毂、制动鼓等铸件 10 万吨。2020 年，实现营业收入 18.2 亿元。

截至 2020 年底，全区拥有省级以上制造业单项冠军企业 6 家，“专精特新”企业 16 家，“小巨人”企业 1 家，“瞪羚”企业 3 家。

六、科技创新能力

2020 年，全市共有省级企业技术中心 20 家。2020 年，新引入科研院所合作平台项目 3 个，积极实施高新技术企业“育苗造林”和“小升高”计划。8 家企业获批国家高新技术企业，4 家企业被认定为潍坊市智能工厂，潍坊市级以上“一企一技术”研发中心发展到 28 家，上云企业达到 158 家。

七、进出口情况

2020 年，全市进出口总额 78.3 亿元。其中，进口总额 25.3 亿元；出口总额 53 亿元。实际使用外资金额 8031 万美元。

第十三节　临朐县

临朐县地处山东半岛中部，潍坊市西南部。面积 1831 平方公里，常住人口 80.6 万人。

一、工业基本情况

2020 年，全县地区生产总值 321.8 亿元，占潍坊市 GDP 的 5.5%，居全市第 9 位。规模以上工业企业 246 家，实现产值 373.1 亿元，实现营业收入 376.1 亿元。

二、工业产业结构

2020 年，有色金属冶炼和压延加工业，化学原料和化学制品制造业，食品制造业，非金属矿物制品业，农副食品加工业，医药制造业，金属制品业，石油加工、炼焦和核燃料加工业，专用设备制造业营业收入均在 10 亿元以上，合计 329.2 亿元，占全区规模以上工业企业营业收入的 87.5%；其他大类行业营业收入占 12.5%。

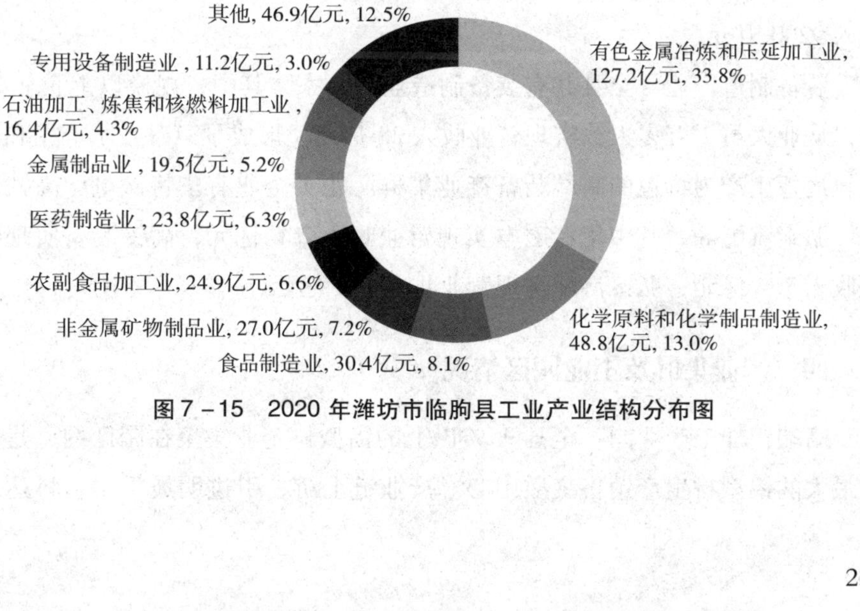

图 7－15　2020 年潍坊市临朐县工业产业结构分布图

三、重点优势产业

高端铝业：全县共有铝业企业 77 家，其中，规模以上铝型材企业 35 家，关联配套企业 260 多家，市场专业经营业户 1000 多家，吸纳就业人数 5 万多人，铝型材产能达到 180 万吨。构建了以铝加工为龙头，门窗幕墙、胶体材料、模具加工和专业化市场等上下游产业齐全、结构合理、链条完善的产业体系。龙头企业华建铝业集团产能达到 55 万吨，为全国建材行业前三强。2020 年，规模以上企业实现营业收入 127. 2 亿元。

新材料产业：全县共有新材料企业 96 家，其中规模以上工业企业 42 家，从业人员 1 万多人，年实现营业收入 70 亿元。培育了联科新材料、宝龙达新材料、东临新材料、三义实业等一批骨干企业。其中，联科新材料专业从事高性能绿色轮胎和橡胶制品用高纯净炭黑及电力电缆、塑料母料用特种炭黑领域相关产品的研发与生产，公司年产能现已达到 12. 5 万吨，包括 6. 5 万吨硬质炭黑、4 万吨软质炭黑和 2 万吨特种炭黑。主导产品为 N100、N200、N300、N500、N600 及 LK 系列产品，共计 13 种。

食品产业：全县共有食品加工企业 57 家，其中，规模以上工业企业 16 家，从业人员 6000 多人，年实现营业收入 62 亿元，其中营业收入超过亿的企业有 12 家，超过 30 亿元的有 1 家。龙头企业有伊利乳业、秦池酒业等。2020 年，伊利乳业公司实现营业收入 36 亿元，秦池酒业实现营业收入 9200 万元。

装备制造产业：全县共有装备制造业 198 家，其中，规模以上企业 28 家，从业人员 2 万多人，实现营业收入 28 亿元，形成了以磁技术应用和高铁轨道板生产为特色的高端装备产业集群。龙头企业有华特磁电、高铁装备、弘泰汽配等，其中华特磁电实现营业收入 2. 6 亿元，高铁装备实现营业收入 7. 4 亿元，弘泰汽配实现营业收入 1. 2 亿元。

四、产业集群及工业园区情况

高端铝加工产业园：全县 95% 以上的铝型材企业集聚在园区内，是江北最大的铝型材生产销售集散中心。产业链上游，引进明晟重工、科达机械、万格仕等挤压机、喷涂设备制造企业，所产设备覆盖铝型材加工生产的各个环节；产业链中游，依托重点龙头企业，建设了华建高性能特种铝材、伟盛高档工业铝材等强链项目，大力发展航空、动车、船舶、全铝家居等高端工业用型材和高档装饰型材，提升了产品附加值和市场竞争力。产业链下游，引进了米兰之窗、美晨阳光等补链项目，全县密封胶、模具、粉末喷涂、玻璃等配套产业不断发展壮大。目前，集群内共有铝业企业67家，关联配套企业260多家，市场专业经营业户500多家，铝型材年产能达到160万吨，整个集群实现年产值320多亿元，就业人员达到5万人。先后被授予“中国铝业之都”“中国铝型材产业基地”等荣誉称号。

高端食品产业园：园区规划面积6.6平方公里，编制了《高端食品产业园产业发展规划》，构建起“五区一平台”的功能布局，即食品及饮料制造区、农副产品加工区、教育配套区、生态居住区、生态农业示范区和园区公共服务平台。

五、骨干企业情况

2020年，临朐县规模以上工业企业246家，营业收入超过10亿元的企业有4家。

山东华建铝业集团有限公司：是国内铝合金建筑型材和工业型材的重点生产科研企业，现已发展成为以铝型材产业为主、其他相关产业协同发展的大型企业集团。拥有5个生产厂区、5个生产园区、2个服务平台。2020年，实现营业收入76.2亿元。

潍坊伊利乳业有限责任公司：是伊利集团全资子公司，主要生产超高温灭菌奶及雪糕、冰激凌等系列产品。2020年，实现营业收入27.7亿元。

山东蓝帆新材料有限公司：企业主要从事医疗级PVC手套的研发、生产与销售，是PVC手套行业标准起草单位。2020年，实现营业收入21.2亿元。

截至2020年底，全区拥有省级以上制造业单项冠军企业5家，“专精特新”企业27家，“小巨人”企业5家，“瞪羚”企业7家。

六、科技创新能力

2020 年，全县共有省级企业技术中心 11 家。新增市级以上创新平台 31 个，新认定隐形冠军、单项冠军、“瞪羚”企业、“专精特新”企业 27 家。抓好数字赋能，新增上云企业 55 家，160 家企业通过省“两化”融合评估。围绕打响“中国铝业之都”品牌，加快推进“铝云”“门窗云”互联网平台建设。

七、进出口情况

2020 年，全县进出口总额 45. 1 亿元。其中，进口总额 4. 2 亿元；出口总额 40. 8 亿元。实际利用外资金额 6093 万美元。

第十四节　昌乐县

昌乐县位于山东半岛中部，面积 1101 平方公里，常住人口 58. 4 万人。

一、工业基本情况

2020 年，全县地区生产总值 330. 3 亿元，占潍坊市 GDP 的 5. 6%，居全市第 7 位。规模以上工业企业 251 家，实现营业收入 580. 3 亿元。

二、工业产业结构

2020 年，造纸和纸制品业，化学原料和化学制品制造业，文教、工美、体育和娱乐用品制造业，农副食品加工业，食品制造业，汽车制造业，石油、煤炭及其他燃料加工业，医药制造业，橡胶和塑料制品业，非金属矿物制品业营业收入均在 25 亿元以上，合计 500. 5 亿元，占全区规模以上工业企业营业收入的 86. 2%；其他大类行业营业收入占 13. 8%。

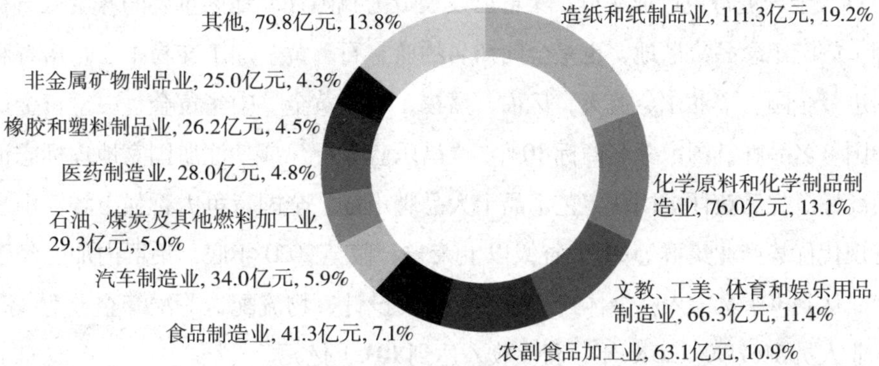

图7-16 2020年潍坊市昌乐县工业产业结构分布图

三、重点优势产业

造纸和纸制品业：全县规模以上企业15家，主要涉及纸浆制造、纸制品制造等，代表企业有世纪阳光、新迈纸业等，产品以包装白卡纸为主。2020年，实现营业收入111.3亿元。

化学原料和化学制品制造业：全县规模以上企业28家，主要涉及焦化产品深加工及精细化工制造，代表企业杰富意振兴化工拥有50万吨/年的煤焦油深加工能力；振兴日升化工拥有20万吨/年的粗苯深加工能力，并以副产品重苯为原料，提取高纯度工业茚，全部出口日本，广泛应用于智能手机、数码电器等高科技领域；元利化学从事精细化学品制造，是国家级制造业单项冠军产品企业；日科化学是国内塑料助剂行业首家上市企业。2020年，实现营业收入76亿元。

四、产业集群及工业园区情况

昌乐经济开发区：形成了以造纸包装印刷、装备制造、黄金珠宝首饰加工、食品医药、新材料等六大产业为主导的产业发展布局。目前，已拥有上市企业3家，新三板挂牌企业2家，高新技术企业8家，规模以上企业80家，国家级重点实验室、国家级企业技术中心和工程技术研究中心2个，院士工作站3个，博士后科研流动站（工作站）1个，省级重点实验室、企业技术中心和工程技术研究中心6个。

黄金珠宝特色产业集群：集群已发展成为我国江北地区重要的珠宝玉石首饰、旅游纪念品集散地，也是全国知名的蓝宝石、黄金加工交易中心。培育和引进梦金园、赛菲尔、蓝天、亿福、嘉福、中国黄金、中华黄金、中钢黄金等中国著名品牌、国家驰名商标10个，“昌乐蓝宝石”成功注册国家地理标志证明商标。先后获评中国珠宝艺术品十大品牌市场、全国竞争力百强市场、山东省现代优势产业集群等91个省级以上荣誉。截至2020年底，集群内加工经营企业达到104家，入驻个体户356家，研发设计、物流配送等配套企业56家，从业人员3167人。2020年，营业收入达到103.1亿元。

中国电声乐器产业基地：昌乐鄌郚镇拥有乐器制造加工企业80多家，年产乐器近500万件套，是我国江北地区重要的电声乐器产业基地。每年的电吉他产量超过80万把，占全国总产量的三分之一，营业额高达15亿元，出口德国、日本等国家和地区。代表企业惠好乐器是一家以生产“飞灵”牌电声乐器、木面吉他、班卓、曼陀铃等产品为主的专业乐器厂家，共生产一百多个规格型号的高、中、低档乐器产品系列，现已出口美国、德国、巴西、俄罗斯等十几个国家和地区。

五、骨干企业情况

2020年，昌乐县规模以上工业企业251家，营业收入超过10亿元的企业有14家。

山东世纪阳光纸业集团有限公司：全国造纸行业20强，产品为高档消费品包装用纸，主要有轻涂白面牛卡纸、白面牛卡纸、纸管原纸等，产品覆盖全国24个省市，远销美国、韩国、日本及东南亚等国家和地区。2020年，实现营业收入65.1亿元。

山东梦金园珠宝首饰有限公司：主要从事黄金和白银首饰的加工制造及批发业务，同时兼营k金、钯金、铂金、钻石、珠宝首饰及玉器制品的加工和批发。2020年，实现营业收入57.4亿元。

潍坊英轩实业有限公司：是一家专业生产柠檬酸系列产品和酒精系列产品的企业，公司柠檬酸系列产品包括一水柠檬酸、无水柠檬酸、柠檬酸钠及其它柠檬酸盐产品，生产规模占世界柠檬酸总需求量的三分之一，产品出口 120 多个国家和地区；酒精系列产品包括特级酒精、优级酒精，其中，特级酒精主要供应国内高端市场。2020 年，实现营业收入 39.1 亿元。

截至 2020 年底，全区拥有省级以上制造业单项冠军企业 8 家，“专精特新”企业 17 家，“小巨人”企业 2 家，“瞪羚”企业 2 家。

六、科技创新能力

2020 年，全县共有省级企业技术中心 15 家，新备案院士工作站 6 家，新认定高新技术企业 13 家，全国科技型中小企业 63 家，省级工业设计中心 3 家。2 家企业获省科学技术奖。

七、进出口情况

2020 年，全县进出口总额 84.9 亿元。其中，进口总额 24.4 亿元；出口总额 60.6 亿元。

第十五节　峡山区

峡山区位于潍坊市东南部，面积 491 平方公里，常住人口 15.9 万人。被认定为国家有机产品认证示范区、国家级出口食品农产品质量安全示范区、国家生态原产地产品保护示范区。

一、工业基本情况

2020 年，全区地区生产总值 44.1 亿元。规模以上工业企业 18 家，实现营业收入 34.6 亿元。

二、骨干企业情况

2020 年，峡山区规模以上工业企业 18 家，全区营业收入超过 10 亿元的企业有 1 家。

山东新和盛农牧集团有限公司：是一家集饲料加工、肉鸡养殖、屠宰加工、熟食产品加工销售于一体的现代食品加工企业，年加工饲料18万吨、肉鸡产品22万吨、熟食及调理食品8万多吨。2020年，实现营业收入11.7亿元。

第十六节　保税区

潍坊综合保税区于2011年1月获国务院批准设立，是全国第14个、山东省首个综合保税区。面积13.1平方公里，分为南区、北区，实行“一区两片”运营。

一、工业基本情况

2020年，全区地区生产总值22.1亿元。规模以上工业企业实现营业收入131.9亿元。

二、工业产业结构

2020年，计算机、通信和其他电子设备制造业为绝对优势产业，营业收入116.2亿元，占全区规模以上工业企业营业收入的88.1%；汽车制造业、橡胶和塑料制品业、电气机械和器材制造业、纺织业营业收入合计131.9亿元，占比为11.9%

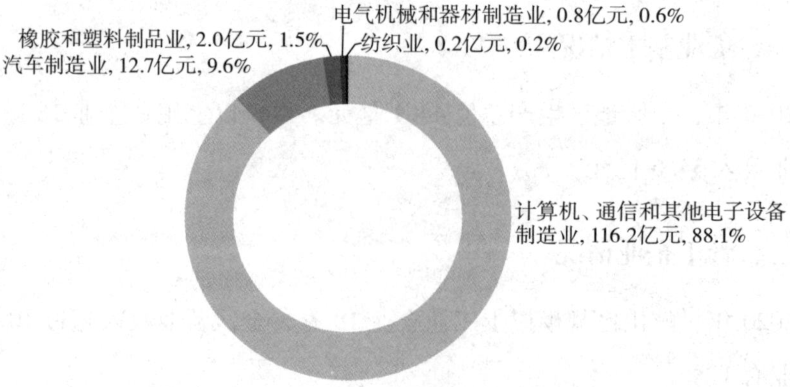

图7－18　2020年潍坊市保税区工业产业结构分布图

三、重点优势产业

电子信息产业：全区规模以上企业1家，潍坊歌尔电子有限公司一枝独秀，是歌尔股份有限公司的全资子公司。歌尔电子虚拟现实/增强现实产品光学镜片、PCBA组件（包含传感器）等核心部件均由公司自主研发生产，达到国际领先水平。在虚拟现实、智能可穿戴、智能耳机等智能硬件领域占据全球领先地位，VR/AR硬件及蓝牙耳机、游戏手柄等配套产品出货量均居全球第一；智能手环ODM业务出货量居全球前三位。歌尔保税区以VR\AR虚拟头盔和索尼游戏机两大主要产品为主。2020年，实现营业收入116.2亿元。

四、产业集群及工业园区情况

电子信息产业及其他设备制造产业集群：主要以VR/AR智能硬件等电子信息产业为主，新能源电机、电驱动、电池等其他设备制造产业为辅，企业数量达70余家；2020年，实现营业收入129亿元。集群已经授权国家发明专利50项，实用新型专利900余项；申请中的发明专利68项，实用新型专利57项。获批高新技术企业5家，省级“隐形冠军”企业1家，省“专精特新”企业歌尔电子与母公司共享8个省级及以上研发平台。

五、骨干企业情况

2020年，保税区规模以上工业企业9家，全区营业收入超过10亿元的企业有2家。

潍坊歌尔电子有限公司：专注于电声行业微型电声元器件和消费类电声产品的研发和制造，主要产品包括微型麦克风、微型扬声器/受话器、蓝牙系列产品和便携式音频产品，广泛应用在移动通讯设备及其周边产品、笔记本电脑、个人数码产品和汽车电子等领域。2020年，实现营业收入116.2亿元。

潍坊佩特来电器有限公司：是北京佩特来电器有限公司的全资子公

司，主要生产车用发电机和起动机，国内发电机、起动机市场占有率较高。2020 年，实现营业收入 11.1 亿元。

六、进出口情况

2020 年，全区进出口总额 193.4 亿元。其中，进口总额 100.4 亿元；出口总额 93 亿元。

第八章　济宁市

济宁市是鲁西南地区经济、文化和商品的流通中心，地处北京和上海黄金分割点。总面积 11187 平方公里，常住人口 835.8 万人，辖任城区、兖州区、曲阜市、邹城市、微山县、鱼台县、金乡县、嘉祥县、汶上县、泗水县、梁山县、济宁国家高新区技术产业开发区、济宁太白湖新区、济宁经济技术开发区等 14 个区县（功能区）。

【济宁市经济总量】

2020 年，全市实现生产总值 4494.3 亿元。完成工业增加值 1502 亿元，占全市 GDP 比重的 33.4%。其中，邹城市、任城区、兖州区生产总值均超过 500 亿元。

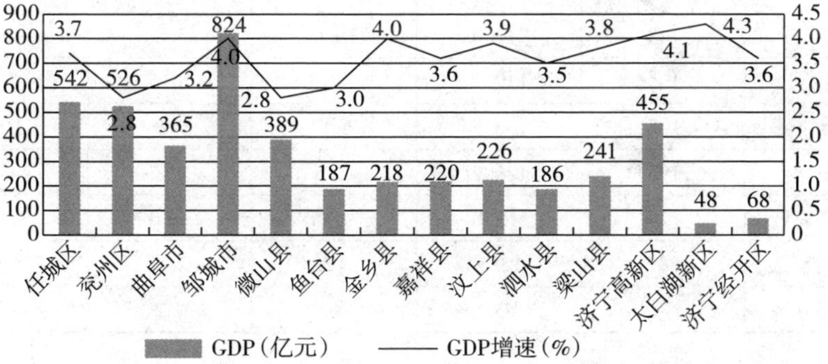

图 8－1　2020 年济宁市各区县 GDP 及增速对比图

【济宁市各区县工业经济】

2020 年，全市规模以上工业企业 1852 家，实现营业收入 3545.9 亿元。其中，营业收入超过 500 亿元的区县有 3 个，分别是兖州区、邹城市、济宁高新区，三区县规模以上工业企业数量占全市工业企业总数的 31%，营业收入占全市总营业收入的 54.8%，利润总额占全市总利润的 67.4%。全市营业收入超过 50 亿元的企业有 9 家，其中，超过 100 亿元的企业有 3 家，分别是兖州煤业股份有限公司、山东兖矿国际焦化有限公司、中国重汽集团济宁商用车有限公司。

表 8－1　2020 年济宁市各区县规模以上工业主要经济指标情况表

县（市/区）	企业单位数（家）	营业收入		利润总额	
		累计（亿元）	同比（%）	累计（亿元）	同比（%）
全市合计	1852	3545.9	-2.7	284.4	-7.6
任城区	138	213.2	-7.0	5.1	-71.1
兖州区	163	736.8	5.8	56.0	15.4
曲阜市	154	211.9	2.5	13.0	11.1
邹城市	158	642.2	-3.2	102.2	3.9
微山县	124	175.4	-10.5	19.4	-51.9
鱼台县	93	102.7	-3.1	5.1	9.4
金乡县	108	132.3	-38.8	12.4	-28
嘉祥县	148	213.0	10.6	5.8	-38.7
汶上县	133	137.9	-2.3	10.6	-31.2
泗水县	106	106.7	6.8	9.6	1.6
梁山县	192	186.9	12.5	8.8	14.4
济宁高新区	254	563.0	-5.7	33.6	88.7
太白湖新区	8	18.5	-12.5	2.6	5.6
济宁经开区	73	105.5	-6.1	0.2	-97.8

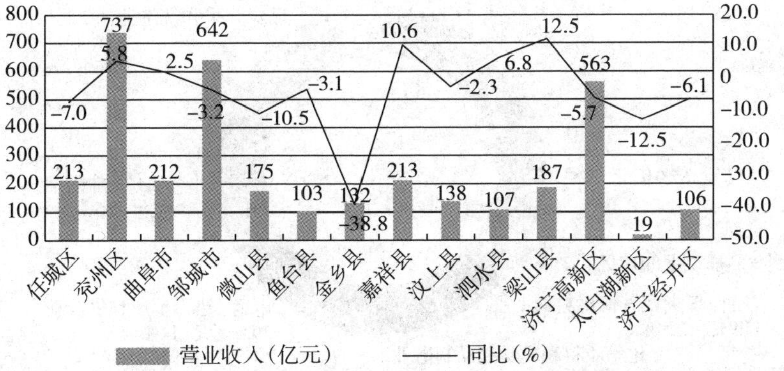

图 8-2　2020 年济宁市各区县规模以上工业营业收入及增速对比图

第一节　任城区

任城区是济宁市政治、经济、文化中心，济宁市区的核心区。面积 651 平方公里，常住人口 107.6 万人。

一、工业基本情况

2020 年，任城区地区生产总值 542.2 亿元，经济总量占全市的 12.1%，居全市第 2 位。全区完成工业增加值 102.2 亿元，占 GDP 比重的 18.8%。规模以上工业企业 138 家，实现营业收入 213.2 亿元。

二、工业产业结构

任城区工业主要有煤炭开采和洗选业，非金属矿物制品业，电力、热力生产和供应业，化学原料和化学制品制造业，石油、煤炭及其他燃料加工业，农副食品加工业等，营业收入合计 145.2 亿元，占全区规模以上工业企业营业收入的 68.1%；其他大类行业相对较小，营业收入合计占 31.9%。

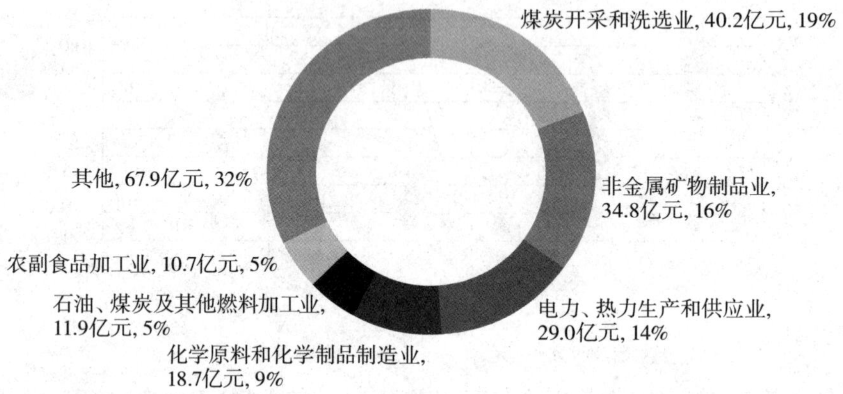

图 8－3　2020 年济宁市任城区工业产业结构分布图

三、重点优势产业

软件和信息技术服务业：全区规模以上企业 27 家，主要涉及通信业、软件开发、大数据、智能终端、系统集成以及电子商务，代表企业有智联信通、易搜、远之航、科威达、仁博、立思辰等。2020 年，实现营业收入 8. 7 亿元。

高端装备产业：全区规模以上企业 27 家，占全区规模以上制造业企业总数的 20. 3%，涉及矿山机械、工程机械、中小型起重机等行业。矿山机械行业，主要生产带式输送机、破碎机、球磨机、工矿电机车等系列主机产品，2020 年，规模以上企业共生产 3. 5 万吨皮带运输机，8000 吨液压支撑、破碎机等矿用机械，1000 套矿山机械用油缸，实现营业收入 6. 7 亿元。中小型起重机行业，主要生产 5 ~ 16 吨汽车起重机、随车起重机、异形起重机等，主要分布在长沟工业园区内。2020 年，规模以上企业共生产各类吨位中小型起重机 4000 台，实现营业收入 4. 2 亿元。

新材料产业：全区规模以上企业 8 家，主要产品有化工新材料、润滑液新材料、装配式建筑等，代表企业有山东晨阳、济宁博拉等，配套企业达 10 余家，产业链配套较为完善。2020 年，实现营业收入 24. 9 亿元。

四、产业集群及工业园区情况

任城区运河软件园：是省级软件园，主要涉及通信业、软件与信息技术产业、智能终端、系统集成以及电子商务等领域。园区内海能电商产业园、商动力电商大厦、乡村直播官总部基地等电商产业聚优成势，获批“省级成长型数字经济园区”。依托科威达科技、开创电气、山东一脉物联网科技等企业，重点发展智慧交通、智慧矿山、智慧农业等领域，打造了智能终端产业链；依托罗盒网络信息科技、易搜信息科技、梦巴克网络科技等信息服务企业，重点发展网络信息技术服务领域，打造了信息技术服务产业集群；依托商动力电商小镇，大力发展电商服务业；发挥省级数字经济园区的集聚效应，依托海能智慧广场、大唐高鸿、谢营科技大厦等楼宇，精心打造数字经济品牌；联通公司、电信公司等运营商作为重要通信技术支撑，提供基础网络和通讯保障。

高端装备产业集群：依托济宁矿业、四通工程机械、小松山推、山推股份、山推机械、山矿机械等企业，形成了矿山机械、工程机械、中小型起重机、输变电设备等系列主导产品，拥有国家高新技术企业20家，省级企业技术中心11个。山推工程机械股份有限公司是目前全球产量最大的推土机制造企业，产品主要性能指标达到国际先进水平，显著提高了我国推土机产品的国际竞争力。围绕山推集团形成的济宁山推配套件集群生产基地，以生产工程机械四轮一带、底盘件、液力变矩器为主，建有150多家规模化的配套企业。

精细化工产业集群：以煤焦油深加工、高端润滑油制造及精细化工产业为主。拥有化工生产企业25家，其中，煤化上下游产业企业9家（辰光美博、辰光煤化、辰光彩明、鼎承新材料、七彩化工、长兴助剂、博拉炭材料、晨阳科伦比恩、嘉澳鼎新）；润滑油企业7家（万祥石化、卡松科技、中圣博泰、宝驰石油、沃源石化、滑孚石化、润威石化）；化肥生产企业1家（云天化）；农药企业3家（圣鹏科技、通达化工、济兴农化）；日用洗化企业2家（新帅新日化、新潮家化）；其他产业4家（康泰化工、倍盛特新材料、齐邦树脂、鲁宝橡塑）。2020年，集群营业收入29.5亿元。

五、骨干企业情况

2020 年，任城区规模以上工业企业达到 138 家，营业收入超过亿元的企业有 5 家，其中，超过 10 亿元的企业 2 家，营业收入合计 61.9 亿元，占全区规模以上工业企业营业收入的 29%。

山东唐口煤业有限公司：是淄矿集团公司在济北矿区兴建的第四座大型现代化矿井。地质储量 3.61 亿吨，年设计生产能力 500 万吨。2020 年，实现营业收入 23.3 亿元。

华能济宁运河发电有限公司：隶属中国华能集团公司，是国家大型火力发电企业。现有六台机组，总装机容量为 1240MW，全部为脱硫机组。2020 年，实现营业收入 14.3 亿元。

山东晨阳新型碳材料股份有限公司：现具有年产 50 万吨预焙阳极的产能，产能和技术在国内同行业均处于领先地位。主要产品有碳纤维、碳复合材料及碳素制品、耐火材料、煤化产品等。2020 年，实现营业收入 9 亿元。

山东山矿机械有限公司：带式输送机被中国机械联合会评为“中国机械工业优质品牌”，火力发电、钢铁冶金、煤炭焦化等传统基础设施行业销量位于国内前 5 名。带式输送机、破碎机和球磨机 3 项产品被评为“山东省名牌产品”。

截至 2020 年底，全区共有省级以上制造业单项冠军企业 5 家，“专精特新”企业 37 家，“瞪羚”企业 9 家。

六、科技创新能力

2020 年，任城区共有国家级企业技术中心 5 个，省级企业技术中心 34 个；省级工程试验室 1 个，省级新型研发机构 1 个，技术创新中心 3 家，重点实验室 1 家。国家高新技术企业 64 家，高新技术产业产值占规模以上工业总产值比重的 21%。

七、进出口情况

2020 年，全区进出口总额 42.1 亿元；其中，出口总额 41.2 亿元；进口总额 1 亿元。实际利用外资金额 8006 万美元。预焙阳极产品主要出口美国、俄罗斯、挪威等国家；输送设备、矿山机械主要出口欧洲、非洲、东南亚等国家和地区。

第二节　高新技术产业开发区

济宁国家高新区是国家高新技术产业开发区，面积 255 平方公里，常住人口 33.5 万人，是国家科技创新服务体系、创新型产业集群、战略性新兴产业知识产权集群管理和科技创业孵化链条试点，获批国家高新技术产业标准化示范区、国家级版权示范园区、五星级国家新型工业化产业示范基地、山东省信息技术产业基地。

一、工业基本情况

2020 年，济宁国家高新区地区生产总值 455.4 亿元，占全市 GDP 的 10.1%，居全市第 4 位。全区实现工业增加值 230 亿元。规模以上工业企业 254 家，实现营业收入 563 亿元。

二、工业产业结构

济宁高新区工业主要有专用设备制造业，汽车制造业，通用设备制造业，医药制造业，金属制品业，煤炭开采和洗选业，纺织服装、服饰业，纺织业，化学原料和化学制品制造业等，营业收入合计 509.7 亿元，占全区规模以上工业企业营业收入的 90.5%；其他大类行业相对较小，营业收入合计占 9.5%。

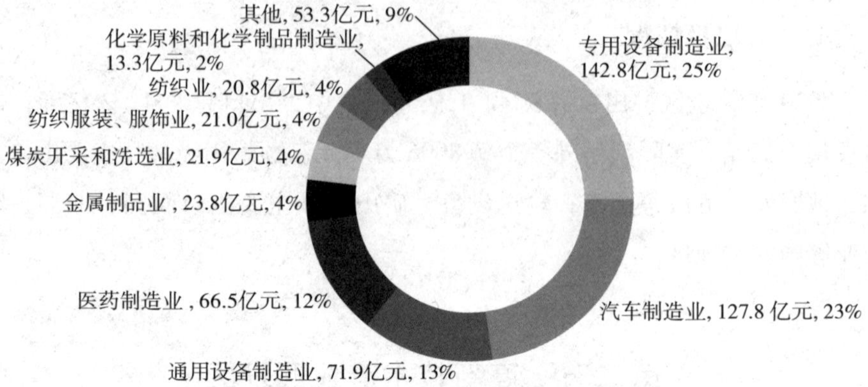

图 8 –4　2020 年济宁市高新区工业产业结构分布图

三、重点优势产业

工程机械产业：主要产品有挖掘机、推土机、道路机械等，代表企业有小松山推、山推股份、伊顿液压、锐博机械等。2020 年，实现销售收入 242 亿元。

汽车制造业：全区规模以上企业 10 家，主要涉及汽车及零部件产业，代表企业有重汽济宁商用车等。2020 年，实现营业收入 127. 8 亿元。

四、产业集群及工业园区情况

高端装备产业集群：济宁国家高新区是国家新型工业化产业示范基地，产业本地化配套率超过 60%，是国内工程机械产业链最完整的区域之一，2018 年和 2019 年连续两年被工信部评为五星级产业示范基地。2020 年，规模以上企业 139 家，实现营业收入 370 亿元。其中，以山推股份、小松山推、山重建机等为龙头的工程机械制造企业 115 家；以重汽商用车、东岳专业车为龙头的汽车及零部件制造企业 11 家；以凯登制浆、萨维奥、通佳机械、福瑞珂等企业为骨干的智能装备制造企业 13 家。

医养健康产业集群：是国家生物技术特色产业基地、济宁市生物医药产业基地。拥有企业 140 余家，其中规模以上企业 11 家，形成了以辰欣药业、鲁抗医药等企业为代表的集化学药、生物药及中成药研发、生产和销售为一体的生物医药产业集群，以及以欣莱生物为代表的医疗器械产业链和以济宁生命科学中心为代表的体外诊断产业链。

新一代信息技术产业集群：济宁国家高新区是山东省重要的信息技术产业基地和首批省级大数据产业集聚区，近年来先后获批和建设“国家火炬光电信息产业基地”“国家软件产业国际创新园”和“国家北斗产业示范基地”。全区各类信息企业超过200家，规模以上企业7家，2020年实现营业收入4亿元。其中新型电子信息制造业企业11家，软件和信息技术服务、互联网与云计算及大数据服务业企业8家，高新技术企业24家，上云企业46家，云服务商12家，山东省企业上云优秀行业云平台2家。

新材料新能源产业集群：集群内有各类企业50余家，其中规模以上企业27家，拥有国家级高新技术企业20家，2020年实现营业收入48亿元。目前已聚集如意纤维材料、远山半导体、山大新材料、纬世特新材料、瑞城宇航碳材料、美景荣新材料、利特纳米等一批优势项目和企业。按照“园区化聚集、规模化发展”的原则，聚焦第三代半导体材料、先进碳材料、应急安全新材料、纤维新材料、石墨烯新材料等重点领域，突破先进工艺和关键技术，加快集群化招引、产业化应用、项目化落地，突破先进工艺和关键技术，拓展下游应用领域，产业聚集效应日益显现。

五、骨干企业情况

2020年，济宁高新区规模以上工业企业达到254家，营业收入超过100亿元的企业1家，50亿~100亿元的企业1家，10亿~50亿元的企业7家。

中国重汽集团济宁商用车有限公司：主要生产15吨至55吨的中国重汽“豪运”牌重型汽车130多种，其中包括牵引车、自卸车、矿用自卸车、混凝土搅拌车、载货车、油罐车、洒水车及各类底盘等，产品适用于长途运输、工程建设、矿山生产等国民经济的各个生产领域。2020年，整车产量突破4.5万辆，实现销售收入108亿元；营业收入首次突破百亿大关，达到106.8亿元。

山推工程机械股份有限公司：产品覆盖推土机系列、道路机械系列、混凝土机械系列、装载机系列、挖掘机系列等十多类主机产品及底盘件、传动部件、结构件等工程机械配套件，产品远销160多个国家和地区。推土机产销量全球持续领先，连续十八年国内销量第一。2020年，山推股份累计生产推土机3979台、道路机械1471台，全年实现营业收入55.8亿元。

山东如意科技集团有限公司：是创新型技术纺织企业，拥有20个全资和控股子公司。年产精纺呢绒2000万米、服装100万套、棉纱15万吨、宽幅布1亿米、棉印染布3亿米、针织内衣3000万件、牛仔布2000万米、家纺1000万套，高性能氨纶纤维3500吨。目前，公司综合竞争力居中国纺织服装500强的前五名，旗下如意毛纺居中国毛纺织行业效益十佳企业榜首，如意服装居中国服装行业竞争力前八强，如意印染居中国印染行业行前三强，如意棉纺居中国棉纺织行业前十强。2020年，实现营业收入21亿元。

山东鲁抗医药股份有限公司：主要业务涵盖人用原料药、人用药制剂、动植物保健品和环保科技等产业板块。拥有200多个产品文号、500多个品规，其中有67个品规销量位列全国前十，有18个品规销量居全国第一位，产品出口世界40多个国家和地区。2020年，实现营业收入19.4亿元。

第三节　兖州区

兖州区是古九州之一，地下水、煤炭资源丰富，是国家商品粮基地。面积535平方公里，常住人口54.1万人。交通区位优越，是全国重要的交通枢纽。

一、工业基本情况

2020年，兖州区地区生产总值525.7亿元，占全市GDP的11.7%，居全市第3位。全区实现工业增加值224.5亿元。规模以上工业企业163

家，实现营业收入 736. 8 亿元。

二、工业产业结构

兖州区工业主要有造纸和纸制品业，石油、煤炭及其他燃料加工业，橡胶和塑料制品业，农副食品加工业，专用设备制造业，金属制品业，非金属矿物制品业等，营业收入合计 628. 6 亿元，占全区规模以上工业企业营业收入的 85. 3%；其他大类行业相对较小，营业收入合计占 14. 7%。

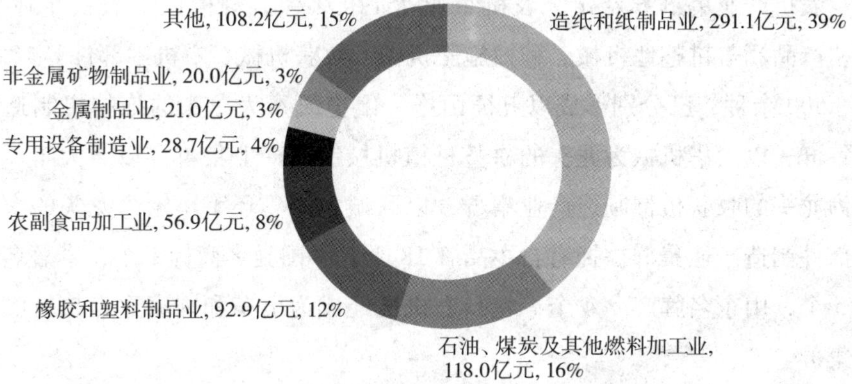

图 8 –5　2020 年济宁市兖州区工业产业结构分布图

三、重点优势产业

造纸和纸制品业：全区规模以上企业 16 家，代表企业有太阳纸业、天章纸业等，产品涉及高档涂布包装纸板、高级美术铜版纸、高级文化办公用纸、特种纤维溶解浆、生活用纸、高档工业包装用纸等。2020 年，实现营业收入 291. 1 亿元。

橡胶和塑料制品业：全区规模以上企业 11 家，主要以轮胎、输送带等产品为主导，集橡胶产品（中高档轿车胎、载重车胎、工程轮胎等）、新材料制品（合成橡胶等）、金属材料（钢帘线、特种钢丝绳等）、新能源开发利用四大产业板块于一体。代表企业有华勤集团、倍耐力轮胎、通力轮胎、康迪泰克等。2020 年，实现营业收入 92. 9 亿元。

装备制造产业：全区规模以上企业 51 家，主导产品涉及汽车零部件、农业机械、数控机床、金属制品、矿用设备、电子信息多个领域。代表企业有联诚精密制造、经典重工等。2020 年，实现营业收入 76.1 亿元。

化工产业：全区规模以上企业 15 家，代表企业有兖矿国际焦化、凯米拉等。产品以造纸助剂、水处理剂为主导，拥有稀缺光气资源，产业链条延伸发展空间较大。2020 年，实现营业收入 136.2 亿元。

四、产业集群及工业园区情况

农机产业集群：兖州区农机企业达 120 多家，规模以上农机企业 39 家，产品涵盖耕整地机械、种植施肥机械、收获机械、农机零部件等 10 大类、500 余种，已分别形成以五征山拖、山拖凯泰为龙头的拖拉机制造产业集群，以大华机械为龙头的耕整种植机械制造产业集群，以金大丰、国丰为龙头的收获机械制造产业集群，以联诚集团、环宇车轮为龙头的农机零部件制造产业集群。拥有自主品牌 18 个，中国驰名商标 1 个，省著名商标 5 个，山东名牌产品 4 个，兖州农机已经成为山东和国家重点扶持的产业集群。

食品产业集群：现有规模以上企业 18 家，产品涵盖粮油、面粉、调味品、饮品、生物制品等领域，依托粮食主产地优势，益海嘉里、今麦郎、白象食品连续实现高效发展。益海嘉里作为一家侨资企业，与 20 余家国内外知名企业建立了长期合作关系；今麦郎生产的饮品可以满足整个北方的需求；樱源食品生产的肉鸭等产品远销全国各地乃至欧洲市场；白象食品省内外闻名。2020 年，实现营业收入 73.2 亿元，成功创建了山东省优质食品基地。

五、骨干企业情况

2020 年，兖州区规模以上工业企业 163 家，营业收入超过 100 亿元的企业有 1 家，50 亿 ~100 亿元的企业有 3 家，10 亿 ~50 亿元的企业有 9 家。

山东太阳纸业股份有限公司：主导产品有高档涂布包装纸板、高级美术铜版纸、高级文化办公用纸、特种纤维溶解浆、生活用纸、高档工业包装用纸等为主导的六大系列产品。高档涂布白纸板年产能达 120 万吨，位居国内市场份额第一，是中国最具竞争力的白纸板生产企业；高端铜版纸年产能已达40万吨，是国内最主要的铜版纸生产企业。2020年，实现营业收入91.2亿元。

华勤橡胶工业集团：是以橡胶产业为主导，涉及电力、新能源、金属制品、生物工程、地产开发、医疗卫生、资本运营等众多领域的国际化、多元化、创新型企业集团，产品销往全球100多个国家和地区。

倍耐力轮胎有限公司：开发出了环保轮胎、缺气保用轮胎、冬季轮胎、SUV轮胎、PZero、P6、P7、Scorpion等高性能轮胎产品。产品畅销亚太地区和欧美市场，轿车子午胎主要为奥迪、宝马、奔驰、沃尔沃等世界顶级汽车配套。2020年，实现营业收入50.6亿元。

山东兖矿国际焦化有限公司：是一家年产200万吨焦炭、20万吨甲醇、10万吨焦油的大型焦化企业。2020年，实现营业收入118亿元。

截至2020年底，全区共有省级以上制造业单项冠军企业6家，山东卓越精工集团有限公司等“专精特新”企业40家，“小巨人”企业6家，“瞪羚”企业11家。

六、科技创新能力

2020年，全区共有国家级企业技术中心3个，省级企业技术中心22个，省级院士工作站1个。全区拥有国家级高新技术企业45家，高新技术产业产值占规模以上工业总产值的比重达40.2%。

七、进出口情况

2020年，全区进出口总额155.3亿元；其中，出口总额59.1亿元；进口总额96.2亿元。与150多个国家和地区建立了稳定的经贸合作关系，形成了纸制品、轮胎、输送带、汽车配件、特种钢等出口生产基地。

第四节　曲阜市

曲阜素有“圣贤之乡，礼仪之邦”之称，面积815平方公里，常住人口 62.2 万人。曲阜高铁纵横交汇、高速四通八达，是鲁西南新兴的交通枢纽城市。

一、工业基本情况

2020 年，曲阜市地区生产总值 365.4 亿元，占全市经济总量的 8.1%，居全市第 6 位。全市实现工业增加值 73.1 亿元，占 GDP 比重的 20%。规模以上工业企业 154 家，实现营业收入 211.9 亿元。

二、工业产业结构

曲阜市工业主要有非金属矿物制品业，计算机、通信和其他电子设备制造业，电气机械和器材制造业，化学原料和化学制品制造业，电力、热力生产和供应业，其他制造业，金属制品业，煤炭开采和洗选业，农副食品加工业等，营业收入合计 176.3 亿元，占全市规模以上工业企业营业收入的 83.2%；其他大类行业营业收入合计占 16.8%。

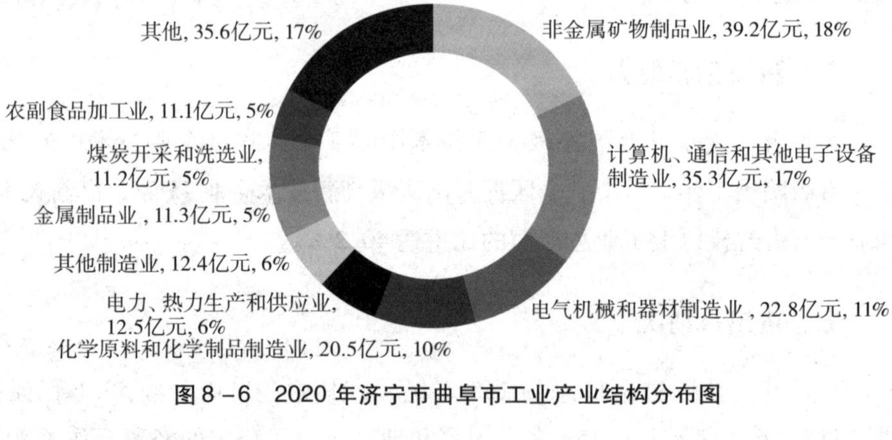

图 8-6　2020 年济宁市曲阜市工业产业结构分布图

三、重点优势产业

电子信息产业：全市规模以上企业 21 家，涉及计算机、通信设备、家电、电子器件、电子信息机电产品制造等领域，主要产品有集成电路、SMD 表面贴装半导体分离器件、新型车用温度智能传感器、智能胎压传感器等车用物联网产品、通信用储能电池、光电缆、条幅打印机、变频器、智能家居、检测设备等。代表企业有圣阳电源、晶导微电子等，是全市主要的经济增长点之一。

四、产业集群及工业园区情况

新一代信息技术产业集群：曲阜市相继被命名为山东省信息技术产业园、山东省物联网产业基地。防山镇电子信息产业被评为省级特色产业镇。涉及通信用储能电池、新型车用温度智能传感器、智能胎压传感器、光电缆、智能管道监控、智能变频器、电子元器件、石油管道智能管控等多个领域，部分产品在国内市场占有率、技术先进性等方面居同行业前列。其中，天博电子传感器、圣阳信息用储能电池和太阳能路灯无线智能控制系统等众多物联网相关产品均具有自主知识产权和多项发明专利。

高端装备产业集群：全市已经形成以机械制造、汽车及零部件、电力电缆、感温元件、电力综合自动化等产业为主体，各类专用装备产业协调发展，产品门类齐全，具有一定配套能力的装备制造产业体系。代表企业有天博汽配、华亿钢机、吉华重工等。

生物医药产业集群：曲阜市生物医药产业已经形成以成品药生产为主，以药用辅料、医药中间体和医疗器械制造为辅的生物医药产业集群。产品类型主要有中成药、化学药、医药中间体、医用辅料、保健品、医疗器械等。代表企业有焦点生物、天利药用辅料等。

五、骨干企业情况

2020 年，曲阜市规模以上工业企业达到 154 家，营业收入超过亿元的企业有 12 家，其中，超过 10 亿元的企业有 4 家，营业收入合计 558. 4 亿元，占全市规模以上工业企业营业收入的 56. 2%。

山东裕隆矿业集团有限公司：是集煤炭、医药、商贸、物流、房地产开发、生态农业、精密机械制造和旅游服务业于一体的跨地域、跨行业经营的现代化大型企业集团。2020 年，实现营业收入 6. 6 亿元。

山东圣阳电源股份有限公司：主导产品为锂电子电池、新型铅酸蓄电池、铅炭电池、新能源系统解决方案等，产品销往意大利、法国、德国、荷兰、土耳其、印度、菲律宾、新加坡、韩国、俄罗斯、以色列、蒙古、中国香港等100余个国家和地区。2020年，实现营业收入17.3亿元。

山东晶导微电子股份有限公司：是一家专业从事半导体分立器件和集成电路系统级封装产品研发、制造和销售的国家高新技术企业，产品主要应用于LED照明、充电器、工控等领域。2020年，实现营业收入8.1亿元。

截至2020年底，全市共有省级以上制造业单项冠军企业4家，“专精特新”企业19家，“小巨人”企业2家，“瞪羚”企业3家。

六、科技创新能力

2020年，全市共有国家级企业技术中心2个，省级企业技术中心9个，省级工程实验室5个，院士工作站4个。

七、进出口情况

2020年，全市进出口总额40.6亿元。其中，出口总额33.9亿元；进口总额6.7亿元。从进出口市场看，出口前三位的市场分别是欧盟、韩国和东盟。从商品种类看，出口前三位的产品分别为电器及电子产品、金属制品和机械设备。

第五节　邹城市

邹城市是孟子故里、千年古县，矿产资源丰富。面积1616平方公里，常住人口116.7万人。

一、工业基本情况

2020年，邹城市地区生产总值824.1亿元，占全市经济总量的18.3%，居全市首位。全市实现工业增加值356.4亿元。规模以上工业企业158家，实现营业收入642.2亿元。

二、工业产业结构

邹城市工业主要有煤炭开采和洗选业，造纸和纸制品业，电力、热力生产和供应业，石油、煤炭及其他燃料加工业，化学原料和化学制品制造业，农副食品加工业，非金属矿物制品业，医药制造业等，营业收入合计592.2亿元，占全市规模以上工业企业营业收入的92.2%；其他大类行业营业收入占7.8%。

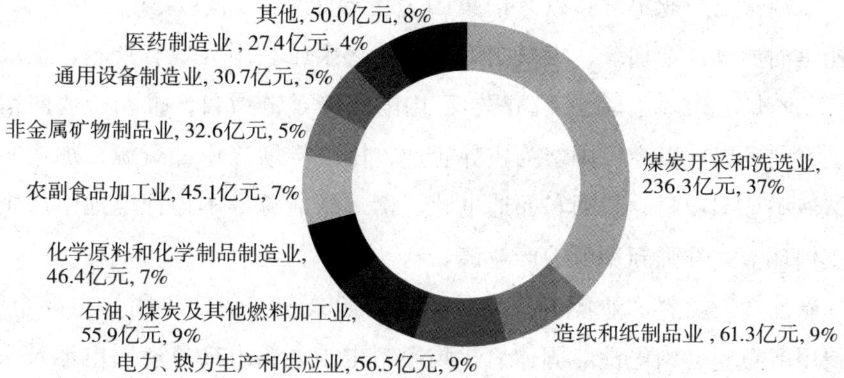

图8－7　2020年济宁市邹城市工业产业结构分布图

三、重点优势产业

煤炭开采和洗选业：全市规模以上企业6家，主营煤炭。代表企业有兖州煤业、华刚恒业能源等。2020年，实现营业收入263.3亿元。

新能源新材料产业：产品涉及甲醇、玻璃纤维、箱板纸、生活用纸等，代表企业有兖矿新能源、荣信集团、泰玻、太阳宏河纸业等。2020年，实现营业收入150亿元。

高端化工产业：产品涉及乙苯、苯乙烯、聚苯乙烯、丙烯酸、高档涂料等，代表企业有荣信集团、艾孚特、荟荃等。2020年，实现营业收入200亿元。

高端装备制造产业：产品涉及高端液压支架、智能煤机设备、矿山机器人、永磁电机等，代表企业有东华重工、艾坦姆、金鼎实业、天河科技等。2020 年，实现营业收入 50 亿元。

生物医药产业：全市规模以上企业 6 家，主要以生物化学制药为主，代表企业有鲁抗医药、尤特尔、孔圣堂等，产品涉及心脑血管类、抗肿瘤类、降糖类、安宫牛黄丸、复方益智补肾口服液等。2020 年，实现营业收入 27.4 亿元。

四、产业集群及工业园区情况

高端化工产业集群：以荣信集团为主导企业，通过煤焦化生产工艺，依托焦油加氢、苯加氢、煤气制甲醇、余热余压利用等现有技术，生成乙苯、苯乙烯、聚苯乙烯、环已酮、己内酰胺等延链项目，推动产业向精细化工方向发展；以兖矿国宏为主导企业，围绕碳酸二甲酯资源，加快实施电解液添加剂项目，打通与弗迪电池、衡远新能源等本地锂电池生产企业的供销环节，补强新型电池产业链。

新能源新材料产业集群：以兖矿新能源公司、荣信集团为主导企业，加快甲醇重整燃料电池、固体氧化物燃料电池、长寿命氢燃料电池及系统集成技术的研发示范，形成制氢、储氢、供氢、用氢一体化的新能源产业基地。

生物医药产业集群：以鲁抗医药公司为生物化学制药产业链的“链主”企业，全力推进鲁抗关键医药中间体及动植物药品生产基地项目建设，加大技术研发力度，加快鲁抗转化平台心脑血管类、抗肿瘤类、降糖类等创新药项目产业化，推动产品价值链向高端攀升；以孔圣堂医药公司为现代中药产业链的“链主”企业，加快中医药产业园项目建设，扩大安宫牛黄丸、复方益智补肾口服液等产品的规模化生产，带动金银花、丹参、皂角等中药材产业种植，补齐中药材种植、药品研发、生产销售的全产业链条。

高端装备制造产业集群：以东华重工、艾坦姆、金鼎实业、路石科技为代表的高端装备制造产业，以兖矿东华重工为智能装备制造产业链的“链主”企业，重点发展高端液压支架产品，引导鼓励落陵春辉、金鼎实业、艾坦姆、宇飞传动、金科星机电、三强机械、虹昊机电等企业与东华重工紧密合作，建立供应链关系，做强矿山装备制造产业链。突出天河科技、迈易特、兖煤黑豹等企业研发优势，大力发展智能煤机设备、矿山机器人、永磁电机，推动扩能增产，打造矿山装备产业骨干企业集群。

机器人产业集群：以珞石科技为链主企业，全力推进珞石智能制造产业园项目建设，立足珞石机器人本体生产，引进减速机、伺服电机等核心零部件生产及相关配套企业，打造集机器人本体制造、核心零部件制造、产业研发、系统集成等于一体的链条完备的产业集群。重点引进特种机器人、协作机器人、服务机器人，加强工艺包系统集成，扩大商业领域应用。

数字经济产业集群：以京东云、颐高为龙头企业搭建数字经济产业园，搭建“平台+生态+运营”的数字经济产业载体，吸引工业科技、电商、文创旅游、现代农业类企业入驻平台，促进产业上云，膨胀数字经济规模。推动京东物流等项目落地建设，为商家提供仓配服务、快递快运服务、大件服务、冷链服务、跨境服务等一体化的物流解决方案，同步拓展数据服务、数码产品交易等业务，实现库存共享及订单集成处理，创新形成“仓、运、配”一体化管理新模式。2020 年，聚集企业 72 家，数字经济核心产业收入达到 5.3 亿元。

五、骨干企业情况

2020 年，邹城市规模以上工业企业达到 158 家，营业收入超过 200 亿元的企业有 1 家，50 亿~100 亿元的企业有 2 家，10 亿~50 亿元的企业有 6 家。

兖州煤业股份有限公司：是以煤炭经营为基础，集煤炭深加工和综合利用于一体的国际化能源企业。主要生产半硬焦煤、半软焦煤、喷吹煤和动力煤。客户主要分布在中国的华东、华南和华北等地区以及日本、韩国和澳大利亚等国家。2020 年，实现营业收入 213.2 亿元。

山东太阳宏河纸业有限公司：拥有年产 50 万吨低克重高档牛皮箱板纸、年产 50 万吨高档纺筒纸板、年产 80 万吨高档轻型纸、年产 12 万吨高档生活用纸、年产 8 万吨特种纸的能力。2020 年，实现营业收入 61.3 亿元。

山东荣信集团有限公司：有焦炭、甲醇、煤焦油、粗苯、硫铵、改质轻芳烃、改质重芳烃、纯苯、甲苯、二甲苯、甲醛等三十多种产品，形成了煤焦化、焦油加氢、苯加氢、煤气制甲醇、甲醇制甲醛、余热余压利用等循环经济产业链。2020 年，实现营业收入 55.1 亿元。

截至 2020 年底，全市共有省级以上制造业单项冠军企业 1 家，“专精特新”企业 27 家，“小巨人”企业 4 家，“瞪羚”企业 5 家。

六、科技创新能力

2020 年，全市共有国家级企业技术中心 1 个，省级企业技术中心 16 个。国家高新技术企业 64 家；全市高新技术产业产值占规模以上工业总产值的比重为 32.3%。全国科技型中小企业信息库入库企业达到 87 家；5 家新型研发机构获省科技厅备案，1 家院士工作站获省厅备案。

七、进出口情况

2020 年，全市进出口总额 41.4 亿元。其中，出口总额 19.4 亿元；进口总额 22 亿元。全年实际利用外资金额 11471 万美元。

第六节　微山县

微山县是山东省的“南大门”，面积 1780 平方公里，常住人口 61.3 万人。鲁南经济圈与淮海经济区在微山县叠加，区位优势明显。

一、工业基本情况

2020 年，微山县地区生产总值 388.8 亿元，占全市 GDP 的 8.7%，居全市第 5 位。全县实现工业增加值 125.3 亿元。规模以上工业企业 124 家，实现营业收入 175.4 亿元。

二、工业产业结构

微山县工业主要有煤炭开采和洗选业，营业收入 104.4 亿元，占全县规模以上工业企业营业收入的59.5%，居全县首位，是全县工业经济发展的重要支撑；非金属矿物制品业，纺织业，电力、热力生产和供应业，电气机械和器材制造业等，营业收入合计28.8亿元，占全县规模以上工业企业营业收入的16.4%；其他大类行业营业收入合计占24.1%。

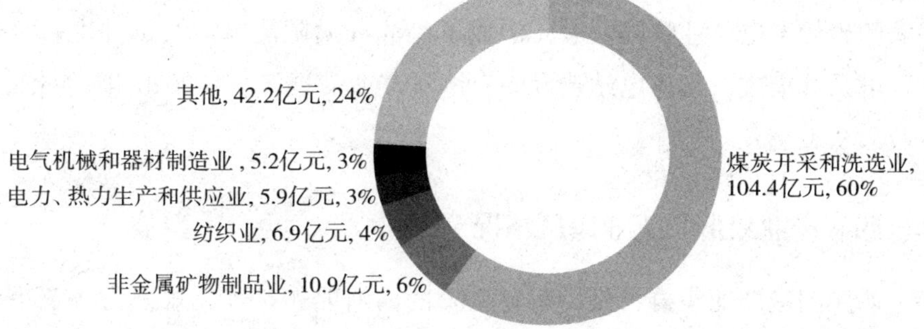

图8－8　2020年济宁市微山县工业产业结构分布图

三、重点优势产业

煤炭开采和洗选业：全县规模以上企业23家，主营煤炭。代表企业有付村煤业、高庄煤业、新安煤业、七五生建煤矿等。2020年，实现营业收入104.4亿元。

船舶制造产业：全县规模以上企业5家，产品主要有散货船、驳船、工程船、渔政艇、工作艇、旅游船、拖船等10大类，主要销往山东、江苏、安徽、上海、浙江、福建等地。代表企业有山东航宇船业、山东众联船舶、微山银河船舶、马口船舶、星通易航等。2020年，实现营业收入1.3亿元。

塑包产业：全县规模以上企业10家，代表企业有山东联众包装、山东富力包装、山东泰康降解等，主要生产POF热收缩膜、PE热收收缩包装膜、PVC热收缩印刷膜、PVC热收缩包装膜、拉伸缠绕膜、降解塑料膜（袋）等，产品远销美国、欧盟、日本、韩国、中东等20多个国家和地区。2020年，实现营业收入4.3亿元。

渔湖产品加工产业：全县共有渔湖产品加工企业33家，年加工各类渔湖产品300万吨，品种多达125种。规模以上企业有微山湖经贸、远华食品、信威食品等。2020年，实现营业收入2.6亿元。

新能源产业：全县规模以上企业11家，其中，国家级高新技术企业2家，省级技术中心2个，山东省著名商标、山东名牌2个。光伏电站装机容量突破450MW，在全省乃至全国县级单位中位居前列。以中晶新能源为代表的光伏发电产业快速发展，形成了晶体硅太阳能电池及组件生产、光伏发电系统集成、光伏电站建设的全链条产业发展模式。2020年，实现营业收入9.1亿元。

四、产业集群及工业园区情况

船舶制造产业集群：是山东省重要的内河船舶基地，规模占济宁市的95%以上，占山东省的70%以上。2011年被市政府评为市级船艇修造产业集群，船舶产业已基本形成原材料—配套设施—船舶总装制造—航运物流较为完整的产业链。集群现有企业23家、建造船台247个，年生产2600~3000吨钢质驳船800余艘，240余万载重吨。

渔湖产品加工产业集群：2011年被评为市级工程渔湖产品加工产业集群。依托微山湖资源优势，重点发展以畜、禽、渔湖产品加工为主，以肉类加工、农产品深加工为辅，集食品研发、加工、仓储、销售于一体的农副食品精加工制造业基地。拥有德道源、南四湖、汇康食品、微山湖经贸等30余家企业。

塑料包装产业集群：现有塑料包装企业30家，规模以上企业10家，基本形成覆盖PE、POF伸缩膜、生物可降解膜等领域的产业体系，其中POF伸缩膜类产品供应量占全国市场份额的30%左右，占省内市场份额的80%左右，是中国北方重要的塑包生产基地。

五、骨干企业情况

2020年，微山县规模以上工业企业124家，营业收入超过亿元的企业有4家，其中，超过10亿元的企业有3家，营业收入合计60.2亿元，占全县规模以上工业企业营业收入的34.3%。

山东航宇船业集团股份有限公司：是长江以北重要的内河造船企业，2010 年被认定为国家高新技术企业和山东省内河船舶工程技术研究中心，并成为山东省船舶发展的重点支持企业。主要产品有 LNG 单燃料散货船、集散两用散货船、双动力顶推轮、渔业船舶等，年生产能力 30 载重吨。2020 年，实现营业收入 0.5 亿元。

山东德朗能电子有限公司：主导产品有电动汽车电池组、电动自行车电池组、智能机器人电池组、电动工具电池组等几大类。2020 年，实现营业收入 4 亿。

山东联众包装科技有限公司：主导产品有 POF 伸缩膜、生物可降解膜等。2020 年，公司共生产各类包装膜 6800 余吨，实现营业收入 1 亿元，出口创汇 150 余万美元。

微山钢研稀土材料有限公司：是六大稀土集团之一的中铝稀土集团成员企业山东稀土的全资子公司。主要产品为稀土储氢材料，年产能为 1200 吨，市场占有率达到 8% 以上。2020 年，实现营业收入 1.2 亿元。

截至 2020 年底，全县共有省级以上制造业单项冠军企业 1 家，“专精特新”企业 11 家，“小巨人”企业 1 家，“瞪羚”企业 3 家。

六、科技创新能力

2020 年，全县共有省级企业技术中心 5 个，省级技术研发中心 1 个。高新技术产业产值占规模以上工业总产值的比重为 26.1%。

七、进出口情况

2020 年，全县进出口总额 14.1 亿元。其中，出口总额 14 亿元；进口总额 0.1 亿元。主要出口毛绒玩具、生态地板、钢带、霓虹灯带、塑料薄膜、芦笋罐头、童车等产品，主要出口美国、东盟、加拿大、欧洲、南美、韩国、俄罗斯等国家和地区。

第七节　鱼台县

鱼台县是国家商品粮、优质棉、优质大米、淡水鱼生产基地，有江北“鱼米之乡”之称。面积654.2平方公里，常住人口42万人。

一、工业基本情况

2020年，鱼台县地区生产总值186.5亿元，占全市GDP的4.1%，居全市第11位。全县实现工业增加值43.2亿元。规模以上工业企业93家，实现营业收入102.7亿元。

二、工业产业结构

鱼台县工业主要有化学原料和化学制品制造业，农副食品加工业，石油、煤炭及其他燃料加工业，医药制造业，非金属矿物制品业，电力、热力生产和供应业等，营业收入合计80.2亿元，占全县规模以上工业企业营业收入的78.1%；其他大类行业营业收入合计占21.9%。

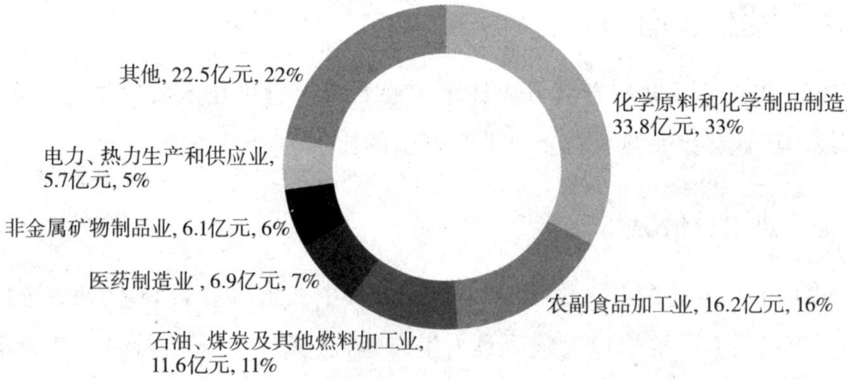

图8－9　2020年济宁市鱼台县工业产业结构分布图

三、重点优势产业

化学原料和化学制品制造业：全县规模以上企业13家，已经形成年产

9 万吨高纯盐酸、15 万吨液氯、4.5 万吨氯乙酸、1000 万 Nm^3 氢气等基础化工原料的产能，代表企业有鲁泰化学、盛发焦化、中泰煤化等。2020 年，实现营业收入 33.8 亿元。

农副食品加工业：全县规模以上企业 19 家，主要有稻米加工、面粉加工、辣椒加工、龙虾冷链加工等产业。全县拥有稻米加工企业 56 家，日处理稻谷 6800 吨，年加工能力为 200 万吨，水稻年周转量 130 万吨，年产优质大米 95 万吨。2020 年，规模以上企业实现营业收入 16.2 亿元。

四、产业集群及工业园区情况

高端化工产业集群：拥有年产原煤 165 万吨、发电 8 亿度、烧碱 36 万吨、PVC37 万吨、焦化 260 万吨、固废及综合利用处理 20 万吨等能力，产品种类 150 余种。目前，集群内精洗煤、煤泥、电石渣、粉煤灰实现了完全循环，集群内消耗液氯 5 万吨、氯乙酸 0.7 万吨、烧碱（32%）1.7 万吨、氢气 1000 万 Nm^3、芒硝 1.7 万吨，大量的烧碱、液氯、氯乙酸需要外销。

高端装备产业集群：装备制造是鱼台县的支柱产业，企业数量 47 家，形成了集模具、铸造、机械加工、机电、钢构制造、配套件等于一体的发展格局。集群内拥有 16 家高新技术企业，4 个省级企业技术中心，1 个国家级博士后工作站，2 个省级院士工作站，4 个省级工程技术研究中心。

鱼台经济开发区：为省级经济开发区，共有规模以上工业企业 51 家，下辖新城区、张黄工业园、湖西工业园。先后荣获“济宁市创新驱动示范区”“山东省节能环保产业基地”“中国工业防爆潜水泵创新示范区”等称号。区内已形成农副产品加工、机械、纺织服装、化工、盐煤化工、水运陆运六大主导产业和现代物流、文化旅游等新兴产业。开发区的新城区重点发展高新技术、机电制造、轻工纺织及劳动密集型、环保节能型产业，建设了矿用机械、农副产品深加工、轻纺、精细化工四大工业园和民营经济创业园；张黄工业园和湖西工业园以矿区为依托，利用煤、盐等资源优势，重点发展煤电化工产业，形成了功能分区、产业集聚、互相促进、集群发展的格局。

五、骨干企业情况

2020 年，鱼台县规模以上工业企业 93 家，营业收入超过亿元的企业有 2 家，其中，超过 20 亿元的企业有 1 家，营业收入合计 30.9 亿元，占全县规模以上工业企业营业收入的 30%。

山东鲁泰化学有限公司：形成了以煤—电—盐化工为主体的循环经济格局。主要产品为烧碱、聚氯乙烯树脂、高纯氯乙酸。2020 年，实现工业总产值 24 亿元，实现营业收入 23.7 亿元。

济宁宏昌达新材料有限公司：主要经营煅后焦生产及余热综合利用项目建设；煅后焦、炭素制品（不含危险品）、铝及铝制品等。2020 年实现营业收入 7.2 亿元。

截至 2020 年底，全县共有省级以上制造业“专精特新”企业 10 家，“小巨人”企业 2 家，“瞪羚”企业 4 家。

六、科技创新能力

2020 年，全县共有省级企业技术中心 4 个，高新技术企业达到 25 家。

七、进出口情况

2020 年，全县进出口总额 8.5 亿元。其中，出口总额 7.8 亿元；进口总额 0.7 亿元。主要出口大蒜、木耳、柳编、农业机械、化工医药、隔离衣等产品，主要出口日韩、欧美、俄罗斯、中东、东南亚等国家和地区。

第八节 金乡县

金乡县是驰名中外的大蒜之乡、诚信之乡、长寿之乡，面积 886 平方公里，常住人口 63.4 万人，是全国食品工业强县。

一、工业基本情况

2020 年，金乡县地区生产总值 218.4 亿元，占全市 GDP 的 4.9%，居全市第 10 位。全县实现工业增加值 42. 7 亿元。规模以上工业企业 108 家，实现营业收入 132. 3 亿元。

二、工业产业结构

金乡县工业主要有化学原料和化学制品制造业，农副食品加工业，非金属矿物制品业，医药制造业，煤炭开采业，电气机械和器材制造业等，营业收入合计 106. 3 亿元，占全县规模以上工业企业营业收入的 80. 3%；其他大类行业相对较小，营业收入合计占 19. 7%。

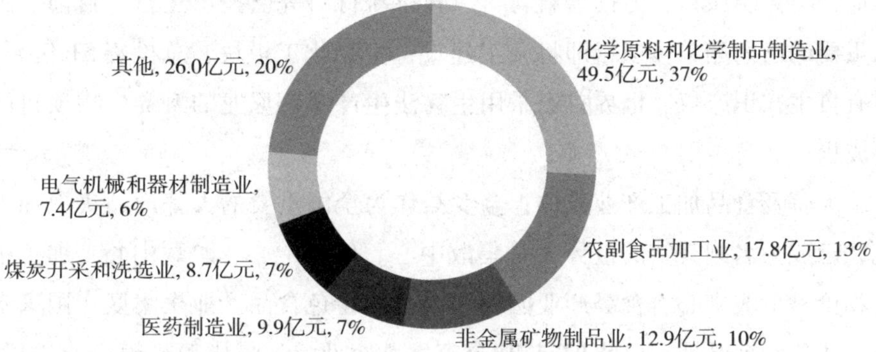

图 8－10 2020 年济宁市金乡县工业产业结构分布图

三、重点优势产业

化学原料和化学制品制造业：全县规模以上企业 19 家，主要涉及煤焦化、炭黑、高档颜料、苯加氢等项目，代表企业有黑猫炭黑、汇能化工、金丹化工、亿盛化工等。2020 年，实现营业收入 49. 5 亿元。

农副食品加工业：全县规模以上企业 21 家，主要涉及大蒜产品加工业，产品主要有大蒜素胶囊、大蒜油软胶囊、黑蒜、黑蒜饮料、蒜蓉辣椒酱、泡蒜等。2020 年，实现营业收入 17. 8 亿元。

四、产业集群及工业园区情况

化工及新材料产业集群：是全县近几年新发展壮大的主导产业，主要集中在新材料产业园区。新材料产业园连续七年跻身全国同类园区 20 强，已初步形成煤化工、精细化工、化工新材料、生物化工四大产业板块。煤化工板块，园区已落地济矿民生煤焦化项目、民生热能焦炉煤气热电联产项目、黑猫炭黑项目、科蓝凯模特煤焦油深加工项目、阳光化学高档颜料项目、汇能化工苯加氢项目、宝钢气体中心项目、金丹化工醋酐项目、合成气制乙二醇项目等，在园区内形成煤化工特色产业链条，正在实现煤、电、化、气产业集群；精细化工板块，亿盛化工、键邦化工、辰龙化工、康德瑞化工、天力石化等项目已竣工投产，同利化工等项目正在快速推进；化工新材料板块，中国化工集团新材料项目、金利特石墨烯项目已经落地，赛德丽涂料、力德嘉新材料、硅科新材料等已投产运营，目前，国内重要的己内酯单体项目即将开工建设；生物化工板块，总投资51亿元、具有自主知识产权、世界首家采用生物法生产绿色尼龙的凯赛生物项目已建成投产。

大蒜及食品加工产业集群：金乡县作为全国重要的大蒜产品集散加工地，已成为名副其实的世界大蒜集散中心、信息中心、贮藏中心、加工中心和价格形成中心。食品产业园被评为中国特色食品产业聚集区、国家农业产业化示范基地，已集聚起40余家大蒜企业，形成中等规模产业集群，美国喜万年、新加坡奥兰、和福隆水发等龙头企业已经陆续建成，大蒜产品年产量合计达到150余万吨，是全国重要的蒜制品生产园区，产品包括以对外贸易为主的蒜粉、蒜粒、蒜片及大蒜保鲜产品蒜头和蒜米等，还有以精深加工为主的大蒜素胶囊、大蒜油软胶囊、黑蒜、黑蒜饮料、蒜蓉辣椒酱、泡蒜等。另外还形成了以宏万年食品、齐盛食品为主的辣椒产业，以康富森生物、浩森生物等为主的医养健康产业，以稻香村为主的烘焙休闲及肉制品加工产业，以济宁内陆港为依托的冷链物流产业等产业集群，实现了梯队式发展壮大。

高端装备产业集群：建成北工大国家大学科技园金乡分园、生物基新材料产业园、小微企业创业园、跨境电商产业园等“园中园”；高端装备产业园以高端装备制造业为主导，形成了以鲁特电工、金曼克电气、金人电气、爱德华铸钢、华安液压、华中重钢等企业为代表的高端装备制造产业集群，重点发展智能输配电、高端工程机械、电动三轮摩托及特种车辆等产业，高端装备产业园入选省级生态工业示范园区试点。

五、骨干企业情况

2020 年，金乡县有规模以上工业企业 108 家，营业收入超过亿元的企业有 5 家，营业收入合计 37. 8 亿元，占全县规模以上工业企业营业收入的 28. 6%。

凯赛（生物）生物材料有限公司：围绕聚酰胺产业链生产的生物法长链二元酸系列产品、生物基聚酰胺产品广泛应用于汽车、电子电器、纺织、医药、香料等多个领域，是全球生物法长链二元酸的主导供应商。2018 年，生物法长碳链二元酸被评为制造业单项冠军产品。2020 年，实现工业总产值 10. 1 亿元，实现营业收入 9. 5 亿元。

济宁黑猫炭黑有限责任公司：主要产品为炭黑。2020 年，实现工业总产值 8. 1 亿元，实现营业收入 7. 9 亿元。

金曼克电气公司：主要生产、经营树脂浇注干式电力变压器、箱式变电站、智能地下式网络变压器、非晶合金变压器、输变电设备及其配套系列产品，以及产品的售后维修服务。2020 年，实现工业总产值 0. 9 亿元，实现营业收入 1 亿元。

截至 2020 年底，全县共有省级以上制造业单项冠军企业 3 家，“专精特新”企业 13 家，“小巨人”企业 1 家，“瞪羚”企业 5 家。

六、科技创新能力

2020 年，全县共有省级企业技术中心 10 个，省级中小企业公共服务示范平台 2 家。

七、进出口情况

2020 年，全县进出口总额 53. 6 亿元。其中，出口总额 49. 8 亿元，进口总额 3. 9 亿元。实际使用外资金额 2845 万美元。大蒜、化工、服装等产品出口美国、东南亚、欧洲等国家和地区。

第九节　嘉祥县

嘉祥县是中国鲁锦之乡和中国手套名城，面积 838.6 平方公里，常住人口 78 万人。境内矿产丰富，交通便利，路网发达，公路、铁路、水运、航空等各种交通运输设施齐全。

一、工业基本情况

2020 年，嘉祥县地区生产总值 220.2 亿元，占全市 GDP 的 4.9%，居全市第 9 位。全县实现工业增加值 63.4 亿元。规模以上工业企业 148 家，实现营业收入 213 亿元。

二、工业产业结构

嘉祥县工业主要有农副食品加工业，纺织业，化学原料和化学制品制造业，非金属矿物制品业，石油、煤炭及其他燃料加工业，煤炭开采和洗选业，木材加工和木、竹、藤、棕、草制品业等，营业收入合计 177.5 亿元，占全县规模以上工业企业营业收入的 83.3%，其他大类行业相对较小，营业收入合计占比 16.7%。

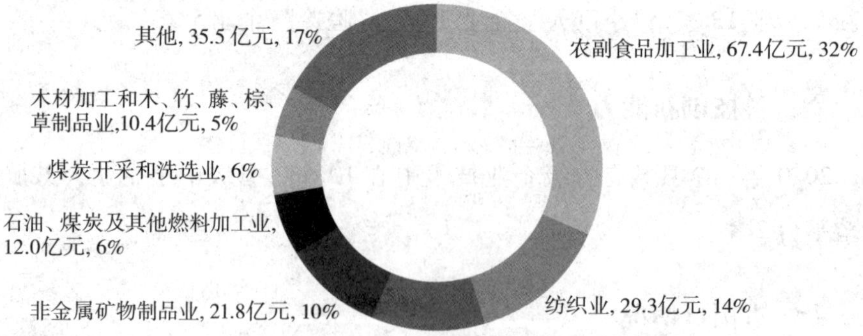

图 8－11　2020 年济宁市嘉祥县工业产业结构分布图

三、重点优势产业

纺织手套产业：已形成从研发设计、检验检测到生产加工、物流运输的完整产业链条，以山东建华中兴、山东圣润纺织等企业为重点，持续做大做强冰雪运动产业。据中国纺织协会统计数据显示，嘉祥县的滑雪手套在国内市场占有率达到62.6%，国际市场份额占全国滑雪手套出口市场份额的76.4%，居全国首位。

新材料产业：目前已经形成了初具规模的特碳材料产业基地，主要包括山东益大新材料、济宁辰星碳素、山东恒圣石墨、山东晶悦碳素制品、嘉祥洪润电碳、嘉祥县新兴电碳、山东和玉新能源等多家企业，产品涉及油系针状焦、浸渍剂沥青、纺丝沥青、锂电池负极材料、碳碳复合材料，石墨热场、石墨模具等。

四、产业集群及工业园区情况

纺织手套产业集群：是嘉祥的特色产业集群，建成了手套产业园，从裁剪、车缝、整烫、成品、包装到物流都能在园区完成，还设立了手套博物馆等。目前具备防寒、滑雪、打猎、射击等四大系列、上百种手套产品的加工生产能力，成为全县具有鲜明特色的支柱产业和中国江北地区重要的滑雪手套生产基地，产品销往欧美、日本、韩国等30多个国家和地区。拥有“中国手套名城”“山东省十大影响力产业集群”“中国产业集群品牌50强”等荣誉称号，成为在国内外都具有较大影响力和竞争力的区域品牌。

嘉祥化工园区：拥有企业50余家，其中，规模以上企业18家。主要产品包括针状焦、萘系中间体2－萘酚、2.3－酸、色酚以及有机颜料YGI－1、YGI－2、化肥增效剂、洗衣粉、洗衣液、氨基膜、医药中间体、锂电池电解液材料等。重点企业有山东世纪阳光科技有限公司等。2020年，化工产业园规模以上企业实现营业收入32.8亿元。

高铁产业园：现有企业28家，包括装配式建筑企业11家、高端装备制造企业9家、碳碳复合材料企业5家、新一代信息技术产业3家。高铁产业园以装配式建筑产业、高端装备制造产业、信息技术产业以及碳碳复合材料产业为主导，园区有装配式建筑企业10余家，其中规模以上企业5家，涵盖了研发、设计、生产、施工、装配式装修、检测等产业链关键环节。园区企业具有建筑工程施工总承包壹级、钢结构工程专业承包壹级、钢结构制造壹级等资质，主编了装配式钢结构系列标准4项，拥有各项专利83项、省级以上科技创新平台7个，先后荣获国家装配式建筑产业基地、山东省建筑产业现代化生产基地等荣誉称号，形成了具有核心竞争力的产业集群。组建了装配式建筑产业联盟，联盟集装配式建筑开发、设计、施工、部品（钢构件、围护系统、钢筋桁架楼承板）生产于一体，基本形成了装配式建筑产业链。

五、骨干企业情况

2020年，嘉祥县规模以上工业企业148家，营业收入超过亿元的企业有8家，其中，超过10亿元的企业有4家，营业收入合计61.9亿元，占全县规模以上工业企业营业收入的54.7%。

山东世纪阳光科技有限公司：是一家集研发、生产、销售有机颜料及中间体的国家级高新技术企业。依托世纪阳光、祥泰和、阳光煤化等企业，打造了国内产业链最长、产品种类最全的有机颜料生产基地，核心产品二萘酚、2.3酸、色酚三大中间体市场占有率全球第一，红、黄、橙系列有机颜料产能全国第一，综合实力排名行业前三。2020年，实现营业收入11.3亿元。

山东建华中兴手套股份有限公司：年产各类滑雪、运动手套600万双，位列全国滑雪手套行业第一位，是挂牌“新三板”的企业。

山东圣润纺织有限公司：是一家拥有自主进出口经营权的综合型纺织企业。主导产品包括各类腈纶纱线、绣花布等。年产各类腈纶纱线3.5万吨，是全国重要的功能性腈纶纱生产基地；刺绣技术位居全国同行业领先水平，是目前江北工艺台布的重要生产基地。

山东益大新材料有限公司：是一家研发、生产、销售高品质针状焦的高新技术企业。公司生产的高品质针状焦填补了国内空白，打破了国外对高端针状焦市场的垄断。

山东德丰重工有限公司：是一家集钢结构装配式建筑研发设计、制造、安装、检测于一体的高新技术企业。产品覆盖住宅工业化、钢结构设计、加工与施工、建筑幕墙设计与施工、房屋部品部件生产等行业。

嘉祥洪润电碳有限公司：是一家从事石墨产品生产和销售的国家级高新技术企业。主要生产和销售保温筒、石墨加热器、坩埚、导流筒等石墨制品，主要应用于太阳能光伏单晶硅热场、半导体单晶硅热场、多晶硅热场等加工和销售领域。公司现可年产石墨制品15000套，在全国同行业中居领先地位。2020年，实现营业收入4.9亿元。

截至2020年底，全县共有省级以上制造业单项冠军企业3家，“专精特新”企业14家，“小巨人”企业2家，“瞪羚”企业4家。

六、科技创新能力

2020年，全县共有省级企业技术中心14个，院士工作站1个，工程实验室1个，中小企业公共服务示范平台1个。高新技术产业产值占全县规模以上工业总产值比重的23.7%。

七、进出口情况

2020年，全县进出口总额14.6亿元。其中，出口总额13.8亿元；进口总额0.8亿元。出口产品主要有滑雪手套、服装、有机化学品、棉制品以及洗涤用品等，主要出口北美、欧盟、东盟和南亚等国家和地区。

第十节　汶上县

汶上县古称中都，位于济宁市最北部，面积889平方公里，常住人口68.8万人。汶上县区位交通优越，京杭大运河、大汶河、小汶河、泉河穿越县境，日兰高速、董梁高速、鲁南高铁横贯东西，济徐高速、105国道纵贯南北。

一、工业基本情况

2020年，汶上县地区生产总值225.6亿元，占全市GDP的5%，居全市第 8 位。全县实现工业增加值 78.4 亿元；规模以上工业企业 133 家，实现营业收入 137.9 亿元。

二、工业产业结构

汶上县工业主要有煤炭开采和洗选业，纺织服装、服饰业，电气机械和器材制造业，化学原料和化学制品制造业，纺织业，非金属矿物制品业，汽车制造业，通用设备制造业，农副食品加工业等，营业收入合计 114.7 亿元，占全县规模以上工业企业营业收入的 83.2%；其他大类行业相对较小，营业收入合计占比 16.8%。

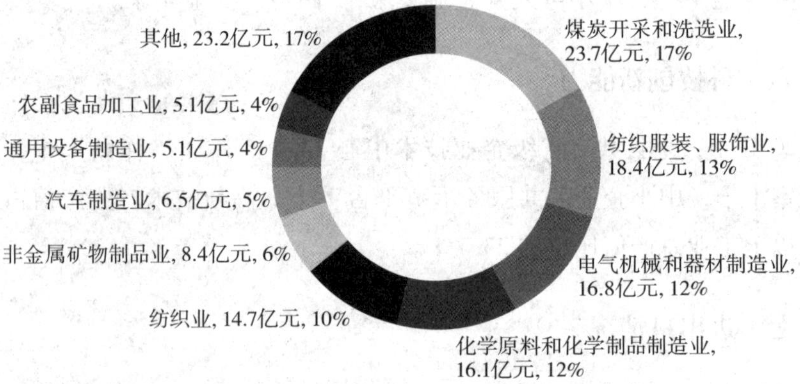

图 8－12　2020 年济宁市汶上县工业产业结构分布图

三、重点优势产业

装备制造产业：全县装备制造企业达到 240 余家，规模以上企业 28 家，主要涉及电气机械和器材制造业，通用设备制造业，金属制品业，专用设备制造业，汽车制造业，铁路、船舶、航空航天和其他运输设备制造业等。行业生产设备先进，拥有国际领先的动梁五面加工中心、焊接机器人、数字化切割机、多功能磁粉金属探伤仪等生产和检测设备。代表企业有新风光电子、金成机械、华力机电、海纬机车等。2020 年，实现营业收入 33.3 亿元。

纺织服装产业：全县纺织服装企业达到 400 余家，其中，规模以上企业46家，年产各类服装4亿余件，占全国服装总产量的1.3%。产品涉及棉服、羽绒服、休闲服、牛仔服、时装、毛呢、童装、阿拉伯大袍等多个品类。代表企业有如意技术、凯蒙纺织、丽天服饰、爱丝制衣、鸿瑞轩服饰、荣恒服装等。2020年，实现营业收入33.8亿元。

高端化工产业：全县规模以上企业10家，企业数量占全县规模以上工业企业总数的7.2%。已形成以盐化工为特色，煤化工、精细化工、化工新材料等融合发展的产业体系。代表企业有中银电化、晨欣佛都药业、安迪新材料、长胜新材料等。2020年，实现营业收入19亿元。

四、产业集群及工业园区情况

装备制造产业集群：现有各类制造业企业240余家，主要产品包括工程机械零部件、矿山机械、变频调速器、SVG、工业机器人、除霾设备、发电机组、轨道交通能量回馈装置、轨道交通制动盘、液力变矩器等200余种产品。工程机械结构件企业主要为山推、小松三推、三一重工、柳工、徐工、厦工等大型工程机械企业生产配套件，年加工能力12万吨、80万件，年铸造能力20万吨，镀锌、镀铬等表面年处理能力10万吨，年产整机整车6000台、变频器2000台、SVG500台、各类发电机组5000台、节能变压器5000台。重点发展工程机械及零部件、智能装备、新能源装备三个细分产业方向。2011年，被认定为省级中小企业产业集群。

汶上化工产业园：2018年通过山东省首批综合化工园区认定，2018年创建为山东省智安园区试点。园区内现有注册企业49家，项目累计完成总投资100亿元，形成以盐化工为特色，煤化工、精细化工、化工新材料等融合发展的产业体系。

纺织服装产业集群：2015年被授予“中国休闲服装制造名城”称号，2016年被认定为省级产业集群，2017年被授予“全国纺织服装产业集群区域品牌建设试点区”，已形成集纺纱、织布、服装设计加工、销售于一体的纺织服装产业链条，是优衣库、ZARA、HM、杰克琼斯、利郎、海澜之家、潮流前线、森马等50余个国内外知名品牌的重要加工基地，拥有青恋子、和心宝贝、晨姿、襄荷等自主品牌30余个，产品远销欧美、日本、韩国和阿拉伯等国家和地区。

五、骨干企业情况

2020 年，汶上县有规模以上工业企业 133 家，营业收入超过亿元的企业有 13 家，其中，超过 10 亿元的企业有 3 家，营业收入合计 61.9 亿元，占全县规模以上工业企业营业收入的 36.3%。

新风光电子科技股份有限公司：产品主要为各类高、中、低压变频器，高低压动态无功补偿装置（SVG），轨道交通制动能量吸收装置，储能变流器（PCS）、防爆装置，高端定制电源等，广泛应用于电力、煤炭、冶金、采矿、水泥、石油、化工、市政、太阳能风力发电、轨道交通等领域。2020 年，实现营业收入 8.5 亿元。

汶上如意技术纺织有限公司：是国家级单项冠军企业，主要产品有纱线匹布、漂白布、花色布、巾被、服装、针织汗布等。2020 年，实现营业收入 11 亿元。

济宁中银电化有限公司：年产烧碱 50 万吨、糊树脂 4 万吨、环己酮 6 万吨、氯化苯 10 万吨，系列产品还有液氯、次氯酸钠、高纯盐酸等。2020 年，实现营业收入 10.9 亿元。

截至 2020 年底，全县共有省级以上制造业单项冠军企业 4 家，“专精特新”企业 16 家，“瞪羚”企业 3 家。

六、科技创新能力

2020 年，全县共有省级企业技术中心 9 个，备案国家级众创空间 1 家，省级新型研发机构 2 家，省级院士工作站 1 家。国家高新技术企业 41 家，高新技术产业产值占规模以上工业总产值的比重为 40.3%。

七、进出口情况

2020 年，全县进出口总额 14.7 亿元。其中，出口总额 13.1 亿元；进口总额 1.6 亿元。实际使用外资金额 2322 万美元。

第十一节　泗水县

泗水县位于山东省中南部，资源丰富，面积1118平方公里，常住人口54.3万人。境内交通便利，东连日照海港，西接京福高速公路、济宁机场，具备完整的立体交通网络。

一、工业基本情况

2020年，泗水县地区生产总值185.7亿元，占全市经济总量的4.1%，居全市第12位。全县实现工业增加值107.9亿元。规模以上工业企业106家，实现营业收入106.7亿元。

二、工业产业结构

泗水县工业主要有农副食品加工业，非金属矿物制品业，食品制造业，造纸和纸制品业，木材加工和木、竹、藤、棕、草制品业等，营业收入合计77.1亿元，占全县规模以上工业企业营业收入的72.3%；其他大类行业营业收入合计占27.7%。

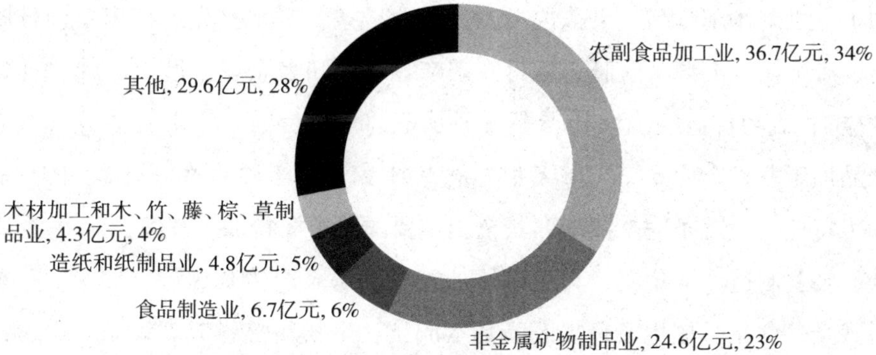

图8－13　2020年济宁市泗水县工业产业结构分布图

三、重点优势产业

食品产业：全县规模以上企业20家，主要产品涉及肉禽加工、甘薯加工、烘焙休闲食品、果蔬饮料等。代表企业有鸿润食品、鸿毅食品等。2020年，实现营业收入43.4亿元。

绿色建材产业：全县规模以上企业18家，形成了以水泥、熟料生产为主，新型建材、石材加工、新型墙材为辅的产业体系。代表企业有中联水泥、海螺水泥等。

纸品包装产业：全县规模以上企业21家，产品有纸板、纸箱、白板纸、包装胶带、食品软包等，代表企业有华金集团、远大包装、宏大伟业等。

装备制造产业：全县规模以上企业8家，主要涉及数控刀具、机床附件、食品机械、汽车零部件、轨道交通零部件等加工行业。2020年，实现营业收入5.2亿元。

四、产业集群及工业园区情况

食品饮料产业集群：是泗水县特色产业集群，已形成甘薯加工、肉禽加工、烘焙休闲食品、果蔬饮料四大产业链条。泗水县先后招引落地娃哈哈、康师傅、汇源、盼盼、陈村、亲亲等行业知名企业，形成品牌“洼地效应”，成功打造经济增长点及行业示范前沿。目前，泗水县共有省级农产品加工龙头企业6家、市级龙头企业41家，基于种养殖基础优势的食品加工特色产业链条完整清晰，是全国重要的薯类淀粉加工基地。

装备制造产业集群：具有机械加工、装备制造传统优势，加工门类相对齐全，食品机械生产聚集区已基本成型，生物质燃料成型设备、手套浸胶设备在各自的细分领域有较强的竞争力，设备及产品智能化逐渐起步。鑫峰与机械科学研究总院合作开发面粉机智能化控制系统；康隆达手套对生产线进行智能化改造；水发达丰公司绿色智能铸造共享经济产业园定位为山东省高端装备产业配套基地，铸件加工产能指标居济宁市第一。

五、骨干企业情况

2020年，泗水县规模以上工业企业106家，营业收入超过亿元的企业有3家，其中，超过10亿元的企业有1家，营业收入合计33.5亿元，占全县规模以上工业企业营业收入的31.4%。

济宁鸿润食品股份有限公司：是一家从事肉禽标准化养殖、屠宰加工、调理品、酱卤制品精深加工的现代农业产业企业。2020年，实现营业收入16.4亿元。

济宁海螺水泥有限责任公司：年产自用骨料120万吨、水泥220万吨。2019年济宁海螺SCR精准脱硝项目建成使用，率先实现生产线超低排放，达到国内行业最高水平。2020年，实现营业收入9.6亿元。

济宁中联水泥有限公司：可生产优质熟料250万吨、砂石骨料260万吨，2020年新上线的年产70万吨的水泥粉磨生产线已投产。2020年，实现营业收入7.5亿元。

截至2020年底，全县共有省级以上制造业“专精特新”企业15家，“小巨人”企业1家，“瞪羚”企业1家。

六、科技创新能力

2020年，全县共有省级企业技术中心6个。新增国家省市级创新平台4家，建成国家级众创空间1处，省级众创空间2处，省级工程技术研究中心1处，省级科技企业孵化器2处，省级院士工作站3处。高新技术产业产值占规模以上工业总产值比重的21.9%。

七、进出口情况

2020年，全县进出口总额9.5亿元。其中，出口总额8.6亿元；进口总额0.9亿元。

第十二节　梁山县

梁山县是中国专用汽车产业基地，面积965平方公里，常住人口73.1万人。境内形成六条国省道、三条铁路、两条高速的纵横交通网络布局。

一、工业基本情况

2020年，梁山县地区生产总值240.6亿元，占全市GDP的5.4%，居全市第7位。全县实现工业增加值72.4亿元。规模以上工业企业192家，实现营业收入186.9亿元。

二、工业产业结构

梁山县工业主要有汽车制造业、食品制造业、废弃资源综合利用业、农副食品加工业、纺织业、有色金属冶炼和压延加工业等，营业收入合计149.1亿元，占全县规模以上工业企业营业收入的79.8%；其他大类行业营业收入合计占20.2%。

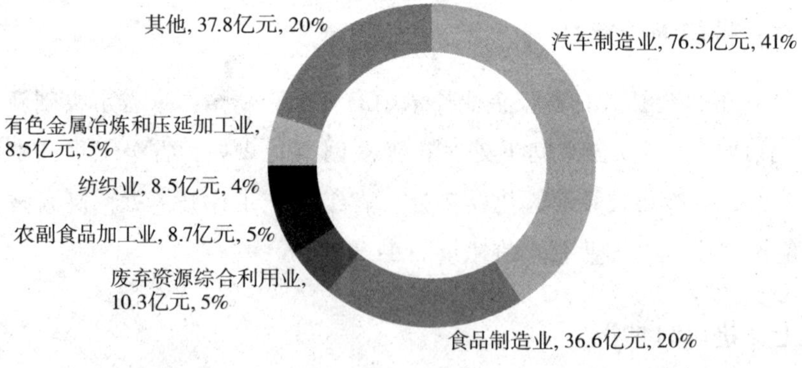

图8-14　2020年济宁市梁山县工业产业结构分布图

三、重点优势产业

专用汽车产业：全县企业达到130余家，具有年产专用汽车35万辆的能力，产品涵盖运输类、市政类、工程类及各种特种用途的专用汽车，共计1600余个品种、3800余个型号；零部件生产企业达到380余家，具有年产汽车零配件1800万件（套）的能力，本地配套率达65%，产品辐射全国并出口中东、东南亚、非洲、南美洲等70余个国家和地区。代表企业有华宇集团、通亚汽车等。2020年，全县专用汽车产量18.1万辆，营业收入369亿元。

四、产业集群及工业园区情况

专用汽车产业集群：已形成集研发、生产、检测、销售、物流配送及二手车交易等于一体的专用汽车产业集群，是全国重要的专用汽车产业集群。先后被评为全国产业集群区域品牌创建试点示范单位、国家产品质量提升示范区建设单位、国家火炬专用车特色产业基地。

稀土新材料产业集群：2020年设立“山东梁山稀土新材料产业园”，以中稀天马为龙头，引进南稀金石、烁成新材料等项目落地建设，形成了集稀土氧化物萃取、金属合金加工、磁材加工于一体的闭合产业链，稀土新材料产业集群初步形成。

绿色食品产业集群：是以生物制剂、调味品加工、肉类制品、酒水生产、农副产品加工为主的绿色产业集群。现有菱花生物、利生面粉、正大菱花、梁山酿酒总厂、108矿泉水、菱花凯鲜食品等15家代表企业。

酒曲产业集群：是梁山县乃至山东省的特色产业，有着30多年的历史，绝大部分企业集中在寿张集镇，主要涉及大曲加工、酶制剂加工、芝麻香型白酒专用大曲技术研发等，产品以中高温大曲、高温大曲、平板大曲、包包曲、高温酵母、酯化酶、窖泥功能菌、根霉、白曲、芝麻香型白酒专用大曲等为主，畅销30余个省市自治区，销量占全国总销量的60%左右。年产大曲类产品20万吨、酶制剂类产品5万吨，大曲类产品已申报“山东老字号”和“山东省著名商标”。目前拥有梁徐坊大曲、徐曙生物、徐氏生物、良友生物、徐旭酒曲等多家企业。

五、骨干企业情况

2020年，梁山县有规模以上工业企业192家，营业收入超过10亿元的企业有 2 家，营业收入合计 44.9 亿元，占全县规模以上工业企业营业收入的 24%。

菱花生物科技有限公司：产品涉及调味品、氨基酸、生物制品、绿色有机食品、有机肥料、生物饲料、电汽能源七大系列、100 多个品种。2020 年，实现营业收入 34.8 亿元。

梁山华宇集团汽车制造有限公司：主要从事改装车、半挂车、自卸车、油罐车、散装水泥车、混凝土搅拌车及特种作业车的生产。产品销往全国各地，部分产品出口俄罗斯、法国、东南亚、非洲等 20 多个国家和地区。2020 年，生产挂车 5580 辆，实现营业收入 4.8 亿元。

通亚汽车制造有限公司：是集产品设计、科研开发、生产销售于一体的大型汽车企业。主导产品有“通亚达”牌系列各类半挂车、下灰车、油罐车、铝合金罐车、不锈钢罐车、粉粒物料运输车、散装水泥车、环卫车等各种专用车、特种车。产品销往国内 30 余个省，部分产品销往澳大利亚、俄罗斯、非洲、东南亚、中亚等 40 多个国家和地区。2020 年，实现营业收入 4.3 亿元。

中稀天马稀土新材料有限公司：是集研发、加工处理于一体的钕铁硼废料“城市矿产”综合回收利用企业，主要生产氧化镨钕、氧化镝、氧化铽、氧化钆等稀土氧化物和其合金以及各种特性的化合物。2020 年，实现营业收入 10 亿元。

截至 2020 年底，全县共有省级以上制造业单项冠军企业 2 家，“专精特新”企业 19 家，“小巨人”企业 2 家，“瞪羚”企业 2 家。

六、科技创新能力

2020 年，全县共有省级企业技术中心 11 个。新增国家级科技平台 1 个。高新技术制造业产值占规模以上工业总产值的比重为 59.3%。

七、进出口情况

2020 年，全县进出口总额 13.3 亿元。其中，出口总额 12 亿元；进口总额 1.3 亿元。

第十三节　太白湖新区

济宁太白湖新区，位于济宁城区南部，面积约133平方公里，常住人口17万人。太白湖新区定位为行政商务中心、科教文化基地、休闲度假胜地、生态宜居新城，是未来济宁的城市新中心。

一、工业基本情况

2020年，太白湖新区地区生产总值47.9亿元，占全市GDP的1.1%。规模以上工业企业8家，实现营业收入18.5亿元。

二、工业产业结构

2020年，煤炭开采和洗选业营业收入9.7亿元，占全区规模以上工业企业营业收入的52.4%，居全区首位；电力、热力生产和供应业营业收入6.4亿元，占全区规模以上工业企业营业收入的34.6%，居全区第二位；以上两个行业合计占比87%，是全区工业经济发展的有力支撑。其他制造业营业收入1.8亿元，占全区规模以上工业企业营业收入的9.7%；其他大类行业相对较小，合计占比3.3%。

图8－15　2020年济宁市太白湖新区工业产业结构分布图

三、重点优势产业

2020年，全区有规模以上工业企业8家，分别为山东鲁泰控股集团有限公司、济宁任城中联水泥有限公司、济宁文通木业有限公司、山东恒旺集团有限公司、济三电厂、济宁北湖科技供热有限责任公司、济宁源盛包装容器有限公司、山东瑞恒昇道路材料科技有限公司。其中，电力公司1家，热力公司1家，高新技术企业2家。

四、骨干企业情况

山东鲁泰控股集团有限公司：是一家集化工、能源、新材料、供应链物流、管理输出、资源开发于一体的国有大型现代化企业集团。年生产离子膜烧碱36万吨、PVC37万吨、氯乙酸5万吨、水泥100万吨、岩盐120万吨、精制盐60万吨。2020年，鲁泰控股实现营业收入9.7亿元。

第十四节　经济技术开发区

济宁经济技术开发区位于济宁城区西部、京杭运河西岸，园区规划面积150平方公里，常住人口12万人，担负着济宁西部经济发展的重任。

一、工业基本情况

2020年，经济技术开发区地区生产总值67.9亿元，占全市GDP的1.5%。规模以上工业企业73家，实现营业收入105.5亿元。

二、工业产业结构

经济技术开发区工业主要有金属制品业，非金属矿物制品业，电力、热力生产和供应业，通用设备制造业，煤炭开采和洗选业，电气机械和器材制造业等，营业收入合计85.9亿元，占全区规模以上工业企业营业收入的81.4%；其他大类行业相对较小，营业收入合计占18.6%。

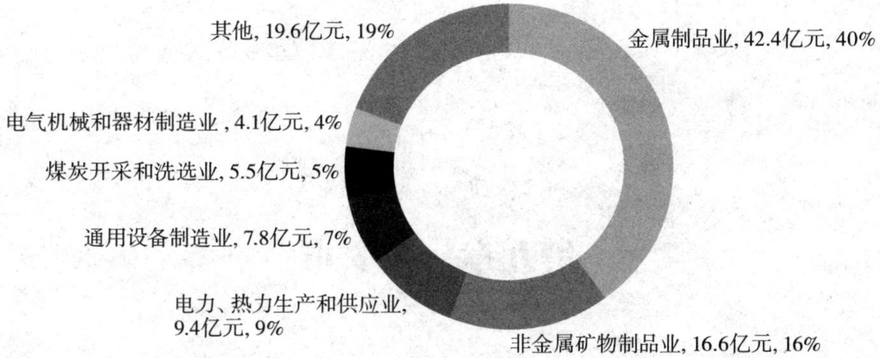

图8－16　2020年济宁市经济技术开发区工业产业结构分布图

三、重点优势产业

高端装备产业：全区拥有机械生产及配套企业50余家，涵盖工程机械、农业机械、数控机床、索具、模具、节能环保、教育装备、金属加工及销售等领域。神力索具公司80级索具的产销量、出口量均位居亚洲第一、世界第三；瑞祥模具公司生产工业模具和探伤试块，是国家模具标准的制定者；济宁经济技术开发区是鲁西南重要的钢管及制品生产加工基地。

四、骨干企业情况

2020年，济宁经济技术开发区有规模以上工业企业73家，营业收入超过亿元的企业有3家，其中，超过10亿元的企业有1家，营业收入合计27.5亿元，占全区规模以上工业企业营业收入的26.1%。

山东神力索具有限公司：产品有80级、100级链接双环扣、安全吊钩、链条调节器、强力（子母）环、80级、100级索具配件、矿用锻件、卸扣、电气化铁路配件等6000余个品规。产品销往全国30多个省市自治区，并自营出口到欧美、中东等80多个国家和地区。

第九章　泰安市

泰安市是国家重点风景名胜区，海拔 1532.7 米，有“五岳之首”“天下第一山”的美誉，是世界自然文化遗产。总面积 7761 平方公里，常住人口 547.2 万人，辖泰山区、岱岳区、新泰市、肥城市、宁阳县、东平县、泰安高新技术产业开发区、泰山景区、徂汶景区等 9 个区县（功能区）。

【泰安市经济总量】

2020 年，全市地区生产总值 2766.5 亿元。全年完成工业增加值 670.8 亿元。其中，肥城市、新泰市地区生产总值均超过 500 亿元。

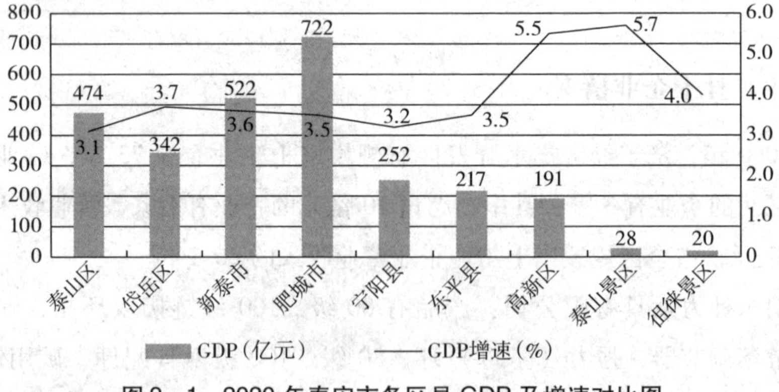

图 9－1　2020 年泰安市各区县 GDP 及增速对比图

【泰安市各区县工业经济】

2020 年，全市规模以上工业企业 937 家，实现营业收入 2136.1 亿元。其中，营业收入超过 300 亿元的区县有 3 个，分别是新泰市、肥城市、泰安高新区，三区县规模以上工业企业数量占全市总数的56%，营业收入占全市总营业收入的62%，利润总额占全市利润总额的54.6%。各区县营业收入超过100亿元的重点企业有4家，占全市规模以上工业企业营业收入的22%，分别是石横特钢集团有限公司、泰开集团有限公司、山东能源重型装备制造集团有限责任公司、瑞星集团股份有限公司。

表9-1　2020年泰安市各区县规模以上工业主要经济指标情况表

县（市/区）	企业单位数（家）	营业收入		利润总额	
		累计（亿元）	同比（%）	累计（亿元）	同比（%）
全市合计	937	2136.1	1.3	95.8	-9.1
泰山区	98	188.1	-1.0	10.6	22.8
岱岳区	126	254.8	12.1	25.5	312.9
新泰市	221	451.8	-12.4	-3.1	–
肥城市	202	485.2	1.1	27.2	-38.6
宁阳县	118	256.3	10.1	10.0	62.9
东平县	62	125.5	2.5	-2.0	–
泰安高新区	102	386.6	9.9	28.2	26.3
泰山景区	2	2.1	20.9	0.0	–
徂汶景区	6	4.0	1.7	0.1	-45.3

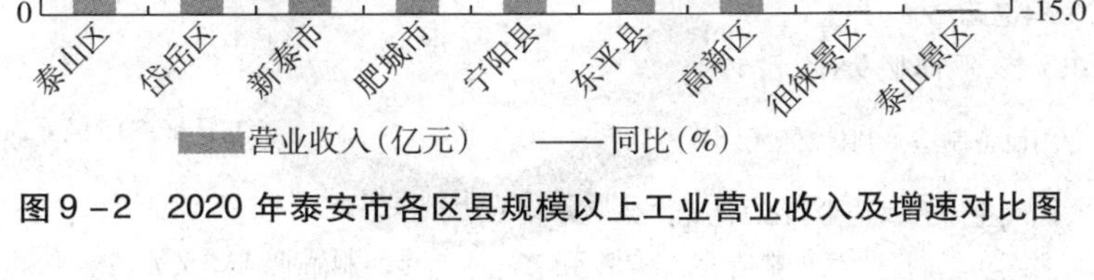

图9-2　2020年泰安市各区县规模以上工业营业收入及增速对比图

第一节　泰山区

泰山区是泰安市辖区，位于泰安市中部，北依泰山。面积 336.9 平方公里，常住人口 80 万人。泰山区矿产资源较为丰富，是泰安市的政治中心、经济中心、交通中心。

一、工业基本情况

2020 年，泰山区地区生产总值 473.7 亿元，占全市 GDP 的 17.1%，居全市第 3 位。全区实现工业增加值 77.8 亿元。规模以上工业企业 98 家，实现营业收入 188.1 亿元。

二、工业产业结构

泰山区工业主要有电气机械和器材制造业，纺织业，金属制品业，汽车制造业，燃气生产和供应业，专用设备制造业，纺织服装、服饰业，酒、饮料和精制茶制造业，农副食品加工业等，营业收入合计 153.9 亿元，占全区规模以上工业企业营业收入的 81.8%；其他大类行业营业收入合计占 18.2%。

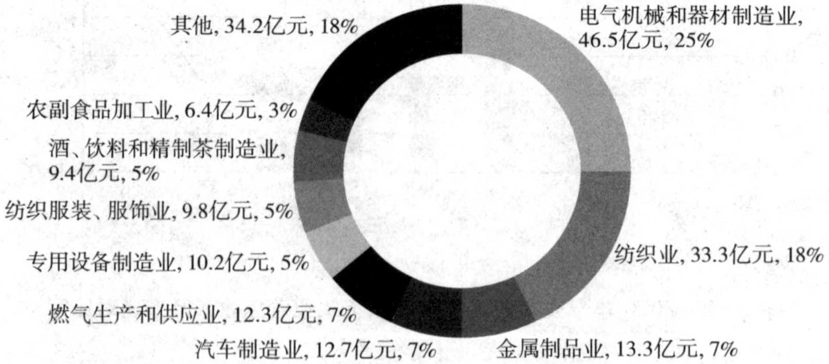

图 9-3　2020 年泰安市泰山区工业产业结构分布图

三、重点优势产业

电气机械和器材制造业：全区规模以上企业19家，主要涉及输变电设备等，代表企业鲁能泰山电力，主要产品有变压器等。2020年，实现营业收入46.5亿元。

纺织业：全区规模以上企业11家，产品涉及毛纺、织布、服装等，代表企业有康平纳集团、岱银集团、鲁普耐特集团等。2020年，实现营业收入45.1亿元。

汽车配件业：全区规模以上企业6家，产品涉及铝合金车轮、汽车零部件、散热器等，代表企业有泰安启程车轮、山东厚丰汽车散热器等。2020年，实现营业收入12.4亿元。

四、产业集群及工业园区情况

泰山工业园区：是省级工业园，入园工业企业达200多家，其中规模以上企业53家，形成了输变电设备、高端装备、纺织服装、生物制药、新型材料5大产业基地，包括以泰开集团、鲁能集团为代表的输变电装备制造产业集群；以岱银集团、康平纳集团为代表的纺织服装产业集群；以岳首集团、泽诚数控为代表的高端装备产业集群；以泰山啤酒、鲁抗制药、宝来利来生物工程为代表的食品及生物医药产业集群等。

五、骨干企业情况

2020年，泰山区规模以上工业企业98家，营业收入超过亿元的企业有13家，其中，超过10亿元的企业有3家，营业收入合计135亿元，占全区规模以上工业企业营业收入的71.8%。

山东康平纳集团：是集毛纺、智能染整装备研究与制造、智能染色服务于一体的综合性企业，是全国首个智能化染整成套设备制造基地。筒子纱数字化自动染色成套技术与装备荣获国家科技进步一等奖。康平纳已推出十二大系列、上千个新品种的面料产品，年均开发面料新产品600多个，主导产品毛粗纺休闲面料的国内市场占有率已超过30%。2020年，实现营业收入 26. 1 亿元。

山东岱银纺织服装集团：是集纺纱、织布、毛纺、服装、国际贸易、跨国经营于一体的现代化企业集团。产品远销全球 80 多个国家和地区。2020 年，实现营业收入 32. 9 亿元。

山东鲁能泰山电力有限公司：设计年生产能力 6000 万 KVA，可生产 750KV 级及以下油浸式电力变压器、发电机变压器、电厂用高厂变、启备变、110KV 级及以下干式变压器、铁路牵引变压器、整流变压器、电炉变压器、箱式变电站（美式、欧式）及其它特种变压器。公司产品遍布全国各地，涉及多个行业领域，并出口印度、俄罗斯、津巴布韦、越南、南非、赞比亚等 30 多个国家。2020 年，实现营业收入 16. 8 亿元。

截至 2020 年底，全区共有省级以上制造业单项冠军企业 6 家，“专精特新”企业 42 家，“小巨人”企业 3 家，“瞪羚”企业 11 家。

六、科技创新能力

2020 年，全区共有国家级企业技术中心 2 个，省级企业技术中心 28 个。新创建国家级试点示范项目 2 个、省级试点示范项目 2 个，省级中小企业公共服务示范平台 2 个，荣获山东优质品牌 14 个，省级以上专利奖项 3 个。

七、进出口情况

2020 年，全区进出口总额 48. 7 亿元。岱银集团主要向欧美、日韩、孟加拉国、柬埔寨、越南等国家和地区出口牛仔布、服装；鲁美汽车散热器公司主要向美国出口散热器。

第二节 岱岳区

岱岳区地处泰山之阳、汶河之滨，居齐鲁腹地。自然资源丰富，面积 917. 2 平方公里，常住人口 67. 5 万人。京沪高速铁路、京沪铁路纵贯南北，辛泰、泰肥、中南铁路横跨东西。

一、工业基本情况

2020 年，岱岳区地区生产总值 341.6 亿元，占全市 GDP 的 12.3%，居全市第 4 位。全区实现工业增加值 70.2 亿元。规模以上工业企业 126 家，实现营业收入 254.8 亿元。

二、工业产业结构

岱岳区工业主要有非金属矿物制品业、化学原料和化学制品制造业、农副食品加工业、金属制品业、食品制造业等，营业收入合计 204.4 亿元，占全区规模以上工业企业营业收入的 80.2%；其他大类行业营业收入占 19.8%。

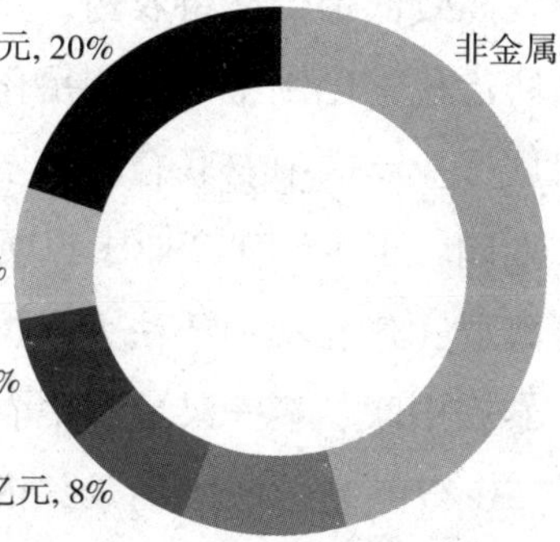

图 9－4　2020 年泰安市岱岳区工业产业结构分布图

三、重点优势产业

非金属矿物制品业：全区规模以上企业 27 家，产品主要有石膏板、玻璃等，代表企业有泰山石膏、泰山玻璃、泰安中联水泥等。2020 年，实现营业收入 117.4 亿元。

化学原料和化学制品制造业：全区规模以上企业 10 家，产品主要有杀虫剂、杀菌剂、锂离子电池材料等，代表企业有省联合农药、北大先行泰安科技等。2020 年，实现营业收入 25.4 亿元。

农副食品加工业：全区规模以上企业11家，产品主要有营养品、精制盐等，代表企业有泰安汉威集团有限公司、山东岱岳制盐有限公司等。2020年，实现营业收入21.7亿元。

四、产业集群及工业园区情况

高端装备和智能制造业集群：依托斯莱克、安车检测、普惠电子等企业，研制一批高端、智能、绿色专用装备。以鼎鑫冷却器、鼎梁智能应急装备、华伟重工为龙头，打造占地6.7平方公里的高端装备与智能制造产业园，向百亿级产业集群迈进。重点推进鑫国矿业工业机器人研发制造应用及矿用材料生产制造项目、贤城智造小镇、斯莱克智能制造产业园、欧力普新能源与自动化项目、众泰伟业数控电气设备项目等的建设。

高端化工产业集群：以中农联合为依托，打造绿色农药产业集群，推进农药产品升级，重点研发高效低毒低残留农药，建设环境友好型农药产业基地和国家级农业综合防治科学创制中心。岱岳化工产业园被认定为省级化工园区。重点推进汉威产业园、中农联合环境友好型农药生产研发基地、西尼尔催化剂助剂产业园、工企环保产业园等项目建设。

新一代信息技术产业集群：建有泰山政法大数据产业园、金融大数据备份中心。以泰山玻纤、泰安中联、泰安汉威、中农联合、斯莱克等企业为引领，在全区大力推广5G智能制造应用场景。依托泰山政法大数据产业园，建设系统定制性硬件生产基地，推进重点领域大数据的高效采集、有效整合、公开共享和应用拓展。

绿色建筑材料产业集群：绿色建筑材料是将电厂烟气脱硫后产生的废料、冶炼废渣等进行创新研发，采用新工艺、新设备生产绿色环保材料，代替了传统天然石膏等自然资源，产品具有清洁环保、经济效益高等特点，属于省“十强”产业新材料领域。以泰安大汶口工业园为核心，依托龙头企业泰山石膏股份有限公司，集聚了泰石岩棉、联强远大住工、博罗石膏、长鑫物流等133家上下游企业，形成完整的绿色建筑材料产业链。该产业集群拥有国家专利526个、省级制造业单项冠军、省级瞪羚企业、专精特新企业、中国驰名商标等荣誉34项。2020年，集群内133家企业的总营业收入达到110.1亿元。

五、骨干企业情况

2020年，岱岳区有规模以上工业企业126家，营业收入超过亿元的企业有12家，其中，10亿~50亿元的企业2家，过50亿元的企业2家，营业收入合计135亿元，占全区规模以上工业企业营业收入的71.8%。

泰山石膏有限公司：主要产品有各种规格的纸面石膏板、装饰石膏板、轻钢龙骨及配件等。公司参与建设了上海东方明珠塔、国家体育场“鸟巢”、上海浦东国际机场、山东电视大厦、北京奥体中心、南京紫峰大厦等著名建筑。2020年，实现营业收入86.2亿元。

泰山玻璃纤维有限公司：主导产品为无碱玻纤无捻粗纱系列、短切毡、方格布、风电叶片用多轴向经编织物、热塑性短切纤维、热塑性长纤维、耐酸型的无碱无硼TCR纤维、电子级细纱等，广泛应用于建筑、交通运输、电子电器、航空航天等国民经济各个领域，远销美国、西欧、加拿大、中东、南非等70多个国家和地区。2020年，实现营业收入69.4亿元。

截至2020年底，全区共有省级以上制造业单项冠军企业13家，“专精特新”企业53家，“小巨人”企业5家，“瞪羚”企业14家。

六、科技创新能力

2020年，全区共有国家级企业技术中心2个，省级企业技术中心28个。省级研发平台达到30家，其中有2家企业获山东省科技进步三等奖。全区高新技术产业产值占规模以上工业总产值比重的55.3%。

七、进出口情况

2020年，全区进出口总额38.3亿元。主要出口产品有工程机械、玻璃纤维拉丝制品、棉纱、服装、速冻蔬菜、脱水蔬菜等，出口美国、东南亚、中东、澳大利亚、日本、俄罗斯等131个国家和地区。

第三节 高新技术产业开发区

泰安高新技术产业开发区2012年被国务院批准为国家高新技术产业开发区，面积277平方公里，常住人口22.5万人，是泰安市经济建设的主战场、动能转换的主阵地、双招双引的主平台。

一、工业基本情况

2020年，泰安高新技术产业开发区地区生产总值191.2亿元，占全市经济总量的6.9%，居全市第7位。规模以上工业企业102家，实现营业收入386.6亿元。

二、工业产业结构

泰安高新技术产业开发区工业主要有电气机械和器材制造业，汽车制造业，专用设备制造业，食品制造业，医药制造业，金属制品业，通用设备制造业，化学原料和化学制品制造业，电力、热力生产和供应业等，营业收入合计344.4亿元，占全区规模以上工业企业营业收入的89.1%；其他大类行业营业收入合计占10.9%。

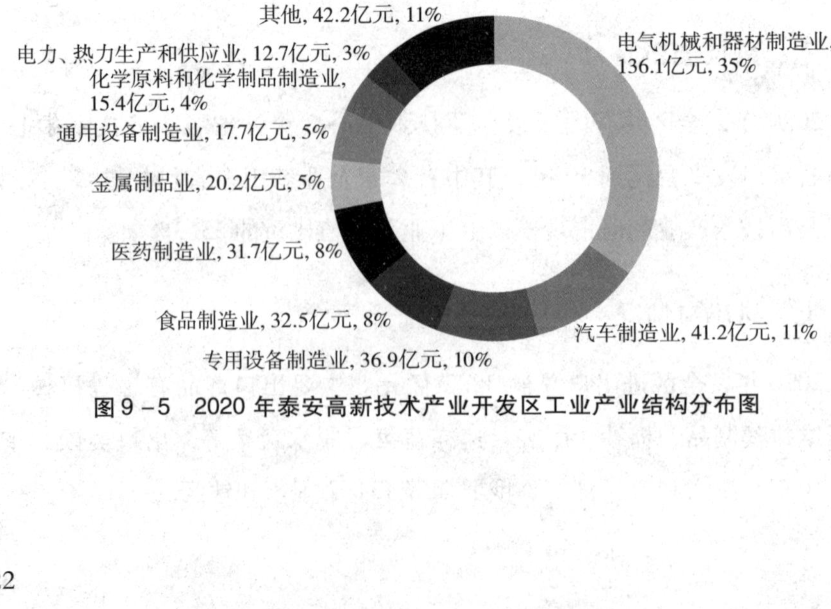

图9－5 2020年泰安高新技术产业开发区工业产业结构分布图

三、重点优势产业

电气机械和器材制造业：全区规模以上企业 28 家，主要涉及输变电设备等，代表企业有泰开集团、鲁能奥特等。2020 年，实现营业收入 136.1 亿元。

汽车制造业：全区规模以上企业 6 家，产品有客车、重型卡车、轿车及汽车零部件等。代表企业有泰安青年汽车。2020 年，实现营业收入 41.3 亿元。

医药制造业：全区规模以上企业 3 家，主要涵盖生物制药、中药、化学药、医疗器械四大领域，包括泰邦生物、京卫制药、健通生物、泰控医疗、泰华生物、芝人堂药业、元裕生物等企业，其中泰邦生物是在美国纳斯达克上市的血液制品企业。2020 年，实现营业收入 31.7 亿元。

四、产业集群及工业园区情况

山东泰安高新技术产业园区：是以现代工业、高新技术产业为主导的现代化工业新城区，是山东省人民政府批准设立的十大高新区之一。重点发展汽车及零配件、机械设备、食品医药、电工电气、新材料等产业，已形成汽车及零部件、输变电设备、矿山设备、食品医药、新材料、电子信息六大特色产业园区。汽车及零部件产业园，重点发展专用车、特种车、工程机械车以及轿车、轻卡、商务车等整车主导产品及核心零部件，将建设成为集整车及零部件研发、生产、销售于一体的山东省重点整车及零部件生产基地。输变电设备产业园，依托国家火炬计划输变电器材特色产业基地优势，重点发展高压开关成套设备、“双百万”变压器、互感器、变电站自动化控制系统、配网自动化系统、高压电缆等主导产品。矿山设备产业园，重点发展国家鼓励的矿用综合采掘、运输提升、洗选设备，以及拥有自主知识产权的煤矿安全监测系统，引进和培育一批矿用掘进设备、采煤成套设备、煤矿安全设备、智能化仪表仪器、大型通风设备、成套传输装置、高产高效优化装备研发和生产类骨干企业，是国家矿山装备高新技术产业化基地。食品医药产业园，重点发展医用气雾剂、皮质激素以及各类新型药物、生物保健品等。新材料产业园，重点发展工业织物用纱和膨体纱，热塑性塑料增强用纱和短切纤维，电子电气领域绝缘系列高质量新品种，不断加大玻纤终端产品的比重，做大做强玻纤产业。电子信息产业园，作为山东省电子信息产业园之一，重点开发应用软件、信息网络设备和系统集成，开展信息技术服务业务，建立独具特色的电子信息产业发展基地，培育和扶持有规模、有实力的信息服务和电子信息产品制造企业。园区企业有日本古河随车起重机、中关村东华合创、青年汽车、新凯汽车、鲁峰汽车、泰开电气、蒙牛乳业、奥博华电子、中国重汽集团、山东煤机集团、京卫制药等。

五、骨干企业情况

2020 年，泰安高新技术产业开发区有规模以上工业企业 102 家，营业收入超过亿元的企业 16 家，其中，10 亿 ~ 50 亿元的企业 9 家，超过 100 亿元的企业 2 家，营业收入合计 243 亿元，占全区规模以上工业企业营业收入的 62.9%。

泰开集团有限公司：是国内外知名的一站式输变电产品供应商，产品线覆盖低压、中压、高压、超高压、特高压全电压等级，包括开关、变压器、开关柜、电站自动控制、电线电缆等全系列产品。产品销往全国各地区，服务于电力、新能源、铁路、冶金、石化、煤炭、数据中心等多个行业。目前产品已出口到美国、俄罗斯、印度、巴基斯坦、巴西、波兰、非洲、南美等 70 多个国家和地区，并在印度实现本土化生产。2020 年，实现营业收入 161.1 亿元。

山东能源重型装备制造集团有限责任公司：主要产品有矿山采、掘、运、洗选设备，矿用机械设备，风力发电机，变压器，仪器仪表，机械（不含起重机械）等，出口南亚、东南亚、西亚和美洲、大洋洲等地区。2020 年，实现营业收入 115.4 亿元。

泰山集团股份有限公司：是一家设计制造工业锅炉、电站锅炉、锅炉辅机、压力容器、锅炉安装运输、电缆、电车线、船舶制冷等机械机电产品的国家大型企业集团。集团自行研制开发的 DZL、SZL、WNS 和 QXL 系列锅炉产品和高强度单、双向拉伸土工格栅生产设备及产品被国家经贸委评为国家级新产品，13种工业锅炉产品被评为国家优秀节能产品。2020年，实现营业收入43.6亿元。

山东泰邦生物制品有限公司：是山东省重要的血液制品公司，国内知名的单体血液制品企业之一，是拥有血浆资源最丰富的公司之一，具有国内先进的生产工艺设备保障，采用超国际标准的质量控制标准和全球最严格的质量标准管理原料血浆，生产的所有产品100%合格。目前主要是以血液制品、生化制药为主，拥有血液制品和小容量注射剂两个GMP生产车间。2020年，实现营业收入24.8亿元。

六、科技创新能力

2020年，全区共有省级企业技术中心8个，省级院士工作站1家，省级新型研发机构8家，山东省工程实验室2家，“一企一技术”研发中心5家，省级制造业创新中心1家。

七、进出口情况

2020年，全区完成出口交货值5.5亿元；主要出口产品有机电产品、纺织服装、其他可变电阻器等，主要出口日本、印度、非洲等国家和地区。

第四节　新泰市

新泰市位于山东省中部，面积1946平方公里，常住人口127.3万人。全市煤炭资源丰富。

一、工业基本情况

2020年，新泰市地区生产总值522.1亿元，占全市GDP的18.9%，居全市第2位。全市实现工业增加值162亿元。规模以上工业企业221家，实现营业收入 451.8 亿元。

二、工业产业结构

新泰市工业主要有煤炭开采和洗选业，电气机械和器材制造业，农副食品加工业，化学原料和化学制品制造业，专用设备制造业，石油、煤炭及其他燃料加工业，通用设备制造业，汽车制造业，电力、热力生产和供应业，非金属矿物制品业等，营业收入合计 399 亿元，占全区规模以上工业企业营业收入的 88.3%；其他大类行业营业收入合计占 11.7%。

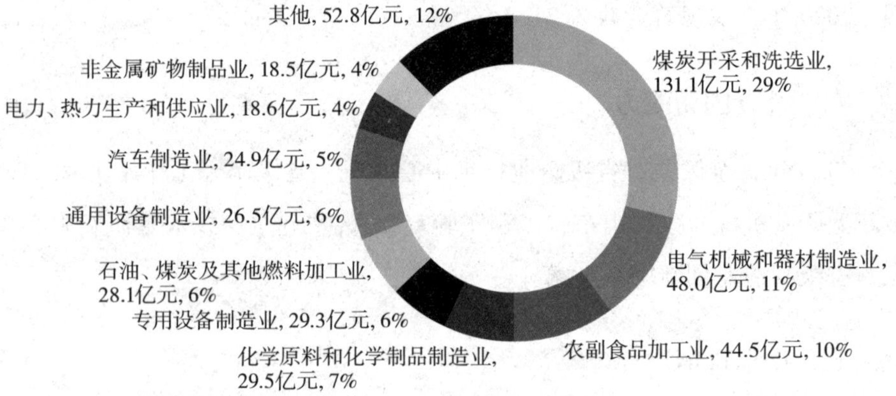

图 9－6　2020 年泰安市新泰市工业产业结构分布图

三、重点优势产业

煤炭开采和洗选业：全市规模以上企业 14 家，主营煤炭。代表企业有新汶矿业集团等。2020 年，实现营业收入 131.1 亿元。

电气机械和器材制造业：全市规模以上企业 11 家，产品主要有电线电缆等，代表有企业泰山电缆等。2020 年，实现营业收入 48 亿元。

农副食品加工业：全市规模以上企业 17 家，主营食品、禽类屠宰加工等，代表企业有众客食品等。2020 年，实现营业收入 44.5 亿元。

四、产业集群及工业园区情况

输变电设备产业集群：是山东省首批电线电缆出口基地，输变电设备企业在全国同行业中拥有较高的知名度，特变鲁缆、赛特电工、昭和电工、爱克电缆、金瑞电气等13家骨干企业的产品市场占有率较高。2020年，实现产值47.1亿元，行业占比为12.4%。

汽车装备产业集群：新泰市是全国中、重型汽车零部件生产基地，以齿轮、变速箱、制动器、前后桥、发动机连杆、转向节臂为主导产品。形成了以山东润通齿轮集团有限公司、山东德泰机械制造集团有限公司为龙头企业，以本途汽车、森宇精工、恒泰车桥、安途制动、和新精工等12家企业为骨干的产业格局。2020年，实现产值40.8亿元，行业占比为10.8%。

起重机产业集群：以羊流智能起重小镇为中心，规划建设了起重产业博览中心，持续打造全国知名的起重机械制造基地。主要生产欧式、船舶、港口等大吨位、智能化系列起重机。龙头企业为龙辉起重、光明起重集团、天力起重、中扬机械等26家骨干企业。2020年，实现产值14.2亿元，行业占比为3.8%。

矿山设备产业集群：新泰市是全国矿山设备再制造示范基地、全省优质矿用机械设备及配件生产基地，产品覆盖矿山采掘、提升、支护、运输、避险、机电等领域，建有国家级技术中心，是以山能重装为主的生产基地。近年来，集群发挥山能重装矿山设备再制造生产基地的龙头带动优势，带动泰山天盾、中选机械、中大机械等企业上下游配套，打造了“合金材料—激光器—熔覆设备—3D打印—成套设备循环制造”再制造产业链。拥有新媒机械、焱鑫矿用材料、兴发矿机、新鼎机械等37家骨干企业。2020年，实现产值23.8亿元，行业占比为6.3%。

高端化工产业集群：是全国重要的染料、颜料中间体和溶剂类化工产品生产基地，市循环经济产业示范区是全省第一批化工园区。依托正大新能源、科赛尔化工、日进化工、三和维信等重点企业，主要发展新型煤电化循环经济、绿色化工。2020年，实现产值47亿元，行业占比为12.4%。

新材料产业集群：重点培育发展综合创新性新材料、可降解材料、高强度材料、无菌包材和新型建材材料，建成了华能光纤产业园、宗源科技改性橡胶高分子材料、同益中特种纤维复合材料、掘色新材料、富盈可降解高分子材料等重点项目，新巨丰无菌包材位居世界前三。2020 年，新材料产业完成产值 22.4 亿元，行业占比 5.9%。

五、骨干企业情况

2020 年，新泰市有规模以上工业企业 221 家，营业收入超过亿元的企业有 19 家，其中，10 亿～50 亿元的企业有 9 家，超过 50 亿元的企业有 1 家，营业收入合计 301.8 亿元，占全市规模以上工业企业营业收入的 66.8%。

新汶矿业集团有限公司：是一家以煤炭、煤化工、物流贸易、现代服务业为主体产业的大型企业集团。煤炭产品主要有冶炼精煤、动力精煤、洗混煤、混煤、块煤等，煤种有肥煤、气煤、气肥煤、1/3 焦煤等，与宝武钢铁、山钢、潍焦等大型钢铁、焦化企业建立了长期密切的战略合作关系。2020 年，实现营业收入 87.5 亿元。

特变电工山东鲁能泰山电缆有限公司：是国内重要的电线电缆生产、研制、出口基地之一。公司目前可生产五大类、400 多个型号、20000 多种规格的电线电缆产品，其中，110KV 交联电缆为国内首家通过“两部”鉴定的产品；220KV 交联电缆为国内首家投入电网运行的产品；220KV 智能电缆为国内首创并大批量投入运行；1000KV 级耐热型扩径母线为国内最高电压等级架空导线新产品，成为国内首条特高压示范线路供货商。2020 年，实现营业收入 36.5 亿元。

山东润通齿轮集团有限公司：现拥有锻造、铸造、齿轮、汽车配件等四个加工部门和一个中心实验室。公司开发了风力发电设备变速齿圈、重型拖拉机车桥齿轮、大型客车缓速器等新产品，现已出口法国、德国、意大利等国家。公司研制开发了 7 大系列、100 多个品种的产品，形成了以重型卡车桥箱、变速箱齿轮为主，其他精密齿轮、汽车配件为辅，多行业并举、优势互补的产品发展格局，现已拥有中国重汽、中国一汽、北方奔驰、潍柴动力、青岛青特、中国陕汽等稳定的客户群。2020 年，实现营业收入 11.2 亿元。

截至 2020 年底，全市共有省级以上制造业单项冠军企业 10 家，“专精特新”企业50家，“小巨人”企业3家，“瞪羚”企业4家。

六、科技创新能力

2020年，全市共有国家级企业技术中心1个，省级企业技术中心31个，国家级众创空间2家，省级新型研发机构3家，重点实验室1家，国际科技合作平台2家，院士工作站5家，产业技术创新战略联盟1家，科技企业孵化器1家，省级农业科技园区。

七、进出口情况

2020年，全市进出口总额29.7亿元。其中，进口总额9.9亿元；出口总额19.7亿元。出口产品主要包括机电设备、纺织服装、轻工类、化工类等，出口主要国家有美国、韩国、法国、印度、俄罗斯、英国等。

第五节　肥城市

肥城是资源丰富的鲁中宝地，闻名中外的肥桃之乡。面积1277平方公里，常住人口98.4万人。

一、工业基本情况

2020年，肥城市地区生产总值721.5亿元，占全市GDP的26.1%，居全市首位。全市实现工业增加值175.5亿元。规模以上工业企业202家，实现营业收入485.2亿元。

二、工业产业结构

肥城市工业主要有黑色金属冶炼和压延加工业、非金属矿物制品业、化学原料和化学制品制造业、煤炭开采和洗选业、农副食品加工业、金属制品业等，营业收入合计393亿元，占全市规模以上工业企业营业收入的81%，其他大类行业，营业收入合计占19%。

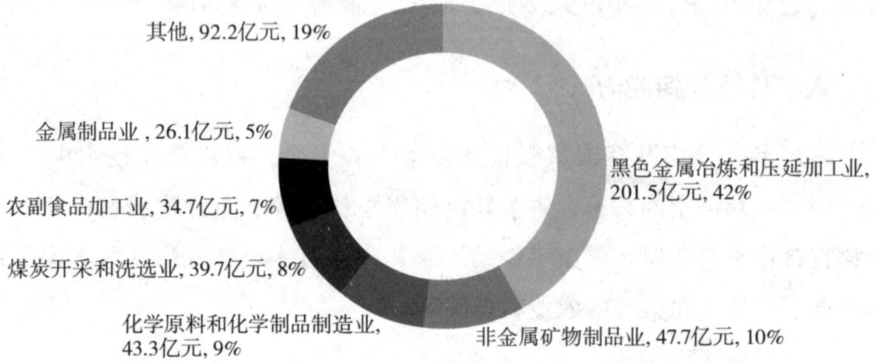

图 9－7　2020 年泰安市肥城市工业产业结构分布图

三、重点优势产业

特种钢铁产业：钢铁产业是全市主导产业之一，是工业强市的重要支撑。产品有棒材、线材、型材等，钢铁年产能 465 万吨，代表企业石横特钢。

高端化工产业：是肥城的重要产业，甲酸、纤维素、工程胎、腐植酸肥料等产品行销全国，目前已经基本形成以省级化工园区为主体，瑞福锂业、农大肥业 2 个监控点为两翼，锂盐、纤维素醚、生态肥料、甲酸、生物医药、电子级环氧树脂 6 大特色产业为支柱的“1＋2＋6”发展格局。农大肥业活性腐殖酸肥料、瑞福锂业锂盐、阿斯德科技甲酸、一滕新材料建材级纤维素醚、德源环氧公司酚醛环氧树脂等产能居全国前列。

新材料产业：以泰鹏集团、联谊公司、鲁泰科技、索力得焊材为龙头，以昌盛石墨、麦特瑞尔、中稀依诺威、得尔欣等骨干企业为支撑，主要涵盖土工新材料、先进纺织新材料、建筑新材料、复合新材料等领域，其中，聚酯纺熔非织造材料，塑料土工格栅、精编土工格栅，特种焊接材料的市场占有率均居全国前列。

传统优势产业：依托金塔机械、云宇集团、傲饰集团、银宝公司、富世康、精制盐厂等骨干企业，逐步引进培育胜利盐业、科创矿山设备、福宽生物、军成机械、腾阳智能设备等企业，涵盖装备制造、纺织服装、食品加工等产业领域。金塔集团是中国轻工业装备制造行业三十强企业，主持制定、修订国家行业标准3项，蒸馏节能设备的市场占有率居全国前列。

四、产业集群及工业园区情况

岩盐医养健康产业集群：是以岩盐材料制造、盐穴压缩空气储能为主，以仓储物流信息电商服务平台企业为辅的百亿规模产业集群。集群规划面积6.27平方公里，已探明储量岩盐50.2亿吨，储量位居全国第一，是全国重要的井矿盐生产基地。集群以精制盐厂、海晶盐化、胜利盐业、光明岩盐以及中储国能（山东）电力能源有限公司百兆瓦级先进压缩空气储能电站项目、山东肥城压缩空气储能调峰电站项目为龙头，以工业盐、食用盐、药用盐、畜牧盐、高端洗化盐、盐穴压缩空气储能等为主要产品，形成了集成品加工、上游原材料生产和下游应用企业以及园区服务、仓储、物流、运输、电子商务和检验检测等于一体的产业体系。集群拥有企业108家，其中，规模以上企业22家，主导产业营业收入连续三年居全省同行业第一位。集群拥有国家高新技术企业7家，院士工作站2家，省级以上工程技术中心、企业技术中心及工程研究中心（研究院）10家；省级“专精特新”企业9家，市级技术研发创新企业23家。集群拥有授权专利136件，其中，发明专利16件，实用新型专利116件，著作权4件。

高新技术产业开发区：优势产业为高端装备制造、新材料、食品加工、纺织服装、装配式建筑。高端装备制造产业，以云宇集团、金塔机械、鑫福源机械等15家企业为骨干，形成了工程机械及配件、汽车零部件等产品链条，是全国重要的特种桥箱生产基地、制动器生产基地。新材料产业，以联谊、大庚等企业为骨干，形成了全国重要的工程格栅生产基地。纺织服装产业，以泰鹏集团、麦特瑞尔、傲饰集团等企业为骨干，有纺和无纺相互补充，形成了无纺材料、服装定制及功能性家纺齐头并进的生产局面。装配式建筑产业，以鲁泰建材、致远建材等企业为骨干，依托全市建安业发展优势，打造国内领先的绿色装配式建筑产业园。食品加工产业，以福宽生物、台湾嘉安远隆等企业为骨干，建成江北地区重要的淀粉糖生产基地。

经济开发区（边院镇）：重点发展盐穴储能、智能装备制造、电子电路、汽车配件产业。依托50.2亿吨岩盐储量，形成了年制盐700万吨的规模，运用每年产生的约300万立方米盐穴空间，大力发展盐穴储能产业，包括正在实施葛洲坝、中储国能等储能项目。高端装备产业园目前落地仁达民防、品工智能等6个项目；汽车配件产业园已落地精密齿轮智能制造、重卡油封座圈等6个项目；电子电路产业园计划引进10～12家电子线路板企业，打造山东重要的专业线路板生产基地。

石横镇化工产业园：主导产业为高端化工、装备制造、特种材料，是省级化工园区。2019年入选国家级“中韩绿色园区”建设试点，是甲酸生产基地、纤维素醚生产基地、环氧树脂生产基地和烯丙基胺生产基地。高端化工产业，主要生产纤维素、环氧树脂、甲酸、氯化铵、有机溶剂稀料等精细化工产品和烯丙基胺、芴酮、泛酸钠等医药中间体系列产品。

环保工业园：主导产业为锂电新材料、资源循环利用和环保装备制造，是省级新旧动能综合实验区联动区，中节能集团战略合作的落地项目聚集区，同时也是国家级资源循环利用基地主导区。

五、骨干企业情况

2020年，肥城市有规模以上工业企业202家，营业收入超过亿元的企业有18家，其中，10亿～50亿元的企业有5家，超过百亿元的企业有1家，营业收入合计136.8亿元，占全市规模以上工业企业营业收入的28.2%。

石横特钢集团有限公司：是一家集焦化、炼铁、炼钢、轧钢、发电、机械制造、民间资本、钢铁物流于一体的大型钢铁联合企业。目前石横特钢已形成棒材、线材、型材三大产品体系，锚杆钢筋的国内市场占有率达到50%，电力角钢的国内市场占有率达到30%，精轧螺纹的国内市场占有率达到25%，均位列行业第一。螺纹钢、圆钢、精轧螺纹钢筋、型材等产品，成功打入奥运场馆、雄安新区、京沪高铁、青藏铁路、石岛湾核电站、港珠澳大桥、京港澳高速、南方电网等国家重点建设项目。2020年，石横特钢实现营业收入194亿元。

山东索力得焊材股份有限公司：是从事焊丝科研开发和生产销售的企

业，主导产品“索力得”牌焊丝现有产能30万吨。焊丝产品已形成气保焊丝、埋弧焊丝、氩弧焊丝、耐候钢焊丝、药芯焊丝、不锈钢焊丝六大系列、几百个品种。产品广泛应用于高速机车、船舶、工程机械、压力容器、煤矿机械、桥梁建筑、电力设备等制造行业的多个领域，形成了以华东地区为核心，辐射全国各大中城市的市场营销网络，并出口德国、英国、澳大利亚、俄罗斯、巴西、埃及等50多个国家和地区。2020年，实现营业收入16亿元。

肥城矿业集团有限责任公司：是国有大型一类企业，是全国煤矿质量标准化的发源地。2020年，实现营业收入8.2亿元。

山东一滕新材料股份有限公司：是全国重要的纤维素醚研发生产基地，是一家集纤维素醚、污泥焚烧发电、磷酸铁锂等产品生产于一体的多元化综合性企业。公司主要产品HPMC、PAC、CMC等被广泛用于涂料、建筑、食品、个人护理、医药等多个领域，产品远销英国、美国、德国、加拿大、俄罗斯、中东等20多个国家和地区。2020年，实现营业收入4亿元。

截至2020年底，全市共有省级以上制造业单项冠军企业12家，“专精特新”企业72家，“小巨人”企业3家，“瞪羚”企业6家。

六、科技创新能力

2020年，全市共有省级企业技术中心24个。新增地理标志证明商标1件、集体商标3件，获评山东优质品牌19个、山东知名品牌24个，取得重要科技成果30项。高新技术产业产值占规模以上工业总产值比重达到62.3%。

七、进出口情况

2020年，全市进出口总额37.4亿元。其中，出口总额24.2亿元；进口总额13.2亿元。实际使用外资金额6108万美元。

第六节　宁阳县

宁阳县位于鲁中偏西，泰安市南部。面积 1125 平方公里，常住人口 83 万人，矿产资源丰富。

一、工业基本情况

2020 年，宁阳县地区生产总值 251. 8 亿元，占全市 GDP 的 9. 1% ，居全市第 5 位。全县实现工业增加值 61 亿元。全市规模以上工业企业 118 家，实现营业收入 256. 3 亿元。

二、工业产业结构

宁阳县工业主要有电气机械和器材制造业，化学原料和化学制品制造业，石油加工、炼焦及核燃料加工业，非金属矿物制品业，金属制品业，农副食品加工业，专用设备制造业，造纸及纸制品业，汽车制造业，纺织服装、服饰业等，营业收入合计 214. 3 亿元，占全县规模以上工业企业营业收入的 83. 6% ；其他大类行业营业收入合计占 16. 4% 。

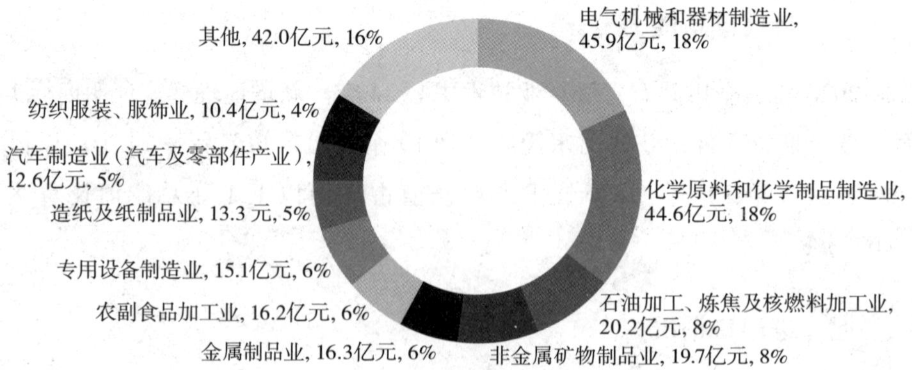

图 9 –8　2020 年泰安市宁阳县工业产业结构分布图

三、重点优势产业

电气机械和器材制造业：全县规模以上企业3家，产品主要有蓄电池、电子灯具、电线电缆等，代表企业有超威集团、宝胜电缆等。2020年，实现营业收入45.9亿元。

化学原料和化学制品业：全县规模以上企业12家，以无机化工、煤化工为基础，以精细化工和生物化工为发展方向，大力发展循环经济，打造节能、环保、清洁、可循环利用的化工产业。代表企业有晋煤明升达、华阳农药、泰安圣奥等。2020年，实现营业收入44.6亿元。

四、产业集群及工业园区情况

绿色高端化工产业集群：依托省级化工产业园，大力发展现代煤化工产业，培育形成了精细化工、合成材料、焦化产品深加工产业链。做优精细化工，加快新型抗体、蛋白及多肽等生物药研发和产业化，建设医药中间体产业园。壮大生物化工，扩大生物酶的生产规模，发展具有潜力的其他生物酶生产，提高资源综合利用水平，建设国家生物酶生产基地。

高端装备制造产业集群：发挥宝胜电缆、塔高机械、力博重工、嘉意机械、乾泰精密铸造、金茂机械等企业的引领作用，加快产品结构调整，推进成套化、高端化、智能化发展。引导扶持乾泰精密铸造重点发展矿用机械、装载机、挖掘机、压路机、起重机、重型卡车等配套产品，成为山东能源集团独家精密铸造加工基地。

绿色建材产业集群：以宁阳绿色建材产业园项目为龙头，以鲁珠集团、明珠新材料、彩山铝业等为骨干，促进新型建材制品规模扩张，全力打造绿色建材生产基地。以“绿色矿山、高端园区、清洁生产、循环经济、长远发展”为总体布局，加快推进锈石产业园区的规划和基础设施建设，打造“可持续、大集群、全链条”的绿色锈石产业园。以鑫阳升绿色建材基地、富邦高档装饰板材项目为龙头，发挥阳升、闽兴等骨干企业的示范带动作用，对石材开采和加工企业进行整合提升，打造绿色石材工业园区。

新能源产业集群：发挥电池组件产品优势，整合化工制氢资源优势，打造氢能智能制造产业园、泰山氢能产业园，推动实施恒信高科氢气岛、明升达合成气制氢提纯等重大项目，引导能源企业向氢能产业转型升级，推动实现大规模低成本煤化制氢。

钢球产业集群：发挥“中国钢球之乡”“省级产业集群”的名片作用，以堽城“省级特色产业镇”为核心，重点发展高碳钢、铬钢（轴承钢）、不锈钢等高档次钢球。实施品牌战略，壮大中瑞、超越、瑞福德、海狮、天锋、圣港工贸、新东工贸等龙头企业，重点培育“金狮”“金宇”“金龙”“海狮”“超越”“华通”“三彩”等知名品牌，支持企业申报全国名牌产品。集群拥有钢球生产企业230家，年产量85万吨，营业收入150亿元。目前，堽城镇已成为世界微球最重要的生产销售基地。产品级别从G1000级发展到G5级，规格从78mm发展到0.3mm，拥有碳钢球、轴承钢球、不锈钢球、金球、银球、铜球、锌球、铝球、碟球、塑料球、电镀球、卫星球等30多个种类产品。产品出口美国、巴西、日本、欧洲等20多个国家和地区，年出口钢球50多万吨，占成品球的50%以上。钢球产业拥有院士工作站1个，省级“一企一技术”研发中心6个，高新技术企业5家，“专精特新”企业10家；获得各类专利100个，成果转化10项。

五、骨干企业情况

2020年，宁阳县有规模以上工业企业118家，营业收入超过亿元的企业有15家，其中，超过10亿元的企业有8家，营业收入合计176.3亿元，占全县规模以上工业企业营业收入的68.8%。

山东超威电源有限公司：具有1000万只产阀控式铅酸密封蓄电池的年生产能力，是江北的蓄电池生产基地。产品为铅酸蓄电池、直流UPS电源组装、电子传感器、电子灯具、铅酸蓄电池的原辅材料等。“超威”牌是国内知名品牌，系列产品已成为国内多家名牌电动车的定制专用蓄电池。2020年，实现营业收入35.1亿元。

山东恒信高科能源有限公司：现已投资36亿元，是年产120万吨焦炭、15万吨甲醇以及甲醇制乙醇、氢能源等的新能源、新材料项目，并形成循环经济产业园，主要建设苯加氢、焦油加氢、甲醇制乙醇等工程。2020年，实现营业收入17亿元。

截至2020年底，全县共有省级以上制造业单项冠军企业3家，“专精特新”企业8家，“小巨人”企业1家，“瞪羚”企业3家。

六、科技创新能力

2020年，全县共有省级企业技术中心12个，国家星创天地2家，省级工程技术研究中心4家，省院士工作站3家，省国际科技合作基地1家，省级一企一技术研发中心1家，省级企业技术中心11家，省级工程实验室4家，省级重点实验室1家。高新技术产业产值占规模以上工业总产值的比重达到43.2%。

七、进出口情况

2020年，全县进出口总额16.6亿元。其中，出口总额15.8亿元；进口总额0.8亿元。主要出口化工产品（农药原药、橡胶防老剂6PPD、环境消毒剂）、服装等，主要出口美国、巴西、印度、日本等国家。

第七节 东平县

东平县位于山东省西南部，面积1343平方公里，常住人口68.7万人，是国家与省“一区一圈一带”（中原经济区、省会城市群经济圈、鲁西经济隆起带）三大战略叠加区。

一、工业基本情况

2020年，东平县地区生产总值216.9亿元，占全市GDP的7.8%，居全市第6位。全县实现工业增加值61亿元。全县规模以上工业企业62家，实现营业收入125.5亿元。

二、工业产业结构

东平县工业主要有化学原料和化学制品制造业、农副食品加工业、非金属矿物制品业、造纸和纸制品业、非金属矿采选业、橡胶和塑料制品业等，营业收入合计 108.4 亿元，占全县规模以上工业企业营业收入的 86.4%；其他大类行业营业收入合计占 13.6%。

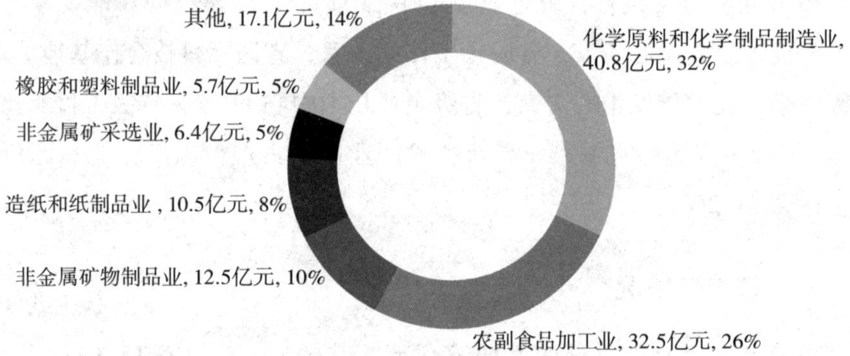

图 9－9　2020 年泰安市东平县工业产业结构分布图

三、重点优势产业

化学原料和化学制品制造业：全县规模以上企业 5 家，主要涉及粉煤气化行业等，代表企业有瑞星集团等。2020 年，实现营业收入 40.8 亿元。

农副食品加工业：全县规模以上企业 7 家，主营白酒、食用油、湖产品等，代表企业有中益汇海、水泊食品等。2020 年，实现营业收入 32.5 亿元。

造纸和纸制品行业：全县规模以上企业 5 家，主营生活用纸、卫生用品、特种纸等，代表企业有东顺集团等。2020 年，实现营业收入 10.5 亿元。

四、产业集群及工业园区情况

东平经济开发区：投产工业企业 110 余家，带动就业人口 1.2 万人，形成了特种纸业、智能制造、现代包装等产业集群。同时，以创业创新公共服务平台为依托，以九鑫、龙美、鲁玻、汉昂医药、中益汇海食品、水泊食品等企业为主体的特色健康食品产业和医疗器械及医用材料产业逐步发展起来。已建成高档生活日用品产业园区、高档食品及农产品加工产业园区、机械装备制造产业园区、特种纸产业园区、纺织服装产业园、生物医药产业园区等，初步形成了以特种纸业、特色健康食品、医疗器械和医用材料、智能制造为支撑的现代产业体系，2020 年东平经济开发区被评为国家级绿色园区。

五、骨干企业情况

2020 年，东平县有规模以上工业企业 62 家，营业收入超过亿元的企业有 6 家，其中，10 亿～50 亿元的企业 2 家，50 亿～100 亿元的企业 1 家，超过百亿元的企业 1 家。

瑞星集团股份有限公司：是一家集肥料制造与销售、医药研发与生产以及金融服务、科技研发、国际贸易于一体的大型现代化企业集团，是香港主板上市企业。主要产品有尿素、复合肥等系列肥料产品，药用级葡萄糖、食用级葡萄糖、淀粉等生物产品，甲醇、甘油、丙二醇等精细化学品，氢气、LNG 等新能源产品。2020 年，实现营业收入 114 亿元。

东顺集团股份有限公司：是全国重要的生活用纸生产企业之一，顺清柔品牌被评为“中国著名品牌”。公司已开发生产卷筒纸、面巾纸、盒装面巾纸、手帕纸、软包抽取式面巾纸、餐巾纸、盘纸、高档卫生原纸等优质产品两百多个品种。其中，可湿水超柔面巾系列生活纸是国内首创。2020 年，实现营业收入 50 亿元。

中益汇海（泰安）粮油有限公司：是大型国有企业，主要经营食用油、大豆、豆粕加工销售，是泰安市技术设备领先、自动化程度最高的食用油加工企业，日处理大豆 2000 吨。2020 年，实现营业收入 16.5 亿元。

新东岳集团有限公司：是集轮胎、电动车、还原胶、橡胶机械、食品加工等于一体的现代化集团公司。主要产品有电动自行车、电动摩托车、电动三轮车、电动四轮车，再生胶，八里香食品等。2020 年，实现营业收入 11.8 亿元。

截至 2020 年底，全县共有省级以上制造业单项冠军企业 3 家，“专精特新”企业 13 家，“小巨人”企业、“瞪羚”企业家各 1 家。

六、科技创新能力

2020 年，全县共有省级企业技术中心 2 个，国家中小企业公关服务示范平台 1 家，国家级星创天地 1 家，山东省小型微型企业创业创新示范基地 1 家；省企业重点实验室 1 家，省级企业技术中心 2 家，山东省工程实验室 1 家，省院士工作站 1 家，省工程技术研究中心 1 家。

七、进出口情况

2020 年，全县进出口总额 6.5 亿元。其中，出口总额 5.9 亿元；进口总额 0.6 亿元。实际利用外资金额 7124 万美元。主要出口产品有化肥、铝新材料、服装、轮胎等，主要出口印度、日本、德国、韩国等国家。

第八节　泰山景区

泰山世界地质公园位于山东省中西部，由红门景区、中天门景区、南天门景区、后石坞景区、桃花峪景区、大津口乡、下港镇、黄前镇 8 个景区组成。面积 418.4 平方公里，常住人口 7.9 万人。泰山是世界自然、文化遗产和世界地质公园三冕冠一之地，也是中外著名的旅游胜地。

2020 年，泰山景区地区生产总值 27.5 亿元，占全市 GDP 的 1%，居全市第 8 位。规模以上工业企业 2 家，实现营业收入 2.1 亿元。

第九节　徂徕景区

徂徕山汶河景区位于泰安、泰山东南部，是国家级湿地公园、国家级水利风景区、国家 4A 级旅游景区。景区总规划面积 293 平方公里，其中，徂徕山景区 185 平方公里，汶河景区 108 平方公里；常住人口 17 万人。

2020 年，徂徕景区地区生产总值 20.2 亿元，占全市 GDP 的 0.7%，居全市第 9 位。规模以上工业企业 6 家，实现营业收入 4 亿元。

第十章　威海市

威海市位于山东半岛东端，总面积5799.8平方公里，常住人口290.7万人。辖环翠区、文登区、荣成市、乳山市、威海火炬高技术产业开发区、威海经济技术开发区、威海临港经济技术开发区、威海南海新区等8个区县（功能区）。

【威海市经济总量】

2020年，全市地区生产总值3017.8亿元，全年实现工业增加值993.6亿元。其中，荣成市地区生产总值近千亿元。

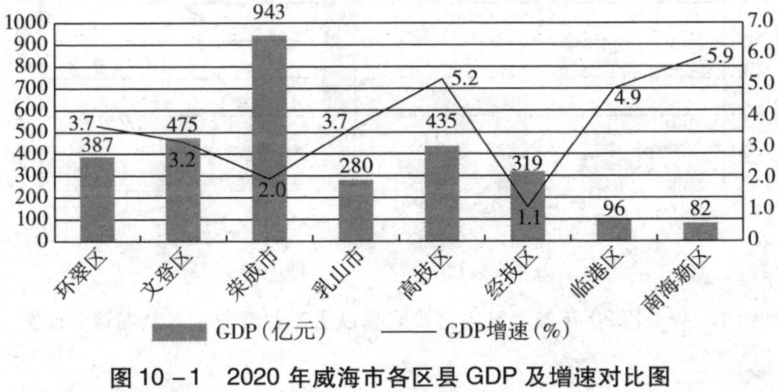

图10－1　2020年威海市各区县GDP及增速对比图

【威海市各区县工业经济】

2020年，全市规模以上工业企业1010家，实现营业收入2678.9亿元。其中，威海火炬高技术产业开发区营业收入超过千亿元，荣成市营业收入超过500亿元，两区规模以上工业企业数量占全市规模以上工业企业总数的38.1%，营业收入占全市总营业收入的60.6%，利润总额占全市总利润额的67.8%。各区县营业收入超过50亿元的重点企业有6家，其中，超过100亿的重点企业有2家，分别是威高集团有限公司、迪尚集团有限公司。

表10－1　2020年威海市各区县规模以上工业主要经济指标情况表

县（市/区）	企业单位数（家）	营业收入		利润总额	
		累计（亿元）	同比（%）	累计（亿元）	同比（%）
全市合计	1010	2678.9	－1.6	266.8	24.2
环翠区	113	269.2	3.8	32.2	22.5
文登区	147	211.1	2.7	14.7	89.5
荣成市	238	518.9	－12.0	37.1	15.1
乳山市	104	114.0	5.2	5.0	－29.7
高技区	147.0	1105.4	0.2	143.7	22.9
经技区	138	288.4	－5.6	12.8	32.9
临港区	98	136.1	14.9	17.3	38.4
南海新区	25	35.7	12.7	4.0	75.6

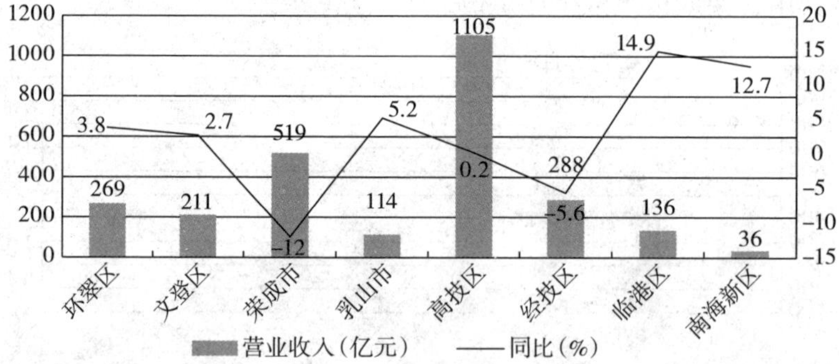

图10－2　2020年威海市各区县规模以上工业营业收入及增速对比图

第一节　环翠区

环翠区位于山东半岛东北部，面积276.2平方公里，常住人口44.6万人。环翠区是威海市的中心区，也是威海市的政治、经济、文化、科技中心。

一、工业基本情况

2020 年，环翠区地区生产总值 386.9 亿元，占全市 GDP 的 12.8%，居全市第 4 位。规模以上工业企业 113 家，实现营业收入 269.2 亿元。

二、工业产业结构

环翠区工业主要有橡胶和塑料制品业，专用设备制造业，汽车制造业，通用设备制造业，文教、工美、体育和娱乐用品制造业，纺织业，有色金属冶炼和压延加工业，医药制造业等，营业收入合计 212.1 亿元，占全区规模以上工业企业营业收入的 78.8%；其他大类行业相对较小，营业收入合计占 21.2%。

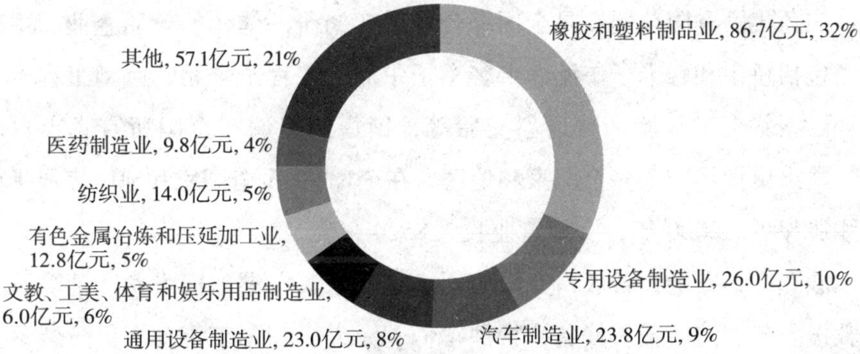

图 10-3　2020 年威海市环翠区工业产业结构分布图

三、重点优势产业

橡胶和塑料制品业：全区规模以上企业 4 家，产品有轮胎系列等，代表企业有三角集团等。2020 年，实现营业收入 86.7 亿元。

专用设备制造业：全区规模以上企业 7 家，产品有旋流器、热电设备、环保设备等，代表企业有海王旋流器等。2020 年，实现营业收入 26 亿元。

汽车制造业：全区规模以上企业 4 家，主要涉及汽车、汽车底盘及零部件等，代表企业有广泰空港设备。2020 年，实现营业收入 23.8 亿元。

四、产业集群及工业园区情况

羊亭工业新区：核心区规划为新能源汽车产业园区，以广泰电动大巴车和东生能源动力电池项目为轴心。园区将以精密机械加工、新能源材料、海洋生物医药等产业为发展重点，现已引进广泰空港、天鹏矿山等5个高端产业项目。

五、骨干企业情况

2020年，环翠区规模以上工业企业113家，营业收入超过亿元的企业有11家，其中，10亿~50亿元的企业2家，超过50亿元的企业1家，营业收入合计160.5亿元，占全区规模以上工业企业营业收入的59.6%。

三角集团有限公司：是全国综合性供产销研一体化的轮胎企业。主要产品包括轿车和轻卡子午胎、卡客车子午胎、工程子午胎、巨型工程子午胎、巨型斜交工程胎和普通斜交胎等，销售网络遍布全国所有省市自治区，并出口世界160多个国家和地区，在全球90多个国家和地区完成了商标注册保护。2020年，实现营业收入85.4亿元。

威海广泰空港设备股份有限公司：是一家集空港地面设备、消防及应急救援装备、消防报警设备、特种车辆、无人机和军工等高端保障装备及电力电子产业于一体的多元化上市公司。产品从单一品种发展到22个系列、100多种规格型号，是目前世界空港设备品种最全的制造商之一。2020年，实现营业收入17.4亿元。

威海市海王旋流器有限公司：是目前全球旋流分离设备品牌企业之一。主导产品有各种规格的旋流器、振动筛、分选机等，广泛用于煤炭、矿山、电力、环保等行业，国内市场占有率达到70%以上，并拥有自主进出口权，产品出口到巴西、俄罗斯、印度、巴基斯坦等30多个国家。2020年，实现营业收入4.6亿元。

截至2020年底，全区共有省级以上制造业单项冠军企业24家，“专精特新”企业94家，“小巨人”企业12家，“瞪羚”企业18家。

六、科技创新能力

2020 年，全区共有国家级企业技术中心 10 个，省级企业技术中心 51 个，国家工程技术研究中心 1 家，省技术创新中心 1 家，省工程技术研究中心 10 家，省重点实验室 3 家，院士工作站 4 家，省新型研发机构 1 家。高新技术产业产值占规模以上工业总产值的比重达到 75. 4%。

七、进出口情况

2020 年，全区进出口总额 183 亿元。其中，出口总额 150. 7 亿元；进口总额 32. 3 亿元。

第二节　火炬高技术产业开发区

威海火炬高技术产业开发区是 1991 年 3 月 6 日经国务院批准成立的国家级高新技术产业开发区，由科技部、山东省政府和威海市政府共同创办，是全国三个火炬高技术产业开发区之一；面积 140 平方公里，海岸线 46. 5 公里，常住人口 33. 6 万人。

一、工业基本情况

2020 年，威海火炬高技术产业开发区地区生产总值 435. 3 亿元，占全市 GDP 的 14. 4%，居全市第 3 位。规模以上工业企业 147 家，实现营业收入 1105. 4 亿元。

二、工业产业结构

威海火炬高技术产业开发区工业主要有医药制造业，计算机、通信和其他电子设备制造业，纺织服装、服饰业，文教、工美、体育和娱乐用品制造业，专用设备制造业，电力、热力生产和供应业等营业收入合计 1053. 5 亿元，占全区规模以上工业企业营业收入的 95. 3%；其他大类行业，营业收入合计占4.7%。

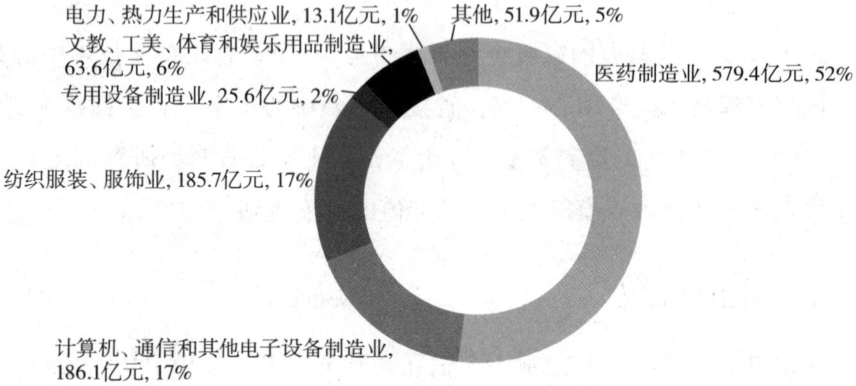

图10－4　2020年威海火炬高技术产业开发区工业产业结构分布图

三、重点优势产业

医药制造业：全区规模以上企业10家，主营医药、医疗器械等，代表企业有威高集团等。2020年，实现营业收入579.4亿元。

纺织服装、服饰业：全区规模以上企业16家，主营服装、服饰等，代表企业有迪尚集团、威海市联桥国际合作集团、威海三阳服饰等。2020年，实现营业收入185.7亿元。

计算机、通信和其他电子设备制造业：全区规模以上企业52家，主营打印机、电子产品等，代表企业有惠普打印机（山东）、威海北洋电气、山东新北洋、捷普电子（威海）等。2020年，实现营业收入186.1亿元。

四、产业集群及工业园区情况

医疗器械产业集群：是国家新型工业化产业示范基地。以高端有源医疗器械和医用新材料产业为导向，以医用电子仪器设备、医用光学器具及内窥镜、医用超声设备、医用激光仪器设备、临床检验分析仪器、体外循环及血液处理设备、植入材料和人工器官、医用高分子材料及制品、生物医药等9大类产品为重点领域，配套建设了比较完善的“产学研”合作和公共服务平台体系。集群拥有威高集团、吉威医疗、大正医疗、海博橡塑等30多家高科技企业，集聚了威海市90%以上的医疗器械企业，贡献了全市25%左右的工业产值。2020年，医疗器械产业实现营业收入632亿元。

五、骨干企业情况

2020年，威海火炬高技术产业开发区有规模以上工业企业147家，营业收入超过亿元的有21家，其中，10亿~50亿元的企业8家，50亿~100亿元的企业1家，100亿~500亿元的企业1家，超过500亿元的企业1家，营业收入合计913.2亿元，占全区规模以上工业企业营业收入的82.6%。

威高集团有限公司：致力于发展主营业务医疗器械和医药，同时发展建工、金融等产业，集团下辖医用制品、血液净化、骨科、医疗装备、药业、心内耗材、血液技术、手术机器人等12个产业集团，拥有输注耗材及设备、输血器材、心内耗材、留置针、手术缝合线、牙种植体、PVC及非PVC原料等1000多个品种、15万多个规格，医疗器械进入了全球前15大细分市场中的11个领域。微创手术机器人获中国优秀工业设计奖金奖。产品畅销国内，并销往美国、欧洲、亚洲、非洲等多个国家和地区。高端输注耗材、血液设备及耗材、药包材等产品在国内市场的占有率为70%左右，骨科材料系列、血液净化系列、心内耗材等系列产品的国内市场占有率为30%左右。“洁瑞”牌输注医疗器械系列产品是“中国名牌产品”、行业第一品牌，“洁瑞”商标是“中国驰名商标”，其产品销往国内三十多个省市自治区，在全国三级医院的覆盖率达到81.3%，血站的覆盖率达到77.2%，并远销世界70多个国家和地区；输液器、注射器的市场占有率为15%，拥有自主知识产权的高质耗材的市场整体占有率达52%。2020年，实现营业收入497.8亿元。

迪尚集团有限公司：拥有绮丽集团有限公司、威海纺织集团进出口有限公司两大贸易主体，产业涵盖服装设计研发、生产加工、进出口贸易、品牌零售、电子商务、金融、物流、房地产开发等多个领域，年贸易额超过18亿美元，是全国重要的服装出口企业之一。主要生产高档男女时装、高档毛呢大衣、牛仔服、针织衫、童装、防寒服、休闲服等，年产量1亿件/套，与海外 400 多家品牌客户保持着良好的合作关系，营销网络遍布亚洲、美洲、欧洲等，产品销往全球近一百个国家和地区，是中国服装行业百强企业。2020 年，实现营业收入 150.8 亿元。

惠普打印机（山东）有限公司：是一家专门从事数码打印产品研究、开发、生产和销售的高新技术企业。生产能力 120 万台/月，激光打印机、多功能一体机的市场占有率位居世界第二，产品畅销亚洲、欧洲、美洲等 60 多个国家和地区。2020 年，实现营业收入 54.8 亿元。

截至 2020 年底，全区共有省级以上制造业单项冠军企业 7 家，“专精特新”企业 24 家，“小巨人”企业 3 家，“瞪羚”企业 4 家。

六、科技创新能力

2020 年，全区共有院士工作站 4 家，拥有工程实验室、企业技术中心、工业设计中心、工程技术研究中心等国家级研发平台 10 家，省级研发平台 76 家，市级研发平台 125 家，其中，国家级平台在全市的占比超过 40%。高新技术产业产值占规模以上工业总产值的比重为 74.7%。

七、进出口情况

2020 年，全区进出口总额 293.2 亿元。其中，出口总额 224.5 亿元；进口总额 68.7 亿元。建成国家重点应急物资保障基地，防疫物资出口额超过 30 亿元。

第三节　经济技术开发区

威海经济技术开发区是 1992 年 10 月经国务院批准设立的国家级开发区。规划面积 167.8 平方公里，建成区面积 42.3 平方公里，常住人口 28 万人。2020 年，在全省 159 家开发区综合发展水平评价中，成功进入前 20%，稳居第一方阵。

一、工业基本情况

2020年，威海经济技术开发区地区生产总值319.4亿元，占全市GDP的10.6%，居全市第5位。规模以上工业企业138家，实现营业收入288.4亿元。高新技术产业产值占规模以上工业总产值的比重为51.2%。

二、产业结构分析

威海经济技术开发区工业主要有计算机、通信和其他电子设备制造业，电力、热力生产和供应业，通用设备制造业，铁路、船舶、航空航天和其他运输设备制造业，金属制品业，文教、工美、体育和娱乐用品制造业，电气机械和器材制造业，水的生产和供应业，橡胶和塑料制品业等，营业收入合计235.4亿元，占全区规模以上工业企业营业收入的81.6%；其他大类行业相对较小，营业收入合计占18.4%。

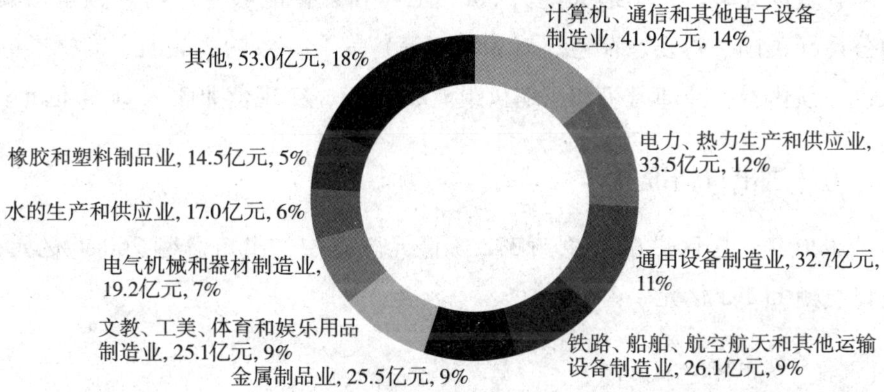

图10-5 2020年威海经济技术开发区工业产业结构分布图

三、重点优势产业

计算机、通信和其他电子设备制造业：全区规模以上企业16家，主要涉及显示器、电子产品、半导体等，代表企业有大宇电子、电美世光、日月光半导体等。2020年，实现营业收入41.9亿元。

电力、热力生产和供应业：全区规模以上企业6家，主要涉及发电供电业务、热力生产供应等，代表企业有华能威海发电等。2020 年，实现营业收入 33. 5 亿元。

四、骨干企业情况

2020 年，经济技术开发区有规模以上工业企业 138 家，营业收入超过 10 亿元的企业有 9 家，超过亿元的企业有 6 家，营业收入合计 194. 6 亿元，占全区规模以上工业企业营业收入的 67. 5%。

华能威海发电有限责任公司：是山东半岛东端最重要的电源点之一。涉及发电、输电、供电业务，热力生产和供应，污水处理及其再生利用，自来水生产与供应，港口经营，城市生活垃圾经营性服务等。2020 年，实现营业收入 27. 8 亿元。

豪顿华工程有限公司：是豪顿集团于 1994 年在中国成立的合资公司，也是豪顿集团装备最先进的生产厂之一。工厂拥有 5 轴数控机床加工中心，并配有多台天车，天车最大能力 30t。工厂和设备能够生产与豪顿全球其他公司（英国、丹麦、荷兰、澳大利亚等）完全一致的高品质、高标准的风机、预热器、冷却风机和压缩机组。2020 年，实现营业收入 26. 4 亿元。

五、进出口情况

2020 年，全区进出口总额 372. 3 亿元。其中，出口总额 260. 1 亿元；进口总额 112. 2 亿元。

第四节　文登区

文登区位于山东半岛东端，面积 1615 平方公里，常住人口 51. 9 万人。文登区是国家战略山东半岛蓝色经济区和中韩自贸区地方经济合作示范区的核心区域。

一、工业基本情况

2020 年，文登区地区生产总值 474. 7 亿元，占全市 GDP 的 15. 7%，居全市第2位。规模以上工业企业147家，实现营业收入211.1亿元。

二、产业结构分析

文登区工业主要有通用设备制造业，农副食品加工业，电气机械和器材制造业，汽车制造业，金属制品业，文教、工美、体育和娱乐用品制造业，橡胶和塑料制品业，电力、热力生产和供应业，化学原料和化学制品制造业等，营业收入合计171.9亿元，占全区规模以上工业企业营业收入的81.4%；其他大类行业相对较小，营业收入合计占18.6%。

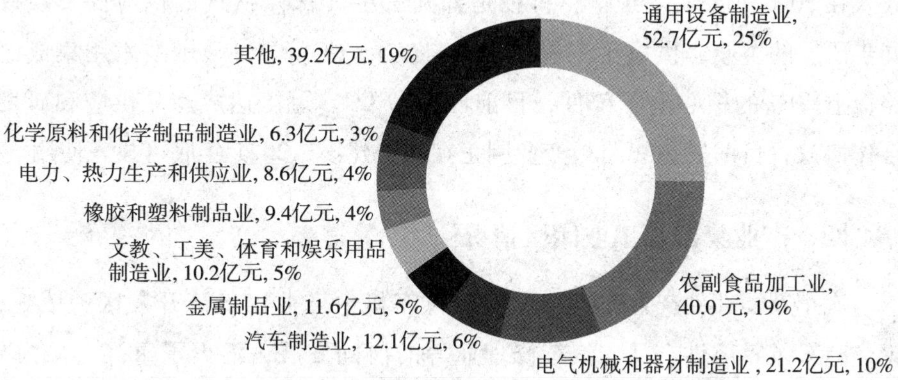

图10-6 2020年威海市文登区工业产业结构分布图

三、重点优势产业

汽车机电产业：以重汽（威海）商用车、天润工业“双龙头”企业为引领，带动明池玻璃、大世汽车座椅、双力板簧等100多家配套企业，主导产品包括曲轴、连杆、低速货车及其零部件，其中，曲轴在国内市场占有率第一，占比达65%；连杆在国内市场占有率第一，占比达45%；年产手动工具5000万件（套），其中，高档手工具市场占有率为40%；年产台式电动工具200万件，其中，砂磨抛光类电动工具年产160万件以上，欧美市场占有率达30%以上。

化工新材料产业：依托省级化工产业园区的载体优势，引进落地投资超过亿元的项目20多个，其中，投资15亿元的新元新材料项目是国内重要的全产业链氟硅橡胶生产企业，生产的合成橡胶是国家重点发展的 8 大高性能新型橡胶之一，主要用于国防军工、汽车制造、海洋工程等尖端领域，国内市场占有率达到 40%，全部达产后，年可实现营业收入 28 亿元。投资 10.5 亿元的迪嘉高端原料药绿色生产项目，主要生产心脑血管类、降血糖类、降血脂类原料药，产品附加值高，项目建成后年可生产各类原料药 1300 多吨，实现营业收入 20 亿元。

电子信息产业：依托宏安集团、迈世腾科技等电子信息产业龙头企业，主导产品有光缆、光纤、线路板及其他电子配件等，整个产业年营业收入在 30 亿元左右。迈世腾科技是韩国三星（株）认证的供应商及授权同步研发的企业，供应了三星量子点自发光（QLED）显示技术用集成电路板上 60% 的核心电子部件，目前已经与 LG、冠捷达成产品供应和研发合作协议；目前三星线路板产业园正在加快建设，2021 年底可投入使用。

四、产业集群及工业园区情况

汽车及零部件产业集群：文登区汽车机电产业以经济开发区为依托，聚焦整车及零部件产品、汽车修理业等的协同发展，汇聚了重汽（威海）商用车、天润工业、威力工具等 57 家规模以上企业及 70 余家中小配套企业，形成了包括曲轴、活塞、汽车玻璃、汽车电子、高档座椅系统、汽车线束在内的产业链条。2020 年，规模以上企业营业收入实现 136 亿元，占全区规模以上工业经济总量的 61.6%，产业集群效应突出。其中，曲轴的国内市场占有率第一，占比达 65%；连杆的国内市场占有率第一，占比达 45%。手动工具年产 5000 万件（套），其中，高档手工具市场占有率达 40%；台式电动工具年产 200 万件，其中，砂磨抛光类电动工具年产 160 万件以上，欧美市场占有率达 30% 以上。拥有中国驰名商标 2 个，省级以上名牌产品 21 个，山东优质品牌（产品）4 个，山东省知名品牌（产品）5 个，国家级企业技术中心 2 个、国家知识产权优势企业 1 家、国家制造业单项冠军示范企业 2 家。

工艺家纺产业集群：继承传统手绣工艺全部针法的鲁绣，在文登已经成为一项支柱产业，跻身于“全国产业集群品牌五十强”和“山东省十大

（工业）产业集群”，被誉为“中国工艺家纺名城”。代表企业有云龙集团、艺达集团、刺绣集团等，产品已经从家纺产品发展到床上用品、抽纱服饰、墙面饰品等，出口美国、英国、法国等120多个国家和地区。

五、骨干企业情况

2020年，文登区有规模以上工业企业147家，营业收入超过亿元的企业有12家，其中，超过10亿元的企业有2家，营业收入合计108.3亿元，占全区规模以上工业企业营业收入的51.3%。

天润联合集团有限公司：是国内曲轴专业生产的龙头企业，是全球最大的商用车成品曲轴制造基地，是国内中重型商用车胀断连杆生产的龙头企业。经营业务涵盖曲轴、连杆、铸件、锻件、工业自动化、智能化、商用车空气悬架等领域。2020年，实现营业收入44.3亿元。

文登威力工具集团有限公司：主营五金工具和工业风机环保设备两大板块。五金工具制造板块主要生产活扳手、管钳、断线钳、套筒、大力钳等系列产品，是中国制造业单项冠军企业、国家技术创新示范企业。2020年，实现营业收入6.8亿元。

截至2020年底，全区共有省级以上制造业单项冠军企业5家，“专精特新”企业36家，“小巨人”企业4家，“瞪羚”企业2家。

六、科技创新能力

2020年，全区共有国家级企业技术中心2个，省级企业技术中心21个。全区国家科技型中小企业达到96家，威力工具获评国家技术创新示范企业、国家5A级标准化良好行为企业，天润智能制造工业互联网平台跻身国家试点示范项目，芸祥鲁绣创新中心获评省级服务业创新中心。文登区被评为全省技术转移先进区。

七、进出口情况

2020年，全区进出口总额125.4亿元。其中，出口总额100.2亿元；进口总额25.3亿元。

第五节　荣成市

荣成市位于山东半岛最东端，面积1526平方公里，常住人口71.4万人，拥有石岛、龙眼两个一类开放港口。

一、工业基本情况

2020年，荣成市地区生产总值943.2亿元，占全市GDP的31.3%，居全市首位。全年完成工业增加值249.5亿元。规模以上工业企业238家，实现营业收入518.9亿元。

二、工业产业结构

荣成市工业主要有农副食品加工业，橡胶和塑料制品业，铁路、船舶、航空航天和其他运输设备制造业，电气机械和器材制造业，食品制造业，医药制造业，非金属矿物制品业，汽车制造业等，营业收入合计450.7亿元，占全市规模以上工业企业营业收入的86.9%；其他大类行业营业收入合计占13.1%。

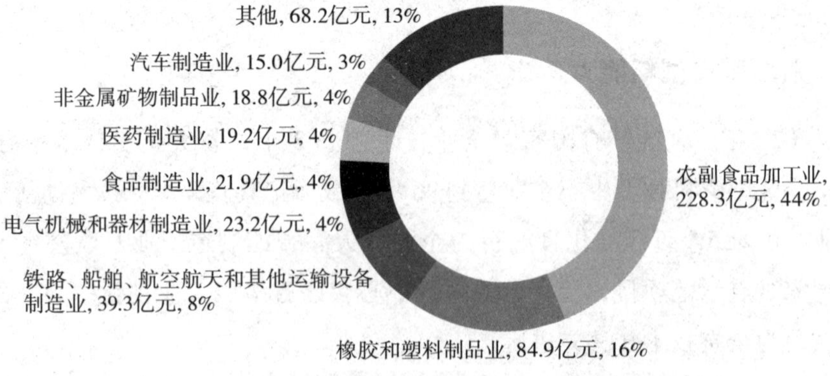

图10-7　2020年威海市荣成市工业产业结构分布图

三、重点优势产业

海洋生物食品产业：企业总数达700余家，其中，规模以上企业163家。荣成市海洋食品加工形成了十大系列、1400多种产品，主要包括：海洋珍品、冷冻调理水产食品、海藻食品、海产罐头食品、即食海洋食品、海洋保健食品等十大类海洋生物食品，年加工量190万吨。代表企业有好当家、鑫发控股、泰祥食品、赤山集团等。2020年，实现工业产值271亿元，占威海市工业总产值的65%以上。

机械制造产业：2020年完成工业总产值140亿元，主要涵盖房车、轮胎、汽车零部件、电机、机床等领域，其中，房车产业拥有康派斯、名骏户外等10余家龙头企业，相关配套企业30余家，年生产能力突破2万辆；电机产业拥有华力电机、船宝电机等知名企业，总产能突破3000万千瓦。

修造船及海工装备产业：具备年制造整船72万载重吨、船段30万吨的生产能力，可承修千吨以上船舶800艘。2020年，实现工业产值45亿元，占威海市工业总产值的50%以上；客滚船、重吊船两个船型分别占全国市场的70%、80%，被授予山东省优质船舶制造生产基地称号。

新兴产业：新一代信息技术产业，以歌尔项目为链主，集聚芯长征、阅芯电子等14家规模以上电子企业，工业总产值突破20亿元；新能源产业，布局了中国北方四大核电站之一，装机总规模达826万千瓦，其中，华能20万千瓦高温气冷堆示范工程计划年内投入使用，国核示范电站2处CAP1400大型先进压水堆核电工程计划2023年投产；新材料产业，以碳纤维、稀土材料等为主攻方向，涌现出有研稀土、维赛新材料等重点企业，实现工业产值15亿元；海洋生物制品及医药产业，以达因药业、百合生物为龙头，实现工业产值28亿元；电子信息产业，依托宏安集团、迈世腾科技等电子信息龙头企业，主导产品有光缆、光纤、线路板及其他电子配件等，整个产业年营业收入在30亿元左右。

四、产业集群及工业园区情况

海洋生物食品产业集群：是全国海洋食品精深加工、出口基地，先后获得“中国海洋食品名城”“中国绿色食品城”。荣成市全面提升海参、鲍鱼、鱿鱼、金枪鱼等产品的精深加工能力，打造了从苗种、养殖、捕捞、加工、流通到品牌的全产业链条，海洋生物食品生产技术国际国内领先，跟进海藻纤维开发、贝藻人工骨骼 3D 打印等多项产品填补了国内外行业空白，是国家级海洋功能食品加工科技兴海示范基地、全国海带加工示范基地和中国海洋保健食品开发示范基地。

房车产业基地：是国内房车产业聚集区和产业出口基地，有康派斯新能源车辆、名骏户外、恒力车业等 10 多家房车龙头企业，相关配套企业 30 多家。房车产量占全国总产量的 33%，居全国第一，被中国汽车工业协会房车委员会命名为“中国房车产业出口基地”，产品主要销往澳大利亚、韩国、美国等 10 多个国家及地区，其中，对澳大利亚的出口总额占全国出口总额的 86%。

电机产业出口基地：龙头企业华力电机长期位居国内中小型电机行业“排头兵”，产品从小型普通电机发展到特种电机、大型电机及控制器。荣成电机产业凭借产品覆盖面广、技术水平先进的优势，产品已出口到欧盟、南美、东南亚等 30 多个国家和地区，被评为“山东省电机出口基地”。

五、骨干企业情况

2020 年，荣成市有规模以上工业企业 238 家，营业收入超过亿元的有 25 家，其中，10 亿～50 亿元的企业 9 家，超过 50 亿元的企业 1 家，营业收入合计 339.6 亿元，占全市规模以上工业企业营业收入的 65.4%。

成山集团有限公司：是一家以轮胎研发制造为主导，海洋食品、旅游地产等多业并举的大型企业集团。集团控股子公司浦林成山（山东）轮胎有限公司是较大的轮胎单体工厂。集团控股子公司山东海之宝海洋科技有限公司拥有国家级技术中心、博士后工作站和全国海藻产业国家级海带研发加工中心，生产的“深海小海带”系列产品获全国著名食品工业科技进步一等奖等；主导产品包括橡胶制品、钢丝帘线、钢丝制品制造销售，批发零售建筑材料、化工（不含化学危险品）、钢材、木材、包装材料、机械设备、计算机及辅助设备等。2020 年，实现营业收入 74.7 亿元。

好当家集团有限公司：是集远洋捕捞、水产养殖、食品加工、热电造纸、滨海旅游等产业于一体的大型国家级企业集团。拥有 15 家食品加工企业，主要生产“好当家”牌海洋冷冻调理食品和即食系列食品，年生产能力 10 万吨；拥有年生产 20 万吨箱板纸的造纸厂和纸箱包装厂；拥有 26 条 1.5 万多马力的捕捞渔船，从事远近洋捕捞和国际海运。2020 年，实现营业收入 41.2 亿元。

靖海集团有限公司：现已形成远洋捕捞、渔港贸易、精深加工、船舶修造、海水养殖、滨海旅游六大产业。2020 年，实现营业收入 35.9 亿元。

黄海造船有限公司：具有国家甲级设计资格、一类甲级建造资质。可修造 50000DWT 以下各种高技术含量、高附加值的船舶；公司具有年造船 80 万吨的能力。在大洋性和过洋性渔船建造方面，年可建造交付远洋渔船 400 艘，设计和建造能力居国内首位。出口德国的 31000 吨多用途重吊船，被誉为目前世界货运船舶中建造难度大、技术含量高的系列船舶之一；建造列编的 3000 吨级海巡船是我国当时列编服役吨位最大、安全性能高的先进海洋巡视船。目前，公司 1800TEU 集装箱运输船的手持订单及交船数在全球市场的占有量居前列；大型客滚船订单数占全国客滚船建造市场总额的 60% 以上。公司是我国重要的客滚船、集装箱船、多用途重吊船、渔船及特种船舶建造基地。2020 年，实现营业收入 21 亿元。

截至 2020 年底，全市共有省级以上制造业单项冠军企业 6 家，“专精特新”企业 31 家，“小巨人”企业 2 家，“瞪羚”企业 6 家。

六、科技创新能力

2020 年，全市共有工程技术研究中心 41 个，其中国家级 1 个；企业技术中心 47 个，其中国家级 2 个；工程实验室 22 个，其中国家级 1 个；技术创新中心 2 个。高新技术产业产值占规模以上工业总产值比重的 42.8%。

七、进出口情况

2020 年，全市进出口总额 258.7 亿元。其中，出口总额 193.7 亿元；进口总额 65 亿元。全年合同外资 3.3 亿美元，实际使用外资金额 16515 万美元。

第六节　乳山市

乳山市着力打造生态型花园式滨海旅游城市，面积 1665 平方公里，常住人口 46.4 万人，是中国滨海独具魅力的天然旅游、休闲、养生胜地。

一、工业基本情况

2020 年，乳山市地区生产总值 280.4 亿元，占全市 GDP 的 9.3%，居全市第 6 位。规模以上工业企业 104 家，实现营业收入 114 亿元。

二、工业产业结构

乳山市工业主要有化学原料和化学制品制造业，农副食品加工业，汽车制造业，非金属矿物制品业，有色金属矿采选业，黑色金属冶炼和压延加工业，金属制品业，纺织服装、服饰业，文教、工美、体育和娱乐用品制造业等，营业收入合计 95.9 亿元，占全市规模以上工业企业营业收入的 84.1%；其他大类行业营业收入合计占 15.9%。

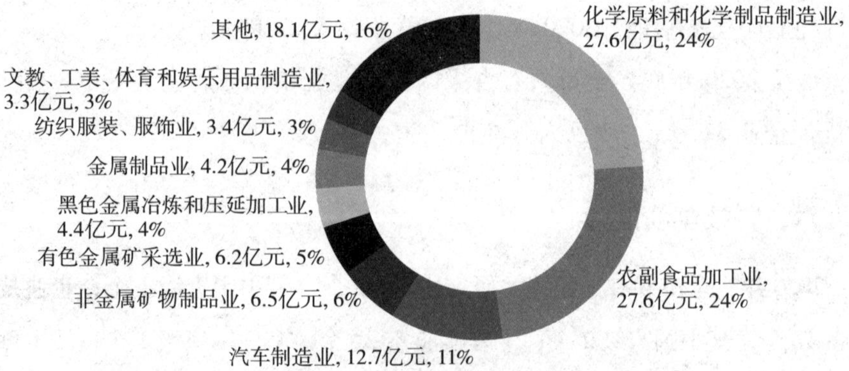

图 10－8　2020 年威海市乳山市工业产业结构分布图

三、重点优势产业

化学原料和化学制品制造业：全市规模以上企业 14 家，主要涉及化肥、新材料等，代表企业有恒邦化工、韩孚生化药业、佰德信新材料等。2020 年，实现营业收入 27.6 亿元。

农副食品业：全市规模以上企业 21 家，主要涉及水产品、食品、保健品等，代表企业有福喜（威海）农牧、乳山华信等。2020 年，实现营业收入 27.6 亿元。

汽车制造业：全市规模以上企业 5 家，主要涉及汽车配件行业，代表企业有威海伯特利萨克迪汽车等。2020 年，实现营业收入 127.7 亿元。

四、产业集群及工业园区情况

食品精深加工产业链：依托华信食品、同仁食品、金果食品和中鲁果汁等企业，引导企业上游向种、养、捕捞等产业链源头方向拓展，下游向提升海洋水产品和农副产品精深加工能力和产品附加值方面延伸，围绕精深加工、功能食品、营养保健品、生物医药等领域，通过内引外联、招商引资、技术合作等方式，积极推动总投资 20 亿元的龙大生猪、5000 万美元的沃森氏扩大肉食深加工、2 亿元的三矢食品海产品加工扩规和 2 亿元的龙汇海产现代渔业种业研发及牡蛎产业示范园等项目尽早落地投产，打造成为标准规范、链条完整、品牌影响力大的食品加工产业体系。

金属精炼产业链：以发展循环经济为主攻方向，围绕采、选、冶、深加工和尾矿综合利用打造产业链条，培育省级循环经济示范区。依托恒邦化工的技术优势，实施总投资 27.3 亿元的含金多金属矿有价元素综合回收技术改造项目。依托金洲矿业完成牟平阎家疃矿区、鲍家泊矿区两处矿权收购，加快资源整合步伐，扩大采选规模，保证生产接续，延长矿山服务年限。依托金华矿业唐家沟矿区实施总投资 5000 万元的深部开拓基建工程，提高采选矿能力，实现达产稳产，保障生产接续。

高端装备配件产业链：大力发展汽车配件、高铁配件和智能电机等系列产品，引导伯特利、双连、力久电机等骨干企业加大研发投入，加快产品结构调整，以高铁配件产业园为载体平台，加快推进总投资3.3亿元的汉威轻质新材料、1.6亿元的宏通轨道和1亿元的浩达高端零部件等项目建设，延长产业链条，形成产业集群效应，加快打造全省乃至全国一流的数字化、智能化高端装备配件制造基地。

精密铸造产业链：以玫德集团30万吨优质铸造生铁项目为依托，加快建设总投资20亿元的短流程铸造基地，采用先进铸造工艺，大力发展绿色铸造、精密铸造，加快区域铸造产能的整合升级，打造胶东最大的铸造产业基地。

时尚创意产业链：重点培育迪尚达博等智能化工厂标杆企业，推动汉泰纺织提升麻面料设计、生产和运营水平，实施辰泰高档毛衫生产、吾星纤维印染改造升级等项目，将乳山市打造成纺织面料产品功能性强、毛衫产品知名度好、印染产品集聚度高、服装产品加工水平国内领先、具有一定影响力的时尚创意产业聚集区。

五、骨干企业情况

2020年，乳山市有规模以上工业企业104家，营业收入超过亿元的企业有8家，其中，超过10亿元的企业1家，营业收入合计47.4亿元，占全市规模以上工业企业营业收入的41.6%。

福喜（威海）农牧发展有限公司：涉及种鸡、肉仔鸡孵化，饲料生产与销售，肉鸡饲养、屠宰，肉品加工及国内外销售等。2020年，实现营业收入11.6亿元。

威海恒邦化工有限公司：拥有黄金冶炼、环保生态肥料、资源综合利用三大板块，年产黄金1000公斤、硫酸8万吨、环保生态磷肥21万吨、复合肥10万吨、掺混肥5万吨、盐酸4万吨、合成氨3万吨、氨水1.5万吨、粗甲醇1万吨、建筑石膏粉20万吨、水泥缓凝剂20万吨。2020年，实现营业收入8.8亿元。

山东金洲矿业集团有限公司：是全国黄金行业率先跨入吨金矿山和利税过亿元企业之一，拥有选矿生产线3条，氰化、冶炼、加气混凝土砌块、蒸压砖、堆浸提金生产线各一条，主要生产设备235台套，年采选矿石量

30 万吨。目前已经达到年产黄金 5 万两、加气混凝土砌块 15 万立方米、蒸压砖 6000 万块的能力。2020 年，实现营业收入 4.1 亿元。

截至 2020 年底，全市共有省级以上制造业单项冠军企业 1 家，“专精特新”企业 6 家。

六、科技创新能力

2020 年，全市共有省级企业技术中心 14 个，国家级创新平台 2 家，省级创新平台 28 家。高新技术产业产值占规模以上工业总产值的比重为 34.7%。

七、进出口情况

2020 年，全市进出口总额 63.4 亿元。其中，出口总额 54.2 亿元；进口总额 9.2 亿元。

第七节　临港经济技术开发区

威海临港经济技术开发区在 2013 年 11 月升级为国家级经济技术开发区，面积 296.1 平方公里，常住人口 10.2 万人，是威海市发展最为活跃的经济增长极和最新的城市拓展区。

一、工业基本情况

2020 年，威海临港经济技术开发区地区生产总值 96 亿元，占全市 GDP 的 3.2%，居全市第 7 位。规模以上工业企业 98 家，实现营业收入 136.1 亿元。

二、工业产业结构

威海临港经济技术开发区工业主要有非金属矿物制品业，通用设备制造业，专用设备制造业，化学原料和化学制品制造业，汽车制造业，橡胶和塑料制品业，文教、工美、体育和娱乐用品制造业等，营业收入合计116.8亿元，占全区规模以上工业企业营业收入的85.8%；其他大类行业营业收入合计占14.2%。

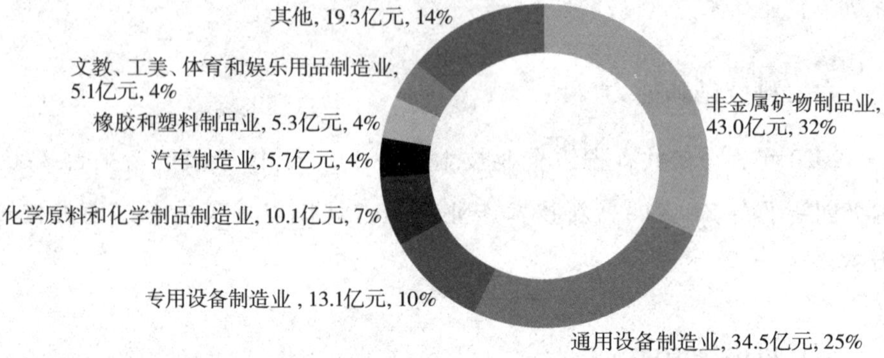

图10-9　2020年威海临港经济技术开发区工业产业结构分布图

三、重点优势产业

非金属矿物制品业：全区规模以上企业17家，产品有碳纤维、光学玻璃等，代表企业有威海拓展纤维、中玻科技、豪雅光电科技（威海）等。2020年，实现营业收入43亿元。

通用设备制造业：全区规模以上企业10家，涉及数控机床、电动开关等，代表企业有山东威达等。2020年，实现营业收入34.5亿元。

四、产业集群及工业园区情况

威海临港科技产业园：引进山花国际新型地材研发基地、友邦汽车零部件产业园、润泽矿山设备、广宇大成数控科技等47个项目，总投资45亿元，已征用土地2500亩。重点发展汽车零部件制造业、新型地材制造业、现代机械制造业、新能源新材料产业、农产品加工产业、生物医药产业等。

五、骨干企业情况

2020年，临港经济技术开发区有规模以上工业企业98家，营业收入超过亿元的企业有7家，其中，超过10亿元的企业有2家，营业收入合计70.1亿元，占全区规模以上工业企业营业收入的51.5%。

山东威达集团有限公司：现已成为行业内知名的精密夹具类产品产业化基地、高档数控机床产品产业化基地、工信部智能制造试点示范项目和工信部制造业单项冠军示范企业。主要产品涵盖精密夹具、中高档数控机床、智能制造系统整体解决方案、自主品牌高速并联机器人“iDemac”、电动工具开关、大功率锂电池充电保护系统、精密铸造件、粉末冶金件和各种石材锯、木材锯、金属加工锯及房地产开发等。产品出口到亚洲、美洲、欧洲及“一带一路”沿线国家。2020年，实现营业收入29.2亿元。

威海拓展纤维有限公司：是威海光威复合材料股份有限公司的全资子公司，是专门从事碳纤维及其制品研发与生产的军工高新技术企业。主要产品有碳纤维及其织物，产品科技含量高，在国防领域有重要应用，特别是在航空航天方面，产品性能指标与国外同类产品持平，因此已经替代或可以替代同类进口产品，实现了军用碳纤维的自主保障。目前公司是国内军用航空用碳纤维的批量供货商，承担国家发改委产业化示范工程4项，国家“863”项目3项，国防科工委、总参及总装重大专项各1项等。2020年，实现营业收入12.2亿元。

六、进出口情况

2020年，全区进出口总额66.5亿元。其中，出口总额51.1亿元；进口总额15.4亿元。

第八节 南海新区

南海新区是国家战略山东半岛蓝色经济区重点建设的海洋经济新区之一，面积259平方公里，常住人口4.5万人，大陆海岸线长约85公里。区域周边交通路网四通八达，高速公路、城际铁路、开放港口、国际机场一应俱全。

一、工业基本情况

2020 年，南海新区地区生产总值 82 亿元，占全市 GDP 的 2.7%，居全市第 8 位。规模以上工业企业 25 家，实现营业收入 35.7 亿元。

二、工业产业结构

南海新区工业主要有橡胶和塑料制品业，非金属矿物制品业，计算机、通信和其他电子设备制造业，汽车制造业，农副食品加工业等，营业收入合计 34.1 亿元，占全区规模以上工业企业营业收入的 95.5%；其他大类行业相对较小，营业收入合计占 4.5%。

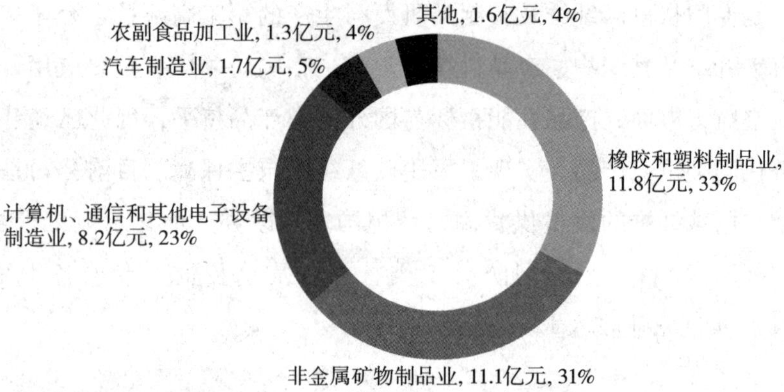

图 10－10　2020 年威海南海新区工业产业结构分布图

三、重点优势产业

计算机、通信和其他电子设备制造业：全区规模以上企业 5 家，主要涉及手机、电脑、指纹识别等，代表企业有威海联合影像等。2020 年，实现营业收入 8.2 亿元。

四、骨干企业情况

2020 年，南海新区有规模以上工业企业 25 家，营业收入超过亿元的企业有 1 家，营业收入 3.4 亿元；占全区规模以上工业企业营业收入的 9.5%。

威海联合影像有限公司：隶属于深圳市联合影像有限公司。公司是一家专注于 Cmos Camera Module 以及应用产品研发、制造、服务的高科技企业，产品主要用于手机、平板电脑、车载、高清智能电视、智能家居、扫描仪、航拍等领域以及指纹识别模组。公司主要产品有 200W、300W、500W、800W、300W 等高像素模组和指纹识别模组。2020 年，实现营业收入 3.4 亿元。

五、出口情况

2020 年，全区进出口总额 252 亿元。其中，出口总额 131.4 亿元；进口总额 120.6 亿元。

第十一章　日照市

日照市是我国滨海生态、宜居、旅游、现代化港口城市和临港产业基地，陆域面积5358.6平方公里，海域面积6000平方公里，常住人口296.8万人，下辖东港区、岚山区、莒县、五莲县2个区和2个县，另设有经济技术开发区、高新技术开发区、山海天旅游度假区。

【日照市经济总量】

2020年，全市地区生产总值2006.4亿元，实现工业增加值679.7亿元。

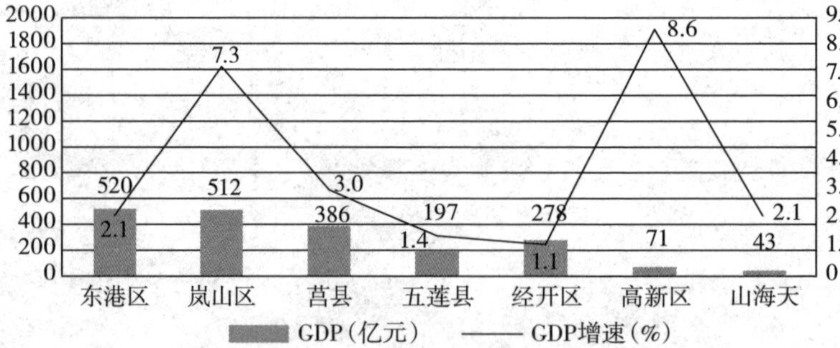

图11－1　2020年日照市各区县GDP（亿元）及增速（%）对比图

【日照市各区县工业经济】

2020年，日照市规模以上工业企业704家，实现营业收入4203.3亿元。其中，营业收入超过千亿元的区县是岚山区，规模以上工业企业数量占全市总量的15.3%，营业收入占全市营业总收入的66.7%，利润总额占全市利润总额的77.3%。经开区营业收入在500亿~1000亿元，位列全市第二位；莒县营业收入在100亿~500亿元，位列全市第三位；东港区、高新区、山海天3个区的营业收入低于100亿元。各区县营业收入超过百亿元的重点企业有7家，占全市规模以上工业企业总营业收入的58.4%；日照钢铁控股集团有限公司、日照钢铁有限公司营业收入均超过500亿元，日照钢铁轧钢有限公司、山东钢铁集团日照有限公司营业收入均超过300亿元。

表11－1　2020年日照市各区县规模以上工业主要经济指标情况表

县（市/区）	企业单位数（家）	营业收入		利润总额	
		累计（亿元）	同比（%）	累计（亿元）	同比（%）
全　市	704	4203.3	31.0	211.8	52.9
东港区	56	64.8	－9.1	3.3	161
高新区	49	87.5	38.3	13.1	484.8
岚山区	108	2802.9	48.6	163.5	48.3
莒 县	226	478.6	15.6	12.6	6.7
五莲县	147	190.8	7.2	6.5	－10.6
经开区	110	565.2	－3.5	12.7	126
山海天	8	1.3	35.2	0.1	－25.5

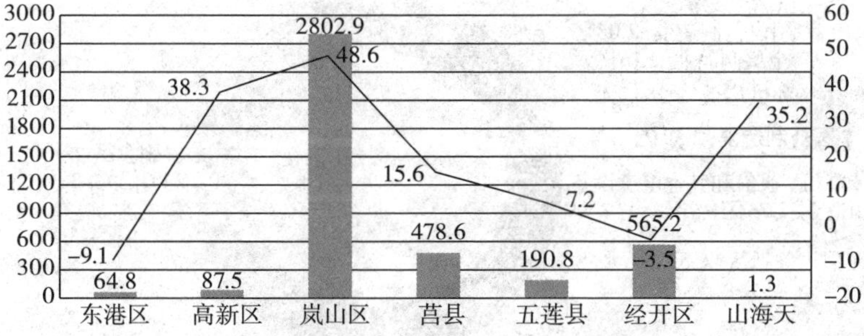

图11－2　2020年日照市各区县规模以上工业营业收入及增速比较

第一节　东港区

东港区是日照市的驻地区、主城区，面积907.4平方公里，常住人口

83.8 万人。

一、工业基本情况

2020 年，东港区地区生产总值 519.6 亿元，占日照市 GDP 的 25.9%，居全市第一位。规模以上工业企业 56 家，完成工业总产值 64.3 亿元，实现营业收入 64.8 亿元。

二、工业产业结构

东港区工业主要有农副食品加工业、非金属矿物制品业、化学原料和化学制品制造业，三大产业 2020 年营业收入合计占全区规模以上工业企业营业收入的 65%。全年营业收入超过 1 亿元的产业有通用设备制造业，计算机、通信和其他电子设备制造业，医药制造业，水的生产和供应业，金属制品业，专用设备制造业，铁路船舶航空航天和其他运输设备制造业，纺织业。橡胶和塑料制品业、食品制造业等 10 个产业营业收入规模较小，合计占全区的 6%。

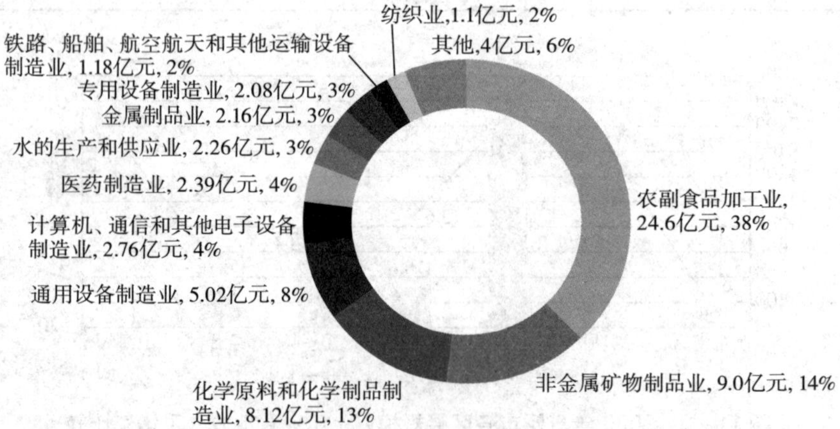

图 11－3　2020 年日照市东港区工业产业结构分布图

三、重点优势产业

农副食品加工业：全区规模以上企业 12 家，占全区规模以上工业企业数量的21.4%。代表企业山东美佳集团，主要产品涉及水产品、蔬菜、速冻方便食品以及水产蔬菜调理食品，2020年实现营业收入24.6亿元。

非金属矿物制品业：全区规模以上企业6家，代表企业日照广大建材、日照中联港口水泥，产品涉及涂料和水泥。2020年实现营业收入9亿元。

化学原料和化学制品制造业：全区规模以上企业2家，代表企业日照锦湖金马，主要产品涉及丁b胶乳及其下游产品，广泛应用于造纸、橡胶、地毯、建材等行业。2020年实现营业收入8.1亿元。

四、产业集群及工业园区情况

机械制造产业集群：是市级产业集群，2020年底集聚企业近百家，形成了以日照市东港区钢铁配套产业园为依托，以中瑞高端装备制造、中盛锻造、容创金属等企业为龙头，以山东天健、华昌机械、华圣机械等企业为骨干的机械制造产业集群。

五、骨干企业情况

2020年，东港区规模以上工业企业56家，营业收入超过亿元的企业有7家。

日照美加水产食品有限公司：是山东美佳集团全资子公司，集水产加工、销售于一体，是东港区重点农副食品加工企业。2020年实现营业收入8.3亿元，占全区规模以上工业企业营业收入的12.8%。

中瑞集团：产业涵盖智慧地产、产业园运营、生物科技、医药健康、现代农业、国际贸易、节能环保、海洋牧场、资本投资等领域。智能物流产业园以国家级口岸临港产业服务为基础，以精品钢配套加工为载体，把握先进钢铁制造基地规划建设的发展机遇，面向国际企业提供高端深加工配套增值服务。下设智能仓储物流、金属加工中心、园区公共管理、数字信息中心等板块，服务涵盖机械装备制造、汽车零部件、海工机械、智能轻工家电、金属标准件等产业。

截至2020年底，东港区共有省级以上制造业单项冠军企业5家，“专精特新”企业52家，“小巨人”企业5家，“瞪羚”企业15家。

六、科技创新能力

2020 年，东港区共有省级企业技术中心 30 个，国家级企业技术中心 3 个，高新技术企业 34 家。全年高新技术产业产值 15.3 亿元，占全区规模以上工业总产值的 23.8%。

七、进出口情况

2020 年，全区进出口总额 159.3 亿元。其中，出口总额 58.7 亿元；进口总额 100.6 亿元。

第二节　岚山区

岚山区是日照市第一个工业产值超千亿元和钢铁产业产值过千亿元的区县。全区海岸线总长 25 公里，面积 784 平方公里，常住人口 37.9 万人。

一、工业基本情况

2020 年，岚山区地区生产总值 511.7 亿元。规模以上工业企业 105 家，实现营业收入 2802.9 亿元。

二、工业产业结构

岚山区工业主要是黑色金属冶炼和压延加工业，2020 年营业收入超过 2000 亿元，占全区规模以上工业企业营业收入的 82%；石油、煤炭及其他燃料加工业营业收入合计 198.1 亿元，占全区规模以上工业企业营业收入的 7%；农副食品加工业营业收入合计 93.2 亿元，占全区规模以上工业企业营业收入的 3%；电力、热力生产和供应业，非金属矿物制品业，化学原料和化学制品制造业，金属制品业营业收入规模在 30 亿～50 亿元，分别占全区规模以上工业企业营业收入的 2%、2%、1%、1%；废弃资源综合利用业、木材加工和制品业等 10 个产业的营业收入规模占全市规模以上工业企业营业收入的 2%。

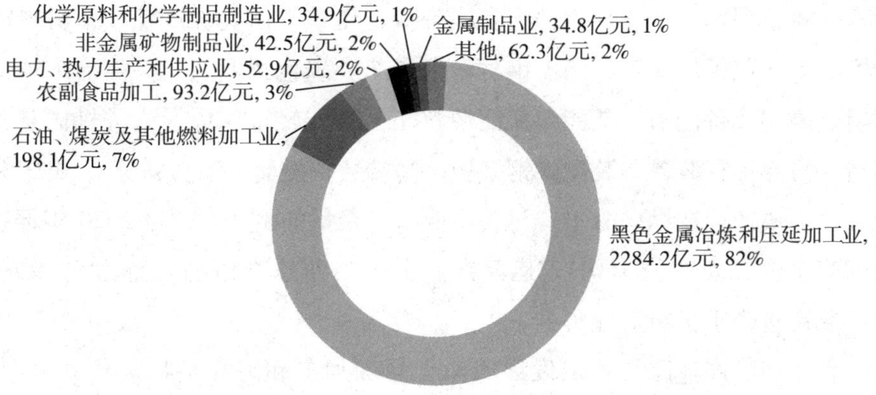

图 11－4　2020 年日照市岚山区工业产业结构分布图

三、重点优势产业

钢铁产业：全区 38 家钢铁及配套企业实现产值 1601. 2 亿元，实现营业收入 2469. 2 亿元。其中，山钢日照、日钢集团合计实现产值 1513. 2 亿元，占全区工业总产值比重的 84. 9%；宝华新材料、万方板业等 5 家钢铁深加工企业实现产值 232. 4 亿元，规模以上企业 9 家。2020 年，共实现营业收入 2284. 2 亿元。

化工行业：全区 16 家化工企业实现产值 85. 7 亿元，实现营业收入 212. 5 亿元。其中，中海外、岚桥石化 2 家炼化企业实现产值 72. 8 亿元，实现营业收入 198. 1 亿元；广信化工、赢创岚星等 5 家精细化工企业实现产值 8. 7 亿元，实现营业收入 10. 2 亿元。

食品药品行业：产品涉及粮油、生物化学原料药和化妆品原料等，全区 16 家食品药品企业实现产值 70. 3 亿元，实现营业收入 95. 5 亿元。其中，黄海粮油、中粮饲料等 2 家粮油饲料企业实现产值 64 亿元，实现营业收入 89. 2 亿元；众山生物、日照岚山生化制品 2 家生物制药企业实现产值 2. 5 亿元，实现营业收入 2 亿元。

四、产业集群及工业园区情况

钢铁及配套产业集群：岚山钢铁配套产业园规划面积 21. 8 平方公里，

形成钢材精深加工产业、钢铁配套服务业、钢铁下游延伸产业、新材料产业等6大产业板块体系，涵盖钢材精深加工、绿色再制造、高档冶炼辅助材料、高端装备制造、节能与新能源汽车、智能轻工家电、先进机械装备制造、海洋工程装备、装配式钢结构、高端装备配套、新材料等17类细分产业，形成产业链纵向分工、相关产业横向聚集的格局。园区2020年钢铁及配套企业实现产值1601.2亿元，占全区工业总产值的比重为89.9%，是日照市首个千亿级产业集群。

食品药品产业园：重点发展海洋食品深加工和海洋生物医药的生产、销售和研发，有天泽冷链物流、盛安东、维尔康、华美食品、众山生物、华澳食品等30个项目落户园区，形成140万吨的年加工能力。在海洋食品方面，建有40万吨冷冻冷藏库、8万吨保税冷库的日照冷链物流基地，是亚洲知名的海洋仿生食品生产基地、全国重要的海产品集散地及水产品加工冷藏基地。

五、骨干企业情况

2020年，岚山区规模以上工业企业105家，营业收入超过亿元的企业有26家，其中，超过10亿的企业有18家；利润总额超过千万的企业有19家，其中，超过亿元的企业有13家。

日钢集团：主营产品包括热轧卷板、热轧薄板、冷成型板、酸洗薄板、镀锌薄板、型钢等，是目前全球极具规模的ESP产品生产加工基地，精品钢材占80%以上，产品荣获中钢协金杯奖、山东省名牌、山东省著名商标、山东省知名品牌等荣誉称号。2020年实现营业收入805亿元。

岚桥集团：是一家以基础设施和能源产业为核心，拥有多个产业实体的综合性企业集团。岚桥集团依托“前港后厂”的产业模式，不断优化整合产业链，打造企业核心竞争力，已形成港口物流、石油化工、旅游地产及国际贸易等主要产业，拥有国内外总资产516亿元，是山东省大型民营企业集团之一。

黄海粮油工业（山东）有限公司：是中粮集团与美国ADM、新加坡WILMAR、香港嘉银控股有限公司等共同出资兴建的大型粮油企业，总资产 10 亿元。拥有大型大豆榨油厂、浓香花生油厂、油脂精炼厂、小包装食用油厂、饲料厂等专业生产厂及现代化的品控中心。其中，大豆榨油厂日榨能力 1800 吨；饲料厂初建成的三条生产线，年生产能力达 24 万吨。

截至 2020 年底，全区共有省级以上制造业单项冠军企业 1 家，“小巨人”企业 1 家，“专精特新”企业 18 家，“瞪羚”企业 1 家。

六、科技创新能力

2020 年，岚山区共有省级企业技术中心 12 家，院士工作站 4 家，省级工程技术研究中心 6 家，省级工程实验室 2 家，省级工业设计中心 1 家，市级工程技术研究中心 24 家；备案国家级众创空间 1 家，建成省级科技企业孵化器 1 家、众创空间 2 家。全区规模以上企业建有研发机构比例达 40%。

七、进出口情况

2020 年，全区进出口总额 406 亿元。其中，出口总额 111. 8 亿元；进口总额 294. 2 亿元。主要出口产品包括钢材和水产品，主要出口东南亚、美洲、非洲、美国、巴西等国家和地区。

第三节　五莲县

五莲县是国务院确定的沿海开放县，地处日照市东北端，面积 1497 平方公里，常住人口 44. 4 万人。

一、工业基本情况

2020 年，五莲县地区生产总值 197. 3 亿元，占日照市 GDP 的 9. 8%。规模以上工业企业 147 家，实现总产值 184. 5 亿元，实现营业收入 190. 8 亿元。

二、工业产业结构

五莲县工业主要有汽车制造业，金属制品业，农副食品加工业，通用设备制造业，铁路、船舶、航空航天和其他运输设备制造业，橡胶和塑料制品业，非金属矿物制品业，营业收入合计 157.8 亿元，占全县规模以上工业企业营业收入的 83%；印刷和记录媒介复制业，电力、热力生产和供应业等 18 个产业合计营业收入规模占全县规模以上工业企业营业收入的 17%。

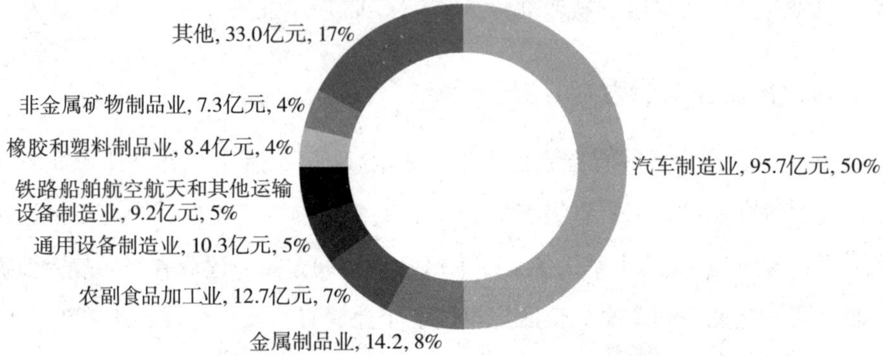

图 11－5　2020 年日照市五莲县工业产业结构分布图

三、重点优势产业

汽车制造业：2020 年，全县规模以上汽车制造企业 33 家，主要涉及汽车整车生产和配套等行业，代表企业有五征集团、飞碟汽车，产品涉及农用车、汽车、农业装备、环卫装备、电动三轮车。2020 年，实现营业收入 95.7 亿元。

四、产业集群及工业园区情况

车辆及装备制造产业集群：形成了以五征集团为龙头的汽车整车生产和国际农业装备制造基地，带动了一批汽车制造产业链上下游配套企业。全县规模以上通用设备制造企业 12 家、专用设备制造企业 4 家、汽车制造企业 33 家，实现营业收入 108.5 亿元。

五、骨干企业情况

2020 年，五莲县规模以上工业企业 147 家，营业收入超过亿元的企业有 8 家，其中，超过 10 亿的企业有 3 家；利润总额超过千万的企业有 5

家，其中，超过亿元的企业有1家。

五征集团：主要从事农用车、汽车、农业装备、环卫装备生产和销售，现已形成汽车产业和现代农业协调发展的多元化产业格局。集团现有员工12000人，总资产172亿元，是中国机械工业重点骨干企业。2020年生产各种车辆（机械）26.2万辆，营业收入42.6亿元，占全县汽车制品业营业收入的44.5%。

万通液压：主要从事自卸车专用油缸、机械装备用油缸和油气弹簧的生产和销售。2020年实现营业收入3.2亿元。

截至2020年底，全县共有省级以上制造业单项冠军企业1家，“专精特新”企业12家，“小巨人”企业2家，“瞪羚”企业1家。

六、科技创新能力

五莲县拥有国家级企业技术中心1个，省级企业技术中心14个；科技企业孵化器2个、众创空间4个，研发平台135个；全县高新技术产业产值占规模以上工业产值比重达到57.4%。

七、进出口情况

2020年，全县进出口总额31.3亿元。其中，出口总额26.8亿元；进口总额4.5亿元。主要出口产品包括机电产品、体育用品及设备。

第四节　莒县

莒县是千年古县，面积1821平方公里，常住人口97.3万人。

一、工业基本情况

2020年，全县地区生产总值385.7亿元，占日照市GDP的19.2%。规模以上工业企业226家，实现总产值313亿元，实现营业收入478.6亿元。

二、工业产业结构

莒县工业主要有石油、煤炭和其他燃料加工业，农副食品加工业，非金属矿物制品业，酒、饮料和精制茶制造业，专用设备制造业，食品制造业，电力、热力生产和供应业，化学原料和化学制品制造业，橡胶和塑料制品业，造纸和纸制品业，计算机、通信和其他电子设备制造业，营业收入合计435.8亿元，占全县的91%；金属制品业、汽车制造业等19个产业合计营业收入占全县规模以上工业企业营业收入的9%。

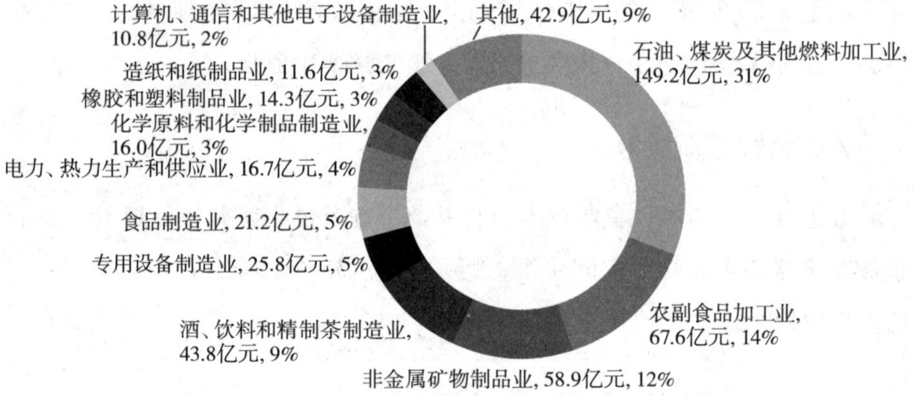

图11-6　2020年日照市莒县工业产业结构占比分布

三、重点优势产业

石油煤炭及其他燃料加工业：全县规模以上企业2家，代表企业有海右石化、浩宇能源，分别从事石油化工产品和煤化工产品的生产和销售。2020年，实现营业收入149.3亿元。

农副食品加工业：全县规模以上企业50家，代表企业有浮来春生物、成群食品、德汇食品、泰森食品等，产品涉及食用酒精、肉食加工。2020年，实现营业收入67.6亿元。

非金属矿物制品业：全县规模以上企业43家，代表企业有莒州水泥、莒州浮来山水泥、莒县中联、彼那尼荣安水泥、日照中联，主要产品涵盖熟料和水泥。2020年，实现营业收入58.9亿元。

四、产业集群及工业园区情况

食品产业集群：食品产业是莒县规模企业最多、覆盖范围最广、从业人员最多的产业，涉及农副食品加工业、食品制造业、酒饮料和精制茶制造业，骨干企业包括浮来春集团、成群食品、德汇食品、泰森食品等。2020 年，营业收入超过 130 亿元。

建材产业集群：莒县建材产业主要有水泥、石灰、砖瓦石材及其他建筑材料制造等行业。从原材料方面来看，莒县有着得天独厚的优势，现有规模以上建材企业 43 家。全县水泥年产能超过 1000 万吨，是省内重要的县级水泥生产基地。2020 年，实现营业收入 58.9 亿元。

塑料产业集群：塑料产业特色发展鲜明，作为“山东省十大产业集群”之一，以刘官庄为中心的塑料产业集群，逐步由分散经营向集约经营发展，由国内市场转向国际市场，销售渠道多元开展，产品销量稳定。到 2020 年底，已有规模以上橡胶和塑料制品企业 31 家，实现营业收入 14.3 亿元。

五、骨干企业情况

2020 年，莒县有规模以上工业企业 226 家，营业收入超过亿元的企业有 29 家，其中，超过 10 亿的企业有 7 家；利润总额超过千万的企业有 12 家，其中，超过亿元的企业有 2 家。

山东海右石化集团有限公司：主要生产经营丙烯、丙烷、苯酐、MTBE、聚丙烯、聚乙烯、汽油、柴油、液化石化气等，在不断完善产业链的同时，打造了从油头到化尾的产业链条。2020 年，实现营业收入 129.4 亿元。

山东浮来春生物化工有限公司：是浮来春集团所辖子公司之一，是集团在原有 1.5 万吨食用级酒精生产线基础上，投资 1.2 亿元搬迁扩建的年产 12 万吨食用级酒精项目。2020 年，实现营业收入 23 亿元。

山东浩宇能源有限公司：公司是集热电联产、现代农业、煤化工、物流、冶金于一体的跨区域多元化大型民营企业集团，现拥有 20 余个子公司，员工7000余人。2020年，实现营业收入186亿元。

截至2020年底，全县共有省级以上制造业单项冠军企业1家，“专精特新”企业9家，“小巨人”企业1家，“瞪羚”企业2家。

六、科技创新能力

2020年，全县共有国家级企业技术中心1个，省级工程实验室（工程研究中心）5个，省级企业技术中心12个，市级工程实验室18个，市级企业技术中心21家，涵盖先进高端装备制造、新能源新材料、汽车整车及零部件等领域。

七、进出口情况

2020年，全县进出口总额112.1亿元。其中，出口总额32亿元，进口总额80.1亿元。出口产品包括塑料制品、环保机械、柠檬酸等，主要出口东南亚、非洲等地区。

第五节　经济技术开发区

日照经济技术开发区区位优势突出，紧靠日照新市区，面积118.7平方公里，常住人口16.8万人。

一、工业基本情况

2020年，全区规模以上工业企业实现总产值582.2亿元，实现营业收入565.2亿元。

二、工业产业结构

经济技术开发区工业主要有农副食品加工业，汽车制造业，造纸和纸制品业，电力、热力生产和供应业，非金属矿物制品业、金属制品业，通用设备制造业，燃气生产和供应业，计算机、通信和其他电子设备制造业，营业收入合计521.5亿元，占全区规模以上工业企业营业收入的92%；金属制品机械和设备修理业、医药制造业等15个产业总营业收入占全区的8%。

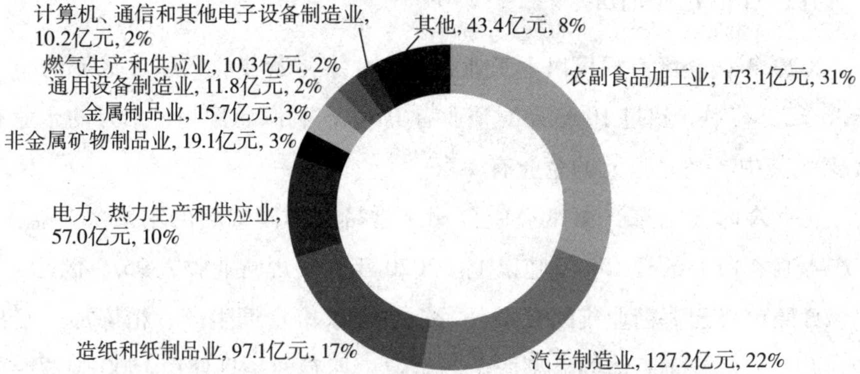

图11－7　2020年日照市经开区工业产业结构占比分布

三、重点优势产业

农副产品加工业：全区规模以上企业15家，代表企业有凌云海糖业、中纺粮油、邦基三维油脂、中储粮油脂、康信食品、佳苑食品，产品涉及食用糖、植物油、肉制品、水产加工等。2020年，实现营业收入173.1亿元。

汽车制造业：全区规模以上企业18家，代表企业有现代威亚、现代坦迪斯、阿尔泰汽车、现代汽车模具、金马工业，产品涉及发动机、变速箱、传动系统、磨具以及零配件。2020年，实现营业收入127.2亿元。

造纸和纸制品业：全区规模以上企业3家，代表企业是亚太森博，主要生产高档化学木浆、溶解浆及液体包装纸板、食品卡、烟卡、社会卡等高档纸板产品。2020年，实现营业收入97亿元。

四、产业集群及工业园区情况

汽车产业集群：是以整车驱动、整零互动为战略，以汽车装备制造、关键基础件制造为产业方向，以长城汽车日照基地、韩国现代集团为骨干，以金马集团、双港公司、威士达等本土汽车零部件企业为配套，以工业服务为延伸的较为完善的产业链。全区规模以上企业 18 家，实现营业收入 127 亿元。

五、骨干企业情况

2020 年，全区有规模以上工业企业 110 家，营业收入超过亿元的企业有 26 家，其中，超过 10 亿元的企业有 10 家；利润总额超过千万的企业有 12 家，其中，超过亿元的企业有 4 家。

亚太森博（山东）浆纸有限公司：是目前中国知名的木浆生产企业，年产木浆和白卡纸板 150 万吨以上。2020 年，实现营业收入 95.9 亿元。

日照市凌云海糖业集团有限公司：是一家集食糖生产、精炼加工复出口、大豆加工等于一体的大型股份制企业，拥有两条日处理 1500 吨原糖的大型生产线，日生产加工量在 3500 ~ 4000 吨。2020 年，实现营业收入 64.8 亿元。

山东现代威亚汽车发动机有限公司：是现代汽车集团海内外汽车配套企业，拥有两个发动机工厂、一个 IVTCASE 加工厂、四个粗加工工厂、四个轻合金工厂和一个发动机 2c 加工工厂（曲轴、缸体精加工），是韩国现代汽车集团在海外最重要的汽车发动机及相关配件的专业生产基地。2020 年，实现营业收入 58.3 亿元。

六、科技创新能力

2020 年，经济技术开发区共有科技人才平台载体 102 家，其中，国家级平台载体 8 家，省级平台载体 32 家；国家级高新技术企业 56 家，科技型中小企业入库 70 家。高新技术产业产值占规模以上工业总产值的比重达到 44%。

七、进出口情况

全区主要出口产品包括发动机成品、变速箱成品、白卡纸、水产品、焦炭、五金工具、褐藻酸盐系列产品等；主要出口日本、韩国、印度、东南亚、中东、俄罗斯、捷克、斯洛伐克、美国等国家和地区。

第六节　高新技术产业开发区

日照高新技术产业开发区位于日照市主城区，面积83.8平方公里，常住人口6.7万人。

一、工业基本情况

2020年，高新区地区生产总值71亿元，占日照市GDP的3.5%。规模以上工业企业49家，实现总产值83.7亿元，实现营业收入87.5亿元。

二、工业产业结构

高新区工业主要有汽车制造业、医药制造业、农副食品加工业，2020年营业收入分别达到29.5亿元、24.4亿元和14.4亿元，合计占全区规模以上工业企业营业收入的78%；文教、工美、体育和娱乐用品制造业，非金属矿物制品业分别占全区规模以上工业企业营业收入的6%；橡胶和塑料制品业、家具制造业等6个产业占全区规模以上工业企业营业收入的4%。

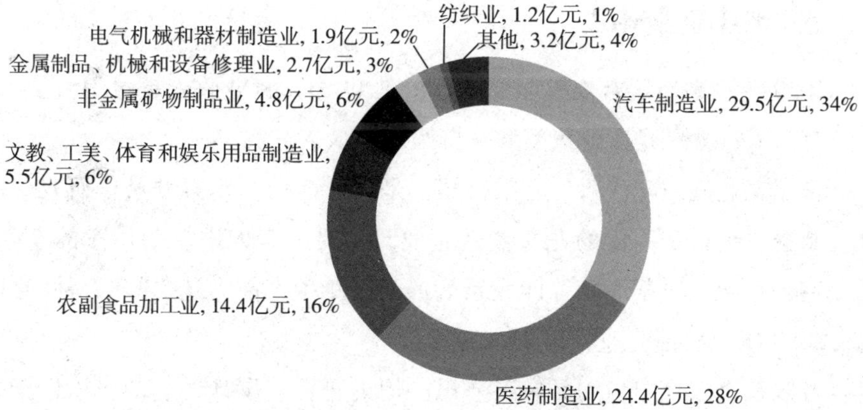

图11－8　2020年日照市高新区工业产业结构分布图

三、重点优势产业

汽车制造业：全区规模以上企业 6 家，代表企业兴业汽车，产品涉及大中型商用车的车架、驾驶室、货厢、车载气瓶等四大系列产品、10000 多个品种。2020 年，实现营业收入 29.6 亿元。

医药制造业：全区规模以上企业 7 家，代表企业三奇医疗，产品涉及一次性医疗器械、卫生用品及无纺布日用制品。2020 年实现营业收入 24.4 亿元。

四、产业集群及工业园区情况

信息技术服务产业集群：是山东省第一批战略性新兴产业集群，以高新区为依托，拥有 8 个信息技术产业园区。涵盖集成电路、高端软件、人工智能、大数据、云计算等领域，涌现出浪潮大数据、东华软件、领信科技、至信科技、创泽智能、海声尼克、永而佳、香港兴华等一批高科技企业。其中，规模以上企业 80 余家，双软企业 37 家，CMMI 认证企业 4 家，系统集成资质认证企业 14 家，省首版次高端软件 13 个；新三板企业 4 家，省瞪羚企业 4 家，省准独角兽企业 1 家。

五、骨干企业情况

2020 年，高新区有规模以上工业企业 49 家，营业收入超过 10 亿元的企业有 2 家，分别是兴业汽配和三奇医疗。

日照兴业汽车配件股份有限公司：是国内商用车车架领域集研发、设计、制造、销售于一体的龙头制造企业。主要生产大中型商用车的车架、驾驶室、货厢、车载气瓶等四大系列产品，年生产能力达 1300 万件/套以上。2020 年，实现营业收入 23.6 亿元。

日照三奇医疗卫生用品有限公司：是集研发、设计、生产、销售于一体的现代化医疗器械、健康卫生护理产品的综合性生产出口企业。主要产品有医疗器械、健康卫生护理用品、个人与专业劳保用品和家居日用制品等四大系列。2020 年，实现营业收入 18.3 亿元。

六、科技创新能力

2020年，高新区共有高新技术企业70家，占全市高新技术企业总数的23.7%。全区拥有国家级创新平台5家、省级平台42家、市级平台96家。山东（日照高新区）电子信息产业园成功升级为省级示范数字经济园区，拥有国家级专精特新“小巨人”企业1家、省级瞪羚企业3家。

七、进出口情况

全区主要出口产品包含水产品、家具、宠物笼，主要出口韩国、日本、美国、加拿大等国家。

第七节 山海天旅游度假区

日照山海天旅游度假区位于日照市区东北部，陆域面积168平方公里，海域面积2000平方公里，常住人口9.9万人。

一、工业基本情况

2020年，全区地区生产总值43亿元，占日照市GDP的2.1%，居全市第七位。规模以上工业企业8家，实现产值12.2亿元，实现营业收入13.5亿元。

二、工业产业结构

山海天旅游度假区是国家级旅游度假区，工业产业布局较少，全区仅有农副食品加工业、燃气生产和供应业、通用设备制造业和非金属矿物制品业4个产业，其中，农副食品加工业2020年营业收入7.9亿元，占全区规模以上工业企业营业收入的57.0%；燃气生产和供应业营业收入3.6亿元，占全区规模以上工业企业营业收入的25.9%；通用设备制造业营业收入1.9亿元，占全区规模以上工业企业营业收入的14%。

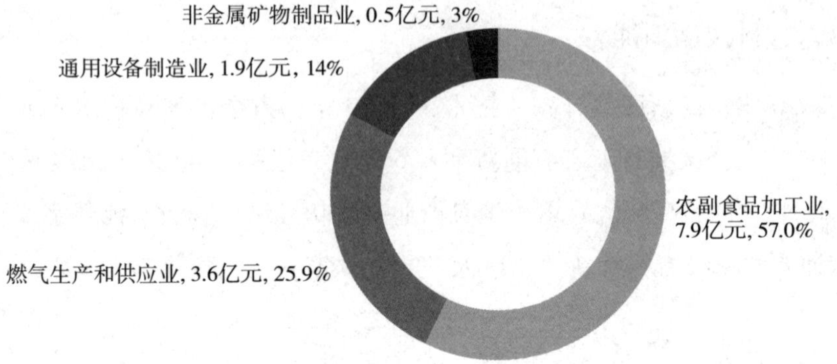

图 11－9　2020 年日照市山海天区工业产业结构分布图

日照顺合饲料有限公司：作为全区唯一年度营业收入超过亿元的企业，产品涉及饲料生产和销售，2020 年实现营业收入 4.7 亿元。

第十二章　临沂市

临沂市在山东省面积最大、人口最多，是现代工贸城市和商贸物流中心。全市总面积 17191.2 平方公里，常住人口 1101.8 万人。市辖兰山区、罗庄区、河东区、沂南县、郯城县、沂水县、兰陵县、费县、平邑县、莒南县、蒙阴县、临沭县、临沂高新技术产业开发区、临沂经济技术开发区、临沂临港经济开发区等 15 个区县（功能区）。

【临沂市经济总量】

2020 年，全市地区生产总值 4805.3 亿元。

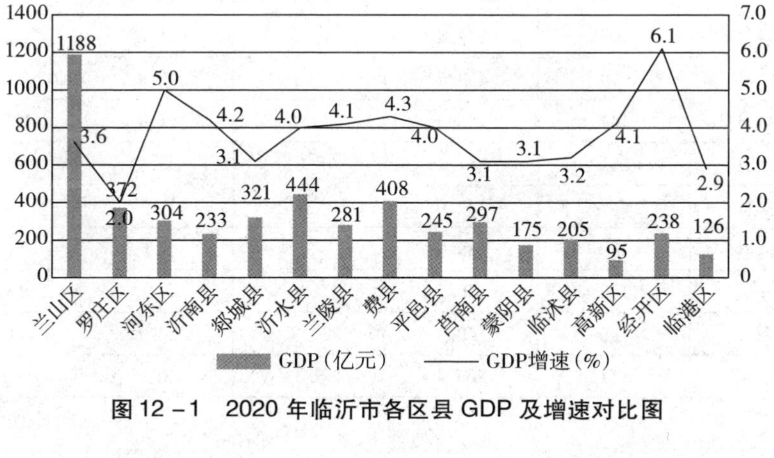

图 12－1　2020 年临沂市各区县 GDP 及增速对比图

【临沂市各区县工业经济】

2020 年，临沂市规模以上工业企业 2954 家，实现营业收入 4838.2 亿元。其中，营业收入超过500亿元的区县有5个，分别是兰山区、沂水县、莒南县、开发区、临港区，五区县规模以上工业企业数量占全市工业企业总数的47.8%，营业收入占全市总营业收入的59.8%，利润总额占全市利润总额的59.1%。罗庄区、费县营业收入在400亿~500亿元。各区县营业收入超过50亿元的重点企业有8家，占全市规模以上工业企业总营业收入的16.83%，山东临工工程机械有限公司、山东清沂山石化科技有限公司、临沂江鑫钢铁有限公司、临沂鑫海新型材料有限公司等4家企业的营业收入超过100亿元。全市共有775家企业的营业收入超过亿元。

表12-1 2020年临沂市各区县规模以上工业主要经济指标情况表

县（市）区	企业单位数（家）	营业收入		利润总额	
		累计（亿元）	同比（%）	累计（亿元）	同比（%）
全市合计	2954	4838.2	4.2	237.8	48.4
兰山区	598	681.5	-3.8	34.7	55.8
罗庄区	159	434.5	-11.5	15.8	69.2
河东区	155	230.6	7.8	14.5	51.4
沂南县	190	304.5	11.9	10.0	65.8
郯城县	90	139.2	9.0	3.0	30.4
沂水县	256	513.1	10.2	38.1	91.1
兰陵县	107	179.8	15.5	15.8	122.6
费　县	479	438.8	-1.5	26.8	21.2
平邑县	147	156.5	13.1	11.3	129.4
莒南县	261	651.1	8.6	22.4	-0.2
蒙阴县	92	134.0	5.7	9.7	19.2
临沭县	139	285.0	-8.8	8.1	14.0
高新区	135	140.2	7.9	2.9	12.7
开发区	146	549.5	20.7	24.7	51.3
临港区	151	506.4	6.8	20.6	-2.1

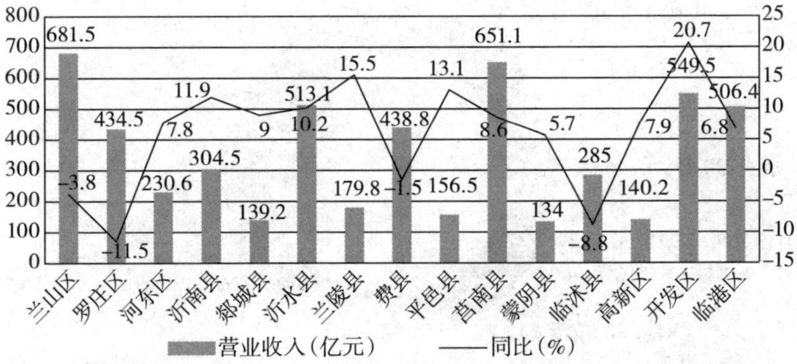

图 12-2　2020 年临沂市各区县规模以上工业营业收入及增速比较

第一节　兰山区

兰山区是临沂市的行政中心、经济中心、商贸中心和中心城区，面积 839 平方公里，常住人口 184.4 万人，是全国重要的肉制品加工基地和板材生产基地，是享誉全国的市场名城、物流之都、水表（配件）之乡。

一、工业基本情况

2020 年，兰山区地区生产总值 1187.9 亿元，占全市 GDP 的 24.7%，居全市第一位。规模以上工业企业 598 家，实现工业产值 723.5 亿元，实现营业收入 681.5 亿元。

二、工业产业结构

兰山区工业主要有木材加工和木制品业、食品制造业、医药制造业、通用设备制造业、有色金属冶炼和压延加工业、水的生产和供应业，营业收入合计 553.5 亿元，占全区规模以上工业企业营业收入的 81%；其他类行业的营业收入占 19%。

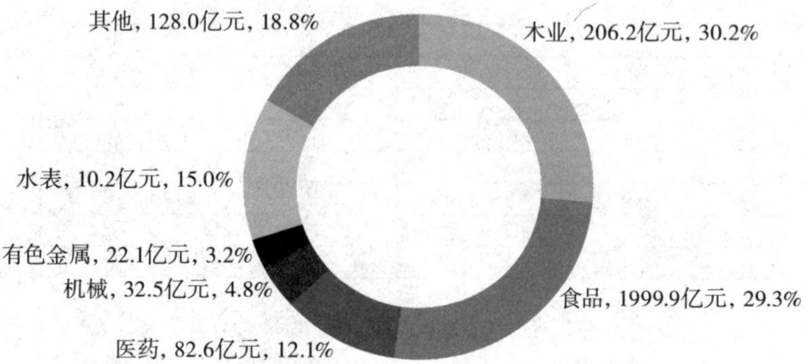

图 12－3　2020 年临沂市兰山区工业产业结构分布图

三、重点优势产业

木材加工和木制品业：全区规模以上企业 357 家，代表企业山东新港、千山木业、福达木业、凯源木业等，产品涉及胶合板、刨花板、纤维板、木业机械 4 大类、9 大系列、200 多个品种，产量占全省总产量的 1/2，占全国胶合板市场份额的 1/4，是全国最重要的人造板生产、出口和交易基地，位居“全国四大板材基地”之首。

食品制造业：全区规模以上企业 32 家，代表企业新程金锣、金锣文瑞、山松生物、汇融肉制品，产品涉及肉类深加工、大豆深加工、蛋制品、速冻食品、方便食品、粮食加工品等。2020 年，实现营业收入 199. 9 亿元。其中，全区冷鲜肉产量位居全国第一，肉制品产量位居全国第二。

四、产业集群及工业园区情况

板材产业集群：兰山区木材板材产业集聚发展，以经开区机械制造、义堂木业产业园为支撑，以山东新港企业集团、山东千山木业、山东福达木业、山东凯源木业、新天力机械、长兴木业机械、兴滕人造板设备、冠翔、高翔等为骨干重点企业，2020 年，实现产值 235. 5 亿元，占全区规模以上工业总产值的 32. 6%；实现营业收入 206. 2 亿元。

食品产业集群：兰山区食品产业集群主要以半程镇为依托，以金锣创业创新中心为支撑，重点发展健康食品。2020 年，拥有规模以上食品企业 32 家，实现营业收入 199.94 亿元。临沂新程金锣肉制品集团有限公司、临沂金锣文瑞食品有限公司、临沂山松生物制品有限公司、山东汇融肉制品有限公司等食品重点企业集群带动作用明显。

五、骨干企业情况

2020 年，兰山区规模以上工业企业 598 家，营业收入超过亿元的企业有 7 家，且全部超过 10 亿元；利润总额超过千万的企业有 6 家，其中，超过亿元的企业有 4 家。

新程金锣肉制品集团有限公司：是以生猪屠宰及冷鲜肉生产加工为主的综合性大型企业，是中国农业产业化重点龙头企业，年屠宰加工生猪 2000 万头、肉鸡 2 亿只、年产冷鲜肉及冻品等肉制品 300 万吨。2020 年，实现营业收入 88.9 亿元。

临沂金锣文瑞食品有限公司：是一家现代化大型食品企业，主要从事高、低温肉制品和卤制品的生产，品类达 500 多种。2020 年，实现营业收入 50.3 亿元。

鲁南贝特制药有限公司：是鲁南制药集团控股子公司，产品涉及西药片剂、注射液、缓释片、大输液、喷雾剂、胶囊剂、颗粒剂、滴眼剂等 12 个剂型，鲁南欣康片、鲁南欣康缓释片等 22 个产品。2020 年，实现营业收入 39.5 亿元。

截至 2020 年底，全区省级以上“专精特新”企业 25 家，“瞪羚”企业 6 家。

六、科技创新能力

2020 年，全区共有国家级企业技术中心 2 家，省级企业技术中心 16 家，高新技术企业 163 家，科技创新平台 79 家。全区 R&D 经费投入 17.1 亿元。全区专利授权 3883 件，其中，发明专利授权 253 件，居全市第 1 位；实用新型授权 2788 件；外观设计授权 842 件。

七、进出口情况

全区进出口总额 141 亿元。其中，出口总额 123.9 亿元；进口总额 17.1 亿元。共新设外资项目 14 个，合同外资额 71135 万美元，到位外资 22278 万美元。

第二节　罗庄区

罗庄区是临沂中心城区的重要组成部分之一，是鲁南、苏北的重要交通枢纽，面积 500 平方公里，常住人口 67.9 万人。

一、工业基本情况

2020 年，罗庄区地区生产总值 372.2 亿元，占全市 GDP 的 7.8%，居全市第 4 位。规模以上工业企业 159 家，实现产值 424.3 亿元，工业增加值 132.9 亿元，实现营业收入 434.5 亿元。

二、工业产业结构

罗庄区工业主要有黑色金属冶炼和压延加工业，金属制品业，非金属矿物制品业，医药制造业，电力、热力生产和供应业，有色金属冶炼和压延加工业，石油、煤炭及其他燃料加工业，通用设备制造业，营业收入合计 394 亿元，占全区规模以上工业企业营业收入的 91%；纺织业、燃气生产和供应业等 15 个行业营业收入占 9.3%。

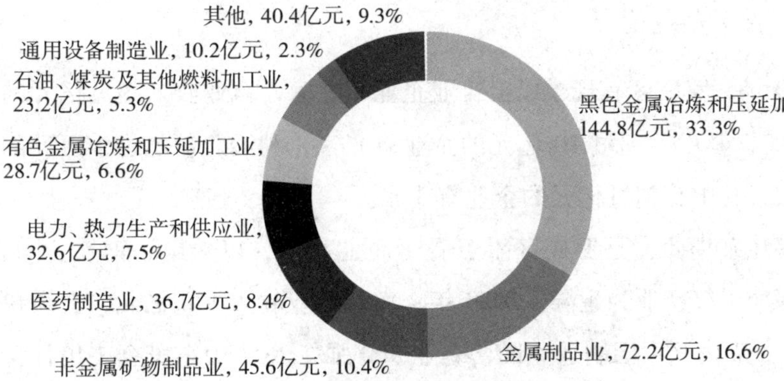

图 12－4　2020 年临沂市罗庄区工业产业结构分布图

三、重点优势产业

黑色金属冶炼和压延加工业：全区规模以上企业 5 家，代表企业临沂江鑫钢铁，产品涉及生铁、灰口铁、铸造铁、高炉煤气和水渣。2020 年实现营业收入 144.8 亿元。

金属制品业：全区规模以上企业 21 家，2020 年实现营业收入 72.2 亿元。代表企业山东美鑫金属科技、盛阳金属科技，宏旺实业等，产品涉及不锈钢热轧和冷轧、热轧冷拔无缝钢管等。其中，盛阳热轧、宏旺冷轧产能位居全国前 3 位，利信单体规模居全省前列，华盛中天、豪门铝业获评省制造业单项冠军。

四、产业集群及工业园区情况

新材料产业集群：重点是铝质新材料、镍基新材料两个产业链条，以盛阳集团、宏旺实业、豪门铝业等“链主”企业为引领，以宏旺彩钛、房德科创园、利信生态科技园等建设项目为支撑，推动企业向“高精尖”发展，形成了产业规模和集群效应。包括年产 140 万吨的盛阳冷轧板、年产 5 万吨的利信高端精密铝合金零部件、年产 30 万吨的金马再生铝合金循环再利用、圣戈班二期、中玻新材料二期等集群重点项目。

五、骨干企业情况

2020 年，罗庄区有规模以上工业企业 159 家，营业收入超过亿元的企业有 10 家，其中，超过 10 亿元的企业有 8 家；利润总额超过千万元的企业有 7 家，其中，超过亿元的企业有 3 家。

华盛江泉集团：是罗庄区重点骨干企业集团，以热电、钢铁、陶瓷、肉制品深加工等产业为主导。2020 年，实现营业收入 138 亿元，上缴税金 3.2 亿元，荣获“中国制造业民营企业 500 强”和“山东民企杰出社会贡献奖”。其中，临沂江鑫钢铁有限公司是华盛江泉集团公司钢铁产业的主体，年产生铁 280 万吨、烧结矿 460 万吨。2020 年，实现营业收入 106.1 亿元。

山东宏旺实业有限公司：是国家高新技术企业，主要生产不锈钢冷轧卷板和深加工产品，年产高品质冷轧不锈钢窄带 30 万吨、冷轧不锈钢宽板 60 万吨。2020 年，实现营业收入 62.2 亿元。

山东罗欣药业集团股份有限公司：是集药品研发、生产、贸易及医疗健康服务于一体的大型医药企业集团，年产粉针剂 10 亿支、冻干粉针剂 5 亿支、大容量注射剂 4 亿瓶（袋）、小容量注射剂 5 亿支、片剂 70 亿片、胶囊剂 20 亿粒、颗粒剂 3 亿袋、干混悬剂 8000 万袋、微丸剂 300 吨、原料药 1000 吨、气雾剂 3000 万罐、喷雾剂 1 亿支、预灌封 1 亿支。2020 年，实现营业收入 30.4 亿元。

沂州集团：沂州集团始建于 1958 年，位列于中国企业 500 强，拥有建材、能源、金融三大产业板块。其中，建材板块由费县沂州水泥公司、水泥股份公司、金石新型建材公司、沂州新材料公司、沂州包装公司、沂州储运公司、北方商贸公司及山东辉泰矿业公司等组成。形成以矿山、水泥、混凝土、新材料为主的强大产业链，年产水泥 1000 万吨，混凝土 400 万立方米。

截至 2020 年底，全区省级以上“专精特新”企业 24 家，“瞪羚”企业 8 家，“小巨人”企业 3 家，单项冠军企业 2 家。

六、科技创新能力

2020年，罗庄区共有国家级企业技术中心2家，国家地方联合工程实验室1家，国家级工程实验室（研究中心）1家，省级工程实验室1家，省级企业技术中心21家，市级工程实验室（研究中心）9家，市级企业技术中心14家，创新平台数量居全市前列。

七、进出口情况

全区进出口总额42.5亿元。其中，出口总额41.7亿元；进口总额0.8亿元。全区实际使用外资金额7954万美元，到位资金83.5亿元，涉及招引项目69个。

第三节　河东区

河东区因位于沂河东岸而得名，面积834平方公里，常住人口90.8万人，是全国重要的脱水蔬菜加工基地、五金钢材集散基地。

一、工业基本情况

2020年，全区地区生产总值303.6亿元，占全市GDP的6.3%，居全市第6位。规模以上工业企业155家，实现营业收入230.6亿元。

二、工业产业结构

河东区工业主要有农副食品制造业、燃气及水的生产和供应业、金属制品业、机械制造业、冶金业、化学制品制造业、橡胶和塑料制品业，营业收入合计206.9亿元，占全区规模以上工业企业营业收入的90%；其他类行业营业收入占10%。

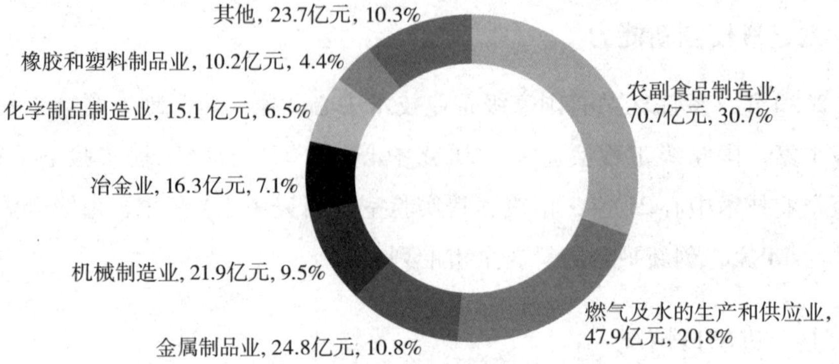

图 12-5　2020 年临沂市河东区工业产业结构占比分布

三、重点优势产业

食品产业：全区规模以上食品加工企业 43 家，主要涉及三大领域，包括以大林集团、万德福食品等企业为龙头的脱水蔬菜产业；以凯佳食品、聚晟农牧、鲁盛食品等为重点的畜禽屠宰及加工产业；以天成面粉、安丰粮油、民信食品等为重点的粮油加工产业。尤其是大林万吨智能化果蔬干燥生产线、万德福 AD 果蔬浓缩生产、FD 果蔬加工生产线等项目推动了河东区食品产业的高端化发展。2020 年，实现营业收入 70.7 亿元。

燃气产业：全区规模以上企业 3 家，代表企业奥德集团，产品涉及城市燃气。2020 年，实现营业收入 47.9 亿元。

金属制品产业：全区规模以上企业 24 家，代表企业永安特种装备、祥云金属、新达重工、华龙铸业，产品涉及钢制无缝气瓶、汽车弹簧扁钢、异型钢材、通讯和电力铁塔金属构件、角钢等。2020 年，实现营业收入 24.8 亿元。

四、产业集群及工业园区情况

五金产业集群：全区五金加工企业 655 家，个体加工户 3583 家，规模以上企业 69 家，五金加工专业村 48 个，从业人员近 3 万人，产值超过百亿元。产业集群现有省级制造业单项冠军企业 1 家，五金类高新技术企业 14 家，省级“专精特新”企业 6 家；省级研发中心 2 家，省级创新企业 3 家，省级公共服务示范平台 1 家，省级中小企业服务机构 1 家；市级以上企业技术中心、重点实验室、工程技术研究中心、院士工作站等各类创新平台 10 个，市长质量奖 5 家，市级“专精特新”企业 5 家。2020 年，全区规模以上五金企业实现产值 74.9 亿元，占规模以上工业总产值比重的 27.4%。全区依托金科智能制造科技城项目、新海表面处理中心项目，建设河东区五金机械产业园区，重点培育具有地方特色的产业集群。

食品产业集群：集群以农产品加工龙头企业为重点，以农业高新技术产业示范区为引领，开发生产绿色、安全的保健食品。围绕大林集团、凯佳食品、天同食品、天成面粉等骨干企业，形成集种（养）殖、深加工、储藏运输、销售消费于一体的食品生产加工体系。拥有晨越肉制品、大林脱水蔬菜、“樱花雪”面粉、“老庄户”大米、天同罐头、“百益斋”酱菜等品牌商品。凯佳食品、天同食品、园源食品等企业建设了垂直电商平台，形成农副食品加工产业链。2020 年，全区 43 家农副食品企业实现工业产值 89.9 亿元，占规模以上工业企业产值的比重达 32.9%。

五、骨干企业情况

2020 年，河东区有规模以上工业企业 155 家，营业收入超过亿元的企业有 5 家，其中，超过 10 亿元的企业有 4 家；利润总额超过千万元的企业有 4 家。

奥德集团有限公司：公司清洁能源产业在天然气一体化产业链、产业链延伸业务、增值业务与新零售、能源科技及新型能源等业态领域，向客户提供全方位清洁能源整体解决方案。2020 年，实现营业收入 44.8 亿元。

山东永安特种装备有限公司：是集研发、生产于一体的专业化钢瓶制造公司，隶属市、区两级重点企业，是全国气瓶标准委员会理事单位。公司具备国家质检总局颁发的钢制无缝气瓶、焊接气瓶等生产资质。产品有从直径 108 到直径 232 的各种规格无缝气瓶、5 公斤到 50 公斤各种规格的液化石油气瓶与液化丙烷瓶。

临沂凯佳食品有限公司：是集生猪养殖、屠宰加工、销售于一体的大型肉类食品生产企业，产品以冷鲜肉和冷冻分割肉为主。2020 年，实现营业收入 25.2 亿元。

临沂大林食品股份有限公司：是大型果蔬加工企业，被评为全国食品工业优秀龙头食品企业。主要生产FD果蔬（以草莓为代表的FD水果和以葱为代表的FD蔬菜产品）、AD蔬菜（以AD葱、蒜为代表）、糖渍水果三大系列产品，年新鲜蔬菜吞吐（消化）能力达30000吨，年加工各类蔬菜干燥制品3000吨。

临沂荣祥钢管有限公司：拥有先进的高频焊管、冷轧带钢生产线12条，集压延、纵剪、冷轧、焊接于一体，生产各型号高频焊管、冷轧带钢等40多个品种。2020年，实现营业收入12.9亿元。

截至2020年底，全区省级以上“专精特新”企业24家，“瞪羚”企业6家，“小巨人”企业2家，单项冠军企业4家。

六、科技创新能力

2020年，河东区共有高新技术企业39个，国家级企业技术中心3个，省级企业技术中心18个；山东省省级重点实验室1个，省级工程技术研究中心3个，山东省院士工作站1个。全区R&D经费投入8.7亿元。高新技术产业产值81.1亿元，占规模以上工业总产值比重的29.6%。

七、进出口情况

全区进出口总额55亿元，其中，出口总额47.5亿元；进口总额7.5亿元。主要出口产品为农产品、机电产品，出口国家为美国、韩国、日本、马来西亚等，涉及贸易伙伴154个。其中，奥德集团成功收购澳大利亚气田项目，实现河东境外能源投资的新突破。

第四节　沂南县

沂南县面积1719平方公里，山地、平原、丘陵各占1/3，常住人口80.6万人。

一、工业基本情况

2020 年，全县地区生产总值 232.9 亿元，占全市 GDP 的 4.9%。全县规模以上工业企业 190 家，实现营业收入 304.5 亿元。

二、工业产业结构

农副食品加工业是沂南县的重点产业，2020 年营业收入 190 亿元，占全县规模以上工业企业营业收入的 63%，产业规模远大于其他产业；年营业收入超过 20 亿元的有非金属矿采选业和通用设备制造业，产业规模合计占全县规模以上工业企业营业收入的 17%；年营业收入超过 10 亿元的有铁路、船舶、航空航天和其他运输设备制造业，化学原料和化学制品制造业，年营业收入合计占全县规模以上工业企业营业收入的 7%；其他类行业营业收入占 12.6%。

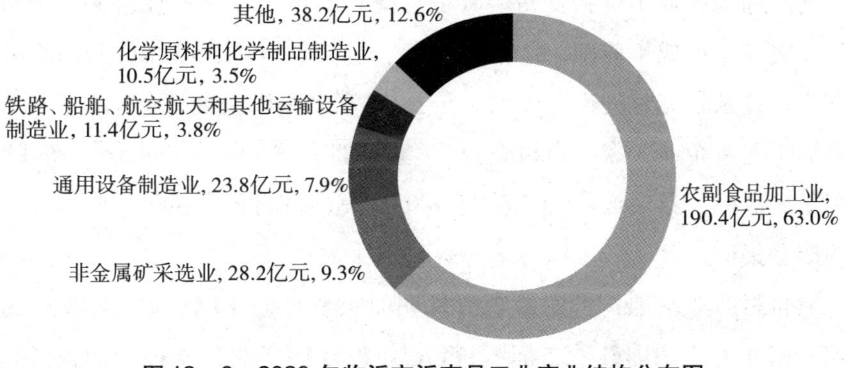

图 12－6　2020 年临沂市沂南县工业产业结构分布图

三、重点优势产业

食品产业：全县规模以上企业 72 家，代表企业有顺发食品、鑫盛源食品、太合食品、皇上皇、众信食品等。产品涉及禽畜肉食屠宰加工，年出栏肉鸡肉鸭 5 亿只，年加工鸡鸭 9 亿只，其中“沂南白条鸭”占全国市场份额的 75%，是“全国首批健康养殖示范县”“全国肉鸭生产加工基地县”。年加工猪肉制品 30 万吨，是“国家级生猪调出大县”。2020 年，实现营业收入 190.4 亿元。

建材产业：2020 年全县规模以上企业 38 家，包括新材料类企业 10 家、石英砂类企业 13 家、建材类企业 9 家。代表企业有中联水泥、祎禾科技、儒辰绿色新型建材等。2020 年，实现营业收入 28.2 亿元。

四、产业集群及工业园区情况

电动车产业基地：沂南县电动车已形成涵盖电动自行车、电动三轮车、高尔夫球车、旅游观光车、电动货车等系列电动车的国家级产业基地。绿源持有“中国驰名商标”“国家免检产品”，澳柯玛是“山东名牌”“山东省著名商标”“国家免检产品”，格仑特是 2008 北京奥运会供应商。全县电动车产品在畅销全国的同时，还出口到法国、意大利、希腊、葡萄牙、西班牙、美国、加拿大、埃及、泰国、澳大利亚、日本等国家和地区。

食品加工产业集群：食品产业是沂南县的传统支柱产业之一，产值居各产业之首，形成集养殖、屠宰、加工、包装、销售于一体的、门类齐全的、产业链条较完整的产业体系。全县 64 家规模以上食品企业中，有省级食品加工龙头企业 3 家、市级企业 39 家，拥有“沂雪”“众信”等 12 个山东著名商标，集聚成年加工生猪 400 万头、肉鸡 1.5 亿只、肉鸭 6.6 亿只的产业集群。

新材料产业基地：沂南县现有探明石英砂储量 10 亿吨、远景储量 30 亿吨，被评为“中国硅砂之都”。沂南县新材料产业将发挥资源优势，推动无机新材料产业化生产，打造全国新材料产业化基地。目前，青驼镇绿色新型材料产业园正在稳步推进，祎禾胶凝材料、昊泉高纯硅微粉、中信活性钙等项目均实现量产转化，全县纳税超过千万元的企业有 35 家。

五、骨干企业情况

2020 年，沂南县规模以上工业企业 190 家，营业收入超过亿元的企业有 9 家，其中，超过 10 亿元的企业有 4 家；利润总额超过千万元的企业有 7 家，其中，超过亿元的企业有 1 家。

临沂顺发食品有限公司：是集生猪定点屠宰、冷鲜肉、冷冻肉、白皮条加工销售和冷链物流配送于一体的综合食品加工企业。2020年，实现营业收入23亿元。

绿源电动车（山东）有限公司：绿源山东生产基地拥有完备的生产制造体系，能够对电池、电机、控制器、充电器、车架、轮毂、表面处理等一系列的电动车关键部件进行自主研发和制造。2020年，实现营业收入7亿元。

沂南中联水泥有限公司：中国联合水泥集团有限公司旗下的全资子公司，产品涉及水泥生产、水泥熟料和水泥制品制造、销售；余热发电和销售；石灰石开采、加工、销售等。2020年，实现营业收入5.6亿元。

祎禾科技有限公司：专注于非金属新材料领域，是集科研、生产、销售、服务、物流于一体的高科技企业。新型物理改性胶凝材料填补了国内高性能基建新材料产品的空白。产品类型多样，新型物理改性胶凝材料、超细高纯硅微粉、绿色人造建筑板材、环保木塑托盘等广泛应用于高速铁路、高速公路、海洋工程、机场、桥隧、建筑、物流运输等行业。

截至2020年底，全县省级以上制造业单项冠军企业1家，“专精特新”企业7家，“小巨人”企业1家，“瞪羚”企业1家。

六、科技创新能力

2020年，沂南县共有省级企业技术中心12家，省级重创空间1个；国家级两化融合贯标1个，省级两化融合贯标1个，省博士后创新实践基地1个。全县R&D经费投入4.5亿元。高新技术产业产值55.3亿元，占规模以上工业总产值比重的17.9%。

七、进出口情况

2020年，全县进出口总额30.7亿元。其中，出口总额29.1亿元；进口总额1.6亿元。出口商品主要有安全鞋、轮胎、玩具等，出口美国，欧盟和东盟等国家和地区。全县共有13家企业的进出口额超过千万美元。全年实际使用外资金额7748万美元。

第五节　郯城县

郯城县位于山东省最南部，地处鲁苏交界，面积1195平方公里，常住人口88.5万人。

一、工业基本情况

2020年，郯城县地区生产总值321亿元，占全市GDP的6.68%，居全市第5位。规模以上工业企业90家，工业总产值142.7亿元，实现营业收入139.18亿元。

二、工业产业结构

郯城县工业产业主要有化学原料和化学制品制造业、农副食品加工业、非金属矿物制品业的营业收入规模均超过15亿元，分别占全县规模以上工业企业营业收入的36.6%、27%和13%；造纸和纸制品业等18个工业产业营业收入占全县规模以上工业企业营业收入的23%。

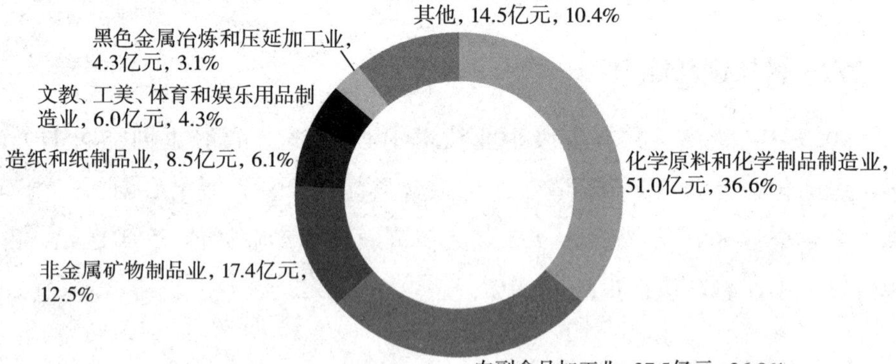

图12－7　2020年临沂市郯城县工业产业结构分布图

三、重点优势产业

化工产业：全县规模以上企业10家，集中在郯城化工产业园，依托阳煤恒通等龙头企业，主要生产聚氯乙烯、烯烃、甲醇、烧碱、双氧水、三氯化磷、漂白粉、胶黏剂、聚氨酯等20多种化工产品。2020年，实现营业收入51亿元。

食品产业：全县规模以上企业15家，依托107万亩耕地的农业基础，代表企业有五得利面粉、郯润食品、牧原农业等，主要产品涉及面粉加工、禽畜屠宰加工等。2020年，投资5亿元的山东顺鹏食品产业园正式落户，成为支撑郯城县食品产业发展的新力量。2020年，实现营业收入37.5亿元。

建材产业：全县规模以上企业12家，以高端、智能、节能为方向，代表企业有盛泽机械、鲁南新材、澳思柏恩、宏都建陶等。以澳思柏恩为依托，规划建设了郯城县优质板材产业园，园区总规划面积3000亩，交通便利，区位优势明显。2020年，实现营业收入17.4亿元。

四、产业集群及工业园区情况

化工工业园：经过多年发展，郯城县已形成以基础化工为主，以阳煤恒通化工为龙头企业，以精细化工、化工新材料产业等为下游产业的集群发展格局。郯城县化工企业全部集中在化工园区，主要生产聚氯乙烯、烯烃、甲醇、烧碱、双氧水、三氯化磷、漂白粉、胶黏剂、聚氨酯等20多种化工产品。2020年，实现产值52亿元。

家居建材产业集群：以鲁南纸业、利华纸业等骨干企业为依托，中高压电解电容器纸等高档耐磨纸、高档装饰纸等产品发展迅速；博士乐液压、郯工液压、胜亚机械等产业链优势企业发展较好，形成集群优势；围绕“以板为心，多圆发展”的发展战略，形成以板材为核心的多系列、多品种、有一定科技含量的、庞大的家居装饰用材产业集群。全县现有中国结、装饰木条、钢木家具等生产加工专业村216个。

电子信息产业集群：电子产业经过多年发展，以高科技电子产业园为基地，重点围绕半导体、新能源、智能制造等产业，形成包括半导体器件、集成电路设备研制与生产、封装与测试等产业链在内的半导体产业；以锂电池电解液、光伏太阳能、LED照明等为产业链的新能源产业；以电脑显示器、数字电视机、手机数据线、信息化教学软件开发等为主的电子应用产业和以3D打印、智能机器人为主的智能制造产业。全县拥有电子信息类企业28家，其中，规模以上电子信息类企业6家。

五、骨干企业情况

2020年，郯城县有规模以上工业企业90家，营业收入超过亿元的企业有3家，其中，超过10亿元的企业有2家；利润总额超过千万元的企业有2家，其中，超过亿元的企业有2家。

山东阳煤恒通化工股份有限公司：是集煤化工、盐化工、石油及精细化工、热电联产于一体的大型化工企业，总资产47亿元，主要产品为年产30万吨的乙烯法聚氯乙烯、30万吨的甲醇制烯烃、20万吨的工业甲醇、40万吨的离子膜烧碱、20万吨的双氧水、8万吨的三氯化磷、2万吨的漂白粉、10万吨的盐酸。2020年，实现营业收入38.4亿元。

山东鲁南新材料股份有限公司：是目前我国特种纸行业少数全面掌握无纺壁纸原纸、高档装饰原纸、电解电容器纸生产技术的企业之一。目前已获得国家专利29项，其中，发明专利5项，实用新型专利13项，外观设计专利11项。

临沂华庚新材料科技有限公司：公司掌握全球领先的无机材料复核技术，包括多金属层异形复合技术、多金属层与陶瓷层异形同步复合技术等。主打产品超硬质螺杆和陶瓷合金复合管，可广泛应用于石油、化工、冶金、煤炭、电力、供水、排水、排污和地热能源等领域。

临沂宏都建陶有限公司：公司专注于墙地砖产品研究、开发、生产及销售，总资产5.3亿元，日产6.7万平方米中高档内墙砖和3.6万平方米高档地板砖。产品销往国内各省市，出口美国、欧盟、中东、韩国等36个国家和地区。

截至2020年底，全县省级以上“专精特新”企业8家，“小巨人”企业1家，“瞪羚”企业1家。

六、科技创新能力

2020年，郯城县共有省级企业技术中心3家，高新技术企业30家；各类科技创新平台39家，其中，国家级众创空间1家，省级院士工作站1家，众创空间1家，科技孵化器2家。全县R&D经费投入6.4亿元。高新技术产业产值61亿元，占规模以上工业总产值比重的43%。

七、进出口情况

2020年，全县进出口总额82.5亿元。其中，出口总额81.9亿元；进口总额0.7亿元。全县出口产品有轻工工艺品、机电产品、农产品、木质家具、化工产品、纺织服装，出口美国、欧盟、日本、韩国、东盟、东南亚等60多个国家和地区。

第六节　沂水县

沂水县面积2434.8平方公里，在全省县级行政区划面积中居第二位，全县常住人口96.8万人。

一、工业基本情况

2020年，全县地区生产总值444.1亿元，占全市GDP的9.2%，居全市第二。规模以上工业企业256家，实现产值527.3亿元，实现营业收入513.1亿元。

二、工业产业结构

沂水县主要工业产业包括化学原料和化学制品制造业、农副食品加工业、橡胶和塑料制品业，三大产业营业收入合计334亿元，占全县规模以上工业企业营业收入的65%。营业收入超过10亿元的有，黑色金属矿采选业，食品制造业，纺织业，造纸和纸制品业，电力、热力生产和供应业，通用设备制造业，合计占全县规模以上工业企业营业收入的25%。木材加工等19个产业占9.6%。

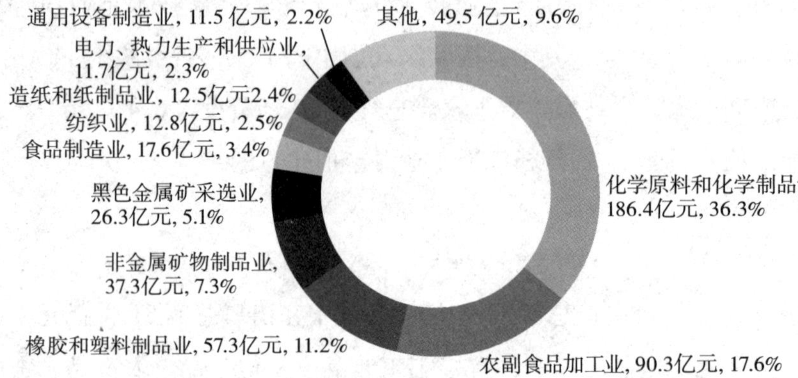

图12－8　2020年临沂市沂水县工业产业结构分布图

三、重点优势产业

化工产业：沂水化工产业有较为完善的现代化产业链条，形成了以精细化工为支撑、以生物化工和化工新材料为主导、以橡塑加工和石油化工高附加值项目为补充的现代化工产业体系。全县规模以上企业30家，代表企业有清沂山石化科技、昆达生物。2020年，实现营业收入186.4亿元。其中，永丰轮胎、新大陆橡胶等15家规模以上橡胶塑料企业实现营业收入57.3亿元。

食品产业：是支撑全县经济发展的主导产业，先后荣获“全国食品工业强县”“全国食品安全示范县”等称号。全县规模以上企业31家，代表企业有大地玉米、青援食品。主导产品有淀粉、玉米加工，方便食品，休闲食品等。2020年，实现营业收入90.2亿元。

新能源新材料：沂水县拥有山东玻纤集团、京普太阳能、瑞丰高分子、长青环保、普艾迪新能源等新能源、新材料生产企业，是推动全县工业经济新旧动能转换的重要力量。2020年，规模以上新材料企业实现产值40.8亿元。

四、产业集群及工业园区情况

食品产业集群：沂水县被中国地区促进会命名为“中国食品城”，门类齐全、集聚发展优势明显。全县获证食品企业406家，固定资产70余亿元，从业人员6万余人，年加工各类食品600余万吨，产品涉及33个门类，其中，淀粉糖、糖果、饼干等产品在全国占有重要的市场份额。鲁洲、青援、大地、隆科特、七星柠檬5家食品企业产值近50亿元，是全县食品产业的支撑力量。青援食品公司、鲁洲食品集团、鼎福公司、世纪春公司等10余家企业带动了产业集群的发展。

液压油缸制造基地：沂水县有“中国油顶城”之称，形成了以沂水机床厂、恒亚机床、智班机床为主的机床生产，以福阳机械、兴田机械、利丰液压等为代表的液压油缸生产，以业隆通用、群力通机械、精工密封件等为代表的轴类生产，以源泉机械、明沃机械等为代表的农用机械类生产，以歌尔电子、亨井电子为代表的电子类装备制造产业体系，集群集聚效应显现。

高端化工产业园区：庐山化工产业园区是省政府认定的化工产业园区，也是沂水县化工产业的主要承载区。依托清沂山石化、泓达生物、瑞丰高分子、永丰轮胎等科技含量高、发展潜力大的优势企业，建成了以精细化工为支撑、以生物化工和化工新材料为主导、以橡塑加工和石油化工高附加值项目为补充的现代化工产业体系。2020年，规模以上高端化工产业实现产值252.9亿元。

五、骨干企业情况

2020年，沂水县规有模以上工业企业256家，营业收入超过亿元的企业有11家，其中，超过10亿元的企业有10家；利润总额超过千万元的企业有9家，其中，超过亿元的企业有6家。

山东清沂山石化科技有限公司：是临沂市唯一一家获批进口总额原油使用资质的特种油生产企业，进口原油总配额每年300万吨，特种油产能180万吨。主要产品为高端特种油，润滑油，食品级、化妆品级、医药级特种白油及各类高端系列基础油。2020 年，实现营业收入 112.1 亿元。

山东永丰轮胎有限公司：拥有 400 万套全钢子午胎、1200 万套半钢子午胎、热电厂三大产业，是集研发、生产和销售于一体的大型轮胎企业。2020 年，实现营业收入 35.4 亿元。

沂水大地玉米开发有限公司：拥有年产 20 万吨淀粉生产线一条、年产 12 万吨高麦芽糖生产线一条、年产 3 万吨口服葡萄糖生产线一条。产品主要有玉米淀粉、药用淀粉、玉米蛋白粉、玉米油、口服葡萄糖等。2020 年，实现营业收入 14.3 亿元。

山东昆达生物科技有限公司：是一家以薯类深加工生产乙基胺、巴豆醛、山梨酸钾、吡啶等产品的生物化工企业。年产 6 万吨乙胺、2 万吨冰乙酸、12 万吨乙醛、6 万吨精制红薯淀粉。乙胺作为医药、农药、染料中间体，用途广泛，产品附加值高，市场前景广阔。

青援集团：是中国食品工业百强企业和农业产业化国家重点龙头企业。目前集团拥有青援食品有限公司、青援生物科技有限公司、青援热电有限公司等。主要产品有方便食品、休闲食品、调味食品、淀粉糖产品、小麦粉产品、包装印刷六大系列、近 300 个品种，年产食品能力 60 多万吨，产品销往全国 20 多个省。

截至 2020 年底，省级以上制造业单项冠军企业 4 家，“专精特新”企业 13 家，“小巨人”企业 2 家，“瞪羚”企业 9 家。

六、科技创新能力

2020 年，全县共有国家级企业技术中心 2 个，省级企业技术中心 23 个；拥有博士后科研工作站 3 个，省博士后创新实践基地 1 个，省重点实验室 2 个，省工程技术研究中心 3 个，省技术创新中心 3 个，院士工作站 2 个；拥有国家级众创空间 1 个、省级科技孵化器 1 个、省级“一企一技术”研发中心 2 个。高新技术企业 42 家，高新技术产业产值占规模以上工业总产值比重的 58%。

七、进出口情况

2020年，全县进出口总额94.9亿元。其中，出口总额76.6亿元；进口总额18.3亿元。出口产品中排名前3位的分别是橡胶轮胎类产品、化工产品、日化用品；进口产品中排名前3位的分别是干木薯、原油、天然橡胶产品。出口排名前3位的国家分别是美国、沙特和日本；进口排名前3位的国家分别是泰国、俄罗斯和比利时。

第七节　兰陵县

兰陵县山区和平原各占一半，矿产资源丰富，已探明铁矿储量13亿吨、石膏11亿吨、石英砂5亿吨。全县面积1724平方公里，常住人口110.4万人。

一、工业基本情况

2020年，全县地区生产总值280.49亿元，占全市GDP的5.8%。规模以上工业企业107家，工业总产值169.1亿元，实现营业收入179.8亿元。

二、工业产业结构

2020年，兰陵县采矿业实现营业收入58.1亿元，占全县规模以上工业企业营业收入的32.3%；机械加工业实现营业收入45.5亿元，占全县规模以上工业企业营业收入的25.3%；建材工业实现营业收入30.7亿元，占全县规模以上工业企业营业收入的17.1%；前三大产业合计占全县规模以上工业企业营业收入的74.7%。营业收入超过10亿元的产业有食品加工业和木业，分别占全县规模以上工业企业营业收入的11.1%和7.3%。

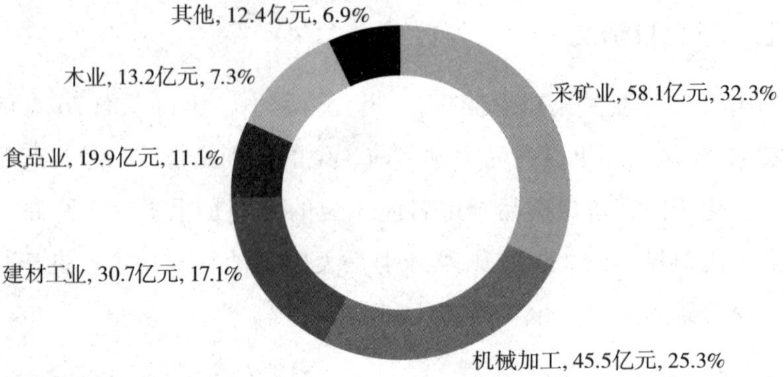

图 12 －9　2020 年临沂市兰陵县工业产业结构分布图

三、重点优势产业

采矿产业：全县规模以上企业 15 家，代表企业有中钢集团山东矿业、山东金玺泰矿业、济钢集团石门铁矿、临沂会宝岭铁矿。2020 年，中钢集团山东矿业、山东金玺泰矿业、济钢集团石门铁矿、临沂会宝岭铁矿四大铁精粉生产企业共生产铁精粉 405. 6 万吨。2020 年，实现营业收入 58. 1 亿元。

机械产业：全县规模以上企业 6 家，代表企业有山东国铭球墨铸管科技、亚美达轻量化钢圈。2020 年国铭球墨铸管生产球墨铸管 51. 4 万吨，生产生铁 56 万吨。2020 年，实现营业收入 45. 5 亿元。

建材产业：全县规模以上企业 34 家，代表企业有临沂中联水泥、山东鑫耀新型建材、山东金伯利新材料等，产品涉及熟料、水泥、水泥制品、建筑陶瓷等。2020 年，临沂中联水泥生产 PO42. 5 水泥 123. 2 万吨。2020 年，实现营业收入 30. 7 亿元。

四、产业集群及工业园区情况

兰陵县产业集聚特征不明显，但是高标准规划了“一区多园”，并形成了初具规模的企业集聚和产业布局。

兰陵县经济开发区：是全县新旧动能转换的引领区、高质量发展的示范区，有规模以上企业 25 家。装备制造小镇致力于打造“长尖精”产业链条，加快兰陵县由矿业大县向矿业强县的转变，已落地企业 25 个，总投资 173.5 亿元。

棠林工业园：发挥靠近临沂主城区的优势，打造新型产业集群，引进山东中成包装科技有限公司、山东鑫太湖电气科技有限公司、鲁南浙商智能智造产业园三家企业。苍山工业园着力引进新能源、新材料、电子信息技术等新兴产业。农业企业园致力打造“新六产”示范区，引进新天地农产品精细加工、华翔鑫农机装备制造、苏州鸿海食品加工等 20 家企业。

五、骨干企业情况

2020 年，兰陵县规模以上工业企业 107 家，营业收入超过亿元的企业有 6 家，其中，超过 10 亿元的企业有 4 家；利润总额超过亿元的企业有 5 家。

山东兰陵美酒股份有限公司：在省内同行业中拥有数量最多、最古老的粮食酒发酵窖池群，商品酒年包装能力 12 万吨，是山东省著名的大型饮料酒生产销售基地。

临沂会宝岭铁矿有限公司：由山东能源临沂矿业集团有限责任公司投资建设，是一家集铁矿石采、选、销售等于一体的矿山企业。资产总额 35.1 亿元，矿产资源总储量 3.6 亿吨，矿区总面积 5 平方公里，年采选矿石 700 万吨，年产铁精粉 175 万吨。

中钢集团山东矿业有限公司：是中钢集团在国内创建和控股的首家矿产资源开发企业，矿区面积 2.6 平方公里，年采选原矿 200 万吨，设计服务年限超过 30 年，最终产品为铁精粉，年产量近 60 万吨。

截至 2020 年底，全县省级以上制造业单项冠军企业 1 家，“专精特新”企业 3 家，“瞪羚”企业 2 家。

六、科技创新能力

2020 年，兰陵县共有省级企业技术中心 2 家，高新技术企业 20 家。建有院士工作站、重点实验室、众创空间等省市级企业技术创新平台 52 家。有效授权发明专利 84 件。全县 R&D 经费投入 4.4 亿元。高新技术产值55.2亿元，占规模以上工业总产值比重的32.7%。

七、进出口情况

2020年，全县进出口总额25.2亿元。其中，出口总额25.1亿元；进口总额0.2亿元。出口速冻大蒜、AD、FD蒜干及大蒜系列产品到日本、韩国等国家；出口牛蒡、牛蒡茶等系列产品到日韩及东南亚国家；出口板材到日本、美国等国家；出口石英板材等新材料到欧盟、新西兰、巴西等国家和地区。

第八节 费县

费县地处沂蒙山区腹地，面积1660平方公里，常住人口79.8万人。

一、工业基本情况

2020年，全县地区生产总值408.4亿元，占全市GDP的8.5%，居全市第3位。规模以上工业企业479家，实现营业收入438.8亿元。

二、工业产业结构

费县木材加工及制品业2020年的营业收入231.5亿元，占全县规模以上工业企业营业收入的52.8%。医药制造业、农副食品加工业营业收入分别为51.3亿元和39.4亿元，分别占全县规模以上工业企业营业收入的11.7%和9.0%，三大产业合计占全县规模以上工业企业营业收入的73.5%。营业收入超过10亿元的有电力、热力生产和供应业，非金属矿物制品业，造纸和纸制品业，有色金属冶炼和压延加工业，合计占全县规模以上工业企业营业收入的19%。

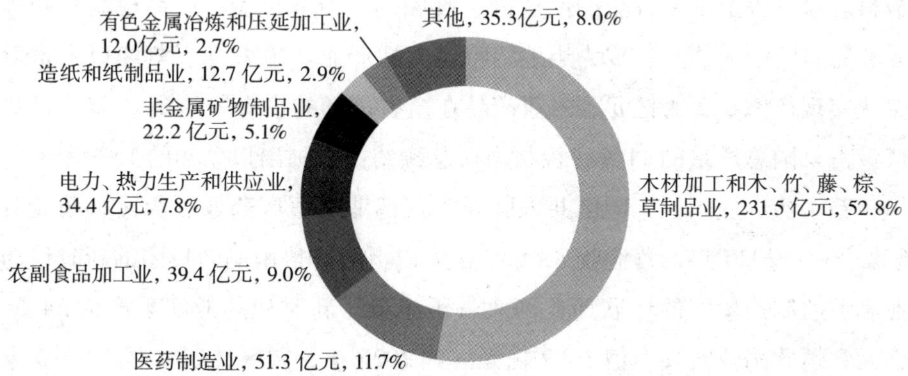

图 12－10　2020 年临沂市费县工业产业结构分布图

三、重点优势产业

木材加工产业：全县规模以上企业 387 家，龙头企业包括产值超过 10 亿元的山东泰森日盛木业有限公司、产值超过 5 亿元的山东安信木业有限公司、山东千森木业集团、费县云峰莫干山装饰材料有限公司。形成了包括镟皮、板材、地板、木门、家具、全屋定制等在内的产业链，胶黏剂、木业机械、产品检验检测等配套完善的产业体系。2020 年，实现营业收入 235. 1 亿元。

医药制造产业：费县是山东省第一批新型医药工业化产业示范基地，全县规模以上企业 3 家，代表企业罗欣药业、新时代药业、鲁南厚普中药、恒欣原料药等，产业优势明显。主要产品有中西药品、医药原料及制剂、抗生素、生物制药等。2020 年，实现营业收入 51. 3 亿元。

农副产品产业：全县省级现代农业产业化联合体 6 家、“新六产”示范主体 4 家，规模以上企业 8 家，代表企业中粮油脂（福临门），主要产品涉及大豆、菜籽、花生、棕榈油等油脂油料。2020 年，实现营业收入 39. 4 亿元。

四、产业集群及工业园区情况

木材产业集群：全县木业及相关配套企业 1. 5 万余家，形成了单板、板材、家具等上下游齐全的产业链，胶黏剂、木业机械、产品检验检测等配套完善的产业体系，成为当地的特色支柱产业。2020 年，规模以上木业企业实现产值 322.4 亿元，木业产品在全省市场的占有率达到 57%，板材产量占全国总产量的 11%，板材出口总额约占全国出口总额的 15%。

新医药产业园区：园区共入驻新时代药业、恒欣药业、德民堂药业等 6 家企业。2020 年，营业收入在 50 亿元以上的是鲁南制药集团的新时代药业和罗欣制药集团的恒欣药业两大骨干企业；新时代药业实现产值 54.56 亿元；恒欣药业实现产值 16.2 亿元。到 2025 年，园区计划再引进 3 ~5 家知名药企，培育形成 1 ~2 家百亿级企业，医药产业支柱作用进一步凸显。

五、骨干企业情况

2020 年，费县规模以上工业企业 479 家，营业收入超过亿元的企业有 7 家，其中，超过 10 亿元的企业有 5 家；利润总额超过千万元的企业有 7 家，其中，超过亿元的企业有 5 家。

费县中粮油脂工业有限公司：主要生产经营食用油脂和塑料制品。食用油方面主要有“福临门”等系列花生油、大豆油等多个系列的几十种各色油品；塑料制品主营 PET 瓶坯等注塑、吹塑相关产品，年生产能力 8000 余万套。2020 年，实现营业收入 19.1 亿元。

费县沂州水泥有限公司：公司设计引进两条规模为日产 5000t 的新型干法水泥熟料生产线，包括 2.4 万 KW 机组配套余热发电项目，总投资 12 亿元，建成后能实现水泥年产量超过 500 万吨。2020 年，实现营业收入 18.1 亿元。

泰森日盛集团：专业生产木门、橱柜、衣柜、收纳等现代化家居产品，提供研发、设计、工程、维保、安装、整装、工程管理等全生命周期服务，是国内经营自成闭环、产业链条最完整的全屋家居定制企业之一，也是保利、万科、龙湖、招商蛇口、华润、融创等 30 余家国内百强地产企业的战略合作伙伴和集采中心。

截至 2020 年底，全县省级以上“专精特新”企业 8 家，“小巨人”企业 1 家，“瞪羚”企业 3 家。

六、科技创新能力

2020 年，费县共有省级以上企业技术中心 3 个，省级以上研发平台 13 个，省级以上服务平台 1 个。全县 R&D 经费投入 9.5 亿元。高新技术产值 117 亿元，占全县规模以上工业总产值的 24.7%。

七、进出口情况

2020 年，全县进出口总额 89.8 亿元。其中，出口总额 88.7 亿元；进口总额 1.1 亿元。出口产品主要包括木制品、纺织品、药品、机械，主要出口东南亚、北美、中东、西欧等地区。

第九节　平邑县

平邑县位于沂蒙山区腹地，面积 1825 平方公里，常住人口 89.2 万人。

一、工业基本情况

2020 年，全县地区生产总值 244.9 亿元，占全市 GDP 的 5.1%。规模以上工业企业 147 家，实现营业收入 156.5 亿元。

二、工业产业结构

平邑县工业产业主要包括木材加工和木、竹、藤、棕、草制品业，农副食品加工业，非金属矿物制品业，2020 年营业收入均超过 30 亿元，合计占全县规模以上工业企业营业收入的 70%。食品制造业、通用设备制造业营业收入为 13.0 亿元、7.7 亿元，分别占全县规模以上工业企业营业收入的 8.3% 和 4.8%。纺织业、装备制造业等 13 个产业占全县规模以上工业企业营业收入的 17.1%。

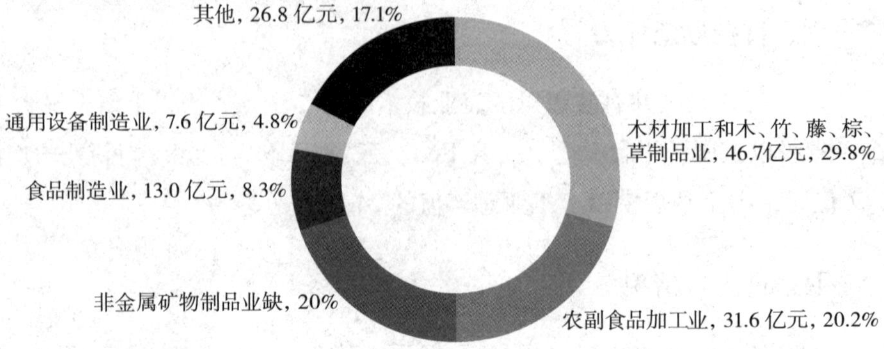

图 12－11　2020 年临沂市平邑县工业产业结构分布图

三、重点优势产业

木材加工产业：平邑县拥有 16 平方公里的卞桥高端木业家居产业园，产值达到 105 亿元，税收贡献值突破 2 亿元。全县规模以上企业 64 家，代表企业有汇丰木塑型材、高瓴家具、康迪装饰材料、昌丰木板材等。2020 年，实现营业收入 46. 7 亿元。

食品加工产业：平邑县拥有全国罐头食品加工十强企业 3 家，年加工果蔬罐头 90 万吨，占全国果品罐头生产总量的 30% 以上，被授予“中国水果罐头之都”称号。全县规模以上食品加工企业 11 家，代表企业玉泉食品（蒙水）等。2020 年，实现营业收入 31. 6 亿元。

建材石材产业：平邑县是与广东云浮、福建水头并称全国三大石材基地，年加工销售各类进口板材 3000 万平方米。全县规模以上建材企业 25 家，代表企业有平邑中联、美丽石材，主要产品涉及熟料、水泥、矿山开采、石材加工等。2020 年，实现营业收入 30. 8 亿元。

金银花医药产业：平邑县金银花品牌价值 258. 1 亿元，位居山东省品牌价值十强的第七位，与央企中国国药集团合作建设的中国（平邑）金银花健康产业园，被评为 2019 年省级重点项目，产业优势明显。

四、产业集群及工业园区情况

罐头产业集群：平邑县是全国重要的果蔬罐头加工基地，被认定为省级产业集群。全县共有罐头加工及相关配套企业77家，其中，罐头加工企业65家，包装配套企业8家，物流企业4家。年营业收入在2000万元以上的企业26家，其中，年营业收入超过亿元的企业11家。年加工各类果蔬罐头40万吨，年产值60亿元，销量占国内市场的1/3，3家生产企业进入中国罐头十强，2家企业进入罐头出口企业十强，拥有中国驰名商标3个、中国农产品地标2个、山东省著名商标12个、山东省名牌产品2个。

石材产业集群：平邑县拥有石材加工企业700余家，主要集中在县城周边，年加工销售各类板材5000多万平方米，从业人员10万多人，销售遍布全国各地的石材市场，骨干企业有东升石材、美丽石材、华泰石材等。

石膏板产业集群：平邑县共有加工企业15家，石膏粉、黏结粉等配套企业10家，主要分布在保太镇、卞桥镇，年产石膏板5亿平方米，产量占全国总量的20%以上。石膏板原料主要来自电厂的脱硫石膏，北新建材、拜尔建材、梦牌新材料等企业获得了资源综合利用企业认证。

手套产业集群：以仲村镇为中心，形成了以手套加工为主，化纤、合线加工、物流配送、中介服务等配套为辅的特色产业集群，已成为全国劳保手套加工重点集散基地之一。全县共有棉纱企业20家、手套企业723家（其中挂胶企业14家）、手套贸易企业7家。现有各种手套织机3.2万余台，其中，拥有300台以上的企业5家、100台以上的企业56家、散户600多家，从业人员达到4.5万人。

五、骨干企业情况

2020年，平邑县规模以上工业企业147家，营业收入超过亿元的只有平邑中联水泥。

平邑中联水泥有限公司：是中国联合水泥集团有限公司控股的子公司之一，下辖费县、平邑、蒙阴3个分公司，拥有完整的上下游产业链，除主业务外，还从事骨料、预拌商品混凝土（石子200万吨/年、机制砂60万吨/年、混凝土285万方/年）的生产、研发及销售。2020年，实现营业收入87.5亿元。

山东玉泉食品有限公司：位于平邑县地方工业园区“中国（地方）国际罐头城”，是以水果罐头加工为主，兼营玻璃包装、食品检测、新产品研发的农产品加工重点龙头企业，拥有中国驰名商标“蒙水”。公司现拥有8条国内先进的罐头食品生产线和8条高档玻璃包装生产线，研发产品有黄桃、山楂、苹果为主的十五大系列、200多个品种。

山东美丽石材有限公司：拥有山东大商国际矿业有限公司、美丽石材中东有限公司、美丽石材威海公司等企业，是一家集矿山开采、石材加工、设计开发、安装防护、进出口贸易于一体的大型石材企业，厂区占地10万平方米，是目前国内实力和规模较大的专业石材供应商之一。公司常备荒料5万立方米、板材30万平方米，产品多达300多个品种。

山东汇丰新材料科技股份有限公司：主要生产PVC硬质发泡板（包括pvc厨卫板、广告板、家具板）、木塑板、SPC地板、WPC地板、集成墙板、装饰线条等。公司具有较强的科研实力和自主创新能力，先后申请与PVC发泡板产业相关的专利10项，其中，授权发明专利2项、实用新型8项。拥有15条生产线，年产PVD木塑板材300万平方米，年可实现产值5亿~6亿元。

截至2020年底，全县省级以上制造业单项冠军企业1家，“专精特新”企业7家。

六、科技创新能力

2020年，平邑县共有省级企业技术中心9个，省级工程技术研究中心3个，省级院士工作站1个，省级公共服务示范平台1个，国家高新技术企业13个。全县R&D经费投入5.6亿元。

七、进出口情况

2020年，全县进出口总额34亿元。其中，出口总额32.8亿元；进口总额1.2亿元。出口产品中，罐头主要出口美国、俄罗斯、日本、新西兰、德国；石膏板主要出口非洲、美洲、欧洲、中东、东南亚等地区；胶合板主要出口美国、以色列、韩国、欧洲及中东等国家和地区。

第十节　莒南县

莒南县地处鲁东南的鲁苏交界处，面积 1752 平方公里，常住人口 84.1 万人。

一、工业基本情况

2020 年，全县地区生产总值 296.6 亿元，占全市 GDP 的 6.2%。规模以上工业企业 261 家，实现营业收入 651.1 亿元。

二、工业产业结构

莒南县工业产业主要包括黑色金属冶炼和压延加工业，2020 年实现营业收入 231.2 亿元，占全县规模以上工业企业营业收入的 35.5%；农副食品加工业营业收入 169.6 亿元，占全县规模以上工业企业营业收入的 26.0%；年营业收入超过 10 亿元的产业还有电力、热力生产和供应业，化学原料和化学制品制造业，木材加工和木、竹、藤、棕草制品业，纺织业，非金属矿物制品业，燃气生产和供应业，文教、工美、体育和娱乐用品制造业、造纸和纸制品业八个产业，营业收入占全县规模以上工业企业营业收入的 31%。

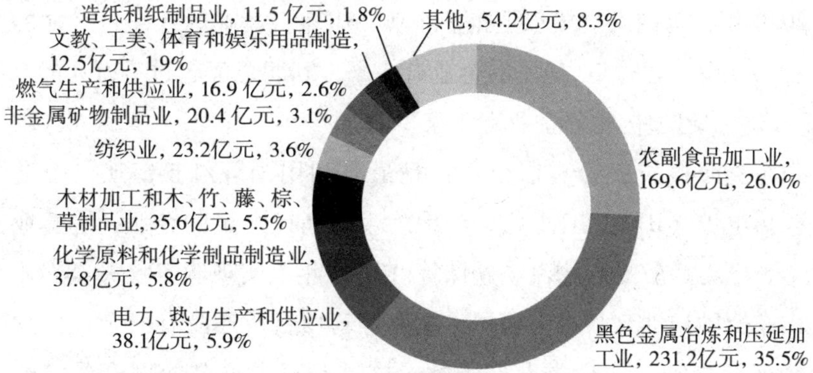

图 12－12　2020 年临沂市莒南县工业产业结构分布图

三、重点优势产业

黑色金属冶炼和压延加工业：全县规模以上企业9家，以鑫海科技、永锋钢铁、江鑫钢铁、盛阳钢铁为主的精品钢基地产业优势明显，无缝钢管、高端轴承钢、高速动车车轴钢等先进装备制造用优特钢产品发展较快。2020年，实现营业收入231.2亿元。

农副食品加工业：莒南县是全球知名的谷氨酸、黄原胶、氨基酸生产基地，全县规模以上企业64家，代表企业有金胜粮油、兴泉油脂、龙大肉食、玉皇粮油。2020年，实现营业收169.6亿元。

四、产业集群及工业园区情况

花生产业集群：属于绿色食品行业，全县有花生生产加工企业200余家，规模以上企业23家，2020年实现营业收入230亿元。其中，国家级农业产业化重点龙头企业1家、省级企业6家、市级企业16家，拥有自营进出口权企业77家，形成了以金胜粮油、玉皇粮油、兴泉油脂、绿地食品等龙头企业为重点的花生加工出口产业集群。拥有1个国家花生加工技术研发专业中心，1个国家级科研平台，1家博士后科研工作站；拥有山东省花生精深加工工程研究中心等11家省级创新平台、20家市级创新平台。

五、骨干企业情况

2020年，莒南县规模以上工业企业261家，营业收入超过亿元的企业有9家，其中，超过10亿元的企业有6家；利润总额超过千万元的企业有6家，其中，超过亿元的企业有2家。

山东鑫海科技股份有限公司：是最早利用国外红土镍矿，引进回转窑+矿热电炉（RKEF工艺）火法冶炼生产高镍合金的企业，主营业务包含冶金、电力、贸易、物流、仓储等。2020年，实现营业收入38.4亿元。

山东金胜粮油食品有限公司：主要经营项目及产品有“金胜”牌花生油及系列植物油、花生类、瓜子类、核桃及豆类、饼粉副产品、电子商务、商业物流、运输配送、散油贸易、OEM代工等，年综合产能150万吨，恒温油库及仓储能力100万吨，承储国家及地方储备油5000吨。2020年，实现营业收入41.1亿元。

截至2020年底，全县省级以上制造业单项冠军企业1家，“专精特新”企业26家，“小巨人”企业3家，“瞪羚”企业8家。

六、科技创新能力

2020年，莒南县共有省级企业技术中心10个，企业研发投入强度全市第一；全年共获批各级各类科技项目9项，获批临沂市科学技术进步奖22项，金胜粮油集团高冠勇董事长获批全市唯一的科学技术最高奖。获批临沂市重点实验室6家，高新技术企业33家，院士工作站1家。

七、进出口情况

2020年，全县具有进出口实绩的企业达到275家，进出口总额110.2亿元，其中出口总额76.5亿元；进口总额33.7亿元。主要出口产品包括木制家具、烘焙花生、柳条编制的篮筐，主要出口美国、韩国、德国、菲律宾、印度尼西亚、墨西哥、英国、加拿大等国家。

第十一节　蒙阴县

蒙阴县因地处蒙山之阴而得名，面积1605平方公里，常住人口48.5人。

一、工业基本情况

2020年，全县地区生产总值175.4亿元，占全市GDP的3.65%。规模以上工业企业92家，实现营业收入134亿元。

二、工业产业结构

2020年蒙阴县汽车制造业营业收入29.1亿元，占全县规模以上工业企业营业收入的21.7%；非金属矿物制品业营业收入21.9亿元，占全县规模以上工业企业营业收入的16.0%；纺织业营业收入16.3亿元，占全县规模以上工业企业营业收入的12.2%；专用设备制造业营业收入10.0亿元；四大产业共占全县规模以上工业企业营业收入的58%。

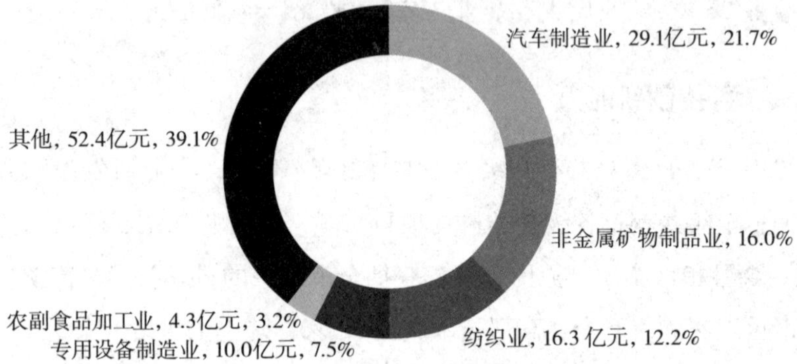

图12－13　2020年临沂市蒙阴县工业产业结构分布图

三、重点优势产业

机械制造业：涵盖工程钢圈、木工机械、数控机床、特种车辆、液压钻机、路面机械等领域，形成了从零部件加工到整机生产的完整链条。其中，专用汽车产业园成为全国第二大半挂车生产基地，锣响汽车成为山东省制造业单项冠军企业。2020年底，全县规模以上汽车企业9家，代表企业锣响汽车、聚龙装备、九洲汽车，产品涵盖工程车、自卸车、轿运车、冷藏车、厢式货车等。2020年，实现营业收入29.1亿元。

建材产业：全县规模以上企业16家，代表企业广汇建材，产品涵盖水泥熟料、水泥的生产及销售。2020年，实现营业收入21.9亿元。

食品酿造产业：全县易拉罐啤酒等高档产品占比提升，八宝粥、乳酸菌、苏打水等新产品投产见效。新银麦啤酒实现产量41.8万吨、产值16.1亿元，3万吨苏打水项目顺利投产运营。

四、产业集群及工业园区情况

专用车产业集群：蒙阴县拥有国家专用车生产企业9家，2020年产量达到4.6万台，工程车、自卸车、轿运车、冷藏车、厢式货车等产品体系逐步完善，车桥、制动器等核心部件实现部分自给配套。锣响汽车品牌享誉全国，实现挂车销量2.8万辆，连续多年居全国首位，在新国标市场的占比超过50%，车桥、制动器等核心部件实现自给配套。“十四五”期间，计划将锣响汽车打造成为国内挂车制造龙头企业，将蒙阴县打造成为全国知名的物流装备生产基地。

五、骨干企业情况

2020年，蒙阴县规模以上工业企业92家，营业收入超过亿元的企业有4家，其中，超过10亿的企业有3家；利润总额超过千万的企业有4家，其中，超过亿元的企业有3家。

山东锣响汽车制造有限公司：公司下设锣响汽车、华耀汽车两个专用车公司，及艾克赛尔、纳赫、思迈尔三个专用车关键零部件制造公司。2020年，实现营业收入13.5亿元。

山东新银麦啤酒有限公司：公司总资产15亿元，拥有9条啤酒生产线，具有年产啤酒75万千升的生产能力。2020年，实现营业收入14.7亿元。

山东兴鸿源轮胎有限公司：公司采用先进的低滚动阻力配方和结构设计方案，生产具有高速性、安全性和舒适性的高性能绿色环保产品，有五大主导品牌，13大系列、7个花纹、160多个规格、400余个花色品种的轿车子午胎。2020年，实现营业收入15.7亿元。

截至2020年底，全县省级以上制造业单项冠军企业1家，“专精特新”企业2家，“瞪羚”企业2家。

六、科技创新能力

2020年，蒙阴县共有省级企业技术中心4个，高新技术企业20个，山东省院士工作站1个。全县发明专利申请35件，批准发明专利授权7件。

七、进出口情况

2020 年，全县进出口总额 20 亿元。其中，出口总额 18.2 亿元；进口总额 1.8 亿元。出口产品包括轮胎、毛毯、不锈钢、农产品等，出口国家包括欧洲、中东、美洲等地区。

第十二节　临沭县

临沭县因濒临沭河而得名，面积 1010 平方公里，常住人口 58.6 万人。

一、工业基本情况

2020 年，全县地区生产总值 204.9 亿元，占全市 GDP 的 4.3%。规模以上工业企业 139 家，实现营业收入 285 亿元。

二、工业产业结构

临沭县化学原料和化学制品制造业 2020 年的营业收入为 116.3 亿元，占全县规模以上工业企业营业收入的 40.8%；黑色金属冶炼和压延加工业营业收入 53.0 亿元，占全县规模以上工业企业营业收入的 18.6%；农副

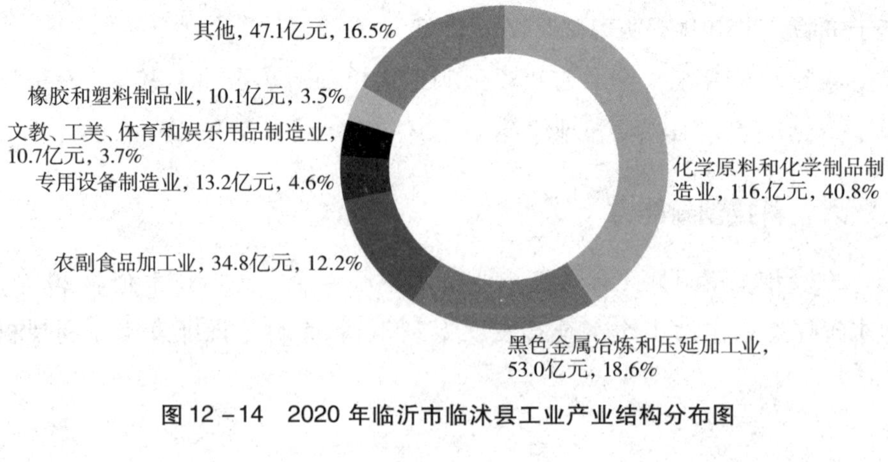

图 12-14　2020 年临沂市临沭县工业产业结构分布图

食品加工业营业收入 34.8 亿元，占全县规模以上工业企业营业收入的 12.2%。三大产业合计占全县规模以上工业企业营业收入的 71.6%。营业收入超过 10 亿元的产业还有文教、工美、体育和娱乐用品制造业，橡胶和塑料制品业。

三、重点优势产业

化学原料和化学制品业：全县规模以上企业 26 家，依托金沂蒙集团、金沂蒙生物科技、华盛化工、戴克、福瑞达生物科技，以及金正大、史丹利、金沂蒙生态肥业等产业链企业，形成了以合成氨联产甲醇为主的煤化工；以医药中间体、原料药为主的医药化工；以醇、酸、醛、酯为主的醋酸和醋酸酯系列精细和专用化学品，产品涵盖醋酸酯类，原甲酸三乙酯、咪唑、水杨腈医药中间体类，聚氨酯树脂、胶黏剂类等 60 多种产品。2020 年，实现营业收入 116.3 亿元。

黑色金属冶炼和加工业：全县规模以上企业 4 家，生产直径涵盖 6 厘米到 426 厘米各种口径的无缝钢管，年产能 300 万吨，占全国总产能的 8%。代表企业金正阳管业、金宝诚管业、金源管业，主要产业涉及无缝钢管、机械用管，汽车用管，合金钢管等。2020 年，实现营业收入 53.0 亿元。

农副产品加工业：全县规模以上企业 16 家，主要生产肉制品、脱水蔬菜（冻干蒜片、冻干蔬菜），肉制品年产量 25 万吨、脱水蔬菜年产量 5 万吨。代表企业包括盛和食品、东盛伊斯德、三兴食品、兴大食品。2020 年，实现营业收入 34.8 亿元。

四、产业集群及工业园区情况

化肥产业集群：临沭是国内知名的优质化肥生产基地，复合肥产销量占全国市场份额的 20% 以上。全县共有肥料生产企业 31 家，其中，复合肥生产企业 21 家，有机肥生产企业 10 家，上市企业 2 家，吸纳从业人员约 2.6 万人，年生产能力达 1800 万吨（外地占比 1000 万吨）。现有规模以上工业企业 11 家，主要生产普通复合肥、控释复合肥、有机肥、水溶肥。

新型肥料产业集群成功入围全省高端化工产业集群，被中科院评定为“中国产业集群品牌50强”。

杞柳编织品产业基地：临沭县有悠久的杞柳栽培与加工历史，是全国最大的杞柳种植基地和条柳制品加工生产基地，以临沭为核心，带动河东、莒南周边地区发展杞柳编织产业；开发了2.5万个花色品种，产品出口欧洲、美国、日本、韩国和东南亚等国家和地区。全县9个镇街中有7个镇街有柳编加工产业，涌现出了荣华、美艺、晴朗、白云、照兴、金柳、鲁美达、佳柳、凌云等知名柳编企业。

五、骨干企业情况

2020年，临沭县规模以上工业企业139家，营业收入超过亿元的企业有10家，其中，超过10亿元的企业有7家；利润总额超过千万的企业有5家，其中，超过亿元的企业有1家。

临沂金正阳管业有限公司：年产碳钢无缝钢管约30万吨，产品包括中、低压锅炉管，输送用流体管和一般结构用无缝钢管。2020年，实现营业收入26.8亿元。

金正大生态工程集团股份有限公司：主营复合肥、缓控释肥、硝基肥、水溶肥、生物肥、土壤调理剂等土壤所需全系列产品，具有年产各类新型肥料710万吨的能力。2020年，实现营业收入25.6亿元。

山东盛合食品有限公司：是肉鸡屠宰专业化生产企业，采用现代化链条流水线作业、螺旋预冷、臭氧杀菌消毒、速冻冷藏等全过程监控生产模式，日加工肉鸡15万只。2020年，实现营业收入15.1亿元。

截至2020年底，省级以上制造业单项冠军企业6家，“专精特新”企业7家，“小巨人”企业1家，“瞪羚”企业2家。

六、科技创新能力

2020年，临沭县共有国家级科技研发平台20个、省级创新平台45个，其中，博士后科研工作站5个、院士工作站2个；高新技术企业35个，省级企业技术中心13个，县高新技术产业研究服务中心被认定为国家级科技孵化器。

七、进出口情况

2020 年，全县进出口总额 76.7 亿元。其中，出口总额 65.7 亿元；进口总额 11 亿元。出口产品包括柳编工艺品、化工产品、脱水蔬菜、五金工具、工程机械、家纺、家具、塑编，主要出口美国、荷兰、韩国、德国、日本等 123 个国家和地区。

第十三节　高新技术产业开发区

临沂高新技术产业开发区是全市唯一一个国家高新区，面积 166 平方公里，常住人口 22.2 万人。

一、工业基本情况

2020 年，全区地区生产总值 95.4 亿元，占全市 GDP 的 2%。规模以上工业企业 135 家，实现营业收入 140.2 亿元。

二、工业产业结构

2020 年，高新区有色金属冶炼和压延加工业，纺织业、石油、煤炭及其他燃料加工业，非金属矿物制品业，造纸和纸制品业五大产业，营业收入均位于 10 亿～20 亿元，共占全区规模以上工业企业营业收入的 57%；木材加工和木制品业，金属制品业，橡胶和塑料制品业，计算机、通信和其他电子设备制造业四个产业营业收入在 5 亿～10 亿元，占全区规模以上工业企业营业收入的 19%。电气机械和器材制造业等 15 个规模较小行业的产业共占全区规模以上工业企业营业收入的 24%。

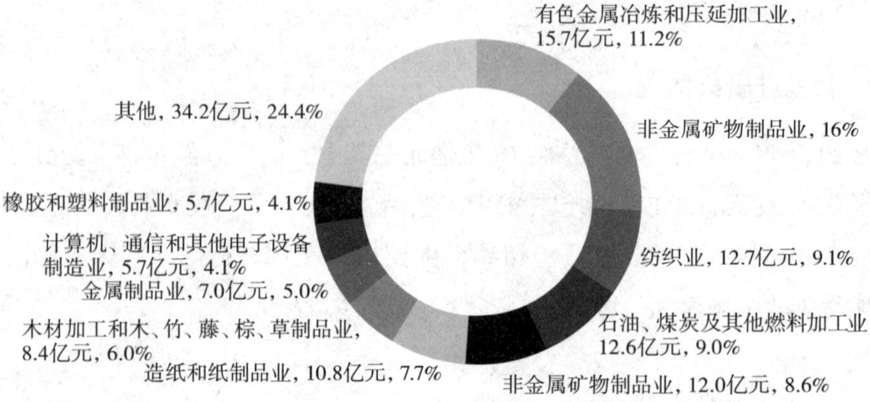

图 12－15　2020 年临沂市高新区工业产业结构分布图

三、重点优势产业

磁电产业：高新区有各类磁电制造企业 62 家，其中，磁功能材料企业 4 家、电子元器件及部品部件企业 51 家、整机制造企业 7 家；规模以上骨干企业 18 家、高技术企业 21 家、军工企业 2 家，产值占全市磁电产业产值的 30% 以上。2020 年，规模以上企业实现产值 16. 6 亿元，占比 11. 3%。拥有以电子功能材料、电子元器件为主，关键部品部件、整机智能终端为辅的全产业链条。其中，磁性材料以春光集团、精创研究院等企业为核心；电子元器件及部品部件企业数量占比最高（约占 82% 以上），主要代表企业有凯通电子、科盛电子、金霖电子等；整机智能终端企业分布领域相对宽泛，代表性企业有沂星电动汽车、金星机床等。

四、产业集群及工业园区情况

电子元器件及其功能材料产业集群：集群内集聚企业 540 家，实现工业总产值 190. 3 亿元，营业收入达 189. 2 亿元。集群内有 48 家核心骨干企业，以中瑞电子、春光磁电、科盛电子、龙立电子、海纳电子、国连电子、金星机床、朗讯自动化、博胜动力、麦德盈华科技等企业为主导；强化对集群配套的 492 家关联企业的培育，积极推动人才、资金、项目等创新要素加速向产业链配套企业集聚，激发创新活力。

数字经济产业集群：全区现有数字经济及其相关企业120余家，其中，国家高新技术企业近10家，市级以上企业创新平台8个，拥有各类知识产权700余项，从业人员近3000人，初步形成了以软件、大数据应用为特色的产业集群。2020年，高新区共有14家企业入选大数据重点骨干企业，占全市重点骨干企业的56%；7家企业入选优秀软件企业，占全市优秀软件企业的39%；6家企业被认定为软件工程技术中心，占全市软件工程技术中心的43%。

五、骨干企业情况

2020年，高新区规模以上工业企业135家，营业收入超过亿元的企业有2家，全部超过10亿元；利润总额超过千万元的企业有1家。

山东春光磁电科技有限公司：是一家专业从事磁性材料及相关电子产品研究、开发、生产的高新技术企业。先后承担过多项省、市级各类科技创新、技改项目，建有省级企业技术中心、市企业重点实验室、市级企业技术中心、市级“一企一技术”研发中心和市铁氧体磁电功能材料工程技术研究中心等研发平台。

山东中瑞电子股份有限公司：是一家集磁性材料、电子元器件研发、生产、销售于一体的国家级高新技术企业。是全国磁性元件及铁氧体材料标准化技术委员会委员单位，自主开发的高性能铁氧体材料磁芯及电子元器件产品共有10多个大类、200多种规格型号，产品广泛应用于LED照明、网络通讯、汽车电子、新能源风力和太阳能发电、家用电器以及国防军事应用等领域。

山东金凯润石化有限公司：主要生产经营工业润滑油、车用润滑油等，年产值近5亿元，储油1.5万吨。2020年，实现营业收入12.6亿元。

太合食品集团有限公司：是一家肉禽专业化生产企业，共有6个禽肉加工车间，产品主要有鲜冻鸡肉产品、鲜冻鸭肉产品、冷冻调理肉制品和熟制肉制品四大系列，鸡胸、鸡腿、鸡翅，鸭掌、鸭舌、鸭胗等200多个规格品种。2020年，实现营业收入11.3亿元。

六、科技创新能力

2020 年，全区共有省级企业技术中心 1 个，高新技术企业 98 个，国家认定的科技型中小企业 101 家。全区累计有效发明专利达到 370 件，万人发明专利拥有量 21.5 件。

七、进出口情况

2020 年，全区进出口总额 44.6 亿元。其中，出口总额 44.1 亿元；进口总额 0.5 亿元。出口产品主要是纺织品和植保机械，主要出口美国、东南亚、日韩等国家和地区。

第十四节　经济技术开发区

临沂经济技术开发区于 2003 年 6 月启动建设，行政管辖面积 153 平方公里，同时对河东经济开发区进行托管，实际管辖面积 195 平方公里。

一、工业基本情况

2020 年，全区地区生产总值 237.5 亿元，占全市 GDP 的 4.94%。规模以上工业企业 146 家，实现营业收入 549.5 亿元。

二、工业产业结构

2020 年，经开区专用设备制造业实现营业收入 284.6 亿元，占全区规模以上工业企业营业收入的 52.0%。有色金属冶炼和压延加工业实现营业收入 77.6 亿元，占全区规模以上工业企业营业收入的 14.0%。化学原料和化学制品制造业实现营业收入 60 亿元，占全区规模以上工业企业营业收入的 11.0%。营业收入超过 10 亿元的产业还有黑色金属冶炼和压延加工业、农副食品加工业、金属制品业、非金属矿物制品业、通用设备制造业，合计占全区规模以上工业企业营业收入的 16.0%。食品制造业等 12 个营业收入规模较小的产业占 7%。

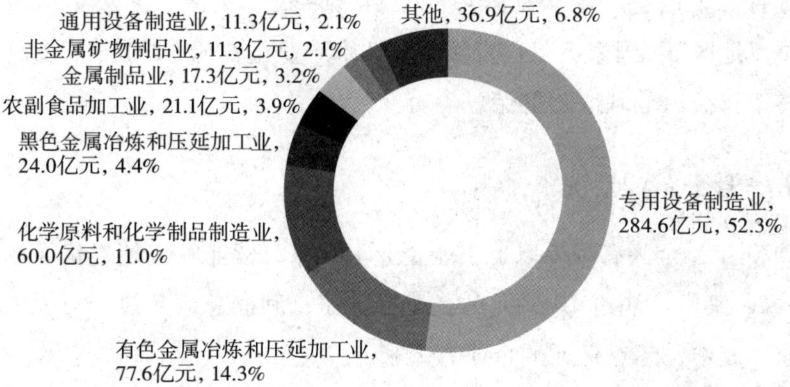

图 12－16　2020 年临沂市经开区工业产业结构分布图

三、重点优势产业

专用装备制造业：开发区专用设备制造业优势明显，规模以上企业 21 家，代表企业包括临工集团、山重建机、金利液压。其中，山东临工 2020 年实现营业收入 284.5 亿元，占规模以上工业总产值的比重为 38.5%，对工业经济的支撑作用强劲。

四、产业集群及工业园区情况

工程机械产业集群：以山东临工为龙头，沃尔沃建机、山重建机、柳工叉车等整机生产企业为骨干，以金利集团、昌立得机械、硕诚机械、三友重工、正大机械等配套零部件生产企业为支撑，以临工物流、立晨物流、华派克物流、宇顺物流、城投租赁等物流、租赁、销售服务为纽带，集聚 200 多家企业。

新兴产业集群：以甘李药业、翔宇药业、中健康桥、山东一方制药、国药控股鲁南、华润临沂等为代表，集聚 70 余家企业的医药健康产业集群；以中裕能源、联塑、步阳、施可丰、中化农业、临沂极地海洋世界、临沂动植物园、拓普网络、华为大数据等企业为引领，涵盖新能源、新材料、信息电子、现代服务业，集聚 270 余家企业。其中，医药健康产业园区是临沂市国家级生物医药产业集群的核心承载区，工程机械制造产业集群入选省“十强”产业“雁阵形”集群。荣获“全国产业集聚区域品牌建设试点地区”“国家级工程机械高新技术产业化基地”“山东省支柱产业集群转型省级示范基地”等荣誉。

五、骨干企业情况

2020年，全区有规模以上工业企业146家，营业收入超过亿元的企业有10家，其中，超过10亿元的企业有7家；利润总额超过千万元的企业有4家，其中，超过亿元的企业有2家。

山东临工工程机械有限公司：是国际化工程机械企业、国家高新技术企业。公司主要产品有装载机、挖掘机、道路机械及核心关键零部件等系列工程机械产品。2020年，实现营业收入223亿元。

临沂金升铜业有限公司：现有一条年产10万吨连铸连轧光亮圆铜杆的生产线和一条利用再生铜年产10万吨高纯阴极铜的生产线，产品填补了山东省空白。2020年，实现营业收入71.3亿元。

第十五节　临港经济开发区

临沂临港经济开发区，即临沂临港新区，面积365平方公里，位于新亚欧大陆桥东桥头堡的核心位置，是鲁南苏北沿海港口的重要腹地。

2020年，全区地区生产总值126.4亿元，占全市GDP的2.63%。规模以上工业企业151家，实现营业收入506.4亿元。黑色金属冶炼和压延加工业实现产值184亿元；农副食品加工业实现产值49.5亿元；化学原料和化学制品制造业实现产值26.3亿元。

冶金工业是全区的第一大产业，2020年实现营业收入231.2亿元，占全区规模以上工业企业营业收入的46%；食品加工业实现营业收入88.7亿元，占全区规模以上工业企业营业收入的17%；化工业实现营业收入33.6亿元，占全区规模以上工业企业营业收入的7%；其他营业收入规模较小的产业合计占比30%。

第十三章　德州市

德州市位于山东省西北部，是环渤海经济圈、京津冀经济圈、山东半岛蓝色经济区以及黄河三角洲高效生态经济区交汇区域，是山东省的北大门。全市总面积 10356 平方公里，常住人口 561. 1 万人。辖德城区、陵城区、乐陵市、禹城市、宁津县、庆云县、临邑县、齐河县、平原县、夏津县、武城县、经济技术开发区、运河经济开发区等 13 个区县（功能区）。

【德州市经济总量】

2020 年，全市地区生产总值 3079 亿元。

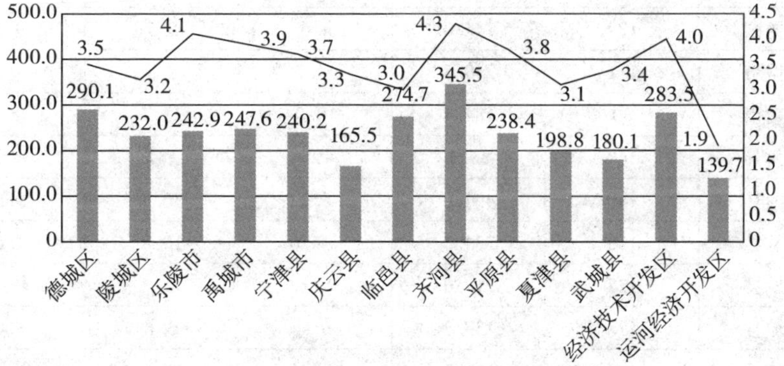

图 13－1　2020 年德州市各区县 GDP 及增速对比图

【德州市各区县工业经济】

2020 年，全市规模以上工业企业 1391 家，实现营业收入 2789 亿元。

其中，营业收入在300亿~500亿元的区县有3个，分别是齐河县、临邑县、经济开发区，3个区县规模以上工业企业数占全市工业企业总数的25.6%，营业收入占全市总营业收入的42.2%，利润总额占全市利润总额的37%；禹城市、平原县、运河经济开发区营业收入在200亿~300亿元；德城区、陵城区、乐陵市、武城县、夏津县5个区县营业收入在100亿~200亿元；宁津县、庆云县营业收入在100亿元以下。各区县营业收入超过100亿元的重点企业有1家，占全市规模以上工业企业营业收入的10.2%；超过10亿元的重点企业有17家，占全市规模以上工业企业营业收入的23.1%；山东莱钢永锋钢铁有限公司营业收入超过200亿元；山东恒源石油化工集团有限公司、金能科技股份有限公司、山东华鲁恒升化工股份有限公司、泰山体育产业集团有限公司4家企业营业收入均超过50亿元。

表13-1 2020年德州市各区县规模以上工业主要经济指标情况表

县（市/区）	企业单位数（家）	营业收入		利润总额	
		累计（亿元）	增减（%）	累计（亿元）	增减（%）
德州市	1391	2789	3.2	175.6	21.9
德城区	74	168.1	8.4	12.9	43.8
陵城区	129	144.0	3.6	5.5	9.2
禹城市	111	240.3	14.7	8.8	——
乐陵市	80	184.4	10.0	21.7	48.2
宁津县	169	88.3	-2.4	5.7	44.1
齐河县	140	494.0	5.2	36.4	9.3
临邑县	110	384.2	-5.0	10.8	1.6
平原县	127	217.6	6.1	11.7	48.6
武城县	117	138.2	6.8	6.1	8.0
夏津县	109	118.8	-4.3	5.0	23.2
庆云县	78	67.8	-8.1	2.4	75.0
经济开发区	110	323.0	5.5	18.5	38.5
运河开发区	41	244.3	-3.0	30.9	-14.4

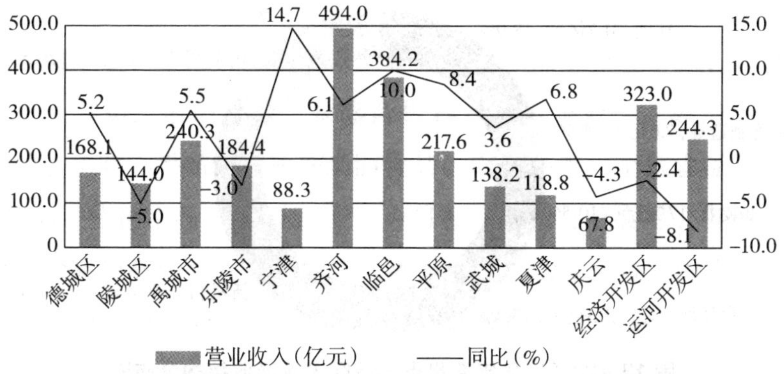

图 13－2　2020 年德州市各区县规模以上工业营业收入及增速比较

第一节　德城区

德城区是德州市的中心城区，面积 231 平方公里，常住人口 69.5 万人，主要经济指标均位居全市前列。

一、工业基本情况

2020 年，德城区地区生产总值 290.1 亿元，占德州市经济总量的 9.4%，居第 2 位。规模以上工业企业 74 家，实现工业增加值 35.7 亿元，实现营业收入 168.1 亿元。

二、工业产业结构

德城区工业主要有化工产业、新材料产业、食品加工业、纺织服装业和装备制造业等，营业收入合计 136.4 亿元，占全区规模以上工业企业营业收入的 81.1%；其他大类行业营业收入占 18.9%。

五、骨干企业情况

2020年，德城区营业收入超过亿元的企业有10家，山东格瑞德集团有限公司（新能源）、山东双一科技股份有限公司（新能源）入选2021年度山东省“十强”产业集群领军企业库拟入库领军企业名单。

德州实华化工有限公司：主要生产离子膜烧碱、PVC树脂、双氧水、工业盐、液氯、盐酸等产品。2020年，实现营业收入30.6亿元。

德州华源生态科技有限公司：主要生产新型差异化纤维纱线，年产能达到5万吨。2020年，实现营业收入13.3亿元。

山东双一科技股份有限公司：主导产品包括非金属精密模具、新能源风电复合材料部件、车辆轻量化部件、先进复合材料制品和精品游钓艇五大板块。2020年，实现营业收入12.5亿元。

山东格瑞德集团有限公司：是一家集中央空调、复合材料、环保设备及太阳能等综合能源产品研发、设计、生产、销售、安装及维护于一体的企业集团，产品分为空调工程、复合材料、环保工程、通风人防四大板块，拥有500多项专利技术成果，是中国机械500强和中国新材料企业重点单位。

截至2020年底，全区共有省级以上制造业单项冠军企业7家，“专精特新”企业26家，“小巨人”企业5家，“瞪羚”企业13家。

六、科技创新能力

2020年，全区共有国家高新技术企业34家，科技型中小企业34家；工程技术研究中心23家（其中省级6家，市级17家），市级重点实验室11家；拥有有效发明专利294件，每万人口有效发明专利拥有量5.38件。

七、进出口情况

2020年，全区进出口总额23亿元。其中，出口总额21.8亿元；进口总额1.2亿元。实际使用外资金额4234万美元。

第二节　陵城区

陵城区是山东“曲艺之乡”，地处鲁西北平原，素有“京津门户，九达天衢”之称，总面积1213平方公里，常住人口48.7万人，是中国土工材料生产基地、国家火炬计划生物产业基地。

一、工业基本情况

2020年，陵城区地区生产总值232亿元，占全市GDP的7.5%。全区实现工业增加值76.3亿元。规模以上工业企业129家，实现营业收入144亿元。

二、工业产业结构

陵城区主要工业有纺织服装业、高端装备制造业、农副产品深加工业等，营业收入合计73.5亿元，占全区规模以上工业企业营业收入的51.1%；其他大类行业占48.9%。

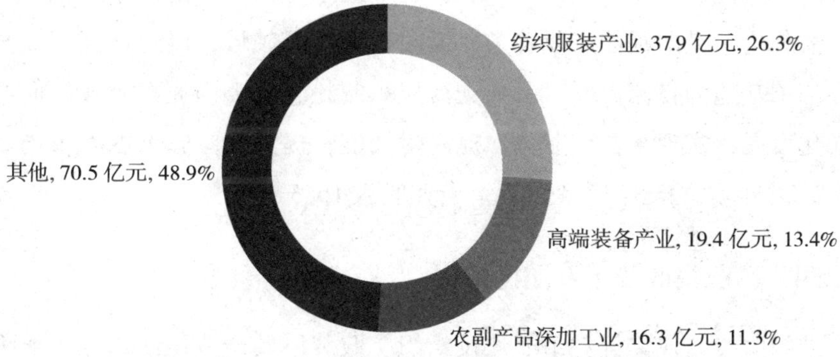

图 13 –4　2020 年德州市陵城区工业产业结构分布图

三、重点优势产业

纺织服装产业：主要涉及新型纺织家纺服装和产业用纺织品两个产业，其中，新型纺织家纺服装产业的主导产品是特种差别化纱线和家纺服装加工；产业用纺织品产业的主导产品为土工布、土工膜、土工格栅等，拥有各类生产线210条，生产能力达到55万吨，产品在全国市场的占有率达到15%以上。全区依托宏祥新材料、鑫宇土工、建通土工等企业，打造陵城非织布材料产业园，被誉为“中国土工合成材料生产基地”“中国产业用纺织材料名城”。2020年实现产值69亿元、营业收入57亿元。

高端装备产业：拥有规模以上企业13家，主要涉及汽车及零部件产业。以纯电动整车制造以及相关配套零部件制造企业为主，以上游零部件生产企业和中昊集团、普利森机床、陆海石油、新蔚来智能装备等为产业基础。在龙头企业的引领下，加大科研投入，实现了产业中下游新能源汽车关键零部件和以锂离子电池为动力的纯电动汽车、增程式电动车等新能源汽车整车产品的突破，并进一步建设充电桩等配套设施，完善产业配套体系。重点企业富路集团旗下拥有整车制造企业3家，分别是富路勇士汽车、丽驰新能源汽车、金大路新能源。2020年，实现产值43亿元、营业收入34亿元。

农副产品深加工产业：主要涉及粮油加工、肉制品加工及酒水饮料、畜禽饲料等，主要产品有大豆深加工产品、鸡肉食品、调味料、面粉、饲料等。该产业依托谷神集团，围绕大豆蛋白产品终端化、休闲化、功能化、品牌化，纵向延伸产业链条，横向拓宽产品领域，以建设国家级大豆食品加工基地为目标；同时引导支持旭东制粉、金麦面业等企业，向产品终端化发展，实现主食产业化，提高附加值，提升品牌知名度和市场竞争力。2020年实现产值13.4亿元、营业收入16.3亿元。

四、产业集群及工业园区情况

纺织服装产业集群：主要涉及纺织、服装以及产业用纺织品。纺织家纺服装产业拥有规模以上企业18家，以恒丰集团、富华生态、盛泽纺织等企业为代表，主导产品为特种纱线、差别化纱线等，以家纺服装为主；产业用纺织品产业拥有规模以上企业24家，以宏祥新材料、鑫宇土工、建通土工等企业为代表，主导产品为土工布、土工膜、土工格栅等，目前已形成比较完整的产业链。2020年，“陵城新型纺织”产业集群区域品牌建设试点通过评审，随着全省纺织产业生态联盟的成立，该区新型纤维纺织产业在全省的地位更加巩固。

汽车及零部件产业集群：全区共有相关企业43家，其中，规模以上企业13家，高新技术企业2家（丽驰新能源、豪沃机械）。以富路勇士、丽驰新能源等为龙头企业，产品涵盖上游的零部件、中下游的新能源汽车关键零部件及以锂离子电池为动力的纯电动汽车和增程式电动车等新能源汽车整车产品。2020年，实现营业收入13.9亿元。

粮油加工产业集群：全区共有粮油加工、肉制品加工产业相关企业14家，以谷神生物科技集团有限公司为核心企业，延展大豆蛋白生产与油脂加工产业链，加快推进谷神集团食用特种油脂、医药级大豆磷脂、豌豆蛋白、大豆仿肉拉丝蛋白生产线建设，同时开发大豆膳食纤维功能性应用新领域，生产宠物用品等系列产品。2020年，实现营业收入16.3亿元。

五、骨干企业情况

2020年，陵城区营业收入超过亿元的企业有6家。

谷神生物科技集团有限公司：是国际知名大豆蛋白产品生产供应商、山东省十强粮油工业龙头企业，主营大豆蛋白生产与油脂加工，主导产品有大豆分离蛋白、大豆组织蛋白、大豆浓缩蛋白、大豆多糖、大豆膳食纤维、大豆油、低变性脱脂豆粕等。2020年，实现营业收入8.7亿元。

陵县恒丰纺织品有限公司：主要生产各种新型纤维的纯纺和混纺特种纱线，年产能3.2万吨。2020年，实现营业收入5.4亿元。

山东中昊控股集团：是集人防防护设备、战时通风设备和金属门开发、制造、服务于一体的综合型企业集团，2020年，实现营业收入3.9亿元。

截至2020年底，全区共有省级以上制造业单项冠军企业2家，“专精特新”企业7家，“小巨人”企业1家，“瞪羚”企业1家。

六、科技创新能力

2020年，全区共有省级以上企业技术研发中心4家。高新技术企业、科技型中小企业分别新增8家、17家。

七、进出口情况

2020 年，全区进出口总额 17.2 亿元。其中，出口总额 11.2 亿元；进口总额 6 亿元。实际使用外资金额 3719 万美元。

第三节　乐陵市

乐陵市位于鲁冀两省交界，面积 1172 平方公里，常住人口 55.9 万人，是“中国金丝小枣之乡”“国家级体育产业基地”“中国建筑五金产业基地”。

一、工业基本情况

2020 年，乐陵市地区生产总值 242.9 亿元，占德州市 GDP 的 7.9%。规模以上工业企业 84 家，实现工业增加值 43.4 亿元，实现营业收入 184.4 亿元。

二、工业产业结构

乐陵市工业主要有文教体育用品制造业、农副食品加工业、塑料制品业、食品制造业、有色金属冶炼及压延加工业、化学原料及化学制品制造业等，营业收入合计 158.1 亿元，占全市规模以上工业企业营业收入的 85.7%；其他大类行业营业收入占 14.3%。

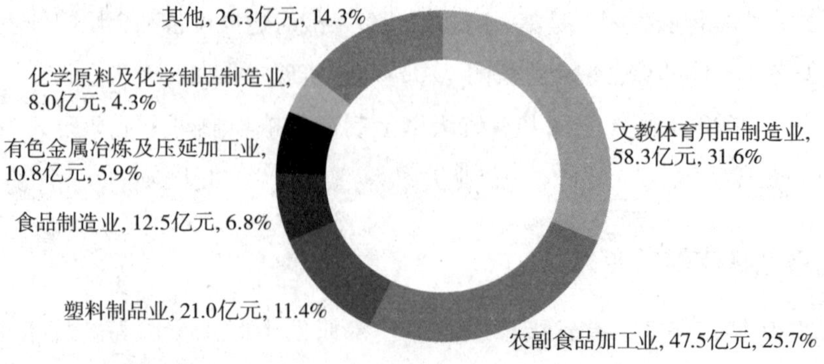

图 13－5　2020 年德州市乐陵市工业产业结构分布图

三、重点优势产业

文教体育用品制造业：现有规模以上企业2家，形成了竞技体育器材、体育场馆设施、辅助训练健身器材、体育新材料四大生产制造体系。体育产业具备品牌优势，是全国第6家、全省第1家国家体育产业示范基地。泰山体育产业集团目前是行业内唯一获批建设国家认定企业技术中心和国家体育用品制造工程技术研究中心“双中心”的企业；友谊体育是国家体育总局射击射箭运动管理中心指定的专业射箭器材生产厂家。乐陵高端体育装备产业集群入选2021年度山东省特色产业集群。

农副食品加工业：现有规模以上企业20家，包括蔗糖、调味品、粮油加工、酒水及饮料、休闲食品加工等细分行业。蔗糖、枣制品是乐陵市的特色优势产业，拥有星光糖业、百枣纲目、中谷淀粉等骨干企业。调味品产业已初步形成以辣椒、香辛料等调味品和脱水蔬菜、方便面料（酱）包为主的调味品加工体系，年集散量40多万吨，占全国市场份额的40%，被誉为“中国调味品产业城”，拥有飞达集团、庞大、乐畅等重点企业。

绿色化工产业：现有规模以上企业23家，主要涉及医药化工和化工新材料两大板块，依托齐鲁制药医药产业园、凯瑞英医药中间体产业链和有研新材创新及成果转化基地的龙头优势，以产品的下游应用领域为切入点，加大绿色化工产业延链及配套发展。医药化工板块重点发展中间体、原料药、医药制剂、药用辅料、药品包装材料原料、药品包装材料等六大类产品；化工新材料板块以宇世巨等企业为切入点，重点发展服务于高端制造（特种工程塑料、高端热固性树脂产品）、节能环保（环保型涂料、胶黏剂和高性能保温材料）和电子信息（半导体材料、高介电性能材料和高性能封装材料）等三大新兴产业领域的化工新材料。

四、产业集群及工业园区情况

五金机械装备产业园：主要包括汽车和零部件产业、高端零部件产业以及行业成套装备产业，目前，已经形成了金麒麟刹车片、瑞典亚萨合莱国强五金、联孚新能源汽车电机电控、威格尔汽车轮胎、磐古工具、嘉寓

以上工业企业111家，实现营业收入240.3亿元。

二、工业产业结构

禹城市主要工业有农副食品加工业，医药制造业，专用设备制造业，食品制造业，化学原料和化学制品制造业，电气机械和器材制造业，非金属矿物制品业，电力、热力生产和供应业，金属制品业，通用设备制造业，橡胶和塑料制品业，纺织业，文教、工美、体育和娱乐用品制造业等，营业收入合计150.5亿元，占全市规模以上工业企业营业收入的54.6%；其他大类行业营业收入占45.4%。

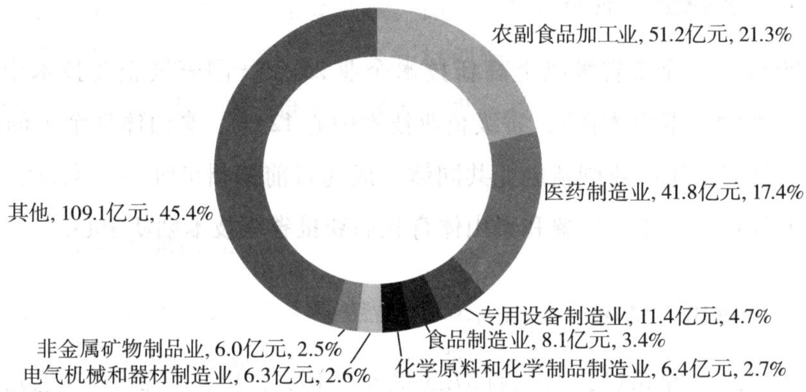

图13－6　2020年德州市禹城市工业产业结构分布图

三、重点优势产业

医养健康产业：主要涉及农副产品深加工业、医药制造业和食品制造业，禹城市以功能糖生产为起点，以生物制造为主，现已形成功能糖、大豆蛋白、海洋保健品、食品馅料、健康调味料、绿色食品六大特色医养健康产业集群，2020年获得“中国功能糖城”称号。以保龄宝、禹王生态、五得利、百龙创园、艾兰药业、福田药业等为行业领军企业，其中，保龄宝、禹王生态和五得利三个企业的营业收入占全市医养健康产业全部营业收入的61%，艾兰药业的抗肿瘤药物合成技术国内领先。

高端装备制造产业：主要涉及汽车和零部件、风电装备、专用设备制造、高端零部件和行业成套装备等制造行业，以通裕重工、松果新能源汽车、迈特力重机为龙头企业。其中，风电装备制造依托通裕重工、三裕风电等企业，开发具有自主知识产权的整套设备及关键零部件自主化生产；汽车及零部件制造依托松果新能源汽车，重点发展新材料汽车及上下游配套企业，依托提艾斯科技、鲁银粉末冶金等企业，发展汽车整车电子电线束、齿毂、缸套、底盘等传统汽车零部件生产；专用设备制造依托迈特力重工，发展数控锻压机床成套装备。高端零部件制造依托通裕重工、国晶新材料、罗美美妆、三越仪器等企业，发展轨道交通装备关键核心零部件、精密轴承、建筑消能减震装置监测设备等；行业成套装备制造依托天盛机械、益佳机械等企业，发展高端农业装备，依托天辰机械，发展智能停车装备。

新能源新材料产业：主要涉及新能源产业，特种金属材料、高性能复合材料等新材料产业。新能源产业主要发展风力资源开发、环保产业、多能互补、储能系统等风电项目和生物质热电联产、垃圾焚烧发电等新能源利用项目。特种金属材料制造主要依托通裕重工、山东军钛、宝元硬质合金等企业，发展钛合金材料，打造华北钛谷；依托鲁银粉末冶金、汇嘉磁电等企业，开发高性能钢铁粉末及钢铁粉末冶金制品。高性能复合材料依托国晶新材料等骨干企业，发展碳碳、碳陶等复合材料；依托红石极威、金松果等企业，发展汽车轻量化材料。

四、产业集群及工业园区情况

禹城大健康功能食品主导产业集群：以功能糖产业集群为基础，依托保龄宝、百龙创园等企业，培育百亿级功能食品与保健品产业集群，已成功申报德州市区域主导产业集群培育计划。2020 年，产业集群内集聚企业 91 家，全年实现营业收入 107 亿元。其中，规模以上食品产业企业达到 40 家，实现营业收入 105 亿元，占全市规模以上工业企业营业收入的比重为 43.8%。

五、骨干企业情况

2020 年，全市规模以上工业企业 111 家，营业收入超过亿元的企业有 44 家，占规模以上工业企业营业收入的 89%。

通裕重工股份有限公司：主要从事大型锻件产品的研发、制造及销售，拥有 MW 级风电主轴、球墨铸铁管管模、大型电渣重熔钢锭、数控电梯导轨刨床、超高压锻造大直径厚壁无缝钢管等 5 个国家重点新产品，已形成集大型铸锻坯料制备、铸锻造、热处理、机加工、大型成套设备设计制造于一体的完整产业链，拥有省级企业技术中心和省级工程技术研究中心，是全国重要的球墨铸铁管管模及 MW 级风力发电机主轴生产企业，已成为国家经济建设所需重大装备及核心部件的研发制造基地。2020 年，实现营业收入 45.2 亿元。

保龄宝生物股份有限公司：是禹城“国家生物产业基地”“中国功能糖城”的核心支柱企业，是中国功能糖产业的奠基人和领军者。是以生物多糖为主导的国家级重点高新技术企业、农业产业化国家重点龙头企业，主导产品为低聚糖、高果糖、糖醇、膳食纤维等，2020 年实现营业收入 17.8 亿元，是德州唯一的全国农产品加工业 100 强企业。

山东禹王生态食业有限公司：2020 年实现营业收入 13 亿元，是全球重要的“非转基因”大豆蛋白及其原料加工基地，国家级农业产业化龙头企业。

五得利集团禹城面粉有限公司：是面粉加工企业，2020 年实现营业收入 7.1 亿元。

山东百龙创园生物科技股份有限公司：主要研制和生产功能糖（低聚果糖）、化工产品、生物发酵产品（虾青素）等。2020 年，实现营业收入 5 亿元。

截至 2020 年底，全市共有省级以上制造业单项冠军企业 6 家，“专精特新”企业 14 家，“小巨人”企业 2 家，“瞪羚”企业 2 家。

六、科技创新能力

2020 年，全市共有高新技术企业 30 家，国家级企业技术中心 3 家，省级企业技术中心 10 家；省级以上创新平台 73 家，其中，国家级创新平台 29 家；省级以上工程技术研究中心 11 家，其中，国家级研究中心 3 家、省级研究中心 8 家（示范 3 家）。

七、进出口情况

2020 年，全市外贸进出口企业 101 家，进出口总额 35. 8 亿元。其中，出口总额 28. 6 亿元；进口总额 7. 2 亿元。全年使用外资金额 3026 万美元，实现境外投资 1. 2 亿元。

第五节　宁津县

宁津县位于山东省西北部的冀鲁交界处，面积 833 平方公里，常住人口 47. 3 万人，是“中国五金机械产业城”“中国实木家具之乡”“中国桌椅之乡”。

一、工业基本情况

2020 年，宁津县地区生产总值 240. 2 亿元，占全市 GDP 的 7. 8%。规模以上工业企业 169 家，实现工业总产值 99. 9 亿元，实现营业收入 88. 3 亿元。

二、工业产业结构

宁津县主要工业有体育制品制造业、家具制造业、专用装备制造业等，营业收入合计 27. 4 亿元，占全县规模以上工业企业营业收入的 31%；其他大类行业营业收入占 69%。

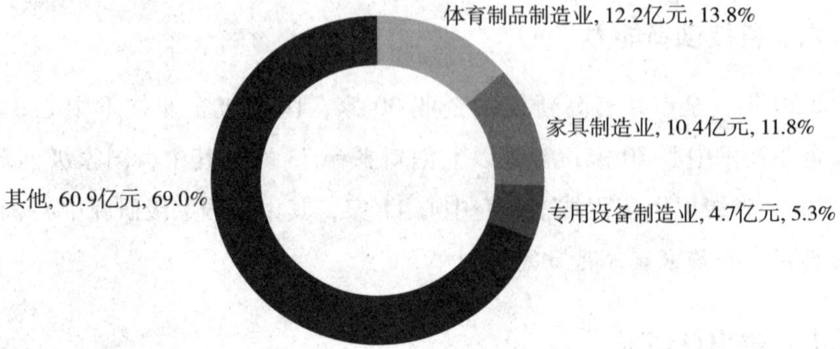

图 13－7　2020 年德州市宁津县工业产业结构分布图

三、重点优势产业

体育制品制造业：主要涉及健身器材产业。2020 年，规模以上企业达到 16 家，以山东大胡子运动器材有限公司、山东迈宝赫健身器材有限公司、宝德龙健身器材有限公司为龙头企业，拥有专利 50 多项，商用器材占国内市场份额的 70% 以上，被授予“中国健身器材生产基地”称号，产品涉及力量器械、动感单车、智能体适机等室内外健身器材十余个系列、300 多个品种。2020 年，实现营业收入 12.2 亿元。

家具制造业：全县共有规模以上家具制造企业 36 家，宁津县作为实木家具之乡，实木家具产业集群升级为省级重点产业集群，家具行业技术服务中心被认定为国家级公共服务平台，实木餐桌椅占长江以北市场份额的 50% 以上。山东华诺家具有限公司、山东华日家具有限公司是重点税源企业，整个家具行业企业多但规模小，没有知名品牌，产业发展较为低端，但拥有完整的产业链，发展潜力巨大。2020 年，实现营业收入 10.4 亿元。

专用设备制造业：主要涉及电梯产业。全县电梯行业深耕既有建筑加装市场，聚力打造国家级电梯产业基地。2020 年，全县电梯企业发展到 129 家，其中，规模以上企业 4 家。全县电梯产业被列入全省“一圈一带”战略规划特色产业集群，以山东富士制御电梯有限公司为龙头企业，有 8 家电梯企业获得整梯生产许可证。富士制御跻身加装电梯全国三强，成为全县首家省级“瞪羚企业”；山东博尔特电梯有限公司入围省第一批产教融合型企业建设培育库。2020 年，规模以上企业实现营业收入 4.7 亿元。

四、产业集群及工业园区情况

健身器材产业集群：共有规模以上企业 16 家，以迈宝赫、宝德龙、大胡子为核心重点企业，向家用、医疗康复、户外、竞技、智慧体育等领域拓展，企业的业务范围遍布国内所有省会城市和数百个二级主要城市及美国、法国、巴西、意大利、墨西哥等 100 多个国家和地区。“迈宝赫”被评为中国商用健身器材第一品牌。现在的宁津已经成为海内外知名的商用健身器材研发制造基地。2020 年，实现营业收入 12.2 亿元。

电梯制造产业集群：被列入全省“一圈一带”战略规划特色产业集群，共有规模以上企业 4 家。以富士制御、博尔特、莱茵艾佳等整机制造企业为龙头，带动零部件企业协同发展；实施“三个二”战略，即建成两大基地（整机生产基地、零部件生产基地）、两大中心（省级电梯及配件检测中心、电梯产品交易和物流中心），拓展两大服务领域（电梯安装和电梯维保）。2020 年，实现营业收入 4.7 亿元。

家具制造产业集群：实木家具产业集群升级为省级重点产业集群，共有规模以上企业 36 家。全县拥有家具生产企业近 3000 家，从业人员近 5 万人，以华日、华诺、斯可馨等为重点企业，产业链条不断完善，已经形成了从木材经营、“白茬”加工、零部件配套、油漆购销、成品组合到产品销售的产、供、销一体化有机产业链。2020 年，实现营业收入 10.4 亿元。

五、骨干企业情况

2020 年，宁津县规模以上企业 169 家，其中，营业收入超过亿元的企业有 5 家。

山东富士制御电梯有限公司：中国富士电梯的北方生产中心，是集研发、设计、制造、销售、安装、维修、保养、改造、旧楼加装于一体的专业化中外合作企业，2020 年实现营业收入 3.8 亿元。

山东大胡子运动器材有限公司：是集设计开发、生产经营、销售服务于一体的健美健身系列产品生产企业，也是中国目前规模较大的商用健身器材制造商。2020 年，体育器材产量 83090 件，实现营业收入 3.4 亿元。

山东迈宝赫健身器材有限公司：集生产、研发、销售、服务、健身俱乐部管理咨询于一体的全产业链健身器材生产企业，拥有先进的省级工业设计中心。2020 年，体育器材产量 75147 件，实现营业收入 2.2 亿元。

山东宝德龙健身器材有限公司：一家专业从事商用健身器材研发、生产及销售的国际性健身产业集团，是中国康体产业最具实力的企业之一，连续多年荣登中国十大健身品牌排行榜。主要产品包括力量设备、动感单车、商用椭圆机、磁控车、跑步机等全套商用健身器材。

截至 2020 年底，全县共有省级以上制造业单项冠军企业 1 家，“专精特新”企业 9 家，“瞪羚”企业 2 家。

六、科技创新能力

2020 年，全县共有省级企业技术中心 12 家，省级工程实验室 4 个，国家高新技术企业达到 19 家，省级创新平台 3 个，建成全省首家知识产权快速维权中心，并成功获评国家知识产权强县工程示范县。

七、进出口情况

2020 年，全县进出口总额 17.7 亿元。其中，出口总额 17.1 亿元；进口总额 0.6 亿元。其中，机械制造类出口额达 9.6 亿元，占全县出口总额的 56.2%；家具类出口额 0.7 亿元，占全县出口总额的 3.9%。

第六节　庆云县

庆云县位于山东省西北部，毗邻天津、黄骅、滨州三大海港，面积 502 平方公里，常住人口 31.8 万人，是全国科技创新百强县市、国家体育产业示范基地。

一、工业基本情况

2020年，庆云县地区生产总值165.5亿元，占全市GDP的5.4%。规模以上工业企业78家。

二、工业产业结构

庆云县主要工业有电子信息装备制造业，绿色化工业，文教、体育用品制造业等，营业收入合计48.1亿元，占全县规模以上工业企业营业收入的70.9%；其他大类行业营业收入占29.1%。

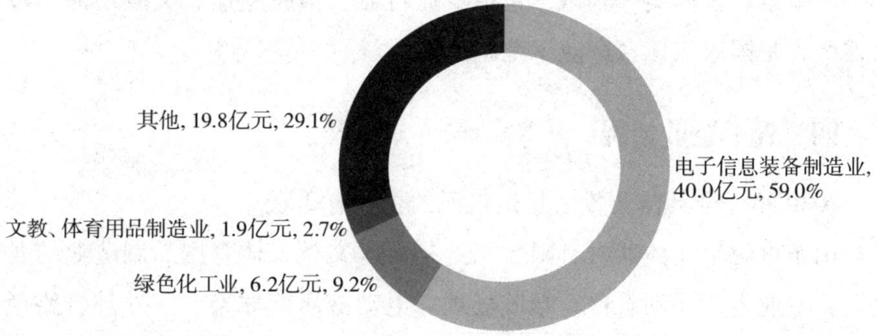

图13－8 2020年德州市庆云县工业产业结构分布图

三、重点优势产业

电子信息装备制造产业：是全县“拳头产业”“明星产业”“纳税第一大产业”。目前已培育各类电子信息制造企业42家，其中，规模以上企业15家，从业人员近万人。庆云县是北方重要的中低压电力设备生产基地。2020年，实现营业收入40亿元。骨干企业有山东华芯电子有限公司、山东万恒电子通讯设备有限公司等。主要产品有高低压成套设备、电能计量箱、动力柜、环网柜、变压器、电阻器、箱式变电站、箱式开闭站等，先后参与了国家电网改扩建、高（地）铁配套、海上大型钻井平台配套等工程，国内市场占有率达40%以上，昆仑创奇、红日东升、兴泰电气等4家企业被列入国家电网重点招标名录。

绿色化工产业：主要分为石油化工、精细化工等子行业，是全县工业经济发展的重要税源增长点。主导产品有水处理剂、吡咯烷酮、医药中间体、异辛烷等。以山东天庆科技发展有限公司、山东滨庆新能源开发有限公司、山东明成石化有限公司、山东天庆科技发展有限公司、山东三骏生物有限公司、山东仿生生物有限公司等 7 家规模以上企业为代表。2020 年，实现营业收入 6.2 亿元。

文教、体育用品制造产业：全县拥有体育装备企业近 30 家，其中，国体认证企业 5 家，国家体育产业示范单位 1 家，配套企业 50 余家，专业村 4 个，从业人员共计 4 万余人。产品涵盖室内健身、室外健身路径、田径、体操、举重、音体美等领域，包括专业材器、塑胶跑道、文教用品、玻璃仪器等，是国家级体育产业示范基地。

四、骨干企业情况

2020 年，全县营业收入超过亿元的企业有 2 家。

山东世纪星文体器材有限公司：是全区文教、体育用品制造业的龙头企业，专业生产活动看台、塑胶场地、电动液压篮球架、室外健身路径器材，以及校园体育器材与教学仪器等。2020 年，实现营业收入 1.9 亿元。

山东红日东升科技有限公司：是全区电力装备制造业的龙头企业，主要生产高低压成套设备、电能计量箱等电力安全运行的配套产品，2020 年，实现营业收入 1.7 亿元。

截至 2020 年底，全县共有“专精特新”企业 11 家，“瞪羚”企业 2 家。

五、科技创新能力

2020 年，全县共有省级企业技术中心 5 家，省级以上高新技术企业 10 家，市级以上高新技术企业 56 家；成功创建国家体育产业示范基地，国家级创新平台 1 家，1 家企业成功在“新三板”挂牌。

六、进出口情况

2020 年，全县进出口总额 4.8 亿元。

第七节　临邑县

临邑县地处鲁西北部平原，是环渤海经济圈、黄河三角洲和“京九”经济开发带，毗邻济南新旧动能转换先行区，区位优势明显。面积1016平方公里，常住人口47.3万人。石油资源丰富，境内已探明石油储量3亿吨、天然气40亿立方米，拥有油气井1800口，年开采量230万吨，是胜利油田的主采区之一。

一、工业基本情况

2020年，全县地区生产总值274.7亿元，占全市GDP的8.9%，居全市第4位。规模以上工业企业110家，实现工业增加值110.8亿元，实现营业收入384.2亿元。

二、工业产业结构

临邑县主要工业有石油、煤炭及其他燃料加工业，化学原料和化学制品制造业，农副食品加工业，非金属矿物制品业，医药制造业，纺织业等，营业收入合计351.3亿元，占全县规模以上工业企业营业收入的91.4%；其他大类行业营业收入占8.6%。

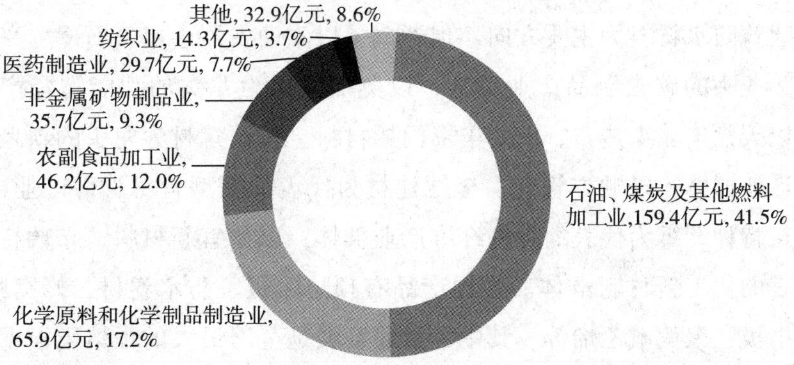

图13-9　2020年德州市临邑县工业产业结构分布图

三、重点优势产业

绿色化工产业：2020年，全县拥有规模以上绿色化工（含化学医药）企业20家，实现营业收入237亿元，是全县第一大支柱产业，占全县规模以上企业营业收入的61.8%，发展相对较好。主要企业有恒源石化、德宝路、山东安弘、齐鲁晟华、信立泰，主导产品有汽柴油、液化气、MTBE等，人用药头孢米诺钠、美罗培南、吉非替尼等以及治疗心血管疾病的头孢呋辛、头孢吡肟、头孢西丁头孢噻呋钠等，兽药头孢噻呋盐酸盐、硫酸头孢喹肟等。其中，山东安弘的主导产品头孢米诺钠目前在市场占有率位居全球前列，主导产品美罗培南的出口销量国内领先，吉非替尼、氨磺必利、依西美坦、普罗布考、华法林钠的市场占有率国内领先。齐鲁晟华的主导产品头孢噻呋钠、硫酸头孢喹肟等在国内市场占有率遥遥领先。绿色化工产业以省级化工园区认定为契机，大力推进化工企业“进区入园”，加快向产业链、价值链高端延伸，促进产业集约集聚发展，重点建设恒源石化转型升级项目；医药制造企业向自产的原料药产品延伸，重点推进化学药物新产品和新制剂产业化，大力发展心脑血管、肿瘤治疗的新型药物。

新材料产业：2020年，全县共有规模以上新材料产业18家，实现营业收入45.8亿元，占全县规模以上企业营业收入的11.9%，是全县新崛起的产业集群，技术水平较高，利润丰厚。以石墨炭素材料、蜂窝陶瓷材料、建筑防水材料为主要方向，现形成了以索通发展、旭日石墨、兴丰新能源为龙头的碳素制品产业群体；以奥福环保为龙头的功能陶瓷产业群体；以天鼎丰非织造布、天鼎丰聚丙烯材料、科顺建材为龙头的新型建筑材料产业群体；以顺方管业、金德建材为代表的新型管材管件产业群体；以大正特种纤维为代表的特种纤维产业群体；以德宜新材料、布瑞特油墨为代表的化工新材料群体。主导产品有预焙阳极、防水卷材、蜂窝陶瓷、石墨电极、聚偏氟乙烯等。其中，索通发展是全国最大的预焙阳极生产企业、全国制造业单项冠军；奥福环保是省新材料产业领军企业50强。

农副产品深加工产业：2020年，全县拥有规模以上农副产业深加工企业27家，实现营业收入53.9亿元，占全县规模以上企业营业收入的14%，是全县解决就业的基础性产业，涉及小麦加工、饲料加工、牲畜屠宰、禽类屠宰、水产品加工、蔬菜加工、方便食品、保健食品、酒水、饮料制造等十大领域。主要产品包括面粉、饲料、冷冻肉、火腿、卤蛋、胶原蛋白肽、阿胶制品、开心果、大豆蛋白、木糖醇、白酒、啤酒等十几个门类、上百个品种。畜产品加工行业拥有以金锣肉制品、福润禽业为龙头的畜禽加工及孵化、养殖、饲料加工等关联企业，年可生产猪、鸭、鸡等肉制品50万吨，形成了集饲料加工、种苗孵化、畜禽养殖、宰杀冷藏、食品加工于一体的产业链条。面粉行业，日处理小麦能力达到6500吨，形成了面粉、面条、方便面等一系列产品。酒类酿造行业以洛北春、青源、克代尔为龙头，年可生产纯粮食白酒1.2万吨，啤酒50万吨。

四、产业集群及工业园区情况

西部经济开发区：省级经济开发区，规划面积19.6平方公里。园区主要发展生物医药、新材料、食品加工、纺织服装、装备制造等产业。目前，园区已有索通发展股份有限公司、齐鲁制药有限公司、山东信立泰药业有限公司等知名企业落户，总入驻企业170余家。

临邑化工产业园：是省级化工园区，面积8.1平方公里。园区产业定位为精细化工、化工新材料产业，通过一批高端化工新材料项目的建设，逐步形成以石化产业为基础主线，C2、C3、C4资源特色延伸为核心，高端化工产业集群发展为特色，技术先进、符合循环经济和绿色化工发展要求的高端化工产业园。目前已有山东旭日石墨新材料科技有限公司、德州科顺建筑材料有限公司、德宝路股份有限公司、山东聚核科技有限公司、山东惠沃盛健康科技有限公司、山东强睿博新材料科技有限公司等企业入驻。

临邑高新技术产业园：是市级高新技术产业园区，规划面积11.6平方公里。园区产业定位为装备制造、新材料产业。目前已有山东奥福环保科技股份有限公司、山东天鼎丰非织造布有限公司、山东海能科学仪器有限公司、山东洛杰斯特物流科技有限公司、山东爸爸的选择健康科技有限公司、山东恒昌医疗科技股份有限公司等20多家实力雄厚的上市公司和行业龙头入驻。

五、骨干企业情况

山东恒源石油化工股份有限公司：是一家以石油化工为主业，集石油炼制与后续化工于一体的国有大型企业，现有装置一次加工能力达到350万吨/年，主要产品有车用汽油、车用柴油、液化气、丙烷、丙烯、聚丙烯、石油焦等。2020年营业收入超过50亿元，占全县规模以上工业企业营业收入的13%以上。

索通发展股份有限公司：是国内最大的独立预焙阳极供应商，在产年产能192万吨，在建年产能60万吨，是全国首家“全国炭素行业资源综合利用示范企业”，拥有全国首家“铝用炭素生产过程资源综合利用行业技术中心”。

天鼎丰非织造布有限公司：是一家致力于研发和生产各类高技术非织造材料的企业，主营业务涉及聚酯纺粘针刺材料、环保滤材、聚丙烯纺粘针刺材料三大板块，是亚洲重要的聚酯胎基布供应商，行业知名的空气过滤材料生产企业，中国国内少数能掌握高强粗旦聚丙烯纺粘针刺土工布产业化生产技术的企业。

齐鲁晟华制药有限公司：齐鲁制药集团下属子公司之一。主要生产兽用化学合成原料药、兽用制剂以及农药甲维盐，是目前国内重要的动物专用头孢菌素类原料药和农药甲维盐原药生产基地。

截至2020年底，全县共有省级以上制造业单项冠军企业5家，“专精特新”企业20家，“小巨人”企业3家，“瞪羚”企业4家。

六、科技创新能力

2020年，全县共有国家高新技术企业25家，省级以上科技创新平台42家，省级工程技术研究中心6家，省级企业技术中心13家；获国家科技进步二等奖1项，省科技进步奖3项。20家企业加入国家科技型中小企业库，索通发展入选国家级制造业单项冠军示范企业。

七、进出口情况

2020年，全县进出口总额76.4亿元。其中，出口总额32.6亿元；进口总额43.8亿元。培育发展对外贸易经营者备案登记企业200家，“三资”企业14家。

第八节 齐河县

齐河县位于德州市最南端，境内沿黄河62.5千米，年引黄量3.5亿立方米，是济南市周边最近的卫星城，交通密集度全国领先。面积1411平方公里，常住人口57.6万人，连续六年跻身全国综合实力百强县。

一、工业基本情况

2020年，齐河县地区生产总值345.5亿元，占全市GDP的11.2%，居全市第一位。规模以上工业企业140家，实现工业增加值116亿元，实现工业总产值424.6亿元，实现营业收入494亿元。

二、工业产业结构

齐河县主要工业有黑色金属冶炼和压延加工业，石油、煤炭及其他燃料加工业，非金属矿物制品业，农副食品加工业，造纸和纸制品业，金属制品业等，营业收入合计421.2亿元，占全县规模以上工业企业营业收入的90.1%；其他大类行业营业收入占9.9%。

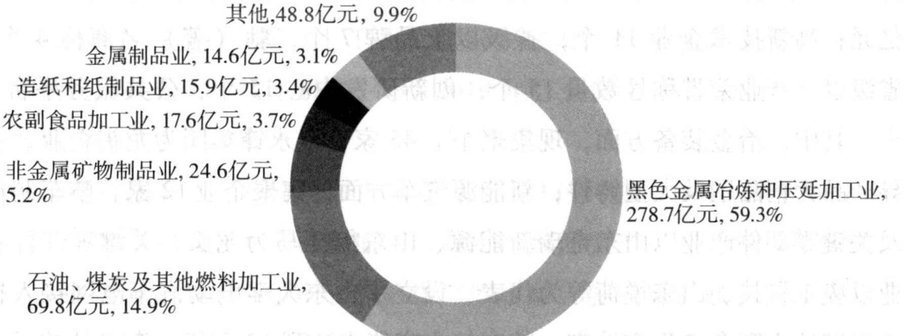

图13-10 2020年德州市齐河县工业产业结构分布图

500强、橡胶工业100强，被工信部评为绿色工厂，2017年实现主板上市。

山东江河纸业有限责任公司：浆纸年生产能力40万吨。主导产品为纸杯原纸、无碳纸及铸涂原纸、轻型纸、胶版印刷纸、彩色双胶纸等高档文化用纸。2020年，实现营业收入11.3亿元。

奇瑞新能源汽车股份有限公司齐河分公司：是奇瑞集团第一个也是唯一一个设立在县级城市的生产基地，为全市乃至全省新能源汽车产业发展起到巨大推动作用，双方合作成立奇鲁新能源汽车有限公司。2020年，整车量产1.6万辆，实现营业收入9亿元。

山东宝鼎重工实业有限公司：主要产品为高合金品质铸锻件、优质合金大型件等，主要应用于大型远洋船舶配件、石油钻井平台中厚板，风电主轴、水电主轴、核电等，军用船舰配件、发射架，高端汽车模具等。在建的油压机项目投产后将成为国内大型自由锻件锻造装备企业，进入大型机械装备制造企业行列。2020年，实现营业收入7.8亿元。

截至2020年底，全县共有省级以上制造业单项冠军企业1家，“专精特新”企业18家，“小巨人”企业1家，“瞪羚”企业5家。

六、科技创新能力

2020年，全县共有国家高新技术企业44家，国家级企业技术中心1家，省级企业技术中心9家，国家级创新平台4家，省级创新平台23家，市级创新平台90家。发明专利有效量达到150件。

七、进出口情况

2020年，全县进出口总额30.6亿元。其中，出口总额15亿元；进口总额15.7亿元。

第九节　平原县

平原县地处山东省西北部，是“粮食生产基地”“京津蔬菜园区”

“畜牧业强县”“生猪大县”“鸽子之乡”。全县面积1047平方公里，常住人口41.9万人，被评为“中国机床附件之乡”。

一、工业基本情况

2020年，平原县地区生产总值238.4亿元，占全市GDP的7.7%。全县实现工业增加值68.6亿元。规模以上工业企业127家，实现营业收入217.6亿元。

二、工业产业结构

平原县主要工业有化学原料和化学制品制造业，农副食品加工业，造纸和纸制品业，医药制造业，非金属矿物制品业，酒、饮料和精制茶制造业等，营业收入合计174.4亿元，占全县规模以上工业企业营业收入的80.1%；其他大类行业营业收入占19.9%。

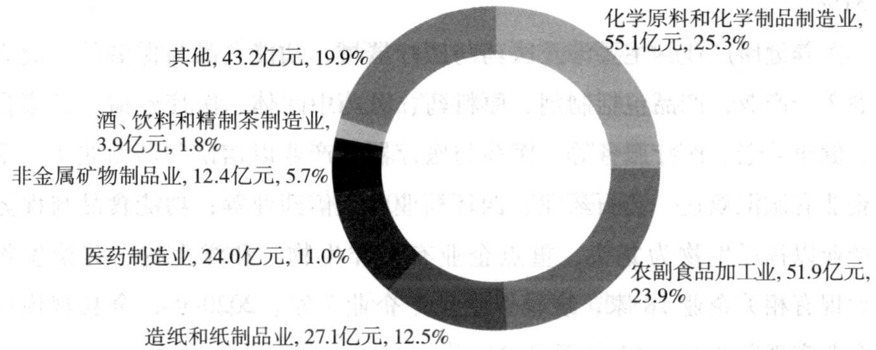

图13－11　2020年德州市平原县工业产业结构分布图

三、重点优势产业

化学原料和化学制品制造业：主要涉及煤化工、精细化工两个产业，产品包括合成氨、尿素、复合肥、精细化工产品等。煤化工产业链条以阳煤化工为龙头，依托阳煤化工基础化工原料，延链发展高端复合肥及其他相关产业；重点企业有阳煤化工、史丹利、嘉施利、施乐补农业、众德肥料、金谷生态工程等。精细化工产业链条以联化科技为龙头，做优精细化

七、进出口情况

2020 年，全县有进出口实绩企业达到 80 家，进出口总额 12.8 亿元。

第十节　夏津县

夏津县地处鲁冀两省交界处，因“齐晋会盟之要津”而得名，面积 882 平方公里，常住人口 45.8 万人。全县植棉面积常年稳定在 20 万亩左右，是全国优质的棉生产基地、中国棉纺织名城、中国面粉大县。

一、工业基本情况

2020 年，夏津县地区生产总值 198.8 亿元，占全市 GDP 的 6.5%。全县实现工业总产值 115 亿元。规模以上工业企业 109 家，实现工业增加值 25.1 亿元，实现营业收入 118.8 亿元。

二、工业产业结构

夏津县主要工业产业有纺织服装业、农副产品加工业、高端装备制造业等，营业收入合计 28.3 亿元，占全县规模以上工业企业营业收入的 23.8%；其他大类行业营业收入占 76.2%。

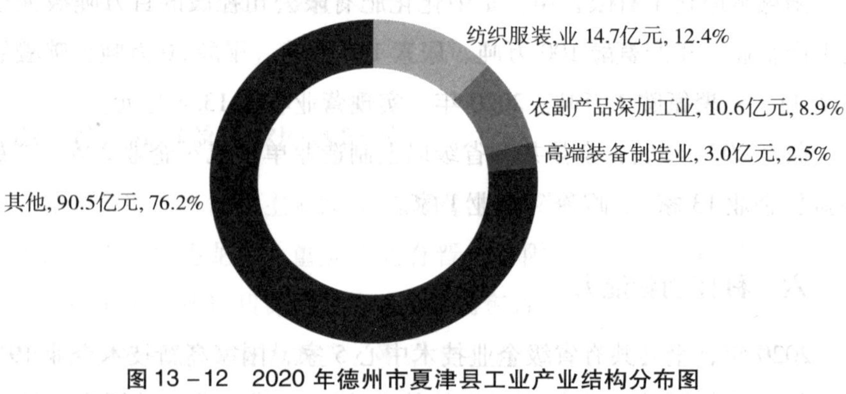

图 13－12　2020 年德州市夏津县工业产业结构分布图

三、重点优势产业

纺织服装业：全县的传统产业，拥有规模以上企业54家。依托植棉大县优势和纺织产业基础，发挥“夏津纱线”区域品牌价值，以鸿泰鼎莱赛尔新材料、仁和纺织等企业为龙头，全力推进纺织服装产业向功能性纤维方向发展，大力发展莱赛尔、合金长丝等新型纺织材料，推进合成纤维、再生纤维、产业用纺织品专用纤维的研发生产；突破绿色印染、无水印染技术，打通全产业链条，增强织布、家纺、服装行业板块，打造优质棉生产、高品质纱线织造、新型纺织材料、纺织技术研发、纺织服装加工、纺织品贸易六大基地，拥有“中国棉纺织名城”等名片，奋力建设中国绿色纺织服装新材料名城。2020年，实现营业收入14.7亿元。

农副产品深加工业：共有规模以上企业18家，在面粉、植物油、肉类、饲料等产业初加工的基础上，加快发展膨化食品、方便食品、休闲食品、速冻食品、中央厨房半成品等，提高产品附加值；依托新希望六和生猪屠宰加工一体化项目，推广从养殖到餐桌的全产业链模式，打造新希望—夏津乡村振兴齐鲁样板示范区；挖掘传统食品文化内涵，鼓励布袋鸡、珍珠琪、宋楼火烧、金丝面等地方特色食品升级，做大规模，做强品牌。2020年，实现营业收入10.6亿元。

高端装备制造产业：共有规模以上企业13家，以朝阳轴承、鲁控电力、金纪氟塑为龙头企业，主要发展汽车及零部件、行业成套设备、聚四氟乙烯新材料等。2020年，实现营业收入3亿元。

四、产业集群及工业园区情况

纺织服装产业集群：目前，全县拥有涉棉企业197家，棉纺规模220万纱锭，年产纱线30万吨以上。2020年，全县规模以上纺织企业达53家，营业收入达60亿元，占全县规模以上工业企业营业收入的50%以上，从业人员超万人，纳税达1亿元。集群主要以仁和纺织、天润纺织、丰润纺织、新时棉业、兴时棉业、纵英纺织、瑞鑫纺织等为重点纺织企业。先后获得“中国棉纺织名城”“中国纺织产品质量放心县”“棉纺织产业集群创新发展示范地区”等荣誉称号。

五、骨干企业情况

2020 年，夏津县规模以上工业企业 109 家，其中，营业收入超过亿元的企业有 1 家。

山东朝阳轴承有限公司：主要生产各类标准及非标准轴承，品种 1000 多个，年生产能力达 1800 多万套，建有“山东省工程技术中心”“山东省检验检中心”，拥有专利 40 多项。2020 年，实现营业收入 2. 9 亿元，入选国家级“专精特新”小巨人企业、省制造业单项冠军企业和省技术创新示范企业。

截至 2020 年底，全县共有省级以上制造业单项冠军企业 1 家，“专精特新”企业 11 家，“小巨人”企业 1 家，“瞪羚”企业 2 家。

六、科技创新能力

2020 年，全县共有国家高新技术企业 15 家，20 家企业入选国家科技型中小企业库；拥有省级企业技术中心 8 家，省级工程技术研究中心 1 家，省级科技企业孵化器 1 家。有效发明专利 68 件。

七、进出口情况

2020 年，全县进出口总额 7. 1 亿元。其中，进口总额 0. 5 亿元；出口总额 6. 7 亿元。实际使用外资金额 892 亿美元。

第十一节　武城县

武城县位于山东省西北部，京杭大运河东岸，面积 748 平方公里，常住人口 35. 4 万人。是全国第一个玻璃钢县、中国汽车零部件产业城。

一、工业基本信息

2020 年，武城县地区生产总值 180. 1 亿元，占全市 GDP 的 5. 9%。规模以上工业企业 117 家，实现营业收入 138.2 亿元。

二、工业产业结构

武城县主要工业产业有汽车及汽车零部件产业、酒及农副产品产业、新材料产业、新能源空调产业、新型纺织产业等，营业收入合计 120.6 亿元，占全县规模以上工业企业营业收入的 87.2%；其他大类行业营业收入占 12.8%。

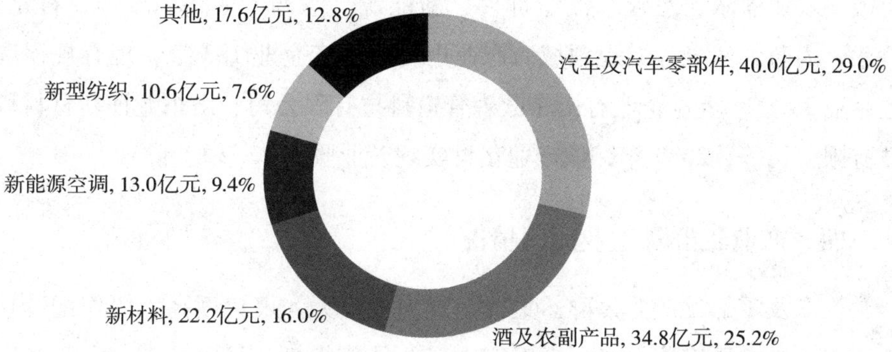

图 13－13　2020 年德州市武城县工业产业结构分布图

三、重点优势产业

汽车及汽车零部件产业：主要涉及橡胶和塑料制品业、汽车及汽车零部件制造业。目前，全县产业内共有注册企业 256 家，主要分布在县经济开发区、甲马营镇；规模以上企业 14 家，其中，纳税超过千万的企业有 4 家，超过百万的企业有 6 家；以德州玲珑轮胎、水星博惠、水星天元等公司为龙头企业，产品主要有轮胎、密封条、铸造件、汽车拉线、模压件、玻璃升降器等。2020 年产业实现营业收入 40 亿元，占全县营业收入总量的 29%；其中，玲珑轮胎实现营业收入 31 亿元，占全县规模以上企业营业收入的 22.4%。

酒及农副食品产业：主要涉及农副食品加工业、食品制造业、酒饮料及精制茶制造业等行业，以白酒产业、辣椒产业、面粉加工业、食用菌产业、棉花产业、粮食烘干服务业、烘焙食品加工业为重点产业，产业内规模以上企业15家，以古贝春集团、英潮公司、丹顶鹤面粉、众祥农业公司为龙头企业。其中，辣椒产业是武城的特色产业，已有170年的种植历史，目前已成为研发、育种、种植、精深加工、仓储、物流、销售、服务“八位一体”的全产业链优势产业。2020年，实现营业收入34.8亿元。

新材料产业：主要涉及非金属矿物制品业，形成了以玻璃钢为主，逐步向高档建筑材料、土工和环保过滤材料等多种产业并进的良性发展格局，是全国名列前茅的玻璃钢制品生产基地，产品主要应用于污水处理、市政、农业灌溉、医疗、汽车部件、新能源、空调、铁路、海洋、石化、桥梁、人防、健身等工程领域。产业内现有生产企业183家，现有规模以上企业29家，重点企业有山东欧森管道科技有限公司、山东龙祥新材料科技有限公司等；2020年，该产业集群实现营业收入22.2亿元。

四、产业集群及工业园区情况

汽车及零部件产业集群：集群呈现出规模大、聚集度高、协作配套功能完善、自主研发能力强、辐射能力广、品牌优势凸显等特点。全县汽车及汽车零部件企业共注册256家，规模以上企业14家，主要集中在县经济开发区、甲马营镇，龙头企业有德州玲珑轮胎、水星博惠、水星天元、秋实、晨光、陈氏等公司。轮胎、玻璃钢外饰件、橡塑及密封条、金属制品、整车改装生产等零部件产业带动汽车内饰件、玻璃钢外罩件、机电配件和铝轮毂生产等相关产业的发展，可为各种汽车、农用车、摩托车等进行整车配套，多数企业建立了自己的模具中心，产业内共有3家省级高新技术企业、1家省级企业技术中心、1家省工程技术研究中心、5个省级技术创新项目，300多种产品获得国家专利，填补了国际国内空白。产品主要有轮胎、密封条、铸造件、汽车拉线、模压件、玻璃升降器等九大系列、3000多个品种，市场遍及全国30多个城市，与一汽、东风、北汽、上汽等40余家大型汽车生产企业达成“定向供货”，并荣获“中国汽车零部件产业城”称号。

空调通风产业集群：主要涉及通用设备制造业、电气机械和器材等行业。现有规模以上企业27家，涵盖空调机组、防火阀、风机、电机、地源热泵等多个领域的1200多种产品；重点企业包括山东中威空调设备集团有限公司、山东中南科莱空调设备有限公司、山东兴恒环境科技集团有限公司、常兴集团有限公司等。产业内授权专利技术548件，高新技术企业30家，其中，国家级高新技术企业19家。产业有150多家3CF认证企业，占全国3CF认证企业总量的1/10。2020年，立足空调通风产业的比较优势，以武城为总部、联合全省知名空调通风企业发起成立了山东省暖通空调产业协会。2020年，该产业实现营业收入13亿元。

新材料（玻璃钢）产业集群：是全县民营经济的主体产业、财政收入的支柱来源和农民增收的重要途径，是全国名列前茅的玻璃钢制品生产基地。该产业拥有省级高新技术企业3家，省级技术创新项目5个，省级企业技术中心4家、工程技术研究中心1家，现有专利236项。其中，双一集团的风电叶片模具研发、玻璃钢游艇发明专利、碳纤维无人机的开发，新明公司玻璃钢人防门的发明专利均填补了国内空白。武城欧森管道科技有限公司发明的GRE缠绕管生产专用模具专利填补了山东省的空白。武城县是国内第一家民营企业发源地，目前武城县生产SMC模压水箱的企业达100余家，生产量占国内总产量的80%以上，形成产业集群化发展。玻璃钢菱镁制品是1992年由华能集团自主研发的，为国内首创品牌，后延续到菱镁管道、菱镁板材等各大应用领域。现有生产企业183家，规模以上企业29家，以山东欧森管道科技有限公司等为龙头企业。2020年，实现营业收入22.2亿元。

五、骨干企业情况

2020年，武城县有规模以上工业企业117家，营业收入超过亿元的企业有3家。

德州玲珑轮胎有限公司：主要产品为全钢载重和高性能半钢子午线轮胎，2020年实现营业收入31亿元，占全县营业收入总量的22.4%。

古贝春集团有限公司：是集产、学、研为一体的国纯粮食酒重点生产厂家，年产白酒10万吨。拥有省级白酒清洁生产工程技术研究中心、省级企业技术中心、古贝春院士工作站、国家科研博士后工作站等科研平台，现有专利12项。2020年实现营业收入20.8亿元，占全县营业收入总量的15.1%。

山东水星博惠汽车部件股份有限公司：主要产品为汽车用橡胶（橡塑）密封件、塑料件、复合材料内装饰件以及玻璃升降器等，拥有省级企业技术中心，年可生产各类制品4500万件。2020年实现营业收入5.8亿元，占全县营业收入总量的4.2%。

截至2020年底，全县共有“专精特新”企业11家。

六、科技创新能力

2020年，全县共有省级工程技术研究中心4家，省级企业技术中心10家，省级工程实验室（工程研究中心）2家，高新技术企业32家，国家科技型中小企业库企业45家。

七、进出口情况

2020年，全县进出口总额11.4亿元。

第十二节　经济技术开发区

经济技术开发区位于德州市中心城区东部，是国家级经济技术开发区、国家火炬计划新能源产业基地、国家生物高技术产业基地。面积119平方公里，常住人口22.3万人，以经济技术开发区为主要载体，荣获“中国太阳城”“中国压滤机之都”称号。

一、工业基本情况

2020年，经济技术开发区地区生产总值283.5亿元，占全市GDP的9.2%，居全市第3位。全区规模以上工业企业110家，实现工业增加值79.4亿元，实现营业收入323亿元。

二、工业产业结构

经济技术开发区主要工业有计算机、通信和其他电子设备制造业，农副食品加工业，通用设备制造业，专用设备制造业、化学原料和化学制品制造业等，营业收入合计 266.4 亿元，占全区规模以上工业企业营业收入的 82.5%；其他大类行业营业收入占 17.5%。

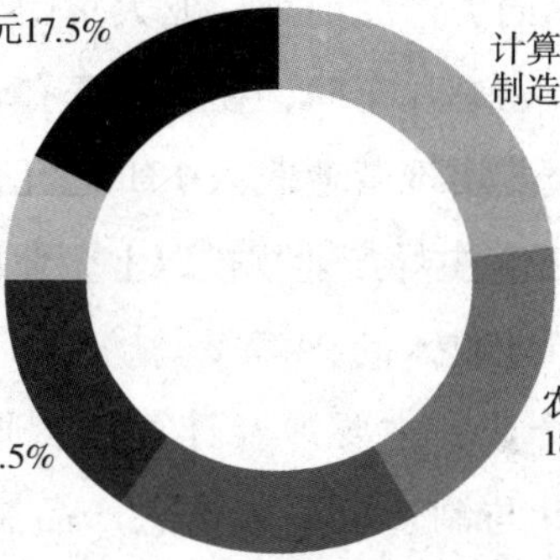

图 13－14　2020 年德州市经开区工业产业结构分布图

三、重点优势产业

高端装备制造产业：现已形成装备制造产业集群，主要涉及节能环保装备、石油装备、交通装备、工程机械、救援装备 5 个主导产业。现有企业 233 家，其中，规模以上企业 53 家，拥有包括企业技术中心、工程技术研究中心、高新技术企业、工业设计中心、博士后科研工作站等省级以上科技平台 35 个。其中，节能环保装备制造产业以景津环保、鸿创、英凯模、贝诺等为龙头企业，主要产品为压滤机、中央空调等，2020 年实现营业收入 102 亿元，占装备制造产业集群的 77.8%，成为开发区装备制造产业集群的主导产业；新能源产业主要涉及具有传统优势的太阳能板块、新能源汽车板块及传统玻璃钢企业转型的风能、空气能、地热能等板块；太阳能产业是经开区新能源产业的传统优势产业，在太阳能热水器、太阳能与建筑物一体化利用、太阳能光热发电、太阳能空调、太阳能集热器、光伏组件、光伏电站、太阳能照明等领域优势明显，以皇明太阳能、金亨新能源、金亨太阳能、金奈尔新材料等为重点企业；石油装备行业主打产品为螺杆钻具、尾管悬挂器等，以联合石油机械、大陆架等为重点企业；这些在全国市场都有一定影响力，压滤机、螺杆钻具等主打产品优势突出。景津环保是压滤机国家标准主起草人，连续十七年在全球压滤机行业产销量第一；德工机械的路面冷再生机、破碎机填补了国内空白；联合石油的“拳头产品”螺杆钻具的市场占有率居全国第二；普利森公司生产的数控深孔加工机床处于全国同类产品前列；亚太集团生产的洁净型中央空调广泛应用于手术室、药厂、芯片车间，在全国具有较高竞争力。2020 年，全区规模以上装备制造企业实现营业收入 131 亿元，占全区规模以上工业企业营业收入的 41%；五大主导产业规模以上企业的营业收入占开发区装备制造业规模以上企业营业收入的 94.7%。

新一代信息技术产业：主要涉及计算机、通信和其他电子设备制造业，涵盖集成电路设计与制造、电子信息产品制造和大数据产业三大领域。产业内有规模以上企业 6 家，2020 年实现营业收入 74.8 亿元。集成电路设计与制造业包括有研半导体、中芯圆综合半导体、威讯半导体等企业，电子信息产品制造业包括越海通信科技、京北科通、三和电器等企业，大数据产业包括易华录数据湖、鸿联九五等企业。

医养健康产业：主要涉及农副食品加工业、体育健身产业、医疗药品产业。农副食品加工业有规模以上企业 7 家，重点企业包括德州扒鸡、乡盛扒鸡、双汇食品、光明乳业、雪榕等，2020 年实现营业收入 60 亿元。体育健身产业有规模以上企业 3 家，包括康纳斯、美利达、盛邦、浩林体育等体育用品制造企业，2020 年实现营业收入 3 亿元。医疗药品产业有规模以上企业 2 家，包括德药制药、海山药业、麦迪海、博德生物等企业，2020 年实现营业收入 7.2 亿元。

四、骨干企业情况

山东德州扒鸡股份有限公司：是一家集种禽养殖、肉禽蛋加工、食品经营于一体的国家农业产业化重点龙头企业，“德州扒鸡”驰名中外，有“中华老字号”等美誉。该公司的“德州扒鸡生产智能化改造项目”入选山东省“现代优势产业集群+人工智能”融合发展方向名单。

德州亚太集团有限公司：主要生产中央空调、洁净空调等建筑暖通制冷、医疗净化工程、消防通风设备、复合材料等产品，其主导产品在国内市场占有重要地位。2020年，实现营业收入28.4亿元。

中大空调集团有限公司：年产中央空调设备30万套、压滤机系列产品10000台套，是中国乃至世界中央空调及压滤机产业规模大、实力强的大型企业集团之一。2020年，实现营业收入10.9亿元。

景津环保股份有限公司：主要生产压滤机、高压污泥压干机等过滤成套装备，是压滤机国家标准主起草人，连续17年居全球压滤机行业产销量第一，在市政污泥处理、工业污泥循环再利用等领域取得了世界性的技术突破。

截至2020年底，全区共有省级“专精特新”中小企业6家，单项冠军企业1家，“瞪羚”企业4家。德州海天机电科技有限公司获得国家级专精特新“小巨人”称号。

五、科技创新能力

2020年，全区共有省级企业技术中心2家，国家高新技术企业达到62家，国家科技型中小企业入库82家。

六、进出口情况

2020年，全区进出口总额93.9亿元，居全市首位。实际使用外资金额439万美元。

第十三节　运河经济开发区

运河经济开发区地处中心城区西部，是省级开发区，2020年8月与新组建的德州新旧动能转换示范区合署办公（简称运河新区），区域面积204.8平方公里，常住人口8.6万人。交通便利，是鲁西北、冀东南的商贸中心和物资集散基地。

一、工业基本情况

2020年，运河经济开发区地区生产总值139.7亿元，占全市GDP的4.5%。规模以上工业企业41家，实现产值241亿元，实现营业收入244.3亿元。

二、工业产业结构

运河经济开发区主要工业产业有绿色化工产业、高端装备制造产业等，营业收入合计140亿元，占全区规模以上工业企业营业收入的57.3%；其他大类行业营业收入占42.7%。

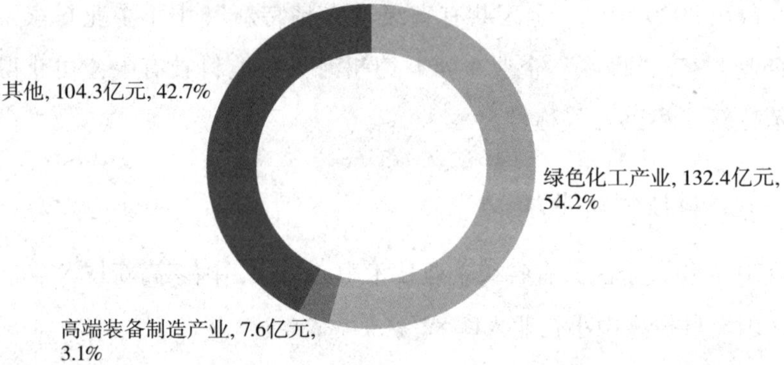

图13-15　2020年德州市运河经济开发区工业产业结构分布图

三、重点优势产业

绿色化工产业：是全区的支柱产业，主要涉及煤化工、精细化工、肥料、化工新材料等领域，产业主要集聚在运河恒升化工园区内，产品主要有化肥、有机胺、醋酸及其衍生物、化工新材料等。目前，已形成以山东华鲁恒升化工股份有限公司为龙头，以省级化工产业集群为依托的化工产业集群。全区积极推动百亿级尼龙66、丙烯腈等化工新材料项目，持续壮大高端化工产业板块。

高端装备产业：主要涉及中央空调及配件、高效过滤设备、智能装备等产品，目前拥有规模以上企业8家，重点企业有瑞冬集团股份有限公司、德州艾荷过滤设备有限公司等。2020年，实现工业总产值7.6亿元。

四、产业集群及工业园区情况

运河恒升化工产业园：是省级化工园区，面积7.6平方公里，属于煤化工、化工新材料类化工园区。目前，园区内有注册企业10家，初步形成以山东华鲁恒升化工股份有限公司为龙头的产业链。近年来，园区围绕华鲁恒升高端产业链，延伸实施了肥料功能化、50万吨硝酸、50万吨乙二醇等一系列下游产品项目，打造了大氮肥、碳一、羰基合成三大产业平台，从以生产氮肥为主的传统煤化工产业发展为化肥、有机胺、醋酸及其衍生物、化工新材料四大板块协同高效、煤与石油化工融合发展的现代化化工产业。围绕产业链条，德州德田化工有限公司、德州市德化化工有限公司、德州史丹利化肥有限公司、德州鲁恩新材料科技有限公司等重点企业积极发展下游精细化产品，实施了20万吨复合肥、DEF技改、聚氨酯新材料等一系列精细化工项目，有力推动了园区整体产业链条的延伸。

五、骨干企业情况

山东华鲁恒升化工股份有限公司：是全区绿色化工产业的核心企业、国内煤化工龙头企业，2002年在上海证券交易所上市，主营业务为化工和化肥产品的生产和销售，产品涉及化学肥料、聚氨酯原料、羰基化衍生产品、化工新材料等四大板块、40多个产品，同时提供发展规划、工程设计、项目管理、装备制造等产业化服务。该公司现拥有80多项国家专利和一批核心技术，20多项成果获得全国、行业和山东省科技进步奖，其中，“30万吨合成氨成套技术与关键设备开发研制及应用”获得2008年度国家科技进步二等奖，同时还是三甲胺、DMF等多个国家标准、行业标准的起草和修订单位，主持起草了山东省化工装置开车安全规范。连续7年获评煤制合成氨、甲醇、醋酸等行业能效领跑者，被山东省确定为“十强”产业领军企业。2020年实现营业收入131.2亿元，占全区规模以上工业企业营业收入的54%。

瑞冬集团股份有限公司：是全区高端装备制造产业的龙头企业，集中央空调及玻璃钢冷却塔产品设计、生产、销售、安装及维修于一体，具备大型工程施工能力和机电设备安装一级资质。2020 年，实现营业收入 5 亿元。

山东消博士消毒科技股份有限公司：先后被认定为山东省“隐形冠军”“专精特新”“瞪羚”企业，是一家从事高端消毒科研、生产与销售的省级高新技术企业，是省级企业技术中心，拥有自主知识产权 26 件；主要产品为医用、民用及商用清洗、消毒、灭菌、洗涤、卫生用品等。2020 年，实现营业收入 1.3 亿元。

德州艾荷过滤设备有限公司：主要生产各类空气过滤器，年产数百万套，其中，袋式过滤器产量居全球首位。2020 年，实现营业收入 0.9 亿元。

六、科技创新能力

2020 年，全区共有省级以上科技创新平台 4 家，市级以上科技创新平台 17 家，院士工作站 1 家。其中，新增国家高新技术企业 2 家，省级工程实验室 1 家。

七、进出口情况

2020 年，全区进出口总额 19.1 亿元。

第十四章　聊城市

聊城市位于山东省西部，总面积 8715 平方公里，常住人口 595.2 万人，辖东昌府区、茌平区、临清市、阳谷县、莘县、东阿县、冠县、高唐县 8 个县（市、区），并设有国家级经济技术开发区、高新技术产业开发区、江北水城旅游度假区 3 个市属开发区。

【聊城市经济总量】

2020 年，全市地区生产总值 2316.8 亿元。工业用电量 573.6 亿千瓦·时，占全社会用电量的比重为 87.9%。

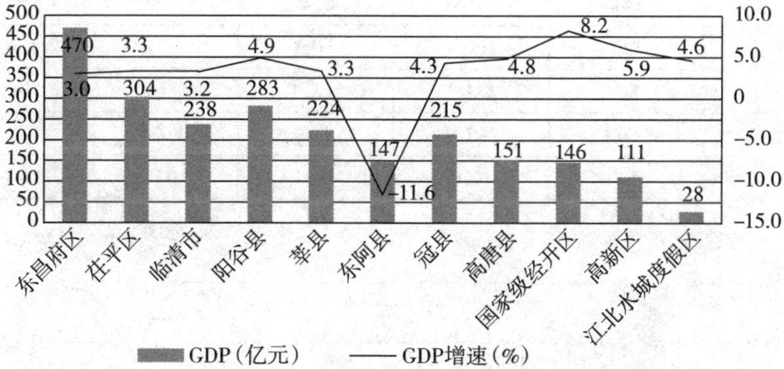

图 14－1　2020 年聊城市各区县 GDP 及增速对比图

【聊城市各区县工业经济】

2020 年，聊城市规模以上工业企业 1218 家，实现营业收入 3384.3 亿元。其中，收入超过 500 亿元的区县有 2 个，分别是茌平区、阳谷县，两区县规模以上工业企业数占全市规模以上工业企业总数的 24.5%，营业收入占全市总营业收入的 40.2%，利润额占全市利润总额的 15%；除江北水城旅游度假区外，其他县市区营业收入均在 100 亿元以上。各区县营业收入超过百亿元的重点企业有 2 家，占全市规模以上工业企业总营业收入的 14.8%；营业收入超过 50 亿元的重点企业有 11 家，占全市规模以上工业企业总营业收入的 32.6%；阳谷祥光铜业有限公司、聊城信源集团有限公司等 2 家企业营业收入均超过 200 亿元。

表 14－1　2020 年聊城市各区县规模以上工业主要经济指标情况表

县（市/区）	企业单位数（家）	营业收入		利润总额	
		累计（亿元）	同比（%）	累计（亿元）	同比（%）
全市合计	1218	3384.3	0.9	135.3	39.6
东昌府区	97	199.8	1.0	10.5	177.6
茌平区	164	801.3	5.0	55.6	49.8
临清市	186	321.1	0.7	4.7	71.9
阳谷县	134	559.7	1.0	9.8	111.0
莘　县	130	172.7	－4.3	2.7	159.0
东阿县	77	181.9	－6.9	12.3	35.9
冠　县	141	361.4	1.4	5.2	97.6
高唐县	139	217.4	－0.1	5.1	86.1
经开区	88	273.1	－2.1	8.8	29.8
高新区	50	285.9	1.6	20.4	－22.0
度假区	12	10.0	13.5	0.1	－33.1

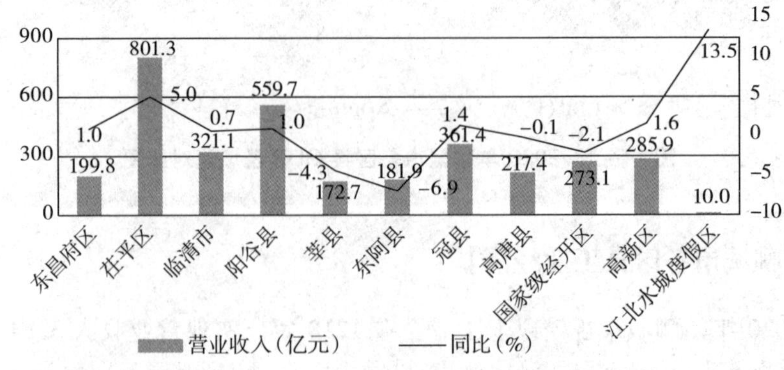

图 14－2　2020 年聊城市各区县规模以上工业营业收入及增速对比图

第一节 东昌府区

东昌府区地处冀鲁豫三省交界地区，居鲁西、临黄河，面积 945 平方公里，常住人口 97 万人。

一、工业基本情况

2020 年，全区地区生产总值 470 亿元，占聊城市 GDP 的 20.3%。规模以上工业企业 97 家，实现营业收入 199.8 亿元。

二、工业产业结构

2020 年，全区规模以上工业涉及 19 个大类行业，其中，营业收入超过 30 亿元的行业有 2 个，分别为农副食品加工业，电力、热力生产和供应业，共实现营业收入 71.2 亿元，占全区规模以上工业企业营业收入的 35.6%。

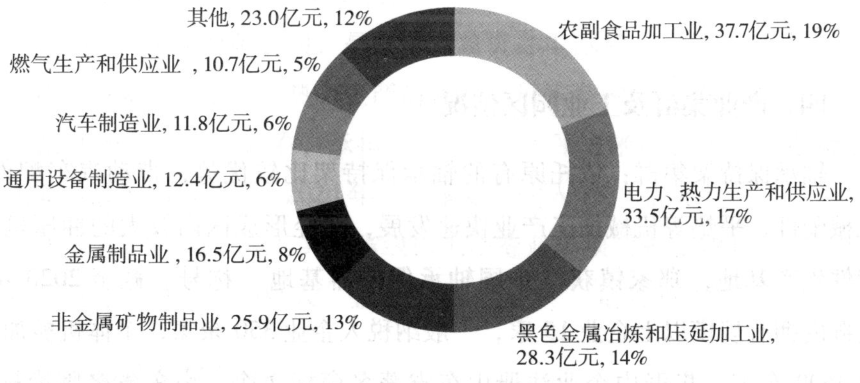

图 14－3　2020 年聊城市东昌府区工业产业结构分布图

三、重点优势产业

农副食品加工业：全区拥有规模以上企业 12 家，主营冷鲜肉系列产品、粮食收购、小麦粉生产销售、糕点生产销售等，代表企业有聊城龙大

七、进出口情况

2020 年，全区进出口总额 19. 2 亿元。其中，出口总额 17. 5 亿元；进口总额 1. 7 亿元。

第二节 茌平区

茌平区地处鲁西平原，是聊城、德州、济南三市交界处，面积 1003. 4 平方公里，常住人口 56. 5 万人。

一、工业基本情况

2020 年，地区生产总值 303. 6 亿元，占聊城市 GDP 的 13. 1%。规模以上工业企业 164 家，实现工业增加值 152. 8 亿元，实现工业产值 835. 4 亿元，实现营业收入 801 亿元；制造业营收利润率为 7. 2%。茌平区具备较为完备的产业基础和产业支撑，已逐步建成铝及铝深加工产业集群、纺织产业集群、制药产业集群、农产品深加工产业集群和木地板加工产业集群。

二、工业产业结构

2020 年，全区规模以上工业涉及 19 个大类行业，其中，营业收入超过 10 亿元的行业有 7 个，分别是有色金属冶炼和压延加工业，化学原料和化学制品制造业，非金属矿物制品业，农副食品加工业，材加工和木、竹藤、棕、草制品业，汽车制造业，纺织业，共实现营业收入 762 亿元，占规模以上工业企业营业收入的 91. 2%；有色金属冶炼和压延加工业超过 500 亿元规模。

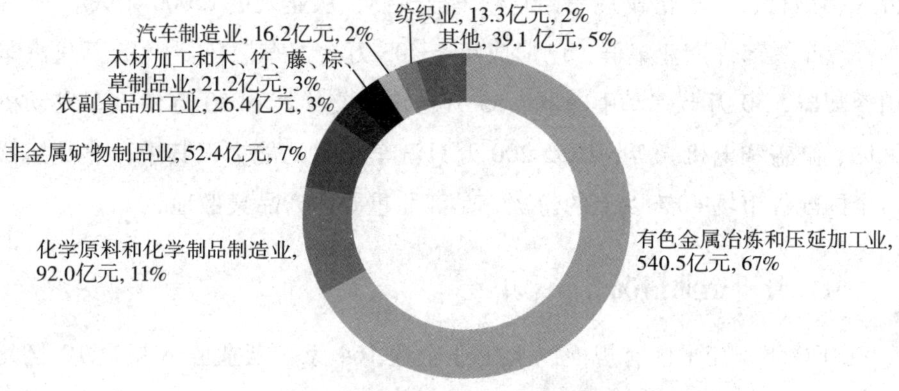

图 14－4　2020 年聊城市茌平区工业产业结构分布图

三、重点优势产业

铝及铝加工产业：共有规模以上企业 28 家，涉及铝及铝合金棒、铝板带箔，汽车轻量化构件和汽车热交换器三大板块，铝及铝合金棒、铝板带箔板块代表企业为信发集团和山东信通铝业有限公司，主要产品为氧化铝、电解铝、铝合金棒、铝板带箔、铝型材，铝单板及铝合金模板产品突破传统铝单板的制作工艺，具有重量轻、强度高、耐腐蚀性好、可回收再利用等特点；汽车轻量化构件板块代表企业为山东骏程金属科技有限公司和山东友升铝业有限公司，产品出口到美国、加拿大等国家和地区。2020 年，实现工业总产值 571 亿元，实现营业收入 537 亿元。

化学原料和化学制品制造业：规模以上企业 13 家，集中在无机化工和新材料领域，主要产品为烧碱、聚氯乙烯、电石、硫酸、甲醛等，其中，代表企业信发集团化工板块的 4 家子公司占全区规模以上化工企业产值的 95% 左右。2020 年，实现工业总产值 94. 6 亿元，实现营业收入 92 亿元。

四、产业集群及工业园区情况

茌平铝及铝加工特色产业集群：拥有企业 115 家，其中，规模以上企业 41 家，进入园区企业 39 家；2020 年，集群实现营业收入 558. 9 亿元。铝及铝加工产业集群的产业链条为氧化铝—电解铝—铝锭（铝杆）—铝板带（铝型材、汽车轮毂）—铝制汽车散热器，从业人员15000余人。

汽车零部件产业集群：已形成年产403万台汽车散热器。25万只汽车用冷却器、30万台汽车中冷器、55万台汽车交换器和30万件汽车发动机缸体、缸盖和电机壳等，以及200万只汽车轮毂的能力；其中，热交换器占全国配件市场40%以上的份额，是江北重要的产品集散地。

五、骨干企业情况

2020年，茌平区有规模以上工业企业164家，营业收入超过10亿元的企业有13家，其中，超过100亿元的企业有1家；利润总额超过千万元的企业有13家，其中，超过亿元的企业有8家。

信发集团：是一家集发电、供热、氧化铝、电解铝及铝深加工等产业于一体的现代化大型企业集团，电解铝年产能158万吨。生产规模、设备工艺水平和各项经济技术指标均达到国际先进水平，“信发”牌原铝铝锭、铝合金锭、铝杆、铝母线等产品获“山东省名牌产品”“国家免检产品”荣誉称号。产品畅销国内20多个省市，并出口美国、日本、韩国、越南、印度、沙特、中国香港等10多个国家和地区。

山东信通铝业有限公司：主导产品为高平直度的幕墙板、装饰板，高表面质量的涂层板，空调散热器亲水箔及双零箔基材。从日本、德国、英国等国家引进关键设备，具有国际先进水平。产品主要销往辽宁、福建、广东等国内市场，还远销韩国、日本、希腊、墨西哥以及东南亚等国家和地区。2020年，实现营业收入26亿元。

聊城市德通交通器材制造有限公司：是集研发、生产、营销于一体的专业化汽车热交换器制造企业，公司主导产品为铜、铝、不锈钢油冷器以及散热器，中央空调散热芯，缓速器用换热器，中冷器，车用暖风装置，车用空调器，电脑散热器等；主要为国内一汽、东风等知名汽车厂配套，同时50%以上的产品出口到泰国、澳大利亚、新加坡、韩国、德国、丹麦、约旦、墨西哥、阿联酋、马来西亚以及东南亚等国家和地区。先后荣获山东名牌产品、山东省高新技术企业、山东省著名商标企业等荣誉称号。

截至2020年底，全区共有省级以上制造业单项冠军企业1家，“专精特新”企业34家，“瞪羚”企业3家。

六、科技创新能力

2020年，全区共有省级企业技术中心5个。

第三节　经济技术开发区

聊城经济技术开发区地处聊城市区东北部，1995年启动建设，2013年3月被国务院批准为国家级经济技术开发区，面积126平方公里，常住人口20万人。

一、工业基本情况

2020年，地区生产总值145.9亿元，占聊城市GDP的6.3%。规模以上工业企业88家，实现工业总产值267.8亿元，实现营业收入273.1亿元。

二、工业产业结构

2020年，全区规模以上工业涉及18个大类行业，其中，营业收入超过10亿元的行业有5个，分别是黑色金属冶炼和压延加工业、汽车制造业、农副食品加工业、食品制造业、专用设备制造业，共实现营业收入242.4亿元，占全区规模以上工业企业营业收入的88.7%；

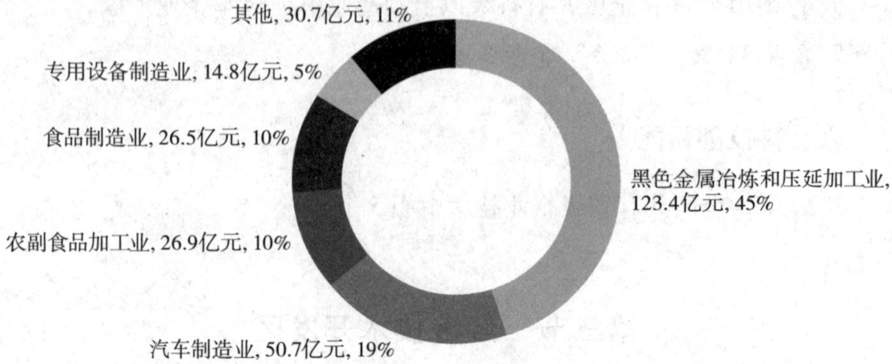

图 14－5　2020 年聊城市经济技术开发区工业产业结构分布图

三、重点优势产业

高端装备制造产业：拥有规模以上企业 7 家，主要有四大类企业，一是以日发纺机为代表的成套数控装备及零部件类，共 15 家企业，工业总产值 11.5 亿元，占比 71%；二是以鲁西新能源、新泺机械为代表的工程和节能环保装备类，共 9 家企业，工业总产值 4.1 亿元，占比 25%；三是以太平洋光电科技为代表的新一代信息技术类，共 4 家企业，工业总产值 0.1 亿元，占比 0.6%；四是以新基德电器、中泰表业为代表的家电仪表类企业，共 2 家企业，工业总产值 0.5 亿元，占比 3.4%。2020 年，全产业实现工业总产值 16.3 亿元。

汽车制造业：拥有规模以上企业 4 家，主营整车和汽车零部件的研发与销售，全年实现工业总产值 44.7 亿元，其中，中通客车、中通新能源汽车 2 家龙头企业全年完成工业总产值 44.2 亿元，占比 98%。该产业除了这两家龙头企业外，剩余的大多为汽车零部件生产企业，产品层级不高，龙头企业所需的高端汽车零部件仍需借助区外其他汽车配件生产企业。2020 年，产业实现营业收入 50.7 亿元。

四、产业集群及工业园区情况

新能源及新能源汽车产业集群：2020 年，拥有规模以上企业 4 家，全年实现工业总产值 44.7 亿元，其中，中通客车、中通新能源汽车两家龙头企业全年实现工业总产值44.2亿元，占比98%。

生物食品医药产业集群：该产业拥有规模以上企业11家，龙头企业包括希杰生物、乖宝宠物食品、龙大植物油、华润雪花啤酒、帝斯曼维生素等。希杰（聊城）生物科技有限公司专门从事饲料添加剂赖氨酸、食品添加剂核苷酸等的生产、销售；乖宝宠物食品集团有限责任公司主要从事集宠物食品的研发、生产、销售；山东龙大植物油有限公司专门从事花生油、花生调和油、餐饮用油以及香油的生产、销售；华润雪花啤酒（聊城）有限公司专门从事啤酒的生产、销售；荷兰帝斯曼维生素（山东）有限公司专门从事猪和家禽用维生素预混料的生产。2020年，产业实现产值56.7亿元。

五、骨干企业情况

2020年，经济技术开发区有规模以上工业企业88家，营业收入超过10亿元的企业有7家，其中，超过40亿元的企业有1家；利润总额超过千万元的企业有9家，其中，超过亿元的企业有3家。

中通客车控股股份有限公司：主要从事汽车整车及零部件研发、制造和零售，具有年产3万辆节能与新能源客车的能力，产品畅销全球100多个国家和地区。依托国家认定技术中心、博士后科研工作站、国家认定企业实验室、国家级工业设计中心、院士工作站等多个创新平台，现已获得授权专利400余项，参与制定了数十项国家标准。2020年，实现营业收入43亿元，占全区规模以上工业企业营业收入的15.8%。

希杰（聊城）生物科技有限公司：是韩国CJ集团全额投资的外商独资企业，现有员工120人，其中，专业技术人员60人。主营产品为饲料添加剂L－赖氨酸、食品添加剂核苷酸，及其副产品等。2020年，实现营业收入18.8亿元。

山东海鑫达石油机械有限公司：公司以石油套管、中高压锅炉管、液压支柱管、汽车半轴套管、流体输送管为主导产品，拥有国内先进的冷拔无缝钢管生产线4条、热轧无缝钢管生产线4条、精轧无缝钢管生产机组30台套，可年产各种规格、各种材质的无缝钢管85万吨，公司产品畅销

新材料产品链条，拥有生产装置70余套，主要生产聚碳酸酯、己内酰胺、尼龙6、双氧水、多元醇、高端新型制冷剂、有机硅、甲烷氯化物、烧碱、氯化苄、甲醇等上百类产品。集团聚碳酸酯工程实验室被认定为“石油和化工行业聚碳酸酯高性能化合成与制备技术工程实验室”，具有年产400万吨化工产品、350万吨化肥产品的能力，化工装备年制造能力在15万吨以上；“鲁西牌”复合肥被评为“中国名牌产品”。2020年，实现营业收入72.6亿元，占全区规模以上工业企业营业收入的25.4%。

山东鑫亚工业股份有限公司：是一家从事精密制造的大型企业集团，总资产19.2亿元，拥有各类生产、检测设备2360余台套。公司经营涉及四大板块：燃油喷射系统板块、移动房屋和园林机械出口板块、精密铸造加工板块、海外基地建设板块。主导产品单缸喷油泵总成、喷油器总成、三副精密偶件的产销量居全国同行业前列，相继开发了满足欧Ⅲ、欧Ⅳ、欧Ⅴ排放要求的具有自主知识产权的高压共轨系统。产品与国内外70余家柴油机厂配套，销售网络遍布国内31个省市自治区及30多个国家和地区，并在全球范围内建有500余家技术服务站。

五、科技创新能力

2020年，全区共有省级企业技术中心1个，高新技术企业总数达到46家；科技型中小企业入库49家；高新技术产业产值占规模以上工业总产值的比重达到91.5%；研发投入占比达5.5%；全区有效发明专利为521件，占全市总量的22%；万人拥有有效发明专利37.7件。拥有省级以上研发平台29家，其中，国家级孵化器1家，国家级众创空间3家，省级孵化器2家；新增省级企业技术中心1家，工程实验室1家，新型研发机构2家。

六、出口情况

2020年，全区进出口总额24.2亿元。其中，出口总额16.4亿元；进口总额7.7亿元。实际进出口企业数量90家。新设立外商投资企业3家。实际使用外资金额1077.2万美元。

第五节　临清市

临清市地处冀鲁交界处，面积960平方公里，常住人口46.5万人，城镇化率达到61.3%。

一、工业基本情况

2020年，全市地区生产总值238亿元，占聊城市GDP的10.3%。规模以上工业企业186家，实现工业总产值306.3亿元，实现工业增加值50.3亿元，实现营业收入321.1亿元。制造业技改项目入库117个，完成技改投资10.3亿元。

二、工业产业结构

2020年，全市规模以上工业涉及22个大类行业，其中，纺织业，有色金属冶炼和压延加工业，农副食品加工业，黑色金属冶炼和压延加工业，造纸和纸制品业，电力、热力生产和供应业，通用设备制造业营业收入均在10亿元以上，占全区规模以上工业企业营业收入的90.5%。

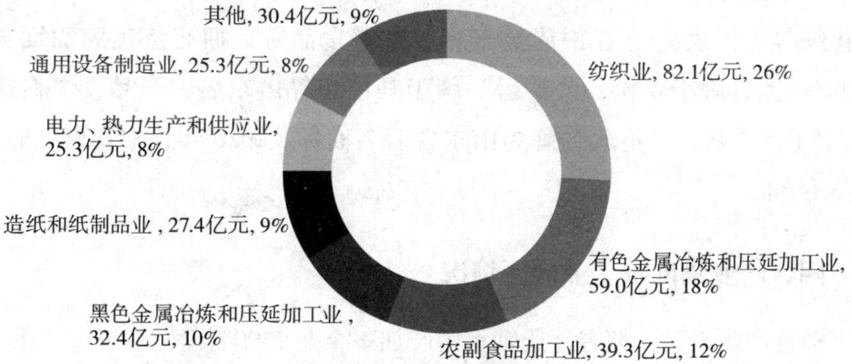

图14－7　2020年聊城市临清市工业产业结构分布图

三、重点优势产业

纺织业：全市纺织服装加工企业发展到 370 家，其中，规模以上企业 62 家，被认定为“中国棉纺织名城”“中国蜡染名城”。有纱锭 370 余万枚，各类织机 1.5 万台，其中，喷气织机 5000 台，从业人员达到 2.4 万人。年产各类纱线 18.6 万吨、布 7.1 亿米、服装 3000 万件。骨干企业有临清三和纺织集团有限公司、临清中和纺织有限公司等。2020 年，实现营业收入 82.1 亿元。

有色金属冶炼和压延加工业：具备年铜加工能力 16 万吨，年产冷轧板 50 万吨、铜保持器 0.8 万吨、电磁线 1.2 万吨，产品涵盖高精度内螺纹铜管、光亮盘管、管组件、高精度铜合金板带、电缆带等几十个门类、数百个规格。代表企业有中色奥博特、恒泰金属、中瑞轴承、力通电磁等，“奥”牌高精度内螺纹铜管系列产品荣获“中国名牌产品”荣誉称号，市场占有率超过 35%；“鸿基”牌冷轧板出口到东亚、东南亚等 20 多个国家和地区。2020 年，实现营业收入 58.9 亿元。

农副食品加工业：拥有年产 14 万吨酒精、8 万吨白酒、80 万吨玉米淀粉、37.5 吨甲鱼胶、7 万吨食用油，日加工小麦粉 2000 吨的能力。主要产品有玉米淀粉、白酒、蛋黄派、酱菜、食醋、甜酱、健脑补肾丸、面粉、甲鱼胶等。代表企业有德能金玉米、东盛食品等，拥有济美牌甜面酱、“中兴—龙”牌小麦粉、“黄运”牌丁马甲鱼等山东名牌产品，“临药”牌、“卫河”牌、“黄运”牌为山东省著名商标。2020 年，实现营业收入 39.3 亿元。

四、产业集群及工业园区情况

轴承产业集群：拥有注册轴承生产加工企业 2200 余家，其中，规模以上轴承企业 55 家，中国轴协会员企业 22 家，理事单位 6 家，山东省轴协会员企业 52 家。从事轴承生产销售的注册个体工商户 10000 余家，从业人员 10 万余人。可生产 0－9 类、非标 11 大类、5000 多种型号的产品，部分企业产品达到国家 P5、P6 级水平，销往全国各地并远销欧洲、美国、俄罗斯、东南亚、中东、拉美等国家和地区。博特公司的轴承产品出口欧美并获得了欧美同行的广泛认可；哈鲁公司的产品80%以上出口巴基斯坦、印度等国，广泛应用于机电、农机、汽车以及各类传动设施制造行业；宇捷公司是中国轴承协会会员单位，成功参与了两个轴承型号的国家标准制定，拥有国家专利14项，产品成功打入美国市场。

五、骨干企业情况

2020年，临清市有规模以上工业企业186家，营业收入超过10亿元的企业有7家，其中，超过20亿元的企业有4家；利润总额超过千万元的企业有7家，其中，超过亿元的企业有1家。

中色奥博特铜铝业有限公司：从事空调制冷铜管和高精铜合金板带系列产品的研发、生产和销售，产品广泛应用于空调制冷、电力电器、交通运输、国防军工等行业。主要生产内螺纹铜管、光亮铜盘管、铜合金板带等高精产品，主导产品“奥牌”高精度内螺纹铜管被评为中国名牌产品。2020年，实现营业收入59.4亿元，占全区规模以上工业企业营业收入的18.5%。

临清三和纺织集团有限公司：拥有30万纱锭、8500台织布机、12条蜡印生产线、3条印花浴巾生产线、2条色织布生产线、一座6万KW自备电厂，职工1.5万人。公司主营产品为色织布、人棉印花布、坯布、真仿蜡染印花布、粗纺呢绒、棉纱等品种。年产蜡印布2亿米、色织布7000万米、巾被产品4800吨。

截至2020年底，全市共有省级以上制造业单项冠军企业6家，“专精特新”企业24家，“小巨人”企业3家，“瞪羚”企业1家。

六、科技创新能力

2020年，全市共有国家级企业技术中心2个，省级企业技术中心9个。

第六节　阳谷县

阳谷县地处鲁西平原，黄河北岸，山东省西部，聊城市南端，面积1065平方公里，常住人口70万人。

一、工业基本情况

2020年，全县地区生产总值282.7亿元，占聊城市GDP的12.2%。规模以上工业企业134家，实现工业总产值470.2亿元，实现营业收入559.7亿元。工业用电量18.7亿千瓦·时，占全社会用电量的比重为68.2%。

二、工业产业结构

2020年，全县规模以上工业涉及24个大类行业，其中，营业收入超过10亿元的行业有5个，分别是有色金属冶炼和压延加工业、农副食品加工业、电气机械和器材制造业、化学原料和化学制品制造业、橡胶和塑料制品业，共实现营业收入510.9亿元，占全区规模以上工业企业营业收入的91.3%。有色金属冶炼和压延加工业达到300亿元规模。

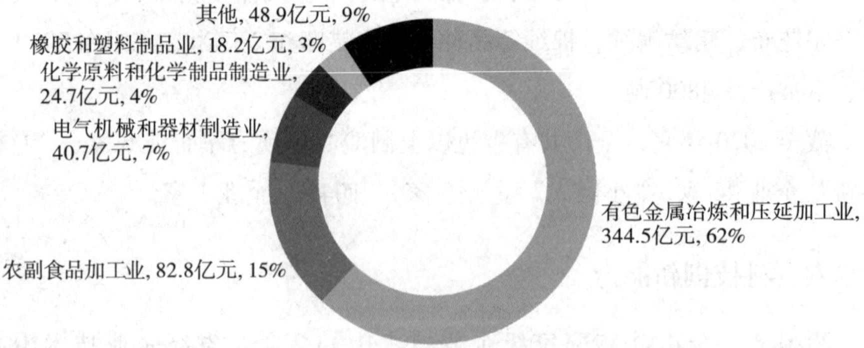

图14－8　2020年聊城市阳谷县工业产业结构分布图

三、重点优势产业

有色金属冶炼和压延加工业：全区规模以上企业19家，主要从事铜冶炼、铜精深加工，代表企业有阳谷祥光铜业有限公司、山东省祥瑞金属科技有限公司等。祥光铜业生产的高端铜线材产品有力带动了阳谷电缆、耐克森（阳谷）新日辉电缆、齐鲁电缆、新太平洋电缆、鑫辉电缆、恒昌电缆、汉河（阳谷）电缆、北赛电工等电缆企业的蓬勃发展，并构建起以铜冶炼废气、废渣和阳极泥为主要原料的三条循环经济链。2020年，实现营业收入344.5亿元。

农副食品加工业：全区规模以上企业2家，主营鲜肉、冷藏肉等产品，代表企业有山东凤祥实业有限公司、阳谷六和鲁信食品有限公司等。以凤祥集团为龙头，致力于食品加工产业建链、补链、强链，向物流、肉制品加工、粮油深加工、乳品饮品加工等方向延伸。引进维尔康食品加工等项目，集生猪屠宰加工、冷鲜肉销售、熟肉制品加工及中央厨房配餐服务等于一体，采用国际先进冷分割技术，生产效率比传统的生猪屠宰加工提高20%～30%。2020年，实现营业收入82.8亿元。

四、产业集群及工业园区情况

阳谷祥光生态工业园：是以祥光铜业为依托，集铜冶炼、铜精深加工、循环利用、研发和生活配套于一体的综合园区。园区龙头企业祥光铜业是全球单系统产能领先、技术先进的生态铜冶炼厂，具有年产90万吨精铜、20吨黄金、600吨白银、1000吨稀有金属、60万吨铁合金、74万吨硫酸钾、30万吨PVC、100万吨环保建材的生产能力以及35万吨再生铜的拆解能力，被工信部确定为国家新型工业化产业示范基地。集群现有注册生产加工企业196家，其中，规模以上企业32家，从业人员8000余人。2020年，园区实现营业收入479.5亿元。

五、骨干企业情况

2020年，阳谷县有规模以上工业企业134家，营业收入超过10亿元

三、重点优势产业

石油、化学原料和化学品制造业：共有规模以上企业18家，主要集中在古云化工园区，聚焦石油化工、盐化工、化学原料和化学制品制造业，依托莘县华祥盐化有限公司做强烧碱、氯气、氢气、氯乙酸、氯丙烯及环氧氯丙烷等产品；依托山东省莘县华祥石化有限公司做优柴油、液化气、针状焦等产品；依托山东一诺生物质有限公司做优糠醇、四氢糠醇、二甲基呋喃及乙酰正丙醇等呋喃系列产品；依托山东瑞森石油树脂有限公司发展DCPD加氢树脂、改性增粘树脂等产品。现形成以糠醇、2-甲基呋喃、四氢糠醇、乙酰正丙醇、2-甲基四氢呋喃等为链条的产品生产基地。2020年，实现营业收入29.9亿元。

农副食品加工业：共有规模以上企业37家，主营粮食收购、小麦粉加工销售、饲料、养殖、肉制品等，做强生物蛋白产业，聚焦花生蛋白精深加工和乳源生物活性肽、动物源生物活性肽及植物源生物活性肽的技术研发，培育发展高品质谷物食品、畜产品、蔬菜产品等重点产业，支持水饺、养生粥品、休闲食品等绿色食品规模化、品牌化发展。2020年，实现产值31.1亿元，占规模以上工业企业总产值的18.3%；实现营业收入29.3亿元。

四、产业集群及工业园区情况

聊城鲁西经济开发区：入区企业约320余家，区内形成了六大支柱产业，一是以嘉华保健品、冠华蛋白肠衣为龙头的生物蛋白产业；二是以立信食品、盛大食品、鑫佳饲料为龙头的农副产品深加工产业；三是以飞泰纺织、地皇针织为龙头的轻纺产业；四是以德隆电动汽车为代表的新能源产业；五是以太阳能薄膜电池为代表的高新科技产业；六是以四联方管、沃克兹豪尔重工为代表的钢铁、机械加工产业。

五、骨干企业情况

2020年，全县有规模以上工业企业130家，营业收入超过5亿元的企业6家，其中，超过10亿元的企业有3家；税收超过500万元的企业有13家，税收超过1000万元的企业有9家。

山东省莘县华祥石化有限公司：现有原油一次加工能力150万吨/年的常减压装置一套、120万吨/年的焦化装置一套、120万吨/年的柴油加氢精制装置一套。主要产品有汽油、柴油、液化气、溶剂油、丙烯、丙烷、液化气、芳烃、沥青、燃料油、蜡油等。2020年，实现营业收入22.7亿元，占全区规模以上工业企业营业收入的13.2%。

山东嘉华保健品股份有限公司：主要产品有大豆分离蛋白、大豆浓缩蛋白、大豆组织蛋白、大豆膳食纤维、拉丝蛋白、大豆拉丝蛋白、膳食纤维等，目前共有年加工大豆150000吨，年生产大豆蛋白50000吨、大豆膳食纤维20000吨、大豆油23000吨。主要产品大豆蛋白远销美国、欧盟、澳大利亚、俄罗斯、南非、中东等40多个国家和地区。2020年，营业收入9.6亿元。

山东一诺生物质材料有限公司：是全国糠醇产量领先的厂家之一，现形成以糠醇、2-甲基呋喃、四氢糠醇、乙酰正丙醇为链条的产品生产基地。已具备年产10万吨糠醇、5000吨2-甲基呋喃、5000吨四氢糠醇、5000吨2-甲基四氢呋喃和5000吨乙酰正丙醇5个产品的能力。2020年，实现营业收入6.7亿元。

截至2020年底，全县共有省级以上制造业单项冠军企业1家，“专精特新”企业18家，“小巨人”企业1家，“瞪羚”企业2家。

六、科技创新能力

2020年，全县共有高新技术企业29家，占规模以上工业企业数量的22.3%；省级企业技术中心1个，省级高新技术企业16家，市级工程技术研究中心14家，国家级“星创天地”2家。

七、进出口情况

2020年，全县进出口总额6.1亿元；其中，出口总额6.1亿元；进口总额100万元。利用外商直接投资项目4个，实际使用外资金额4632万美元。

特新”企业12家，“瞪羚”企业2家。

六、科技创新能力

2020年，全县共有国家级企业技术中心1个，省级企业技术中心9个，国家胶类工程技术研究中心1家，院士工作站1家，省级重点实验室1家，高新技术企业25家，省级众创空间备案1家，山东省科教基地2家，省级研发平台达到8家；泰山产业领军人才7人；新增省级“一企一技术”研发中心1家、市级3家。

七、进出口情况

2020年，全县进出口总额9.6亿元。其中，出口总额9.3亿元；进口总额0.3亿元。

第九节　冠县

冠县位于山东省最西部，全境处于鲁西北黄泛平原，是华北平原的一部分，面积1161平方公里，常住人口71.9万人。

一、工业基本情况

2020年，全县地区生产总值214.5亿元，占聊城市GDP的9.3%。全年实现工业增加值46.9亿元。规模以上工业企业141家，实现工业总产值344.4亿元，实现工业增加值39.1亿元，实现营业收入361.4亿元。工业用电量27.1亿千瓦·时，占全社会用电量的比重为76.3%。

二、工业产业结构

2020年，全区规模以上工业涉及23个大类行业，其中，营业收入超10亿元的行业有4个，分别是黑色金属冶炼和压延加工业、专用设备制造业、纺织业、农副食品加工业，共实现营业收入315.4亿元，占规模以上工业企业营业收入的 87.3%；黑色金属冶炼和压延加工业接近 200 亿元规模。

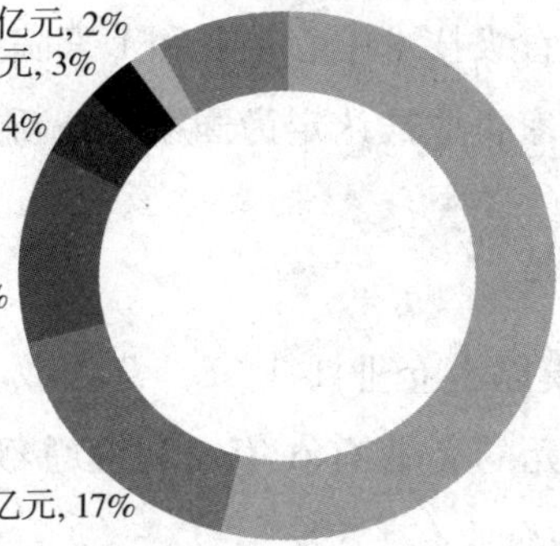

图 14 -11　2020 年聊城市冠县工业产业结构分布图

三、重点优势产业

黑色金属冶炼和压延加工业：共有规模以上企业 25 家，集中在钢压延加工业，主营热轧卷板、冷轧薄板等产品，代表企业有山东冠洲股份有限公司、冠县仁泽复合材料有限公司等。金属板材深加工企业年综合加工能力约 1100 万吨，其中，冷轧板 460 余万吨、镀层板 400 万吨、涂层板 140 余万吨。2020 年，实现工业总产值 190.4 亿元，占全县规模以上工业总产值的 55%，实现营业收入 195.5 亿元。

装备制造业：以护栏板行业和通用设备制造业为主。护栏板行业中以高速护栏等交通设施企业为主，行业企业约 200 余家，其中，规模以上企业 53 家；2020 年，规模以上企业完成工业总产值 51.6 亿元，占全县规模以上工业总产值的 15%。通用设备制造业以轴承制造企业为主，全县有轴承及相关制造企业 450 余家，其中，规模以上企业 13 家，行业日消耗钢材量约 1500 吨，年可消耗钢材约 60 万吨；代表企业有山东冠县北方管业有限公司等。

四、产业集群及工业园区情况

冠县精品钢板集群：2013 年被命名为“省级产业集群”，以冠洲集团、仁泽复合材料、凯美干复合材料、航隆国际贸易等70余家企业为主体，形成热轧卷板、冷轧薄板、镀锌（铝硅）板、铝锌镁、锌铝镁、彩涂板、印花板等精品板材的生产、剪切、加工、成型于一体的产业集群，从业人员1.5万余人。拥有2家省级技术中心企业和1家院士工作站、1家山东省制造业单项冠军企业，2家企业被认定为国家级高新技术企业。

五、骨干企业情况

2020年，全县规模以上企业141家，营业收入超过5亿元的企业10家，其中，超过10亿元的企业有6家；利润总额超过千万元的企业有4家，其中，超过亿元的企业有1家。

山东冠洲股份有限公司：是一家集冷轧板、镀锌板、彩涂板、稀土永磁材料和自蔓燃陶瓷复合制品生产经营于一体的高新技术企业，总资产37亿元，员工2300余人。企业先后被评为山东省百强民营企业、全国五百强民营企业。现已形成年产100万吨冷轧板、30万吨连续退火板、60万吨镀锌板和60万吨彩涂板的生产规模。是长春一汽汽车专用板的主要生产厂家，并成为海尔、海信等大型企业集团的长期供应商。产品畅销国内的同时，也远销俄罗斯、加拿大、印度等国家和地区。2020年，共生产冷轧板183.3万吨、镀锌板166万吨、彩涂板72.3万吨，实现营业收入79亿元。

山东省冠星纺织集团有限公司：总资产9.8亿元，拥有员工7500人，纱锭80万枚，每年生产棉纱10万吨、合股纱1万吨、坯布3600万米、色纱3千吨、印染布2千万元米，综合产能在山东省同行业中名列前茅，产品销往全国各地，在国内享有较高声誉。

截至2020年底，全县共有省级以上制造业单项冠军企业1家，“专精特新”企业18家，“瞪羚”企业1家。

六、科技创新能力

2020年，全县共有省级企业技术中心2个。

七、进出口情况

2020 年，全县进出口总额 32.2 亿元。其中，出口总额 32.2 亿元；进口总额 1 万元。新增外资企业 9 个，实际使用外资金额 1655 万美元。

第十节　高唐县

高唐县位于山东省西北部，面积 960 平方公里，户籍人口 51.5 万人。

一、工业基本情况

2020 年，全县地区生产总值为 151.2 亿元，占聊城市 GDP 的 6.5%。规模以上工业企业 139 家，实现总产值 215.2 亿元，实现工业增加值 43.7 亿元，实现营业收入 217.4 亿元。

二、工业产业结构

2020 年，全县规模以上工业涉及 24 个大类行业，其中，营业收入超 10 亿元的行业有 5 个，分别是汽车制造业，农副食品加工业，造纸和纸制品业，纺织业，木材加工和木、竹、藤、棕、草制品业，共实现营业收入 161.2 亿元，占规模以上工业企业营业收入的 74.1%；其中汽车制造业达到 78.1 亿元规模。

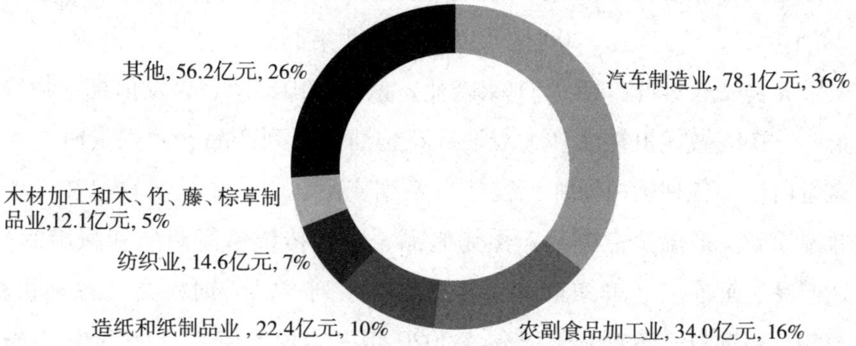

图 14-12　2020 年聊城市高唐县工业产业结构分布图

三、重点优势产业

汽车制造业：拥有规模以上企业 4 家，主营三轮汽车、轻卡汽车、电动三轮摩托车、纯电动厢式运输车、拖拉机、发动机、轮胎等，具备冲压、焊装、涂装、总装、机加工、铸造、热处理等生产能力，年产农用汽车 100 万辆、轻卡汽车 8 万辆、电动车 20 万辆、发动机 150 万台、拖拉机 30 万台、轮胎 880 万套、联合收割机 2 万台，产品远销美国、墨西哥、阿尔巴尼亚等 50 多个国家。2020 年，实现营业收入 78.1 亿元。

造纸和纸制品业：拥有规模以上企业 12 家，具备年产机制纸 50 万吨、商品浆 50 万吨的能力，主导产品为重涂高档铜版纸、轻量涂布纸、高档双胶纸、书写纸、精制商品浆、无菌包装制品等 30 多个品种。其中，液态食品包装纸的研发、生产、销售以及关联产品食品灌装机和辅助机械具有比较优势，代表企业有纷美包装（山东）有限公司等。2020 年，实现营业收入 22.4 亿元。

四、产业集群及工业园区情况

现代装备制造业集群：拥有 28 家企业，围绕新能源汽车及零部件、智能农机装备、智能工程机械、高端精密仪器等重点领域集聚发展。目前已形成以时风集团为依托，200 多家相关配套企业的集群发展格局。重点发展混合动力汽车、欧Ⅳ以上排放标准的发动机及汽车零部件加工制造基地，打造具有核心竞争力的供应链体系。2020 年，实现产值 80.4 亿元。到 2025 年，力争打造成 200 亿元以上的产业集群。

康养食品业集群：拥有 21 家企业，依托蓝山集团、鲁发信德生物等代表企业，持续做优植物油（大豆油、花生油）系列产品、大豆蛋白（大豆分离蛋白粉、各种蛋白深加工食品）系列产品、中式高低温软包装（中式高低温灌肠、低温蒸煮制品、熏烤制品、中式传统酱卤制品和腌腊制品）系列产品、鲜冻肉（鲜冻猪肉、分割鸡）系列产品、饲料类（各种饼粕、鸡饲料、猪饲料、鱼饲料）产品。2020 年，实现产值 43.8 亿元。力争到 2025 年跃升为百亿级产业。

五、骨干企业情况

2020年，全县有规模以上工业企业139家，营业收入超过亿元的企业有45家，其中，超过10亿元的企业有9家；利润总额超过千万元的企业有28家，其中，超过亿元的企业有6家。

山东时风（集团）有限责任公司：聚焦商用汽车、大中型拖拉机等核心产业，是三轮汽车行业的CAD示范基地，有1000多项科研成果和国家专利。2020年，实现营业收入66.1亿元，占全区规模以上工业企业营业收入的30.4%。

纷美包装（山东）有限公司：主要从事液态食品包装纸的研发、生产、销售以及食品灌装机和辅助机械的研发、生产、组装、销售。2020年，实现营业收入11.4亿元。

高唐鲁发信德生物科技有限公司：主要从事农产品生产、销售、加工、运输、贮藏及其他相关服务，以及豆制品加工技术的研发、推广及销售。2020年，实现营业收入8.3亿元。

截至2020年底，全县共有省级以上制造业单项冠军企业2家，“专精特新”企业11家，“小巨人”企业1家，“瞪羚”企业1家。

六、科技创新能力

2020年，全县共有国家级企业技术中心1个，省级企业技术中心13个。

七、进出口情况

2020年，全县进出口总额17.2亿元。其中，出口总额14.7亿元；进口总额2.5亿元。贸易顺差为12.3亿元。

第十一节　江北水城旅游度假区

江北水城旅游度假区是聊城市市属开发区，位于聊城城区南部，处于济南“一小时”经济圈内，地处冀鲁豫三省交界地带，规划核心区面积33.8平方公里，常住人口14.5万人。

一、工业基本情况

2020年，全区地区生产总值27.5亿元，占聊城市GDP的1.2%。全部工业增加值2.7亿元。规模以上工业企业12家，实现工业增加值1.6亿元。

二、工业产业结构

2020年，全区规模以上工业涉及8个大类行业。其中，营业收入在亿元以上的产业有3个，分别是农副食品加工业、非金属矿物制品业、燃气生产和供应业。

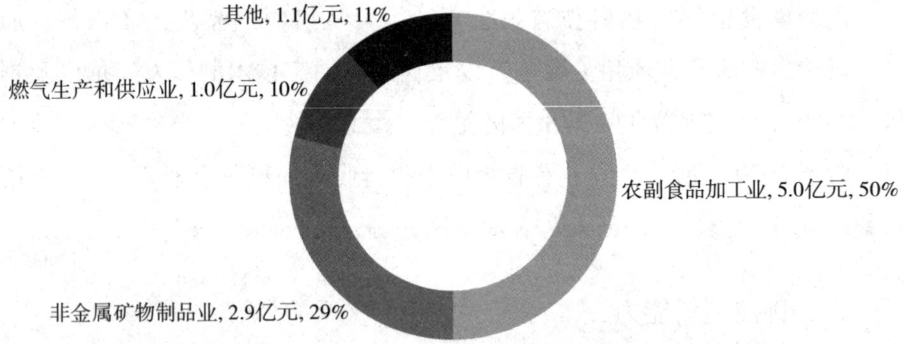

图14－13　2020年聊城市江北水城旅游度假区工业产业结构分布图

三、重点优势产业

区内产业主要以农副食品加工业为主，骨干企业有聊城市奥祥禽有限公司、山东凤湖食品开发有限公司等。

第十五章　滨州市

滨州地处黄河三角洲高效生态经济区、山东半岛蓝色经济区和环渤海经济圈、济南省会城市群经济圈“两区两圈”的叠加地带，是山东省的北大门。全市总面积 9660 平方公里，常住人口 392.3 万人。辖滨城区、沾化区、邹平市、惠民县、阳信县、无棣县、博兴县，另设有滨州经济技术开发区、滨州高新技术产业开发区、北海经济开发区。

【滨州市经济总量】

2020 年，全市地区生产总值（GDP）为 2508.1 亿元。

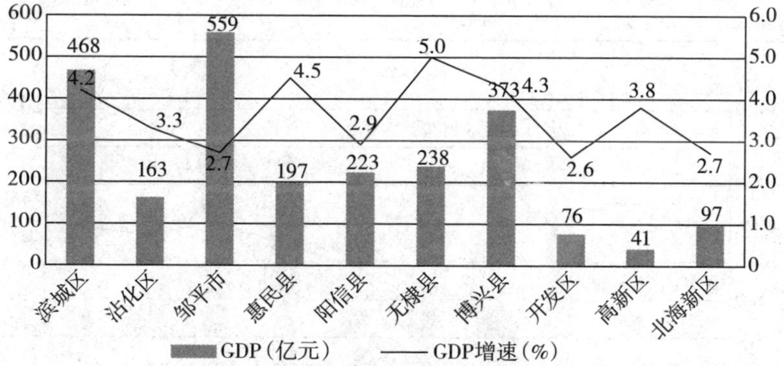

图 15－1　2020 年滨州市各区县 GDP 及增速对比图

【滨州市各区县工业经济】

2020 年，滨州市规模以上工业企业 1211 家，实现营业收入 7406.8 亿元。其中，营业收入超过千亿元的区县有 2 个，分别是邹平市、博兴县，两区县规模以上工业企业数占全市工业企业总数的46.2%，营业收入占全市总营业收入的61%，利润总额占全市利润总额的49.4%；其他市县区的营业收入在100亿~500亿元。各区县营业收入超过百亿元的重点企业有9家，占全市规模以上工业企业总营业收入的62.7%。魏桥创业集团营业收入近3000亿元，西王集团有限公司营业收入近500亿元。

表15－1　2020年滨州市各区县规模以上工业主要经济指标情况表

县（市/区）	企业单位数（家）	营业收入		利润总额	
		累计（亿元）	同比（%）	累计（亿元）	同比（%）
全市合计	1211	7406.8	－1.33	278.2	49.27
滨城区	100	420.9	10.27	22.4	63.90
沾化区	85	312.3	－3.77	19.0	1248.89
邹平市	305	2979.5	－3.41	126.4	74.63
惠民县	140	434.4	14.38	25.5	91.95
阳信县	114	381.7	－9.61	14.9	－302
无棣县	101	383.1	－3.82	17.2	119.76
博兴县	255	1536.1	－0.84	11.1	－1.76
开发区	58	424.4	2.66	21.6	20.94
高新区	27	133.3	0.58	4.1	29.38
北海新区	26	401.0	23.0	15.9	－35.46

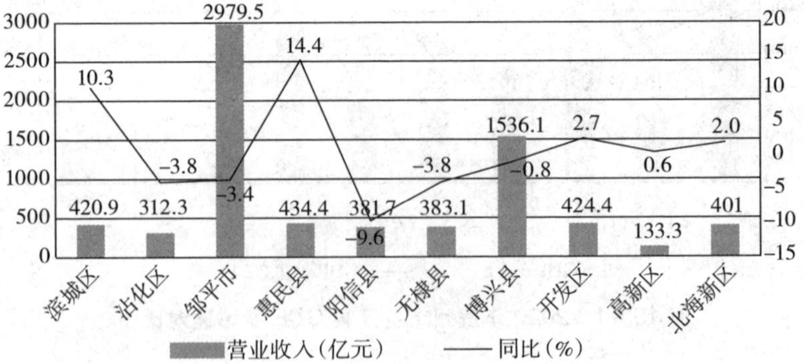

图15－2　2020年滨州市各区县规模以上工业营业收入及增速对比图

第一节 滨城区

滨城区地处黄河下游鲁北平原，位于滨州市中心城区。全区境域横跨黄河下游两岸，面积697.5平方公里，常住人口63万人。

一、工业基本情况

2020年，滨城区地区生产总值467.8亿元，占滨州市GDP的18.7%。规模以上工业企业100家，实现营业收入420.9亿元。

二、工业产业结构

2020年，全区规模以上工业中，化学原料和化学制品制造业营业收入181.1亿元，纺织业营业收入64亿元，合计占全区规模以上工业企业营业收入的58%。

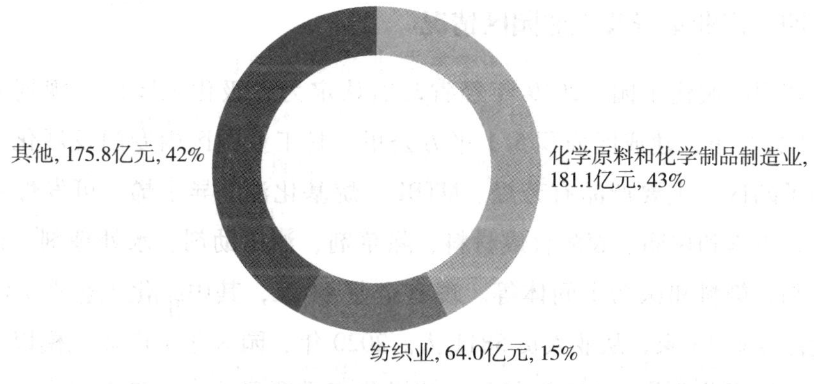

图15-3 2020年滨州市滨城区工业产业结构分布图

三、重点优势产业

化学原料和化学制品制造业：规模以上企业18家，主营高等级重交沥青、环烷基润滑油、环氧丙烷及油田助剂等产品，年产烧碱5.7万吨、丙烯2500吨、纯苯3.2万吨、化学试剂905吨，代表企业有中海沥青股份有

“桥头堡”，面积2217平方公里，常住人口40万。

一、工业基本情况

2020年，全区地区生产总值为162.6亿元，占滨州市GDP的6.5%。全部工业增加值43.8亿元。规模以上工业企业85家，实现营业收入312.3亿元。

二、重点优势产业

化工产业：全区规模以上工业企业46家，以石油化工、高端医药、溴素生产及其他普通精细化工为主要类别。其中，石油化工以陆源化工、奥仕化学等企业为主，具备年产溶剂油60万吨、石脑油145万吨的能力；高端医药主要有普润药业、万源医化、永浩医药等企业，以医药中间体为主要产品，目前具备年产环丙胺600吨、苯肾上腺酮系列中间体850吨、奈韦拉平100吨的能力；溴素生产企业主要以滨化海源、易龙化工等企业为主，拥有9750吨的年生产能力；普通精细化工以日科橡塑、国昌精细化工、巨佳生物等企业为主，涵盖了化工原料、添加剂、农林化工、危废处置等诸多行业，当前拥有年生产18万吨ACM、20万吨氯化胆碱等产品的能力。2020年，实现营业收入169.5亿元。

有色金属产业：全区规模以上工业企业2家，行业年生产能力为镍铁40万吨、氧化铝400万吨。代表企业有滨州市沾化区万邦金属材料有限公司等。2020年，实现营业收入80.1亿元。

食品加工业：全区规模以上企业4家，从事枣产品深加工、肉鸡肉鸭养殖加工等业务，年加工枣制品6460吨，其中，阿胶蜜枣6000吨、金丝枣240吨、大红枣220吨，山楂7400吨，蜜饯7000吨，冷冻鸡鸭肉10万吨。代表企业有山东雅士享肉类食品有限公司等。2020年，实现营业收入22.6亿元。

三、产业集群及工业园区情况

沾化经济开发区：2006年3月经省政府批准为省级开发区，规划面积

17.6平方公里。先后荣获“山东最佳投资园区”“山东省生态工业和循环经济示范园区”等荣誉称号。2015年，开发区新型材料精细化工产业入选省级新型工业化产业示范基地。截至目前，开发区现有规模以上企业23家，初步形成了油盐化工、金属材料、高新技术、电力能源、现代农业五大主导产业集群。其中，油盐化工企业37家，金属材料企业2家，电力能源企业1家，现代农业企业19家，新型建材、现代物流等其他类型企业19家。

沾化临港产业园：园区规划面积790平方公里，拥有未利用土地60余万亩，海岸线长达38.8公里。截至目前，园区落户企业72家，其中，投资超过亿元的企业有10家。通过近几年的发展，沾化临港产业园逐渐形成了清洁能源、临港修造、原盐生产、油盐化工、金属材料、海水养殖、沿海旅游等七大产业板块。现有滨海化工产业布置区和临港产业集中布置区两个项目集中布置区，已形成400万吨氧化铝、64万吨电解铝的年产能。

四、骨干企业情况

2020年，沾化区规模以上工业企业85家，营业收入超过10亿元的企业有5家，其中，超过50亿元的企业有1家；利润总额超过亿元的企业有2家。

山东中海精细化工有限公司：拥有230万吨/年的常压装置、12万吨/年的气体分离装置、8万吨/年的环氧氯丙烷装置、20万立方米油品仓储及锅炉、3万吨/年的MTBE装置及配套项目、15000立方米/小时的制氢装置、40万吨/年的柴油加氢装置、40万吨/年的汽油加氢装置，出厂汽、柴油均达到国五标准，2020年，实现营业收入79.8亿元，占全区规模以上工业营业收入的21.6%。

山东雅士享肉类食品有限公司：集肉鸡肉鸭养殖、肉鸡肉鸭屠宰、鸡鸭肉调理品生产于一体，设计生产能力为日屠宰肉鸡8万只、肉鸭6万只，调理品加工35吨，年可屠宰肉鸡2200万只、肉鸭1600万只，生产各种鸡鸭冷冻冷鲜肉品90000吨、各种鸡鸭肉调理品10000吨，营业收入在10亿元以上。2020年，实现营业收入15.7亿元。

元，被列为国家创新型产业集群、全省重点支柱产业集群。依托区内铝精深加工产业，在铝新材料和绿色建筑新材料等领域形成较好的产业基础，具备了一定发展优势。

五、骨干企业情况

2020 年，经开区规模以上工业企业 58 家，营业收入超过 10 亿元的企业有 5 家，其中，超过 20 亿元的企业有 2 家；利润总额超过亿元的企业有 1 家。

滨州渤海活塞有限公司：产品有品种 1000 多个，年产能力 3000 万件，是能够全面生产各种汽车、船舶、工程等动力机械用活塞的专业化企业，与中国一汽、上汽集团、奇瑞等多家国内知名汽车和发动机制造企业建立了深度合作。国内综合市场占有率 35%，商用车高端产品市场占有率达到 50% 以上。国际市场遍及北美、欧洲、东亚、中东等地区，拥有大众、福特等国际知名客户。2020 年，实现营业收入 20.3 亿元。

滨州鲁德曲轴有限责任公司：是以曲轴产品和球墨铸铁铸件为主的内燃机配件企业。资产总值 3.3 亿元，拥有数控化曲轴生产流水线 12 条，具有国内先进水平的壳型铸造生产线及铁模覆砂铸造生产线，电炉熔炼、自动化热处理生产线，可以生产多种高性能球墨铸铁，产品包括九大系列、90 多个品种，与二汽东风朝阳柴油机有限公司、广西玉柴机器股份有限公司等 20 余家主机厂配套，并有多种产品出口美国、英国、挪威、巴基斯坦等国家和地区。

山东华建铝业科技有限公司：主要涉及铝型材、铝合金配件、不锈钢制品的生产、加工、销售，铝材氧化着色，装饰材料销售，门窗和幕墙的研发设计、加工、制作、安装，自营和代理各类商品和技术的进出口业务。2020 年，实现营业收入 21 亿元。

第四节　高新技术产业开发区

滨州高新区位于滨州城区以南，面积 156.6 平方公里；其中，城区规划面积 83.6 平方公里，常住人口 7.7 万人。

一、工业基本情况

2020 年，高新技术产业开发区地区生产总值 40.5 亿元，占滨州市 GDP 的 1.6%。全部工业增加值 16.9 亿元。规模以上工业企业 27 家，实现产值 134.3 亿元，实现工业增加值 14.9 亿元，实现营业收入 133.3 亿元。

二、工业产业结构

2020 年，全区规模以上工业涉及 12 个大类行业，其中，营业收入超过 10 亿元的行业有 2 个，分别是纺织业、农副食品加工业，共实现营业收入 106.4 亿元，占规模以上工业企业营业收入的 79.9%。

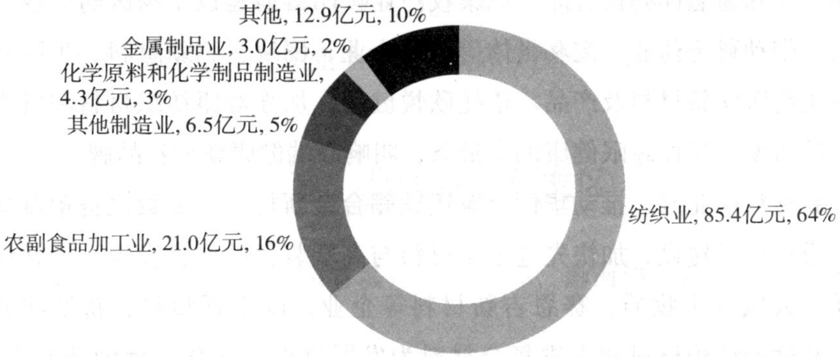

图 15－5　2020 年滨州市高新技术产业开发区工业产业结构分布图

三、重点优势产业

纺织业：规模以上企业 4 家，主营棉花采购与加工、纺纱、织造、染整、经编、针织、缝制，家纺成品设计、开发、生产及进出口贸易等业务；代表企业有愉悦家纺有限公司、滨州愉怡纺织科技有限公司等。2020 年，实现营业收入 85.4 亿元。

农副食品加工业：规模以上企业 1 家，主营禽畜收购、屠宰、加工、冷藏、销售等业务，代表企业有滨州高盛食品有限公司等。2020 年，实现

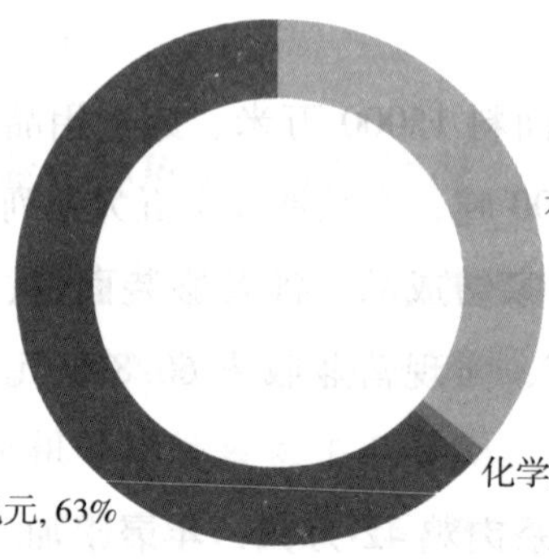

图 15－6　2020 年滨州市北海新区工业产业结构分布图

三、重点优势产业

铝产业：共有涉铝企业 7 家，其中，氧化铝、电解铝生产经营企业 2 家（北海信和新材料、汇宏新材料），氧化铝年产能 800 万吨，电解铝年产能 67 万吨；铝合金加工企业 4 家（山东立中合金有限公司、山东创新北海有限公司、滨州华科轻合金有限公司、滨州北海瑞格金属新材料有限公司）；铝用炭材料企业 1 家（山东创新炭材料有限公司）。2020 年，共生产氧化铝 867.1 万吨、电解铝 60 万吨、铝合金（包括铝合金、铝材）63.4 万吨，铝产业实现产值 326.6 亿元，实现销售额 330.7 亿元。

化工产业：主要为盐化工和化工新材料。原盐及盐化工现有原盐生产企业 5 家，2020 年，生产原盐 81.1 万吨、其溴素 2620 吨、氯化钾 3.4 万吨、硫酸钾 3.4 万吨等。化工新材料在建项目 4 个，分别是滨华新材料碳三碳四综合利用项目、韩国载元裕能 16.9 万吨电子级溶剂及导电浆料生产项目、美国 AP 公司氧气空分项目、滨州科力新材料有限公司年产 14 万吨催化剂粉体系列项目。

四、产业集群及工业园区情况

北海新区：共有规模以上企业 26 家，围绕高端化工产业，打造以 LPG 为原料的“气头化尾”新材料产业链、以低碳烯烃和凝析油为原料的“油头化尾”产业链以及高端湿电子化学品产业链。围绕高端铝产业，充分利用800万吨氧化铝资源，延伸超细高纯氧化铝、氢氧化铝产品链。加强高强高韧、高性能耐热等铝合金材料的研发，打造航空铝合金材料特色产业基地。围绕新能源装备制造产业，推进海上风电装备制造产业基地项目尽快开工建设，持续推进与美国AP、法液空等氢能企业的谈判，争取尽快启动氢能装备制造基地建设。

五、骨干企业情况

山东创新北海有限公司：是山东创新集团全资投资的子公司，设计规模为年产300万吨轻质高强铝合金新材料。现有生产线18条，员工400余人。主要产品为A356.2、6063、6061、6005、1070、6082、均质棒材等铝合金产品。

滨州裕能化工有限公司：是专业研发、生产、经营电子化学品的高新技术企业，先后被评定为山东省高新技术企业、省级企业技术中、山东省“瞪羚”企业以及国家专精特新“小巨人”企业。拥有年产6万吨γ－丁内酯（GBL）、6万吨N－甲基吡咯烷酮（NMP）和4万吨环己胺和二环己胺的联产装置。产品包括正胶光刻胶剥离液、OLED阴极掩膜版清洗液、光刻胶稀释液、丙二醇单甲醚（PGME）、丙二醇甲醚醋酸酯（PGMEA）和异丙醇（IPA）。

山东立中轻合金汽车材料有限公司：主要从事汽车轻量化铝镁合金材料及制品、铝基中间合金、金属添加剂、金属熔剂的研发、生产、加工、销售。2020年，实现营业收入4亿元。

六、科技创新能力

2020年，全区拥有省级企业技术中心3家，市级企业技术中心4家，拥有省级工程技术研究中心1个。

七、进出口情况

2020年，全区进出口总额1.7亿元。其中，出口总额1亿元；进口总额0.7亿元。

第六节　邹平市

邹平市位于山东省中部偏北、滨州市最南端，面积1252平方公里，常住人口80.3万人。

一、工业基本情况

2020年，全市地区生产总值为558.8亿元，占滨州市GDP的22.3%。全部工业增加值261.3亿元。规模以上工业企业305家，营收利润率为4.2%。

二、工业产业结构

2020年，全县规模以上工业涉及27个大类行业，其中，营业收入超50亿元的行业有7个，分别是有色金属冶炼和压延加工业，电力、热力生产和供应业，黑色金属冶炼和压延加工业，农副食品加工业，纺织业，石油、煤炭及其他燃料加工业，非金属矿物制品业，共实现营业收入2821.2亿元，占规模以上工业企业营业收入的94.7%；其中，有色金属冶炼和压延加工业达到千亿规模。

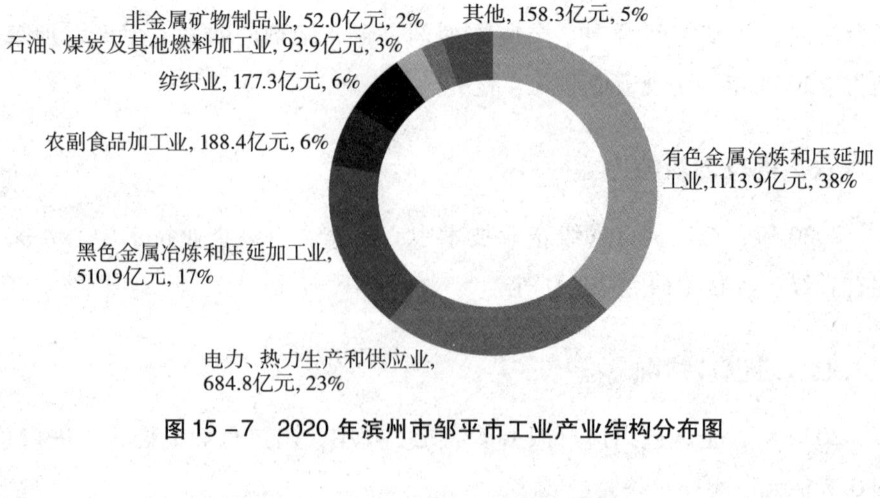

图15-7　2020年滨州市邹平市工业产业结构分布图

三、重点优势产业

铝产业：规模以上企业 43 家，其中，铝家具生产企业 2 家，主营电解铝、合金铝及其压延产品、合金铝型材等，形成了铝电—氧化铝—电解铝—铝材深加工较为完整的产业链条。围绕原铝生产、铝材深加工、再生铝等板块，做强高端铝及铝精深加工产业，积极打造世界高端铝业基地核心区。2020 年，拥有中高端铝深加工能力的企业超过 65%。代表企业有魏桥创业集团、山东创新金属科技有限公司等。2020 年，实现营业收入 1113.9 亿元。

玉米精深加工产业：该产业拥有西王集团、三星集团等玉米深加工龙头企业，研发、储备、推广了食药用淀粉糖、医药原辅料和生物医药生产技术以及粮油精深加工技术，形成了较为完备的产业链，获批国家火炬特色产业基地。

黑色金属冶炼和压延加工业：规模以上企业 16 家，主营连铸方坯、矩形坯、带钢、钢丸、钢砂、槽钢、角钢、方钢等产品，代表企业有山东传洋集团有限公司等。2020 年，实现营业收入 510.9 亿元。

四、产业集群及工业园区情况

邹平经济技术开发区铝产业集聚区：拥有魏桥铝精深加工产业园及铝家具产业园两个延伸园区，当期铝深加工转化率达到 100%。魏桥铝深加工产业园累计入驻广东、浙江、上海、江西等地的高端铝项目 26 个，产品涉及铝型材、幕墙板、铝膜板、家具型材、电力电缆、汽车零部件等多个领域。园区入驻企业已达到 40 家，入驻高端铝业项目 28 个，项目总投资达 135 亿元；其中，建成投产 20 个，累计投资达到 76 亿元，铝深加工能力达到每年 120 万吨，园区总产值超过 200 亿元。

五、骨干企业情况

2020 年，邹平市规模以上工业企业 305 家，营业收入超过 10 亿元的企业有 15 家，其中，超过 100 亿元的企业有 5 家。

魏桥创业集团：是一家拥有12个生产基地，集棉业、棉纺、织造、染整、服装、家纺、热电、铝业、盐化于一体的特大型企业。棉纱板块拥有环锭纺、气流纺、紧密纺、赛络纺、捻线等多种纺纱形式的先进设备，可生产各种棉、化纤纯纺和混纺纱线、各种规格的特种用纱。服装板块集服装设计、生产加工销售于一体，年生产各类牛仔服、纱卡系列服装、迷彩服、休闲服以及棉衣等中高档系列产品450多万件，产品远销日本、韩国、欧美等20多个国家和地区，年出口总额达500万美元。家纺板块拥有各种先进设备500多台，主要生产床上用品、窗帘、窗幔等，分为提花染色系列、印花系列、染色绣花系列、绗缝系列、酒店床品系列等，年产量800万件。铝产品板块集电解铝、氧化铝、阳极碳素生产和铝深加工于一体，已具备15万吨/年的电解铝产能和160万吨/年的氧化铝产能。位列山东省百强企业第三、中国制造业500强第30位。2020年，实现营业收入2974.5亿元。

西王集团有限公司：是一家以玉米深加工和特钢两大实体产业为主的全国大型民营企业，控股3家上市公司、1家财务公司、4家高新技术企业。现拥有总资产500亿元，职工16000余人。主要生产果糖、食用级和药用级葡萄糖、果葡糖浆、葡萄糖酸钠、麦芽糊精、玉米油、特钢等。玉米深加工板块年加工玉米300万吨，国内市场占有率达到50%；年产葡萄糖180万吨，药用葡萄糖国内市场占有率达到85%；年产玉米油60万吨，国内市场占有率达到60%。特钢板块年产钢材300万吨，成为中科院技术转化基地。2020年，实现营业收入426.4亿元。

山东创新金属科技有限公司：是一家以生产经营铝合金棒材、板材、线材、型材、汽车轮毂五大产品为主的大型现代化综合企业，下辖十几家子公司，员工一万多人，综合产能超过500万吨，是国内规模较大的铝合金材料生产研发基地。高端铝合金棒材产销量连续多年位居全国前列，产品广泛应用于交通运输、工业产品、电子产品、电力产品、建筑、装饰等领域。被认定为省级高强高韧铝合金新材料工程研究中心、省级企业技术中心、“院士工作站”，是全国合金棒、合金电缆标准制定的主要发起和参与单位。荣获“中国企业500强”“中国制造业企业500强”“中国民营企业500强”称号。2020年，实现营业收入248亿元。

截至2020年底，全市共有省级以上制造业单项冠军企业8家，“专精特新”企业8家，“小巨人”企业1家，“瞪羚”企业5家。

六、科技创新能力

2020年，全市共有国家级企业技术中心2个，省级企业技术中心18个；新增专利申请量983件，专利授权量686件。

七、进出口情况

2020年，全市进出口总额203.1亿元。其中，进口总额150.9亿元；出口总额52.2亿元。出口商品中，纺织服装出口22.8亿元、铝深加工类出口13亿元、化工类出口4亿元、机电类出口7.1亿元、农副产品出口2.8亿元。

第七节　惠民县

惠民县隶属滨州市，地处鲁西北平原，面积1357平方公里，常住人口57万人。

一、工业基本情况

2020年，全县地区生产总值197.4亿元，占滨州市GDP的7.9%。规模以上工业企业140家，实现营业收入434.4亿元。

二、工业产业结构

2020年，全县规模以上工业涉及22个大类行业，其中，营业收入超过10亿元的行业有7个，分别是有色金属冶炼和压延加工业，农副食品加工业，电力、热力生产和供应业，通用设备制造业，黑色金属冶炼和压延加工业，金属制品业，纺织业，共实现营业收入407.7亿元，占规模以上工业企业营业收入的 93.8%；有色金属冶炼和压延加工业超过 100 亿元规模。

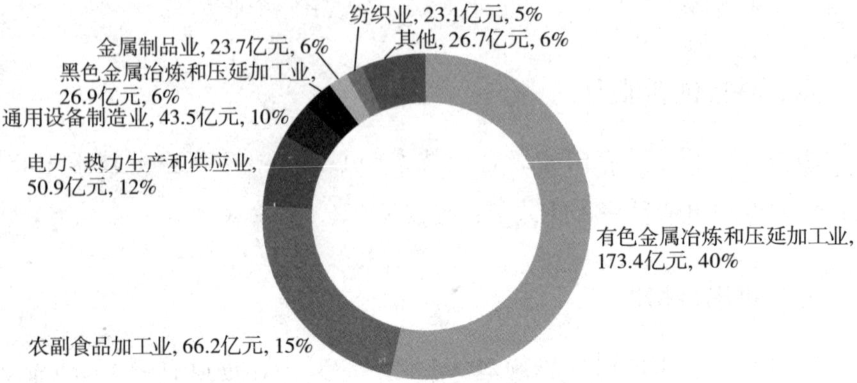

图 15-8　2020 年滨州市惠民县工业产业结构分布图

三、重点优势产业

有色金属冶炼和压延加工业：现有规模以上企业 5 家，主要从事铝合金棒材、电工圆铝杆、铝合金杆、铝合金丝、铝合金绞线、铝合金芯铝绞线，及高导、高强度、耐热、低电阻铝合金导体等合金金属材料的生产和研发。全县原铝产量为 72 万吨，全部供应给下游的元旺电工、天阳金属、久盛铝业 3 家配套企业，实现铝水不落地。代表企业有山东元旺电工科技有限公司等。2020 年，实现营业收入 173.4 亿元。

装备制造产业：现有规模以上企业 15 家，以风电装备制造、汽车零部件、数控整机制造为重点，攻关研制风电装备、汽车轮毂、轨道交通设备等产品。以国创风能、惠宇汽车零部件、铸友机床、润龙风电产业园为代表，目前，已形成了年铸造 272 万吨的能力，可量产 6～10MW 的风电铸件，铸造、加工、涂装、运输能力达到 20 万吨，单体铸件从公斤级至百吨级，最大可铸造球墨铸铁件单件达 160 吨。年产各类风电零部件 30 万吨，已形成从模具设计、砂箱制作到轮毂、底座、机舱罩、转动轴等铸件产品以及风叶稳定生产加工的产业链，在国内同行业中规模领先。目前可生产产品的价值约占整机成本的 44.7%。2020 年，实现产值 77 亿元。

四、产业集群及工业园区情况

滨州惠民（绳网）特色产业集群：惠民县已成为全国重要的安全绳网生产基地，市场份额占全省总量的90%以上、占全国总量的80%以上。具有一定规模的企业达780余家，拥有各类织机7000余台（套）。自主研发产品达20多个，规格超过200种。拥有自营进出口权企业63家、省级高新技术企业10家、科技型中小企业64家、省级“专精特新”中小企业6家，加工业户达7000余家，从业人员7万余人。2020年，惠民县营业收入达173亿元。成功申报“中国绳网名城”“中国塑料绳网之都”。

五、骨干企业情况

2020年，惠民县规模以上工业企业140家，营业收入超过亿元的企业有45家，其中，超过10亿元的企业有9家；利润总额超过千万元的企业有28家，其中，超过亿元的企业有6家。

山东元旺电工科技有限公司：主要从事铝制品、铝合金材料、电线电缆研发、生产、销售。2020年，实现营业收入69.7亿元，占全区规模以上工业企业营业收入的16.1%。

山东国创风能装备有限公司：现有生产车间30万平方米，职工2000余人，资产总额40亿元。拥有美国应达电炉、捷克斯克达数控镗铣床等国内外先进设备数百台套，可生产各类大、中、小型优质风电铸件，单体铸件从公斤级至百吨级，最大单体浇铸达160吨，现已形成年产20余万吨的能力。2020年，实现营业收入23.3亿元。

山东浩宇重工有限公司：主要从事金属铸锻件的加工、销售，特种铸锻件技术研发服务。2020年，实现营业收入16.8亿元。

截至2020年底，全县共有省级以上制造业单项冠军企业1家，“专精特新”企业9家。

六、科技创新能力

2020年，全县共有省级企业技术中心7个，高新技术企业22家。全县全年研发投入3.2亿元。

七、进出口情况

2020年，全县进出口总额19.9亿元。其中，出口总额19.7亿元；进口总额0.2亿元。

第八节　阳信县

阳信县地处山东省北部、鲁北黄泛平原，属于黄河三角洲平原开发的中心地带，面积798.46平方公里，常住人口44.4万人。

一、工业基本情况

2020年，全县地区生产总值223.4亿元，占滨州市GDP的8.9%。规模以上工业企业114家，实现工业总产值363.9亿元，实现营业收入381.7亿元。

二、工业产业结构

2020年，全县规模以上工业涉及19个大类行业，其中，营业收入超10亿元的行业有6个，分别是有色金属冶炼和压延加工业，石油、煤炭及其他燃料加工业，农副食品加工业，化学纤维制造业，电力、热力生产和供应业，皮革、毛皮、羽毛及其制品和制鞋业，共实现营业收入347.4亿元，占规模以上工业企业营业收入的91%；其中，有色金属冶炼和压延加工业达到100亿元规模。

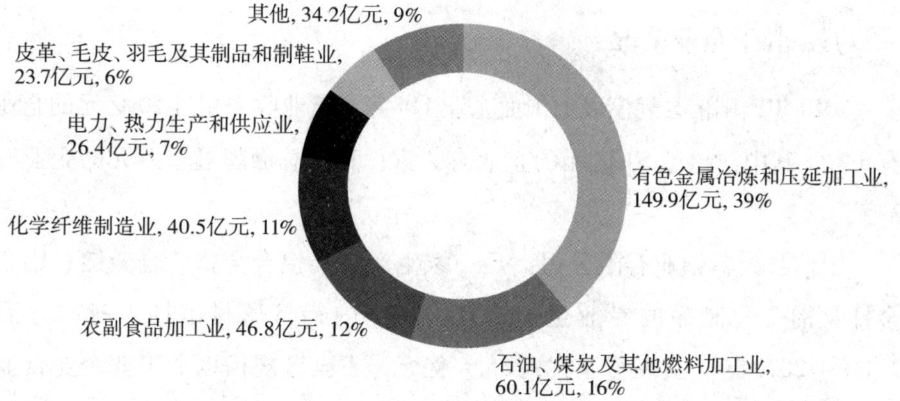

图 15－9　2020 年滨州市阳信县工业产业结构分布图

三、重点优势产业

有色金属冶炼和压延加工业：现有规模以上企业 6 家，主要从事铝合金材料深加工与销售，产品涉及原铝、合金铝新型材料、铝型材、铝合金门窗等，形成了电解铝、铝材加工完整的上下游产业链。代表企业有阳信县久盛铝业有限公司等。2020 年，实现营业收入 149. 9 亿元。

石油、煤炭及其他燃料加工业：规模以上企业 3 家，主营高等级道路沥青、石脑油、燃料油、蜡油、焦化原料、柴油、液化气、石油焦等，代表企业有山东滨化滨阳燃化有限公司、山东京阳科技股份有限公司等。2020 年，实现营业收入 60. 1 亿元。

四、产业集群及工业园区情况

化工园区：化工企业布局主要集中在山东阳信经济开发区的化工项目集中区，集中区批准建设面积 11. 4 平方公里，已使用面积 6. 8 平方公里。重点发展石油化工、石油系针状焦、煅后焦等产业，重点企业有山东滨化滨阳燃化有限公司、山东科宇能源有限公司、山东京阳科技股份有限公司和山东巨久能源科技有限公司等，仅有两家糠醛生产企业不在化工聚集区内，形成了高集约、高技术、高产值的新型化工产业集群，实现了化工行业的集聚发展。

五、骨干企业情况

2020 年，阳信县规模以上工业企业 114 家，营业收入超过 20 亿元的企业有 5 家，其中，超过 50 亿元的企业有 2 家；利润总额超过千万元的企业有 2 家。

阳信县久盛铝业有限公司：是一家生产各类铝合金棒、合金锭、铝合金杆及铝合金制品的专业生产企业，在国内铝挤压材市场占有率达到 3.1%。2020 年，实现营业收入 65.6 亿元，占全区规模以上工业企业营业收入的 17.2%。

山东滨化滨阳燃化有限公司：拥有 50 万吨/年的高等级道路沥青加工装置两套，一次原料油加工能力达到 300 万吨/年，另有 100 万吨/年的延迟焦化装置等多套化工专业装置。主要产品有高等级道路沥青、石脑油、轻蜡油、焦化原料、柴油、液化气、石油焦等。2020 年，实现营业收入 46.2 亿元。

截至 2020 年底，全县共有省级以上制造业单项冠军企业 2 家，“专精特新”企业 3 家，“瞪羚”企业 1 家。

六、科技创新能力

2020 年，全县共有省级企业技术中心 10 个。新增国家高新技术企业 6 家。高新技术产业产值占规模以上工业总产值的比重为 38.1%。全县发明专利拥有量达 281 件，每万人口发明专利拥有量达到 6 件。

七、进出口情况

2020 年，全县进出口总额 14 亿元。其中，出口总额 10.1 亿元；进口总额 3.9 亿元。

第九节　无棣县

无棣县地处山东省北部，东北濒临渤海湾，面积 2089.8 平方公里，常住人口 43.2 万人。

一、工业基本情况

2020 年，无棣县地区生产总值为 237.9 亿元，占滨州市 GDP 的 9.5%。全部工业增加值 76.6 亿元。规模以上工业企业 101 家。

二、工业产业结构

2020 年，全县规模以上工业中，制造业营业收入 329.2 亿元，电力、燃气及水的生产和供应业营业收入 50.4 亿元，采矿业营业收入 3.5 亿元。

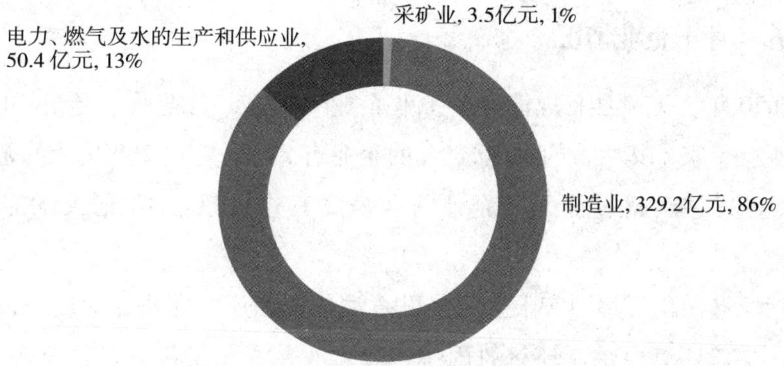

图 15－10 2020 年滨州市无棣县工业产业结构分布图

三、重点优势产业

制造业：规模以上企业 86 家，打造了横跨能源、化工、电力、建材、物流、机械七大行业的循环经济模式，基本形成了“油头化尾”“少油多化”的产业模式，代表企业有无棣鑫岳化工集团有限公司等。2020 年，实现营业收入 329.2 亿元。

电力、热力的生产和供应业：规模以上企业 12 家，主营火力发电、电力生产的维护及设备维修、电力技术咨询服务等业务，代表企业有大唐鲁北发电有限责任公司等。2020 年，实现营业收入 50.4 亿元。

四、产业集群及工业园区情况

化工产业集群：拥有企业49家，其中，规模以上企业22家，化工产品多达160余种，主要包括盐化工、石油化工、精细化工、新能源新材料等，具备年产200万吨原盐、150万吨氧化铝、90万吨氯碱、60万吨环氧丙烷、30万吨聚醚多元醇、15万吨钛白粉等的能力。其中，环氧丙烷产量约占国内市场份额的18.6%，是全国重要的环氧丙烷生产基地；聚醚多元醇产量约占国内市场份额的6.2%。培育出山东鲁北企业集团总公司、无棣鑫岳化工集团、山东三岳化工、山东久日化学等一批骨干龙头企业。

五、骨干企业情况

2020年，无棣县有规模以上工业企业101家，营业收入超过10亿元的企业有5家，其中，超过50亿元的企业有2家，超过200亿元的企业有1家；利润总额超过亿元的企业有4家，其中，超过10亿元的企业有1家。

无棣鑫岳化工集团有限公司：以石油化工为产业龙头，深度开发海洋化工，主营环氧丙烷、环氧氯丙烷、32%液碱等化工产品，聚醚多元醇、聚醚SE－210、3聚醚SE－220B等聚醚产品以及汽油、柴油、液化石油气等油品。2020年，实现营业收入201.5亿元。

山东鲁北企业集团总公司：拥有年产100万吨氧化铝，联产50万吨化学品铝、25万吨钛白粉、100万吨复合肥、30万吨磷铵、40万吨硫酸、60万吨水泥、2万吨碳酸锂、3万吨磷酸铁锂碳正极材料，联产3万吨磷酸铁、100万吨原盐、2500吨溴素、1万吨颜染料、125MW发电、600t/h供热的能力。“鲁北牌”三元复合肥、磷酸二铵是“中国名牌”“国家免检产品”，“海峰牌”普通硅酸盐水泥是“山东名牌产品”，“鲁北”“金海”商标荣获中国驰名商标。2020年，实现营业收入71.5亿元。

山东卓力电器有限公司：主要生产销售施封锁、防伪铅封、塑料封条、集装箱封、高保封、电力挂锁、电力表箱、农业机械等产品，拥有集生产、加工、销售于一体的完整产业链条，为保障国家电力安全运行及海关港口、物流、石油、石化、国防、铁路、航空运输等提供支持，产品畅销全国各省市自治区及亚洲和欧美市场。

截至2020年底，全县共有省级以上“专精特新”企业17家，“小巨人”企业1家，“瞪羚”企业3家。

六、科技创新能力

2020年，全县共有省级企业技术中心16个。

第十节　博兴县

博兴县位于滨州市东南部、鲁北平原黄河下游南岸，面积900.7平方公里，常住人口50.8万人。

一、工业基本情况

2020年，博兴县地区生产总值373.4亿元，占滨州市GDP的14.9%。规模以上工业企业255家，实现营业收入1536.1亿元。

二、工业产业结构

2020年，全县规模以上工业涉及28个大类行业，其中，营业收入超过100亿元的行业有5个，分别是金属制品业，化学原料和化学制品制造业，农副食品加工业，石油、煤炭及其他燃料加工业，黑色金属冶炼和压延加工业，共实现营业收入1379.5亿元，占规模以上工业企业营业收入的89.8%；其中，金属制品业超400亿元规模。

道路沥青、聚正牌反式丁戊橡胶、京博聚牌（溴化）丁基橡胶、聚丁烯合金等高性能新材料等。2020年，实现营业收入294.1亿元，占全区规模以上工业企业营业收入的19.1%。

山东成达新能源科技有限公司：主营汽油、柴油、液化气、丙烯、丙烷、MTBE等产品，其中，汽油、柴油产品质量超出国家标准，达到中石化、中石油外采标准。拥有50万吨/年的常减压装置、160万吨的原料预处理装置、15万吨/年的气体分离装置2套、4万吨/年的MTBE装置、100万吨/年的加制氢装置、100万吨/的年延迟焦化装置、污水处理设备1套、废气处理装置1套。2020年，实现营业收入137.1亿元。

山东香驰粮油有限公司：下设御馨蛋白、香驰粮油、热能动力、香驰淀粉、健源生物5个子公司，主要从事大豆和玉米加工，年加工大豆120万吨、玉米30万吨，年产大豆分离蛋白2.6万吨、组织蛋白1.4万吨、豆油23万吨、各种粕类70万吨、玉米淀粉35万吨、果糖10万吨、汽90万吨、电1.47亿度。“香驰蛋白”“香驰豆油”“香驰豆粕”“香驰淀粉”等系列产品享誉国内外，其中，“香驰蛋白”远销欧洲、非洲、东南亚等国家和地区。2020年，实现营业收入94.4亿元。

截至2020年底，全县共有省级以上制造业单项冠军企业2家，“专精特新”企业21家，“小巨人”企业3家，“瞪羚”企业6家。

六、科技创新能力

2020年，全县共有国家级企业技术中心1个，省级企业技术中心17个。

第十六章　菏泽市

菏泽市位于山东省西南部，总面积12239平方公里，常住人口879.6万人。辖牡丹区、定陶区、曹县、单县、成武县、巨野县、郓城县、鄄城县、东明县，另设有菏泽经济技术开发区、菏泽高新技术开发区。

【菏泽市经济总量】

2020年，全市地区生产总值3483.1亿元。全部工业增加值1191.1亿元。工业用电量148.6亿千瓦·时。

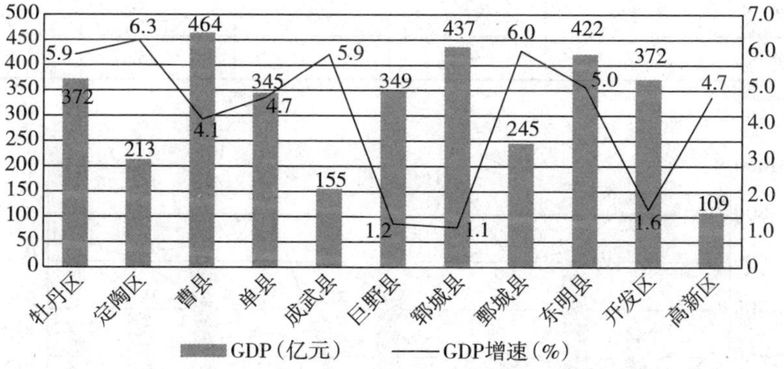

图16－1　2020年菏泽市各区县GDP及增速对比图

【菏泽市各区县工业经济】

2020年，全市规模以上工业企业1663家，实现营业收入3761.6亿元。其中，收入超过1000亿元的县有1个，为东明县；超过400亿的县有2个，分别是曹县、巨野县；三县规模以上工业企业数量占全市工业企业总数的32.4%，营业收入占全市总营业收入的51.4%，利润额占全市利润总额的29.2%；所有区县营业收入均超过100亿元。各区县营业收入超过100亿元的重点企业有3家，占全市规模以上工业企业总营业收入的23.1%；其中，山东东明石化集团有限公司营业收入超过500亿元。

表16－1　2020年菏泽市各区县规模以上工业主要经济指标情况表

县（市/区）	企业单位数（家）	营业收入		利润总额	
		累计（亿元）	同比（%）	累计（亿元）	同比（%）
全市合计	1663	3761.6	-3.3	266.5	11.3
牡丹区	87	124.4	8.3	8.9	20.2
定陶区	124	244.6	8.3	31.4	26.2
曹　县	269	471.0	0.8	37.6	104.5
单　县	120	188.8	-1.2	16.1	-7.4
成武县	105	113.6	11.0	7.2	0
巨野县	133	445.4	-9.5	22.7	-48.9
郓城县	307	389.9	-14.3	47.8	12.2
鄄城县	182	111.1	8.1	4.5	81.0
东明县	136	1015.5	-6.3	17.6	-14.1
开发区	139	387.7	-0.9	12.2	148.3
高新区	61	269.5	2.1	60.5	4.7

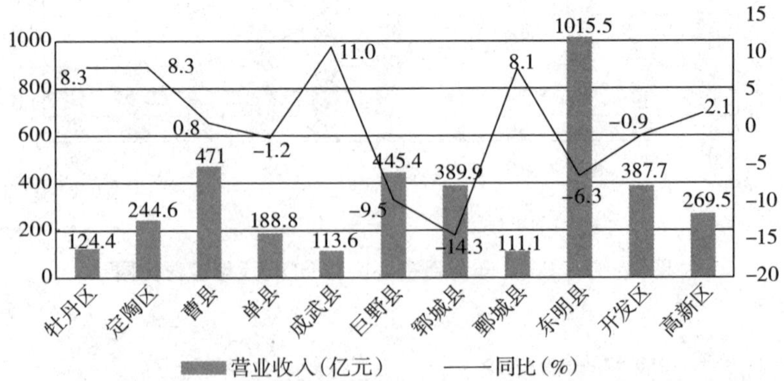

图16－2　2020年菏泽市各区县规模以上工业营业收入及增速对比图

第一节　牡丹区

牡丹区，位于山东省西南部、黄河下游南岸，地处鲁、苏、豫、皖四省交界处。面积1041平方公里，常住人口109.9万人。

一、工业基本情况

2020年，牡丹区地区生产总值371.8亿元，占菏泽市GDP的10.7%。全部工业增加值46.9亿元，占全市工业增加值的12.6%。规模以上工业企业87家，营业收入124.4亿元。

二、工业产业结构

2020年，全区规模以上工业涉及22个大类行业，其中，营业收入超过10亿元的行业有4个，分别是农副食品加工业，电力、热力生产和供应业，木材加工和木、竹、藤、棕、草制品业，医药制造业，共实现营业收入85.9亿元，占全区规模以上工业企业营业收入的69.1%；其中，农副食品加工业超过30亿元规模。

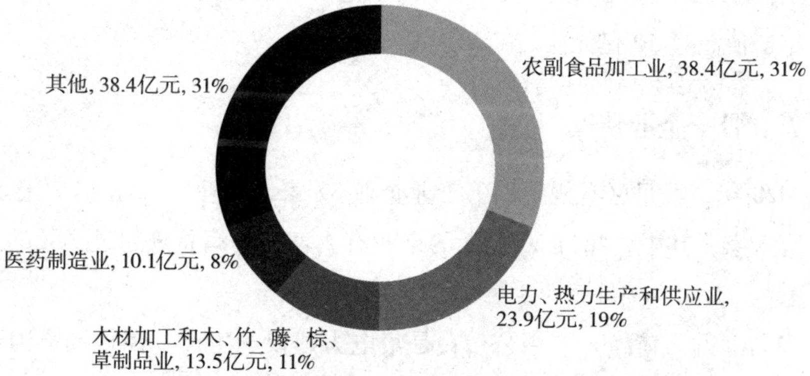

图16－3　2020年菏泽市牡丹区工业产业结构分布图

三、重点优势产业

农副食品加工业：规模以上企业14家，主营小麦仓储、粮油购销、面粉加工、坚果炒货、加工蔬菜、肉类熟食、乳制品、酿造酱油、酿造食醋等，代表企业有天邦粮油、沙土食品、顶好食品等，骨干企业均采用国内先进工艺设备。2020年，实现营业收入38.4亿元。

电力、热力生产和供应业：规模以上企业2家，主营电力建设、生产、销售及电力生产相关的燃料（不含危险化学品）、粉煤灰、热力等，代表企业有华润电力（菏泽）有限公司等。2020年，实现营业收入23.9亿元。

四、产业集群及工业园区情况

菏泽牡丹区（绿色休闲食品）特色产业集群：位于牡丹区沙土镇，积极培育壮大以绿色休闲食品加工为主的休闲食品加工特色产业，目前已发展食品加工企业及各类配套企业500余家，培育了沙土食品、盛鑫源食品、裕华食品、顶好食品等本土食品企业，引进了润林食品、食全食美北京烤鸭、鑫尚源食品、鲁裕食品、冰韵食品、虎运牛肉等知名企业。产品涉及罐头、瓜子、花生、蔬果汁、饮料、调味品、脱水蔬菜、冻干果蔬食品等300多个品种，出口日本、韩国、中国香港、中国台湾等30多个国家和地区，年产值超过50亿元。

五、骨干企业情况

2020年，牡丹区有规模以上工业企业87家，营业收入超过10亿元的企业有3家，其中，超过20亿元的企业有2家；利润总额超过亿元的企业有1家。

华润电力（菏泽）有限公司：是集电力建设、生产、销售及电力生产相关的燃料（不含危险化学品）、粉煤灰、热力、水处理、压缩空气附属经营及综合利用等于一体的企业。由香港华润电力控股有限公司投资建设，电厂设计总规模为2×600MW+2×1000MW超超临界机组工程。2020年，实现营业收入22.3亿元，占全区规模以上工业企业营业收入的 17.9%。

山东天邦粮油有限公司：是集小麦仓储、粮油购销、面粉加工于一体的大型粮油企业。至今共为国家代储小麦 15 万吨，拥有日加工小麦 1000 余吨的面粉加工车间。生产车间采用先进的制粉工艺和制粉设备，全程微机控制，拥有先进的配麦和配粉系统。同时拥有粉质仪、拉伸仪、实验磨、淀粉损伤仪、吹泡仪、近红外线粉质分析仪等先进的检化验设备和完善的检化验规程，以确保产品质量的稳定。2020 年，实现营业收入 21.4 亿元。

山东睿鹰制药集团有限公司：是集研发、中试、生产和销售于一体的大型精细化工、医药中间体及无菌原料药的企业集团。集团拥有化学合成与生物发酵两大专业制药技术，医药产品链条完整，产品涵盖了医药中间体、无菌原料药、抗肿瘤药物制品三大系列、100 多个品种，主要产品为头孢系列、青霉素系列、抗肿瘤系列等。2020 年，实现营业收入 10.1 亿元。

山东沙土食品工业有限公司：拥有香瓜子加工厂、膨化食品加工厂、调味品加工厂、花生加工厂、生瓜子加工厂、葵花子加工厂等 10 条生产流水线和完善的检测设备，可年生产葵花子 20000 吨、黑瓜子 10000 吨、白瓜子 5000 吨、花生 5000 吨。

截至 2020 年底，全区共有省级以上“专精特新”企业 32 家，“小巨人”企业 1 家，“瞪羚”企业 2 家。

六、科技创新能力

2020 年，全区共有省级企业技术中心 15 个，发明专利有效量 280 件。

七、进出口情况

2020 年，全区进出口总额 13.7 亿元。其中，出口总额 12.8 亿元；进口总额 0.9 亿元。实际使用外资金额 2971 万美元。

第二节　定陶区

定陶区位于山东省西南部、菏泽市中部，面积 846 平方公里，常住人口 54 万人。

一、工业基本情况

2020 年，定陶区地区生产总值 213.3 亿元，占菏泽市 GDP 的 6.1%。全部工业增加值 64.6 亿元。规模以上工业企业 124 家，实现营业收入 244.6 亿元。全区工业用电量 53894 万千瓦·时。高新技术产业企业完成总产值 94.1 亿元，占规模以上工业总产值的比重为 38.5%。

二、工业产业结构

2020 年，全区规模以上工业涉及 20 个大类行业，其中，营业收入超过 10 亿元的行业有 5 个，分别是医药制造业、农副食品加工业、非金属矿物制品业、食品制造业、专用设备制造业，共实现营业收入 192.4 亿元，占规模以上工业企业营业收入的 78.7%；医药制造业、农副食品加工业达到 60 亿元规模。

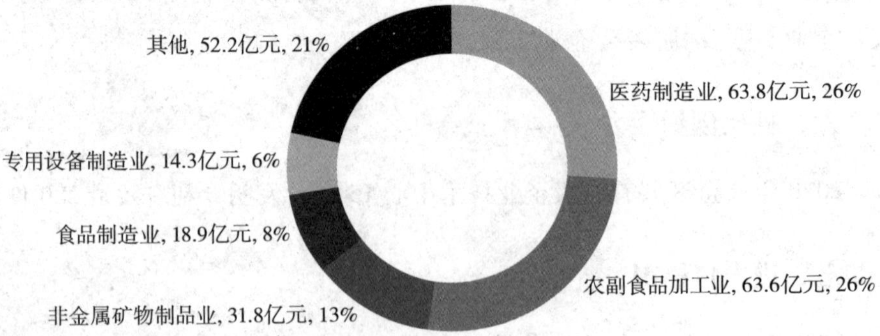

图 16－4　2020 年菏泽市定陶区工业产业结构分布图

三、重点优势产业

医药制造业：规模以上企业8家，主要从事溴化工中间体、工业杀菌剂、医药中间体的生产。以生物医药为主导，依靠现代生物、生化合成高新技术，发展医药中间体，并向原料药、制剂延伸，推进产品系列化；同时兼顾化学药物、医疗器械、卫生材料等产业的发展。代表企业有山东润鑫投资有限公司等。2020年，实现营业收入63.8亿元。

农副食品加工业：规模以上企业15家，主要从事配合饲料、浓缩饲料、精料补充料、各类食用油的生产和销售，代表企业有菏泽金豆饲料有限责任公司、山东鲁花浓香花生油有限公司等。2020年，实现营业收入63.6亿元。

四、产业集群及工业园区情况

定陶润鑫化工产业园：分为生物发酵片区、生化合成片区、综合产业片区以及配套设施片区4个片区，依托山东赛托生物科技股份有限公司及其合作企业，扩大甾体激素药物中间体规模，建设原料药、制剂项目，实现激素类药物的全产业链发展。依托山东二叶制药有限公司，加快青霉素类无菌原料药和注射用无菌粉针剂项目建设；依托山东友帮生化科技公司，推进抗癌药物、抗丙肝类药物、心脑血管药物、抗艾滋病药物等领域高端中间体的产业化。被评为全省“智安化工园区”。2020年，实现营业收入69.8亿元。

陈集山药加工产业集群：定陶陈集镇凭借区位优势，以现代农业为基础，大力发展国家地理标识保护产品“陈集山药”加工特色产业。“西施种子”牌山药、山药粉，通过国家绿色产品认证；“肽尔康”牌植物蛋白肽系列产品是山东名牌产品；“都庆”牌植脂末产品是山东名牌和山东省驰名商标。麦芽糊精、奶精、麦精加工能力居全国前列，大豆多功能肽产品填补了国内空白，是生物活性肽生产基地。

开发、生产和销售，代表企业有天久、天骄、天美、中食都庆等。2020年，实现产值14.2亿元，实现营业收入14.2亿元。其中，6家重点工业企业实现产值8.2亿元，实现营业收入10.3亿元。

装备制造：规模以上企业28家，主营汽柴油机燃油喷射装置、燃油（气）锅炉、有机热载体炉、生物质锅炉、余热锅炉、LNG储罐、氧氮氩储罐、CO_2储罐、液化石油气储罐、液氨储罐、脱硝工程设备、蓄热储能设备、成套化工设备等产品，代表企业有华星、中杰、华泽、中科能等。2020年，实现产值16.1亿元，实现营业收入16.4亿元。其中，4家重点企业实现产值7亿元，实现营业收入5.9亿元。

四、骨干企业情况

2020年，经济开发区有规模以上工业企业139家，营业收入超过5亿元的企业有9家，其中，超过10亿元的企业有6家；利润总额超过千万元的企业有6家，其中，超过亿元的企业有3家。

齐翔华利新材料有限公司：主要产品有甲基丙烯酸甲酯、甲基丙烯酸、甲基烯丙醇，广泛用于生产导光板、光导纤维、航空及轨道交通透明材料、LED面板、光学工业透镜、医用牙托、人造眼膜、液晶显示屏、高档涂料等新材料产业。2020年，实现产值8.9亿元，实现营业收入10.9亿元。

山东新洋丰肥业有限公司：主要经营复混（合）肥料、有机—无机复混肥料、有机肥料、生物有机肥料、微生物肥料、掺混肥料、缓控肥料、控释肥料、水溶肥料的生产销售。公司先后荣获“中国名牌产品”“中国驰名商标”“中国化工企业100强”“全国民营企业500强”等荣誉称号。2020年，复混肥、有机肥产量55.3万吨，实现营业收入10.9亿元。

山东菏泽华星油泵油嘴有限公司：是一家集研发、生产、销售、服务于一体的汽、柴油机燃油喷射装置制造企业，主要产品为S系列、P系列、高压共轨喷油嘴偶件及总成。注册的合众牌商标获“山东省著名商标”称号，主导产品喷油嘴偶件及总成被评为“山东省名牌产品”。2020年，实现产值2.3亿元，实现营业收入2.4亿元。

五、科技创新能力

2020 年，全区共有省级企业技术中心 1 个。

第四节 高新技术产业开发区

菏泽高新区，位于菏泽市区西部，面积 234 平方公里，常住人口 22.3 万。

一、工业基本情况

2020 年，全区地区生产总值 109 亿元，占菏泽市 GDP 的 3.1%。规模以上工业企业 61 家，实现工业总产值 289.2 亿元，完成工业增加值 83.3 亿元，实现营业收入 269.5 亿元。

二、工业产业结构

2020 年，全区规模以上工业涉及 18 个大类行业，其中，营业收入超过 5 亿元的行业有 3 个，分别是医药制造业，铁路、船舶、航空航天和其他运输设备制造业，食品制造业，共实现营业收入 236.9 亿元，占规模以上工业企业营业收入的 87.9%；其中，医药制造业超 200 亿元规模。

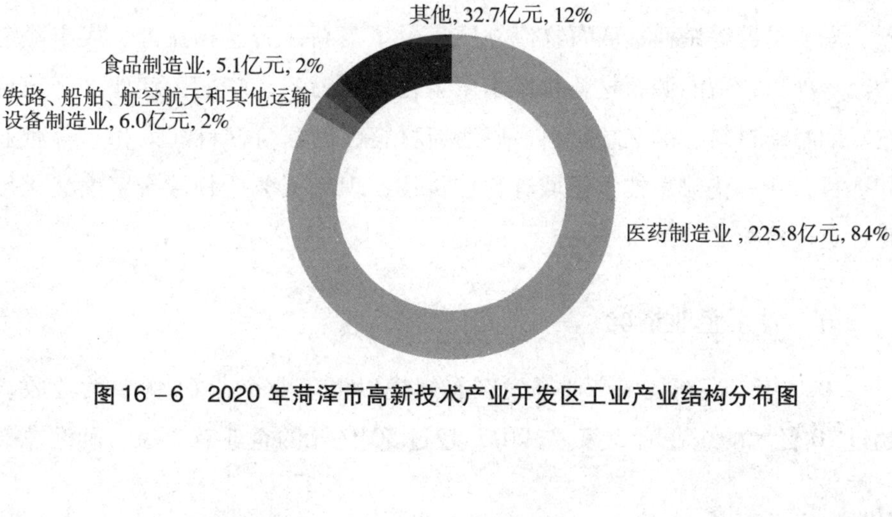

图 16－6　2020 年菏泽市高新技术产业开发区工业产业结构分布图

三、重点优势产业

医药制造业：规模以上企业11家，主营涵盖针对中风、心律失常、供血不足和缺血梗塞等常见心脑血管疾病的中药注射剂、胶囊剂、颗粒剂等，代表企业有山东丹红制药有限公司、山东步长制药股份有限公司等。2020年，实现营业收入225.8亿元。

铁路、船舶、航空航天和其他运输设备制造业：规模以上企业1家，以轨道交通、航空交通设备轻量化为核心，主营轨道交通车辆和航通交通座椅等产品，代表企业有山东嘉泰交通设备有限公司等。2020年，实现营业收入6亿元。

食品制造业：2020年，高新技术产业开发区内青岛啤酒实现营业收入4.5亿元；范府食品、大树达孚、巧媳妇食品分别依靠网红健身食品、特膳食品、高端调味品的产品定位优势，不断提升市场占有率，营业收入不断增长，平均税收增长达25%。

四、产业集群及工业园区情况

高新区：生物医药领域集聚了步长制药、华信制药、山东了未元、润泽制药、葆年堂制药、万通国九堂、华润医药等生物医药企业；农副产品精深加工领域集聚了大树达孚、范府食品、米老头、巧媳妇、青岛啤酒等企业；机电设备制造领域集聚了金博利达、嘉泰交通、平安电气、花王容器、海普电器等企业；商贸物流领域集聚了高新区智慧物流港、晟丰冷链物流等项目；新能源新材料领域集聚了德通新材料、华盛荣镁业、摩信科技、朗峰新材料、晶亿新材料、奥达新材料、创源新材料（天和）等企业和项目；新一代信息技术领域有智佳科技；现代服务业领域有宇生文化传媒、奥迈检测。

五、骨干企业情况

2020年，高新技术产业开发区有规模以上工业企业61家，营业收入超过10亿元的企业有5家，其中，超过50亿元的企业有2家；利润总额超过亿元的企业有 4 家，其中，超过 10 亿元的企业有 2 家。

山东步长制药股份有限公司：是一家集医药研究、生产、销售和诊疗服务、教育于一体的国内知名高科技企业。以专利中成药为核心，致力于中药现代化，形成了立足心脑血管市场、覆盖中成药传统优势领域、聚焦大病种、培育大品种的立体产品格局。步长制药研发培育出了脑心通胶囊、稳心颗粒和丹红注射液 3 个独家专利品种，治疗病症涵盖中风、心律失常、供血不足和缺血梗塞等常见的心脑血管疾病。2020 年，实现营业收入 160.1 亿元。

山东丹红制药有限公司：经营范围包括大容量注射剂、小容量注射剂的生产，中药材的种植销售、中药材技术的研究与技术转让。是国内重要的中药注射剂生产基地，生产的步长丹红注射液是具有自主知识产权的"数字中药"。2020 年，实现营业收入 85.7 亿元，占全区规模以上工业企业营业收入的 31.8%。

山东嘉泰交通设备有限公司：由湖北航宇嘉泰飞机设备有限公司和华盛荣控股有限公司共同出资建立，充分发挥了湖北航宇嘉泰交通座椅技术研发优势和华盛荣公司新型材料轻量化生产制造优势，致力于轨道交通车辆座椅产品的研发和生产。经营范围包括轨道交通车辆座椅系统，内饰系统及其他零部件的生产制造，机械设备、工具模具的销售以及相关技术支持和售后服务。2020 年，实现营业收入 6 亿元。

六、科技创新能力

2020 年，全区共有省级企业技术中心 1 个。

第五节　曹县

曹县位于山东省西南部，处于鲁苏豫皖四省八县交界处，面积 1969 平方公里，常住人口 175 万人，是全省人口第一大县。

一、工业基本情况

2020 年，全县地区生产总值 463.8 亿元，占菏泽市 GDP 的 13.3%。规模以上工业企业 269 家，实现工业总产值 482 亿元，实现营业收入 471 亿元。工业用电量 16 亿千瓦·时。

二、工业产业结构

2020 年，全县规模以上工业涉及 22 个大类行业，其中，营业收入超过 10 亿元的行业有 10 个，分别是木材加工和木、竹、藤、棕、草制品业，纺织业，橡胶和塑料制品业，文教、工美、体育和娱乐用品制造业，农副食品加工业，化学原料和化学制品制造业，食品制造业，医药制造业，家具制造业，非金属矿物制品业，共实现营业收入 415.1 亿元，占规模以上工业企业营业收入的 88.1%；其中，木材加工和木、竹、藤、棕、草制品业超过 100 亿元规模。

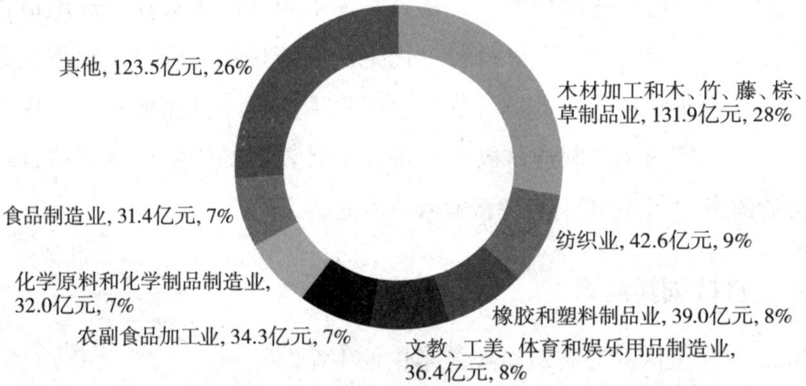

图 16－7　2020 年菏泽市曹县工业产业结构分布图

三、重点优势产业

木材加工和木、竹、藤、棕、草制品业：规模以上企业 87 家，主营竹、木、草、柳、棕藤工艺品，无纺布，家具及家具配件的加工与销售；代表企业有曹县正达工艺品有限公司、山东省曹县云龙木雕工艺有限公司、山东省雅尚名品家居有限公司等。雅尚名品生产的室内外家具、工艺品主要出口欧美，累计生产工艺品 3318 集装箱。2020 年，实现营业收入 131.9 亿元。

高端化工产业：规模以上企业 19 家，主营轮胎、橡胶制品的研制生产销售及技术服务、橡胶防老剂等轮胎原辅材料生产销售，代表企业有正道轮胎有限公司、山东凯旋橡胶有限公司、山东圣奥化学科技有限公司等。正道轮胎生产的半钢子午胎主要出口欧洲。2020 年，实现产值 82.2 亿元，实现营业收入 75.4 亿元。

四、产业集群及工业园区情况

曹县经济开发区：占地 57450 亩，现有企业 275 家，主要以农副产品深加工产业为主，2020 年，实现营业收入 371.7 亿元。截至 2020 年底，累计拥有院士工作站、众创空间、科技孵化器等公共服务平台共计 10 家，省级以上科技项目 3 家，省级工程实验室 7 家，市级工程实验室 11 家；高新技术企业累计达到 18 家。

五、骨干企业情况

2020 年，曹县有规模以上工业企业 269 家，营业收入超过亿元的企业超 20 家，其中，超过 10 亿元的企业有 3 家；利润总额超过亿元的企业有 3 家，入库税金超过百万元的企业有 167 家、超过千万元的企业有 15 家。

正道轮胎有限公司：是一家集产品研发、生产、销售于一体的高科技轮胎企业，年产半钢子午线轮胎 2400 万套、全钢子午线轮胎 200 万套。获“山东省企业技术中心”“山东省级高新技术企业”等称号。2020 年，实现营业收入 18.9 亿元。

山东圣奥化学科技有限公司：为全球领先的橡胶化学品供应商——中化国际（控股）股份有限公司的下属成员企业，产品包括防老剂 PPD 以及中间体 RT 培司、高纯度 TMQ、不溶性硫磺等。近年来，公司持续加深与上下游产业的协同合作，促进全球聚合物添加剂行业的绿色发展。2020 年，实现营业收入 10.1 亿元。

全统计，产量约占全国同类产品份额的60%左右，几个主打产品在国内市场的占有率均达到80%以上。2020年，实现营业收入3.1亿元。

五、骨干企业情况

2020年，单县有规模以上工业企业120家，营业收入超过5亿元的企业有9家，其中，超过10亿元的企业有3家；利润总额超过亿元的企业有4家。

山东尚舜化工有限公司：具有年产促进剂7万吨、橡胶用不溶性硫磺1万吨、防老剂RD1万吨、防老剂6PPD3万吨、橡胶预分散体5000吨的规模。“尚舜”牌橡胶助剂产品是山东名牌产品，销往五大洲的40多个国家和地区。2020年，实现营业收入23.3亿元，占全县规模以上工业企业营业收入的12.3%。

山东朱氏药业集团有限公司：集医疗器械、膏贴代加工、足贴代加工、退热贴代加工、蒸汽眼罩贴牌生产、生物诊断试剂、高分子材料研发、医疗器械企业培训于一体，形成了以医疗器械生产与销售、生物试剂研发、企业管理咨询与培训、地产经济、医药运输及医药印务等医药事业为核心的多元化现代特色中医药产业集群。涉及的产品有医疗设备、医用敷料及医用高分子材料、抗菌敷料、安全注射器、安全留置针、静脉输液器、导尿包、真空采血管、一次性宫腔组织吸引管、壳聚糖液体创伤敷料、鼻饲管、胃管、医用外科口罩、体外诊断试剂等。2020年，实现营业收入8.9亿元。

截至2020年底，全县共有省级以上制造业单项冠军企业1家，“专精特新”企业16家。

六、科技创新能力

2020年，全县共有高新技术企业18家，省级企业技术中心3个。实施技改项目92个。

七、进出口情况

2020 年，全县进出口总额 17.6 亿元。其中，出口总额 17.3 亿元；进口总额 0.3 亿元。

第七节　成武县

成武县位于山东省西南部，面积 988 平方公里，常住人口 59.5 万人。

一、工业基本情况

2020 年，全县地区生产总值 155.4 亿元，占菏泽市 GDP 的 4.5%。规模以上工业企业 105 家，实现总产值 112.2 亿元。工业用电量 7.3 亿千瓦·时。

二、工业产业结构

2020 年，全县规模以上工业涉及 20 个大类行业，其中，营业收入超过 10 亿元的行业有 5 个，分别是农副食品加工业、化学原料和化学制品制造业、非金属矿物制品业、电气机械和器材制造业、专用设备制造业，共实现营业收入 86.6 亿元，占规模以上工业企业营业收入的 76.2%；其中，农副食品加工业达到 30 亿元规模。

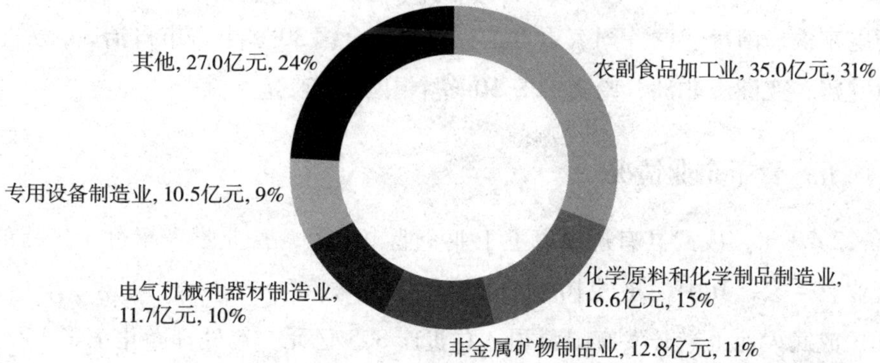

图 16－9　2020 年菏泽市成武县工业产业结构分布图

三、重点优势产业

农副食品加工业：规模以上企业16家，主要从事玉米等农副产品的收购、加工、销售及产品设计与开发，主要产品有玉米淀粉，副产品为蛋白粉、蛋白饲料、玉米油、胚芽饼等，代表企业有成武大地玉米开发有限公司等。2020年，实现营业收入35亿元。

机电行业：推进达驰、华驰、呈祥等企业重整，打造百亿龙头；打造苏鲁豫皖热镀锌高地，已实现年产能10万吨。2020年，全县规模以上机电行业企业实现产值10.7亿元，实现营业收入12.6亿元。

精细化工行业：现有投产或在建的化工企业24家，其中有22家在化工产业园内。主营间甲基苯甲酸、苄胺、二苄胺、苯乙胺、糠胺等产品。代表企业有越兴化工等。2020年，全县规模以上精细化工行业企业实现产值20.2亿元，实现营业收入19.8亿元。

四、产业集群及工业园区情况

菏泽成武（输变电装备）特色产业集群：现有规模以上工业企业22家、规模以下企业137家，营业收入超过100亿元。集群拥有国家级企业技术中心和山东省工业设计中心，现有国家级高新技术企业13家、省级“瞪羚”企业2家、省级“专精特新”企业8家，各类省级企业技术中心、研发中心10个。产品广泛用于国家两大电网、“五大四小”发电公司以及西电东输、南水北调等国家重点工程，畅销全国30多个省市自治区，并出口欧盟、亚洲、非洲、南美洲等50多个国家和地区。

五、骨干企业情况

2020年，成武县有规模以上工业企业105家，营业收入超过5亿元的企业有4家，其中，超过10亿元的企业有1家。

成武大地玉米开发有限公司：总资产3.5亿元，年处理净化玉米35万吨，在职职工800余人。主要产品为玉米淀粉、变性淀粉、麦芽糊精、蛋白饲料、胚芽饼、液体葡萄糖、蛋白粉、玉米油、麦芽糖浆、糖类、食品添加剂、饲料等。企业先后荣获“山东省农业产业化重点龙头企业”“山东省循环经济示范单位”等多项荣誉称号，是菏泽市“30强企业”之一。2020年，实现营业收入15.7亿元，占全县规模以上工业企业营业收入的13.8%。

山东成武赛诺医疗器械有限公司：主要产品有静脉采血针、配药器、无菌注射器、静脉输液针、无菌药液转移器及一类医疗器械、耗材部件等八大系列、近50种产品，产品畅销全国28个省市区及欧盟、巴西、缅甸、巴基斯坦、南非等30多个国家和地区。2020年，实现营业收入7.7亿元。

山东汇盟生物科技股份有限公司：是一家集化学、生物技术从事农药医药中间体、农药原药、农药制剂等系列产品研发、生产、销售于一体的高新技术企业，是国内率先实现DCTF（2，3－二氯－5－三氟甲基吡啶）规模化生产的企业。先后获山东省优秀企业、“隐形冠军”企业、山东省“瞪羚”企业等荣誉称号。2020年，实现营业收入6.6亿元。

截至2020年底，全县共有省级以上制造业单项冠军企业1家，“专精特新”企业20家，“瞪羚”企业4家。

六、科技创新能力

2020年，全县共有省级企业技术中心8家，市级企业技术中心20家；省级重点实验室1家，市级重点实验室5家；省级工程技术研究中心2家，市级工程技术研究中心2家；省级院士工作站1家，各类专业技术人员15273人。

七、进出口情况

2020年，全县进出口总额8.5亿元。其中，出口总额7.7亿元；进口总额0.8亿元。

第八节　巨野县

巨野县位于山东省西南部，菏泽东部，面积1302平方公里，常住人口

108 万人。

一、工业基本情况

2020 年，全县地区生产总值 349.4 亿元，占菏泽市 GDP 的 10%。规模以上工业企业 133 家，实现营业收入 445.4 亿元。全社会用电量 28.8 亿千瓦·时，工业用电量 18 亿千瓦·时。

二、工业产业结构

2020 年，全县规模以上工业涉及 25 个大类行业，其中，营业收入超过 10 亿元的行业有 5 个，分别是化学原料和化学制品制造业，石油、煤炭及其他燃料加工业，非金属矿物制品业，煤炭开采和洗选业，农副食品加工业，共实现营业收入 374.3 亿元，占规模以上工业企业营业收入的 84%；其中，化学原料和化学制品制造业达到 100 亿元规模。

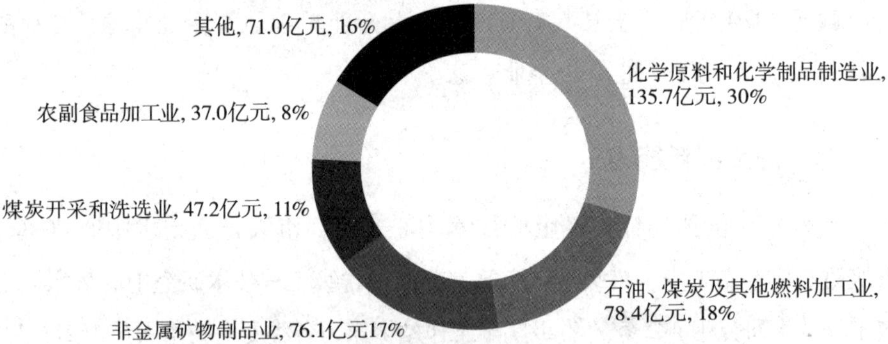

图 16－10　2020 年菏泽市巨野县工业产业结构分布图

三、重点优势产业

化学原料和化学制品制造业：规模以上企业 16 家，主营甲醇的生产和销售、粗苯、煤焦油、液氨、煤气批发零售等，代表企业有山东恒伟化工科技有限公司等。2020 年，实现营业收入 135.7 亿元。

非金属矿物制品业：规模以上企业 27 家，主营特种浮法玻璃、深加工玻璃产品、玻璃制品、新型石材等，代表企业有山东巨润建材有限公司、山东拓新新材料有限公司等。2020 年，实现营业收入 76.1 亿元。

四、产业集群及工业园区情况

巨野化工产业园：是山东省政府认定的化工产业园，已吸纳企业 34 家，现有企业占地面积 0.4 万亩，形成了煤焦化、焦炉气和煤焦油加工利用的产业基础与特色，现有年产 400 万 t/a 焦炭、30 万 t/a 煤焦油加工、15 万 t/a 焦炉气制甲醇以及粗苯加氢与焦油萘系减水剂等煤化工产业链。2020 年，实现营业收入约 180 亿元。

五、骨干企业情况

2020 年，巨野县有规模以上工业企业 133 家，营业收入超过亿元的企业有 14 家，其中，超过 10 亿元的企业有 1 家；利润总额超过千万元的企业有 9 家，其中，超过亿元的企业有 4 家。

山东巨润建材有限公司：公司是国家特种玻璃重点实验室实验基地，开发生产高性能防火玻璃和智能调光玻璃等玻璃深加工产品。主要生产“华润”“华尔润”牌 1.6～25 毫米厚度的优质浮法玻璃、超白浮法玻璃及低辐射镀膜玻璃。产品辐射山东本地以及江苏、安徽、浙江、河南等省份，部分出口到中东、欧亚等国家和地区，广泛应用于建筑、汽车、装饰装潢、家电等领域。2020 年，生产浮法玻璃 2239 万重箱，实现营业收入 27.8 亿元。

花冠集团：以生产经营白酒为主，集包装、印刷、食品、房地产等于一体，窖池总数达 6000 多个，总储酒能力达到 3 万余吨，先后被评为全国饮料制造 500 强企业、山东省食品综合实力百强企业和中国白酒工业百强企业。“花冠”商标被评为“中国驰名商标”。内部设有国花酒庄品牌馆、黄淮名酒馆、中华储酒馆、中国大师馆、澳大利亚红酒馆五大互动体验场馆以及手工酿造作坊、主题场景体验馆等。2020 年，实现营业收入 1.5 亿元。

截至 2020 年底，全县共有省级以上“专精特新”企业 24 家，“瞪羚”企业 1 家。

一步显现，不仅已成为郓城县经济社会发展的优势产业，获得“山东省酒类包装产业基地”“中国酒类包装之都”等称号，还是国内酒类包装配套较全的重要生产基地。

郓城县经济开发区（原郓城县工业园区）：形成了现代包装、生物医药、棉纺织、机械装备制造等主导产业。现入驻企业400余家，拥有市级返乡创业园1处、国家高新技术企业15家，建设有省级以上研发机构12家、院士工作站3处。生物医药产业代表企业绅联生物主要生产肝素类药物和眼科药物，并吸引绅联药业、瑞康医药、海悦医疗、南京双科等6家企业入驻。棉纺织产业主要面向江苏、浙江、广东、福建市场，代表企业一鸣纺织设备全部采用瑞士、德国、意大利等国际先进设备，智能化程度较高。机械装备制造产业拥有机械制造规模以上企业10家，国家高新技术企业6家；代表企业有恒基集团、天勤矿山机械、百帝气动、优路通汽配等。

五、骨干企业情况

2020年，郓城县有规模以上工业企业307家，营业收入超过10亿元的企业有5家，其中，超过30亿元的企业有1家；利润总额超过亿元的企业有5家，其中，超过10亿元的企业有1家。

山东洪达化工有限公司：是一家现代化煤化工企业，在岗员工2100余人。现有270万吨年焦化同时联产30万吨年合成氨、45万吨年硝酸、2×10年醇酮以及为整个煤化工业园区配套的供热中心和2×2.5万千瓦余热电厂等系列装置，主要涉及煤焦油、粗笨、液氨、硝酸、焦碳、硫酸铵、硫膏、饱和蒸汽、新鲜水的生产与销售。2020年，实现营业收入25.3亿元。

山东恒基集团股份有限公司：拥有各类机械及辅助设备900余台（套），主要配套大型工程的机械产品，包括挖掘机系列、装载机系列、推土机系列、铲运机系列、平地机系列、挖掘装载机系列、滑移装载机系列、摊铺机系列、绞车、泵车等，配套产品涵盖油缸系列、风电设备、齿轮变速箱、石油系统、工用及车用动力系统等领域。产品销往全国各地，并出口俄罗斯、日本、东南亚、中东等国际市场。2020 年，实现营业收入 3.8 亿元。

截至 2020 年底，全县共有省级以上“专精特新”企业 11 家，“小巨人”企业 2 家，“瞪羚”企业 2 家。

六、科技创新能力

2020 年，全县共有省级企业技术中心 6 个，国家级星创天地 1 家，院士工作站 4 家，省级工程技术研究中心 2 家。

七、进出口情况

2020 年，全县进出口总额 8.4 亿元。其中，出口总额 7.1 亿元；进口总额 1.2 亿元。实际使用外资金额 5023 万美元。

第十节　鄄城县

鄄城县位于山东省西南部、菏泽市北部，面积 1032 平方公里，常住人口 93.5 万人。

一、工业基本情况

2020 年，鄄城县地区生产总值 245.2 亿元，占菏泽市 GDP 的 7%。全部工业增加值 62.5 亿元。全县规模以上工业企业 182 家，实现营业收入 111.1 亿元。

二、工业产业结构

2020 年，全县规模以上工业涉及 18 个大类行业，其中，营业收入超过 10 亿元的行业有 4 个，分别是文教、工美、体育和娱乐用品制造业，纺织业，农副食品加工业，化学原料和化学制品制造业，共实现营业收入 70.9 亿元，占规模以上工业企业营业收入的 63.8%；其中，文教、工美、

二、工业产业结构

2020年，全县规模以上工业涉及17个大类行业，其中，营业收入超过10亿元的行业有6个，分别是石油、煤炭及其他燃料加工业，化学原料和化学制品制造业，农副食品加工业，非金属矿物制品业，木材加工和木、竹、藤、棕、草制品业，医药制造业，共实现营业收入989.4亿元，占规模以上工业企业营业收入的97.4%；石油、煤炭及其他燃料加工业达到500亿元规模，化学原料和化学制品制造业达到300亿元规模。

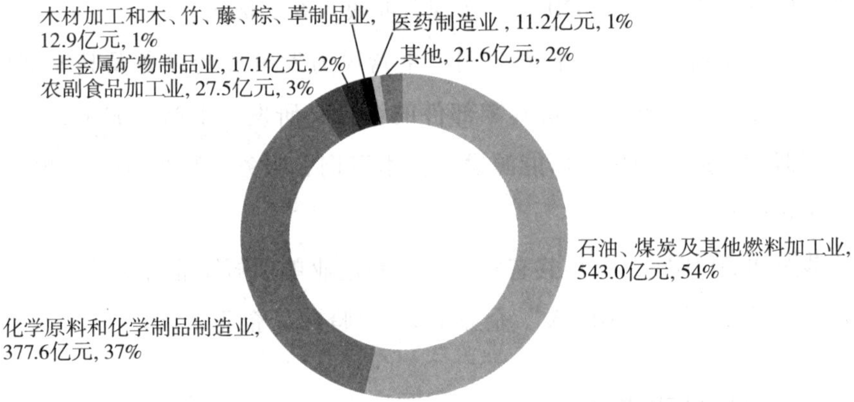

图16－13　2020年东明县工业产业结构分布图

三、重点优势产业

石油化工：拥有东明石化产业园、东明工程塑料产业园区和山东石化集团有限公司、中信国安化工有限公司、山东玉皇化工有限公司3个化工重点监控点，主要从事原油加工、石油化工、煤炭化工、氯碱化工等。2020年，实现营业收入936亿元，实现工业增加值234亿元，占全县规模以上工业增加值的92.6%。

化学原料和化学制品制造业：规模以上企业27家，主营MTBE、二甲醚、双环戊二烯、异戊二烯、聚合级间戊二烯、间戊二烯、环戊烷、环戊烯等产品，代表企业有东明前海化工有限公司、东明恒昌化工有限公司、山东东巨化工股份有限公司等。2020年，实现营业收入377.6亿元。

四、产业集群及工业园区情况

高端化工产业集群：以东明石化产业园为载体，推动高端化工产业优化升级，加快炼化一体化步伐，实现全产业链整体跃升，实现由“一油独大”向“油化并举”转变。做优基础炼油产业，通过优化二次加工配套装置，优化调整产品结构，为下游的烯烃、芳烃及有机化工原料深加工等高端产业的发展提供基础原料保障。做强基础化工原料产业，注重烯烃和芳烃“两条腿走路”，重点拓展碳二、碳三、碳四等低碳烯烃和芳烃等基础化工原料及配套产业链，为下游特色高端化工产业的发展提供原料基础保障。做精特色高端化工产业，以烯烃、芳烃及下游配套等基础化工原料为依托，瞄准高端、高值、高增长的新材料和专用化工品等高端产品，逐步构建和完善特色高端化工产业体系。

工程塑料产业集群：以东明工程塑料化工产业园、中信国安化工重点监控点为载体，以工程塑料、精细化工产业为发展方向，提升化工产业集聚发展水平。实施化工产业安全生产转型升级专项行动，主攻生态绿色型工程塑料、特种橡胶、热塑性弹性体、特种塑料等化工新材料项目，延伸拓宽上下游产业链条，逐步形成以工程塑料、化工新材料等基础产业为支撑，以尼龙 6、聚甲基丙烯酸甲酯等工程材料产业为重点发展方向的产业集群。

五、骨干企业情况

2020 年，东明县有规模以上工业企业 136 家，营业收入超过 10 亿元的企业有 8 家，其中，超过 20 亿元的企业有 4 家；利润总额超过亿元的企业有 5 家，其中，超过 10 亿元的企业有 1 家。

山东东明石化集团有限公司：拥有常减压、催化裂化、气体分馏、延迟焦化、催化重整、苯抽提、汽柴油和蜡油加氢、制氢、苯乙烯、聚丙烯合成橡胶等主要生产装置，主要生产高标号汽油、柴油、石油液化气、溶剂油、聚丙烯、高等级道路沥青各类橡胶、盐酸、烧碱、氯气、丁酮、TDM、苯乙烯等系列产品。拥有“恒昌”牌聚丙烯、“路畅”牌道路沥青等知名品牌。2020 年，实现营业收入 542.6 亿元，占全县规模以上工业企业营业收入的 53.4%。

山东玉皇化工有限公司：现有年产 50 万吨的二甲醚装置、30 万吨的 MTBE 装置、20 万吨的碳五深加工装置、20 万吨的苯乙烯装置、12 万吨的气体分馏装置、12 万吨的碳四裂解装置、10 万吨的苯加氢装置等，主导产品有 MTBE、二甲醚、双环戊二烯、异戊二烯、聚合级间戊二烯、液化气、轻油、混合苯、苯、轻芳烃、丙烯、乙烯、苯乙烯、丁二烯、聚丙烯、顺丁橡胶等，产品畅销国内 20 多个省市，异戊二烯远销美国、意大利等多个国家和地区。2020 年，实现营业收入 223.4 亿元。

截至 2020 年底，全县共有省级以上“专精特新”企业 6 家，“瞪羚”企业 1 家。

六、科技创新能力

2020 年，全县共有省级企业技术中心 4 个；高新技术产业企业达到 31 家，全年实现高新技术产业总产值 362.9 亿元。

七、进出口情况

2020 年，全县进出口总额 192.9 亿元。其中，出口总额 3.1 亿元；进口总额 189.8 亿元。实际使用外商投资金额 8155 万美元。